U0534989

西南财经大学全国中国特色社会主义政治经济学研究中心
国家经济学拔尖学生培养基地
"经济学"规划教材

数字经济学

The Digital Economics

主　编◎韩文龙
副主编◎王　军　徐志向

中国社会科学出版社

图书在版编目（CIP）数据

数字经济学／韩文龙主编 . —北京：中国社会科学出版社，2022.12
（"经济学"规划教材）
ISBN 978-7-5227-1057-0

Ⅰ.①数… Ⅱ.①韩… Ⅲ.①信息经济学—高等学校—教材
Ⅳ.①F062.5

中国版本图书馆 CIP 数据核字（2022）第 216691 号

出 版 人	赵剑英
责任编辑	王　衡
责任校对	王　森
责任印制	王　超

出　版	中国社会科学出版社
社　址	北京鼓楼西大街甲 158 号
邮　编	100720
网　址	http://www.csspw.cn
发 行 部	010-84083685
门 市 部	010-84029450
经　销	新华书店及其他书店
印　刷	北京明恒达印务有限公司
装　订	廊坊市广阳区广增装订厂
版　次	2022 年 12 月第 1 版
印　次	2022 年 12 月第 1 次印刷
开　本	787×1092　1/16
印　张	17.5
插　页	2
字　数	405 千字
定　价	68.00 元

凡购买中国社会科学出版社图书，如有质量问题请与本社营销中心联系调换
电话：010-84083683
版权所有　侵权必究

序

随着大数据、云计算、人工智能和量子信息技术等数字信息技术的迅速发展，数字经济正在深刻地改变着我们的生产方式、生活方式和治理方式。在全球化和数字化时代，准确把握全球新科技革命带来的新发展机遇，主动适应产业数字化转型趋势，不断提高我国数字经济领域的全球竞争力是我们面临的重大发展任务。深入研究和把握数字经济的创新体系与治理体系的新特点、新规律和新趋势，有利于更好地把握和应用数字经济高质量发展规律，推动数字经济规范健康可持续发展。

立足新发展阶段、贯彻新发展理念、构建新发展格局，推进高质量发展是习近平经济思想的核心内涵之一。当前，我国数字经济发展要深入贯彻落实"三新一高"战略。数字经济高质量发展有利于推动构建新发展格局，有利于推动建设现代化经济体系，有利于推动构筑国家竞争新优势。数字经济高质量发展事关国家发展大局，我们必须统筹好发展与安全的关系，系统研究促进数字经济高质量发展的创新生态体系、多元治理体系，以及两者的互促机制，进一步解放和发展数字生产力，不断提升数字产业化和产业数字化的发展水平，加速推动数字经济与实体经济的有机融合，为中国经济高质量发展提供新动力和新活力。从更高层次来看，数字经济高质量发展将为马克思关于人类社会发展三大社会形态理论所引导的，"以物的依赖性为基础的人的独立性"第二大社会形态，向"个人全面发展"和"自由人联合体"第三大社会形态演进，奠定生产力物质基础。

从国际经验来看，数字技术和数字经济的快速发展也要求高等教育的结构、人才培养、科学研究等与之相匹配。当前，数字技术的颠覆性作用和数字经济快速发展对财经教育提出了新挑战。一是学科布局的挑战。数字经济时代的财经教育非常强调数字技术与新兴学科、传统学科之间的交叉、融合和协同，非常注重学科之间"以问题为导向"的开放、包容和合作。这就需要打破传统学科之间的壁垒，促进学科的多元化、融合性和协同性发展。二是专业设置的挑战。数字技术和数字经济的快速发展，既要求高等院校设置数字技术、数字经济、数字贸易、数字金融、数字管理、数字财政、数字统计和数字治理等一批新专业，也要求将数字素养和能力渗透到传统专业领域，还要求加快对传统专业的数字化改造。三是人才培养结构和模式的挑战。数字经济时代市场需求和社会反馈的变化都需要加快人才培养结构和模式的调整。同时掌握数字技术和经济金融管理学知识的复合型人才是数字经济时代对财经类人才的新要求。在强化传统财经人才培养重点的同时，需要进一步加强数字通识教育与高层次数字技能培养，实现大学主导，政府、企业和社会共同参与的协同式的数字经济人才培养模式，以主动适应经济社会发展新变化和市场新需求。四是科学研究的挑战。数字技术创新主体已经由高校转向了企业和社会机构。数字经济时代，由高校垄断技术和知识创造的时代已经成为过去时。因此，数字技术创新和数字经济研究需要紧跟市场需求和社会需要，高校必须把握数字经济时代技术创新和知识创造的新规律，创新"官、产、学、研"相互融合的机制，在实践中研究，在研究中创新。

为培育数字经济专业的高端人才，西南财经大学在推动数字经济专业高质量建设的同时，积极开展《数字经济学》教材的编写。《数字经济学》一书系统介绍了数字经济领域的理论知识和实践经验，以促进数字经济学的学理化和学科化发展。本书按照微观、中观、宏观和国际四个方面层层递进的逻辑关系尝试构建了数字经济学的知识体系，共分为四篇：第一篇为导论，第二篇为数字产品与市场，第三篇为数字经济的"四化"结构与价值核算，第四篇为数字经济的全球化与治理。限于知识结构和研究能力的限制，《数字经济学》一书在编写过程中仍然存在一些问题，希望各位专家和使用者提出宝贵意见，我们将虚心请教和学习，并在再版中完善相关内容。

韩文龙

2022年9月30日

目 录

第一篇 导论

第一章 什么是数字经济 ... 3
第一节 数字经济的概念与内涵 ... 3
一 数字产业化 ... 4
二 产业数字化 ... 4
三 数据价值化 ... 5
四 数字化治理 ... 5
第二节 数字经济的特征 ... 6
一 以数字技术方式进行生产是数字经济的本质特征 ... 6
二 数据要素是数字经济的主要生产要素 ... 7
三 数字技术创新是数字经济的核心驱动力 ... 7
四 平台经济是数字经济的新型组织形式 ... 8
五 网络效应是数字经济的典型特征 ... 9
六 生态化发展是数字经济的重要特征 ... 9
第三节 数字经济的发展趋势 ... 10
一 全球化 ... 10
二 数字经济总体规模不断扩大 ... 11
三 产业数字化占据主导地位 ... 12
四 发展不平衡呈加剧趋势 ... 12
五 向万物互联与智能化时代迈进 ... 13
关键概念 ... 14
思考题 ... 14

第二章 数字经济学概论 ... 15
第一节 数字经济学的相关概念 ... 15

一　数字经济的内涵 ·· 15
　　二　相关概念辨析 ·· 16
第二节　数字经济学研究的对象与基本范围 ···························· 20
　　一　数字经济学研究对象 ······································ 20
　　二　数字经济学研究范围 ······································ 21
关键概念 ·· 22
思考题 ·· 22

第三章　数字经济学的方法论与十大问题 ······························ 23
第一节　大数据时代经济学研究方法的变革 ···························· 23
　　一　研究对象 ·· 23
　　二　研究方法 ·· 24
　　三　研究工具 ·· 25
第二节　数字经济学分析中的数学、案例与大数据问题 ·················· 26
　　一　数字经济学分析中的数学 ·································· 26
　　二　数字经济学分析中的案例 ·································· 27
　　三　数字经济学分析中的大数据问题 ···························· 28
第三节　数字经济学的十大问题 ···································· 29
关键概念 ·· 32
思考题 ·· 32

第二篇　数字产品与市场

第四章　数字经济的技术基础与生产函数 ······························ 35
第一节　数字经济的技术基础 ······································ 35
　　一　价值流的可视化 ·· 37
　　二　推动生产要素的存量调整 ·································· 37
　　三　机械制造向人机交互的智能升级 ···························· 37
　　四　技术创新效率的显著提高 ·································· 38
第二节　数字经济的生产函数 ······································ 38
　　一　数据要素 ·· 39
　　二　数字经济下生产过程的变革 ································ 40
　　三　数字经济的生产函数 ······································ 42
第三节　数字经济中的劳动供给与就业效应 ···························· 43
　　一　数字经济下劳动市场的新特征 ······························ 43

二　数字经济下的劳动供给 …………………………………………… 44
　　三　数字经济下的就业效应 …………………………………………… 46
第四节　新型分工与规模报酬递增规律 ………………………………………… 48
　　一　企业内部生产过程变革 …………………………………………… 48
　　二　企业间网络化分工协作体系 ……………………………………… 48
　　三　数字经济的规模报酬递增 ………………………………………… 49
关键概念 ………………………………………………………………………………… 50
思考题 …………………………………………………………………………………… 50

第五章　数字产品价格与供给关系 …………………………………………………… 51
第一节　数字产品的概念与分类 ………………………………………………… 51
　　一　数字产品的概念 …………………………………………………… 51
　　二　数字产品的分类 …………………………………………………… 52
第二节　数字产品的特征与延伸范围 …………………………………………… 53
　　一　数字产品的物理特征 ……………………………………………… 53
　　二　数字产品的经济学特征 …………………………………………… 54
第三节　数字产品的价格 ………………………………………………………… 56
　　一　差异化定价策略 …………………………………………………… 57
　　二　个性化定价 ………………………………………………………… 57
　　三　免费定价策略 ……………………………………………………… 57
　　四　捆绑销售定价 ……………………………………………………… 58
第四节　数字产品的供给与需求 ………………………………………………… 58
　　一　数字产品的供给 …………………………………………………… 58
　　二　影响数字产品供给的因素 ………………………………………… 59
　　三　数字产品的需求 …………………………………………………… 59
　　四　影响消费者需求的因素 …………………………………………… 60
关键概念 ………………………………………………………………………………… 61
思考题 …………………………………………………………………………………… 61

第六章　数字产品市场 ………………………………………………………………… 62
第一节　数字产品市场的特征 …………………………………………………… 62
　　一　低固定成本效应 …………………………………………………… 62
　　二　低交易成本效应 …………………………………………………… 63
　　三　长尾市场效应 ……………………………………………………… 63
　　四　网络外部效应 ……………………………………………………… 64

  五　"柠檬问题"效应 ··· 64
 第二节　数字产品市场的结构 ··· 65
 第三节　头部效应和长尾效应 ··· 68
 关键概念 ··· 70
 思考题 ·· 71

第七章　平台经济 ·· 72
 第一节　超越市场的新组织形态 ·· 72
 第二节　平台经济的特征 ··· 74
  一　虚拟性 ·· 74
  二　双边市场 ·· 75
  三　网络外部性 ·· 75
  四　开放共享性 ·· 76
 第三节　平台经济中的双（多）边市场 ·· 76
 第四节　平台经济中的垄断与治理 ··· 78
  一　平台经济垄断的产生 ·· 78
  二　平台经济反垄断的治理对策 ·· 79
 关键概念 ··· 81
 思考题 ·· 81

第三篇　数字经济的"四化"结构与价值核算

第八章　数字产业化 ·· 85
 第一节　数字产业化概述 ··· 85
  一　数字产业化内涵与意义 ·· 85
  二　数字产业化分类 ·· 87
 第二节　数字基础设施与数字技术基础 ·· 88
  一　数字基础设施 ·· 88
  二　数字技术基础 ·· 92
 第三节　数字产业发展 ··· 99
  一　总体发展概况 ·· 99
  二　分行业发展概况 ·· 101
  三　数字产业化空间牵引模式 ·· 107
  四　数字产业化高质量发展实现路径 ·································· 108
 关键概念 ··· 111

思考题 ··· 111

第九章　产业数字化 ··· 112
第一节　产业数字化概述 ··· 112
　　一　产业数字化的内涵 ··· 112
　　二　产业数字化的特征 ··· 112
　　三　产业数字化的发展水平 ·· 115
　　四　产业数字化的意义 ··· 115
第二节　农业数字化 ··· 117
　　一　数字技术在农业中的应用 ··· 118
　　二　数字经济与农业现代化 ·· 119
第三节　工业数字化 ··· 123
　　一　工业数字化转型的内在逻辑 ······································ 123
　　二　工业数字化的现实困境与发展方向 ···························· 125
　　三　工业互联网 ·· 130
第四节　服务业数字化 ·· 132
　　一　服务业数字化的现实动因 ··· 132
　　二　服务业数字化与"服务业之谜" ································· 133
　　三　服务业数字化的基本路径和实现举措 ························· 135
　　关键概念 ·· 136
　　思考题 ··· 136

第十章　数据价值化 ··· 138
第一节　数据成为关键性生产要素 ···································· 138
　　一　数据的定义和特征 ··· 138
　　二　数据成为关键生产要素 ·· 140
　　三　数据的价值 ·· 144
第二节　数据产权 ·· 147
　　一　产权 ··· 147
　　二　数据产权 ··· 148
　　三　数据要素参与收入分配 ·· 153
第三节　数据资产的定价与交易 ······································· 155
　　一　数据资产 ··· 155
　　二　数据资产的定价 ··· 157
　　三　数据资产的交易 ··· 159

第四节 数据安全与治理 …… 164
- 一 数据安全面临的主要风险 …… 165
- 二 数据安全的治理思路 …… 168

关键概念 …… 170

思考题 …… 170

第十一章 数字化治理 …… 171

第一节 数字化治理的基本内涵 …… 171
- 一 数字化治理的内涵 …… 171
- 二 数字化治理与治理数字化 …… 172
- 三 数字化治理的可行性 …… 173

第二节 政府的数字化治理 …… 174
- 一 政府的数字化治理背景 …… 175
- 二 国内外政府的数字化治理现状 …… 176
- 三 数字经济时代智慧政府新模式 …… 182

第三节 企业的数字化治理 …… 186
- 一 企业数字化治理的背景 …… 186
- 二 企业数字化治理的内容 …… 188
- 三 企业数字化治理与企业数字化转型 …… 190
- 四 实现企业数字化治理的对策研究 …… 194

第四节 社会的数字化治理 …… 194
- 一 社会数字化治理 …… 194
- 二 环境数字化治理 …… 195
- 三 人口数字化治理 …… 196
- 四 文化数字化治理 …… 197

关键概念 …… 198

思考题 …… 198

第十二章 数字经济的价值核算 …… 199

第一节 数字经济价值核算面临的主要问题 …… 199
- 一 现行的国民经济统计体系 …… 199
- 二 数字经济价值核算面临的主要问题 …… 201

第二节 数字经济价值核算的体系和方法 …… 203
- 一 OECD 数字经济核算体系 …… 203
- 二 BEA 数字经济核算体系 …… 205

三　腾讯"互联网+"数字经济指数 ·· 207
　　四　中国信息通信研究院数字经济规模测度 ·· 208
　　五　数字经济价值核算的发展方向——数字经济卫星账户核算法 ·········· 209
第三节　中国数字经济的核算对象和范围 ·· 211
　　一　中国数字经济的核算对象 ·· 211
　　二　中国数字经济的核算范围 ·· 212
第四节　中国数字经济规模水平 ··· 215
　　一　中国数字经济核心产业规模水平 ·· 215
　　二　中国数字经济总体规模水平及国际对比 ·· 218
关键概念 ··· 222
思考题 ·· 222

第十三章　数字货币 ·· 223
第一节　数字货币概述 ·· 223
　　一　数字货币的定义 ··· 223
　　二　数字货币特征 ·· 224
　　三　部分典型数字货币 ··· 225
第二节　数字货币的基础理论 ·· 226
　　一　马克思货币理论 ··· 226
　　二　区块链技术 ··· 228
　　三　其他数字技术 ·· 228
第三节　数字货币的运营体系与交易模式 ·· 229
　　一　数字货币运营体系 ··· 229
　　二　数字货币交易模式 ··· 230
第四节　央行数字货币 ·· 230
　　一　各国央行数字货币 ··· 231
　　二　数字人民币 ··· 231
关键概念 ··· 233
思考题 ·· 233

第四篇　数字经济的全球化与治理

第十四章　数字贸易 ·· 237
第一节　数字贸易的含义与框架体系 ··· 237
　　一　数字贸易的概念及内涵 ··· 237

   　二　数字贸易与传统贸易的区别 ······ 238
   　三　数字贸易框架体系 ······ 239
  第二节　贸易方式的数字化 ······ 240
   　一　贸易方式数字化的特征 ······ 240
   　二　贸易方式数字化助力跨境电商发展 ······ 241
   　三　贸易方式数字化改变全球贸易格局 ······ 241
  第三节　贸易对象的数字化 ······ 242
   　一　要素贸易的数字化 ······ 242
   　二　服务贸易的数字化 ······ 243
   　三　贸易对象数字化的影响 ······ 244
  第四节　各国数字贸易发展现状与趋势 ······ 244
   　一　全球数字贸易发展格局 ······ 244
   　二　主要经济体的数字贸易战略 ······ 245
   　三　全球数字贸易治理体系的构建 ······ 246
  关键概念 ······ 247
  思考题 ······ 247

第十五章　数字税与全球化治理 ······ 248
  第一节　数字税基本内涵 ······ 248
  第二节　数字税之争 ······ 250
  第三节　数字税的中国应对方案 ······ 253
  关键概念 ······ 256
  思考题 ······ 256

第十六章　推动构建网络空间命运共同体 ······ 257
  第一节　世界各国数字经济发展的不平衡性 ······ 258
   　一　不同经济水平国家之间数字经济发展的不平衡性 ······ 258
   　二　不同地理区域国家之间数字经济发展的不平衡性 ······ 259
   　三　不同发展理念国家之间数字经济发展的不平衡性 ······ 260
  第二节　"一带一路"沿线国家和地区的数字经济发展 ······ 261
   　一　"一带一路"沿线国家和地区的数字经济发展现状 ······ 261
   　二　"一带一路"倡议对全球数字经济格局的影响 ······ 262
   　三　"一带一路"沿线国家和地区的数字经济发展面临的挑战 ······ 263
  第三节　推动构建网络空间命运共同体 ······ 264
   　一　网络空间命运共同体的时代内涵 ······ 265

二　网络空间命运共同体的建设方针 ·· 266
　　三　网络空间命运共同体的构建路径 ·· 267
关键概念 ·· 268
思考题 ·· 268

第一篇 导 论

第一章 什么是数字经济

第一节 数字经济的概念与内涵

党的十八大以来,以习近平同志为核心的党中央高度重视数字经济的发展和"数字中国"的建设。2020年5月23日,习近平总书记在看望参加全国政协十三届三次会议的经济界委员并参加联组会时进一步指出,"加快推进数字经济、智能制造、生命健康、新材料等战略性新兴产业,形成更多新的增长点、增长极"[①]。2021年10月18日,习近平总书记在中共十九届中央政治局第三十四次集体学习时强调,"不断做强做优做大我国数字经济"[②]。

随着大数据、云计算、人工智能和量子信息技术等数字信息技术的迅速发展,数字经济正在深刻地改变着我们的生产方式、生活方式和治理方式。相关研究报告显示,从广义核算口径来看,2020年数字经济增加值规模达到了32.6万亿美元,其中美国数字经济位居全球第一,达到13.6万亿美元,中国为全球第二大数字经济体,规模达到5.4万亿美元。数字经济占各国GPD的比重逐渐增大,其中2020年美国等国家数字经济占GDP的比重超过了60%,中国数字经济占GPD的比重达到了38.6%;中国是全球数字经济增长最快的国家之一,2020年中国数字经济同比增长了9.6%,位居全球第一。

关于数字经济概念的经典表述是2016年G20杭州峰会发布的《二十国集团数字经济发展与合作倡议》提出的定义,即数字经济是指以使用数字化的知识和信息作为关键生产要素,以现代信息网络作为载体、以信息通信技术的有效使用作为效率提升和经济结构优化的重要推动力的一系列经济活动。2021年,结合中国特色国情、数字经济实践发展现状与国人思维模式,国务院印发的《"十四五"数字经济发展规划》中将数字经济定义为以数据资源为关键要素,以现代信息网络为主要载体,以信息通信技术融合应用、全要素数字化转型为重要推动力,促进公平与效率更加统一的新经济形态,其是继农业经济、工业经济之后的主要经济形态。两种定义都能较好地涵盖数字经济这种融合式经济发展形态所包含的内容,为发展数字经济提供了理论支撑。

数字经济是借助互联网、云计算、大数据、人工智能等信息技术推动人类经济形态由

---

① 《习近平关于防范风险挑战、应对突发事件论述》,中央文献出版社2020年版,第65页。
② 习近平:《习近平谈治国理政》(第4卷),外文出版社2022年版,第204页。

工业化向信息化和智能化转化的新经济形态。产业数字化、数字产业化、数据价值化和数字化治理是数字经济发展的四个主要方向。数字经济正在深刻地改变我们的生产方式、生活方式和治理方式，尤其是对经济增长、就业和社会治理等产生了重要影响。

一　数字产业化

数字产业化主要是指信息通信产业，既包括传统的信息通信产业，如电信、电子信息制造业等，也包括由数字技术广泛渗透融合形成的云计算、物联网等新型信息产业。与交通运输产业和电力电气产业作为前两次工业革命的基础先导产业部门类似，信息产业是数字经济时代发展的先导性产业。其率先发展起来，作为基础性产业引领其他产业与数字化技术融合发展，从而带动整体数字经济蓬勃发展。

数字产业直接利用数据要素，以互联网平台等现代网络形式为主要载体实现效率的提升和收益的实现，其能直接反映出数字技术的变革创新，是数字经济的直接表现形式，也是数字经济发展的底层基础。数字产业化的快速发展，大数据、云计算、物联网等行业的快速进步可以直接拉动数字经济的发展，实现国内生产总值的增加。同时，由于数字产业的发展往往意味着数字技术的创新与升级，这也能更好地促进数字化技术与产业融合发展，推动实体经济降低成本的同时提升生产效率，促进其完成数字化转型，实现经济增长。

当前我国信息通信基础设施建设不断完善，移动互联网逐渐普及，大数据、云计算、5G技术、人工智能和物联网等新型数字产业快速发展起来，使我国成为产生和累积数据量最多，数据类型最丰富的国家之一，为数字技术与实体经济的融合发展奠定了坚实的基础。

二　产业数字化

产业数字化主要是指传统产业与数字化技术融合发展以推动实体经济实现数字化转型升级。在数字产业化发展趋于平稳增长之后，产业数字化成为数字经济发展的主引擎。经济发展的基础是实体经济，只有实体经济得以充分发展，才能避免虚假的发展泡沫，实现经济可持续地稳定增长。将数字化技术与实体经济的生产、交换、消费与分配过程相结合，能够有效降低实体经济运营、销售、沟通等多种费用成本，并通过打通上下游企业等各种方式，推动产业链数字化改造，创造并实现更多商品价值。

近年来，数字经济加快向其他产业的融合渗透。线上＋线下融合发展的模式是当前产业数字化发展的主要方式。线上发展方便快捷，效率高，能够跨越时间和空间限制，极大地节省企业经营成本和消费者时间成本；线下门店能够为消费者提供直观的体验，提供售后服务等，保障消费者的权益和提升其所享受的服务水平。因此，线上＋线下融合发展的模式成为数字经济发展的主要方式，一方面互联网企业积极向线下进行渗透，提升用户的体验感；另一方面，传统产业也结合自身产业特点，发展线上功能，使用新技术提升产业生产效率，不断推动其数字化转型进程，并在运用大量数据资本引导企业资源要素配置的同时，直接对接消费者需求，发展新零售，以细分市场等方式提高企业市场竞争力，实现经济迅猛增长。

三 数据价值化

数字经济时代，数据代表着人类对客观事物的描述，利用它们能够对相关事物进行分析与预测。数字经济时代的数据包括图、文、声、像等各种信息，以及将它们转化为计算机可以识别的二进制代码的集合。数据的概念需要从三个层次来理解：第一层称为内容层，它封装了人类可理解的信息；第二层是代码层，数据以符号的形式呈现；第三层是物理层，数据通过物理对象本身或对象结构来表示①。数据通过采集、整理、聚合、分析和处理等，可以转变为对人类具有使用价值的数据资源，数据资源参与到人类的经济生产活动中成为创造社会财富的重要源泉，就形成了数据要素。

数字经济时代，数据要素是一种人造自然物，作为关键性生产资料在社会财富的创造过程中发挥着越来越重要的作用。首先，数据要素成为创造数字财富的核心生产资料，改变着社会财富的财富内涵。在数字设备的支持下，数据要素作为关键性生产资料投入社会财富的生产，产生对人类具有使用价值的数字产品和数字服务等。这些产品和服务，除物理设备和知识信息之外，其核心组成部分是数据，如以 0 和 1 代码为主要内容的各类数据产品。其次，数据要素作为渗透性生产要素，通过采用网络通信、智能设备和数字技术等，可以提高劳动者的生产率，提升管理的效率，增加产品和服务的附加值等。通过发挥数据的渗透性作用，还可以推动农业、工业和服务业的数字化和智能化转型，创造出更多的社会财富。最后，数据要素是形成数据资产的基础，而数据资产是重要的数字财富。数据通过脱敏处理，以及加工和转化就可以形成数据资产。数据资产已经成为超越物质资产和财务资产等，成为数字公司最核心的资产。尤其是一些新闻资讯、短视频、交流平台等的核心资产就是数据及其有数据形成的数据资产。

四 数字化治理

数字化治理是指利用数字化技术完善政府治理体系，创新治理模式等新型治理方式。数字化治理是数字经济的重要补充，其表现出数字经济发展对社会制度结构的影响，是数字经济快速发展背景下形成的与之相适应的政府治理模式变革。数字经济时代对社会治理产生了很大的影响，一方面市场参与主体越发多元化与复杂化，单一的政府治理难以妥善解决社会发展问题，需要构建政府、平台、企业、用户等多个主体协同治理的新模式。数

---

① Zech H., 2016, "Data as a Tradeable Commodity", in De Franceschi, *European Contract Law and Digital Single Market: The Implications of the Digital Revolution*, Intersentia, Cambridge, Antwerp, Portland, pp. 51–81.

字经济条件下，线上与线下融合发展成为常态，跨行业跨区域甚至跨国界的合作与竞争层出不穷，数据安全与专利保护等新问题广泛存在，单独的政府治理难度大且效果不佳，而将平台、企业、用户等多元主体纳入治理范围，可以充分发挥各个主体在不同领域的比较优势，实现自觉监督，高效治理。如将平台纳入治理主体范围能够更高效地处理平台问题。平台化是数字经济的重要特征，平台作为中介，其联通多个主体开展大量经济活动，同时也引发了大量社会问题与新的经济纠纷。将平台作为社会治理的新主体，其对平台上产生的不规范行为更加了解，治理方式对症下药，使之可以比政府成本更低但效率更高地处理平台纠纷与问题，提高治理效能。

同时，数字经济的发展也有利于当前社会治理方式的升级与优化。其一，互联网技术使居民能够直接参与政治生活，形成自组织式民主参与形式。居民可以借由网络平台形成社交网络，从而在社会上形成大量的自组织团体，合法向上的组织形式可以形成社会组织参与社会管理的多主体管理模式，优化社会治理结构。其二，数字化技术的使用可以极大地变革政府治理模式，提高政府治理效率，政府通过构建线上政务服务平台，有效提升了政府处理政务的效率，增强了公民满意度；此外，互联网也能成为政府宣传动员群众的重要平台，既能推动政府治理进一步公开透明，提高政府公信力，又能搭建公民行使知情权、表达权、参与权的新渠道，促进治理效率的提升和公民的政治参与。

第二节 数字经济的特征

一 以数字技术方式进行生产是数字经济的本质特征

数字经济是从技术角度区分的经济形态，使用数字技术进行生产是数字经济的本质特征。数字产业化是直接体现数字技术参与生产取得价值的方式，是数字技术自身不断地演进与创新。产业数字化是将数字技术与其他行业和领域的产业相结合，以促进其生产方式的转型升级和效率的提升。二者本质上都是使用数字技术进行生产，获得收益的方式。

从技术经济范式的角度来看，新技术的出现往往引发新的变革。第一次工业革命和第二次工业革命分别以蒸汽与电力的出现为契机引发社会经济整体格局的变化。数字技术作为新的技术创新是新时代科技产业革命的引子，直接推动着数字经济的出现与发展。在数字技术产生之前，不会有数字经济的概念，在数字技术产生之后，其自身产业的发展及其与其他产业融合发展所引致的经济重大变革被称为数字经济。预期在未来，当数字技术已经发展到一定地步，成为类似于水、电等基本要素作为各行各业生产的默认条件，使用数字技术进行生产不再是经济发展的特殊形式和特征的时候，数字经济的概念也可能会退出历史舞台，被新的技术革新和经济形态所替代。因此，以数字技术方式进行生产是数字经济的本质特征。数字技术的不断进步是数字经济持续快速发展的保障。

二 数据要素是数字经济的主要生产要素

数据要素是指数字化的知识和信息，是数字经济时代取代劳动力、资本、土地等成为创造价值和实现经济增长的关键要素，利用数据要素进行生产是数字经济的基本特征。在数字基础设施与数字技术条件的支撑下，大量数据从数据端被生产出来，通过网络等方式传输到云端进行储存、处理与分析，再通过物联网、人工智能等多种方式将数据转化为实际应用，实现数据价值的"兑现"。在这个过程中，数据既是原始的生产要素也是创造价值的资本，其在数字技术的支撑下，完成了价值创造与价值实现过程，是数字经济发展的根本所在。

数字经济的迅猛发展引发了数据的爆炸式增长，大量的数据积累成为数字经济时代创造价值和实现经济增长的主要要素。数据从用户端大量产生，经由网络进行传输、处理与分析，可以用于社会的方方面面以推动实现经济的增长。微观层面，数据可以用于销售，通过搜集用户消费信息与搜索信息获得消费者偏好特征，细分消费者市场，从而有针对性地进行投放相关产品与广告，实现供需的精准匹配与有效对接，促进新零售发展的同时，也满足了消费者多样化的需求；数据也可以作为企业经营决策的主要参考，推动企业发展定制化服务，抢占商品市场的同时，实现企业柔性化生产，减少资源的浪费，提高企业生产效率。宏观层面，数据可以推动制造业转型升级，提高制造业生产智能化水平，构建上下游一体的产业链生态系统；同时，数据还可以推动"共享经济"、"零工经济"、能源互联网、智能机器人等新业态、新模式不断落地。就业层面，数据还可以减少劳动市场信息不对称的情况，促进劳动力与企业之间的双向认知，减少摩擦性失业，推动就业的增长。数据要素还具有无竞争性，数据要素的使用者之间不是互斥的，同样的数据可以被无限复制、反复使用，而其增加的成本几乎可以忽略不计，这使数字经济的发展能够突破要素资源有限供给导致的生产边界线的限制，为经济持续增长和永续发展提供了基础与可能。

三 数字技术创新是数字经济的核心驱动力

数字技术创新是数字经济的核心驱动力。数字经济是建立在数字技术基础之上的，数字技术的创新是数字经济持续发展的保障，也是数字经济时代企业竞争的主要方式，同时数字经济的模式也孕育着创新的种子。数字经济的发展需要创新作为引领。在数字经济领域，创新具有巨大的预期收益，数据要素的边际成本递减，在达到一定规模的时候，甚至可以忽略不计，此时即使是微小的产品质量改进也会带来巨大的需求和收益，因此，企业有利益激励而不断进行创新。此外，数字经济领域的巨大竞争也要求企业要不断进行创新，数字企业的创新竞争范围极广，不仅是同行业的数字企业之间的竞争，随着数字经济的不断发展，跨领域、跨行业的竞争越发突出。例如，短信、电话使用的急速下降并非电信行业三大巨头之间的相互打击，而是微信等网上交流App广泛使用的冲击。因此，不同于传统产业创新具有一定的稳定性，数字经济领域的创新是频繁的，需要持续不断地有新技术成熟并进入商业化阶段，形成新产品或新的商业模式以作为数字领域企业竞争与生存的主要方式。数字技术的创新不仅能够直接通过新技术获利，也能将新技术广泛应用于国民经济的各个领域，更好地促进数字化技术与产业之间的融合发展，推动其生产、销售、消费不同环节产生巨大变革，最终影响数字经济的发展。

同时，数字经济环境也为创新提供了更为便捷的条件。网络的发展与进步，突破了时间和空间的限制，极大地提高了创新主体之间的匹配效率，使不同创新主体之间的交流与合作更为方便，降低了沟通的成本。同时数字平台的大规模发展使产业与组织之间形成了松耦合系统，从而使创新更为灵活，提供了有利于创新发展的良好环境。

四　平台经济是数字经济的新型组织形式

在数字经济条件下，平台经济成为不同于传统产业的新型组织形态。平台是将供给端与需求端连接起来的中介组织，提供了达成商业活动的基础设施与相关管理，直接促成了供需之间的精准匹配与交易的达成，是数字经济活动的主要开展方式。平台经济在大量数据的支持下，聚集了大量的企业与消费者，形成了一个庞大的虚拟市场。在其中，平台可以直观地了解到消费者的个性化需求及其对商品的真实反馈，从而促使企业能够进行生产革新和个性化定制以满足多样化的消费者需求。同时，平台的使用也能提高企业资源要素流动速度和生产效率，促进企业增收，并促进经济的快速发展。

近年来，平台经济类型中发展迅速的一种模式称为共享经济，这种类型的平台方本身可能并不拥有某种资源，但是其通过构建平台将部分人群未加以充分利用的资源集合起来提供给有需要的人群等方式，将闲置资源有效运转起来，实现资源拥有者和使用者以及平台三方的效用增加。例如，滴滴出行等软件平台，司机使用自己的私家车，通过平台进行接单，对接需要用车的人群，平台在并未拥有车辆的情况下，将需求与供给进行对接从而获得收益，实现三方共赢。除了消费的对接，平台同样也为生产的对接提供了中介。随着社会生产力的发展，普通社会成员也具有了一定的生产工具与生产能力，因此以自我雇佣为特征的"零工经济"迅速发展起来，并且有越来越多的年轻人参与其中。此时平台通过将具有某种相同的兴趣爱好或者技能特征的人聚集起来，再通过外包等模式实现劳动的供给方与需求方的对接，也促成了新的就业模式的生成和新价值的创造。

总之，平台经济成为数字经济时代最常见的组织形式，其出现在生产生活的各个方面，提升多元主体的福利水平。而平台只需要致力于自身的基础设施维护和日常管理工作，其可变成本低，后续发展相对轻松。此外，由于多数时候平台自身并不拥有其所交易的产品与服务，所以平台的发展往往不会受到有限资源的限制，能够实现快速的发展扩张，为数字经济的发展提供了重要支持。

五 网络效应是数字经济的典型特征

网络效应（又称网络外部性）是数字经济的典型特征。网络效应主要有三种影响：一是直接网络效应，即一种网络产品或是服务其拥有或使用的人越多，则其带给用户的价值就越大，且这种价值形成于经济活动之外，是由网络使用带来的外部性，无须多余的成本付出。例如，电话等产品，拥有的人越多，拥有电话的人能联系到的用户更多，其使用价值才越大。且这种额外的效用无须已经拥有电话的人付出更多的成本就可以拥有。二是间接网络效应，即网络产品与服务带给用户的使用价值不仅取决于产品与服务本身，还受到该种产品与服务的互补品或是配套产品与服务的影响。例如，电脑带给用户的效用，不仅取决于电脑本身的性能与计算能力，还取决于电脑软件的多少，越丰富的软件储备增加了电脑可以操作的功能属性，也增加了拥有电脑可以获得的效用。三是跨边网络效应，即一边的用户使用该种网络产品与服务所获得的价值取决于另一边用户的数量与行为。且这种跨边的网络外部性还体现出自我强化机制，也称为正反馈机制。例如，淘宝等购物平台，店铺入驻的价值收益很大程度上受到其另一侧的消费者数量的影响。同时店铺足够多，能够满足消费者多样的需求，也是促使更多消费者使用的重要因素，二者之间不仅相互影响，而且其还能不断强化，用户的积累使店铺不断入驻，店铺的丰富吸引消费者的不断进入，形成良性循环，共同构建起活动的大平台。

这种由网络使用带来的外部性是数字经济时代的典型特征。网络外部性带来了企业和用户双方的规模效应：从用户角度，消费者可以以更便捷的方式满足自己多样化需求且并不需要多加付费就可以享受到更高的效益，形成规模报酬递增；从企业角度，更多的潜在用户群体，使之可以扩大生产规模，降低单位产品所分摊的固定成本，并减少用于开拓市场方面的费用。此外，企业可以直面消费者需求，通过细分市场等方式抢占客户资源，提高市场竞争力，获得更多利润，整体而言，其获得的收益往往高于多个企业进入带来的损失，也表现出规模报酬递增的趋势。因此双方的不断加入，使平台规模不断扩张，覆盖了大多数的厂商和消费者，最终该平台获得该领域绝大多数的市场份额，形成一定程度的市场垄断，呈现出"赢家通吃"的新型特征。然而数字经济时代的垄断不同于传统经济，其不会造成资源的浪费和效率的缺失。此外，这种垄断地位并非不可动摇，当垄断平台缺乏足够的创新和用户的维护，对手平台可以通过创新开发差异化产品，从而以抵消网络效应外部性的部分影响，也能成为新的"赢家"。例如，在淘宝、天猫和京东基本已经全方位覆盖线上购物时，拼多多凭借其创新的形式和定位异军突起，迅速发展起来，成为线上购物新的"赢家"。

六 生态化发展是数字经济的重要特征

数字经济推动传统产业组织关系由线性的价值创造与竞争模式转变为合作共赢的生态

系统。传统产业的生产从上游企业获得原材料，进行加工制造产品，然后输送到下游产业进行销售，表现为线性的生产组织方式。上游企业是其材料供应商，是其成本的主要构成，下游企业是其销售方，是其利润的主要来源。因此，企业会跟上下游企业之间形成竞争关系，在三者的博弈之间获得利润收入。

在数字经济时代，企业与其上下游企业不再是竞争关系而是合作共赢的关系，企业通过平台等方式，吸引上下游企业等整个产业链进行交易合作，共同创造价值，形成了完整的生态系统。而数字时代的竞争也是整个产业生态系统的完整性和效率之间的竞争。

一个完整而高效的生态系统建设需要良好的基础设施作为保障，完善的上下游产业链的结合和配套企业的蓬勃发展，从而形成的产业聚集能够有效降低该生态系统的生产成本、运输成本与沟通成本等多方面费用的同时，提高生产的效率，促进该产业的创新发展。数字经济时代，这种以整个生态系统的发展与竞争是其常态。一方面，数字经济平台为了构建自身网络外部性优势，实现"赢家通吃"，会积极吸引企业入驻平台，从而为另一侧的用户提供产品和服务。对此，平台会积极引导互补性和配套性产业入驻，形成商品的有效高速供给。同时，由于数字经济的特殊属性，也极大地降低了企业聚集的门槛，中小企业入驻平台的成本低，能够快速实现生产聚集。另一方面，数字技术的应用为传统的产业聚集提供了便利与条件。利用网络技术，产业可以突破地界限制，实现全球范围内的联合生产，选择最优成本，最佳方案进行生产。实现全球范围内的资源有效对接与配置，而随着网络化、数字化、智能化的发展，数据传输、应用与分析更加容易，产业之间构建完整生态体系的成本大幅降低，收益却显著改善，使产业组织既有能力也有激励基于数字技术形成组织之间的融合发展构建完整而有效的数字生态系统进行生产。

第三节　数字经济的发展趋势

一　全球化

世界正面临百年未有之大变局，世界政治经济格局快速调整。从经济角度，2008年国际金融危机之后，世界经济增长有所下滑，现在受到新冠肺炎疫情的影响，世界贸易格局、全球产业链生产都受到极大冲击。疫情使全球产业链出现"逆全球化"趋势，对外依存度较大的产业生产受到极大冲击，使产业回缩和发展战略调整，关键产业回流，使全球产业链呈现出较大的脆弱性甚至出现断裂现象。当今时代，生产产业链遍布全球，大型企业往往只掌握核心技术，其零件生产跨国家、跨领域同步进行，实现了成本最小化基础之上的生产。而疫情使国家之间的联系变得困难，各国不同的防疫政策和要求使很多大型企业的部分零件厂商难以开工，全球化的合作与分工反而成为生产难以进行的阻碍，全球价值创造和产品生产受阻，国际供应链产生收缩。生产的收缩与停止同时导致了失业的大量发生和工资的下降，收入的下降和预期的变差使产品需求同时收缩，全球经济下行压力巨大，经济衰退形势突出。

面对这种复杂动荡的国际环境、严峻的经济发展形势，数字经济表现出强有力的发展态势，其作为世界各国经济增长最快的部分，被各国作为实现经济复苏和经济转型发展的关键抓手，数字经济在全球范围内蓬勃发展起来。

数字经济的发展使全球供应链和价值链加速调整和重构。一方面，以电子商务、远程教育、远程医疗等为代表的新业务、新模式快速发展起来，成为疫情期间实现社会经济正常运转和抗击疫情的重要方式。另一方面，以5G技术、人工智能、物联网、区块链等为代表的新型数字技术快速发展起来，推动传统产业数字化转型与升级，实现产业链的调整，成为各国探索新旧增长动能转换、实现经济高质量发展的重要手段。

数字经济的发展成为各国竞争的主要方式，人工智能、大数据、云计算等新技术手段不仅是促进本国经济创新发展的重要方式，而且可以与能源、制造业等其他行业、其他学科进行融合发展，对于国家政治、经济、安全等综合国力具有重要影响。而且数字经济的发展、数字技术的创新是未来社会的先导，基于前沿技术的研究和科技创新成为新时代国际竞争的主要方式。此外，互联网的广泛发展对于充分调动普通人群智慧，实现创新发展具有重要作用，互联网还是进行文化传播和宣传的重要方式，对于提升文化影响力，加强国际交流与合作有着显著的推动作用。各国发展数字经济成为不可逆的时代趋势。

二　数字经济总体规模不断扩大

数字经济的主要生产要素是数据要素，数据要素具有边际成本递减、边际收益递增以及无竞争性等特征。第一，边际成本递减、边际收益递增的特征使数据要素极易形成规模经济效应，大量数据带来更高收益的同时其代价极小，企业有很大激励积累数据，容易形成规模经济效应，获得更高收益。第二，边际收益递增不会形成内收的生产边界线，也为经济持续增长提供了必要条件。第三，数据要素还具有无竞争性，数据要素的使用者之间不是互斥的，同样的数据可以被无限复制、反复使用。在具备这些特性的条件下，建立在数据要素基础之上的数字经济发展不会受到有限的生产要素的制约，理论上具有无限发展与永续发展的可能。

数字经济的主要组织形式是平台经济，由于平台经济的特性，先进行创新进入市场的平台通常会因为网络外部性获得较高的市场份额，形成"赢者通吃"的垄断局面，且平台越大，其涵盖的厂商与用户的数量越多，其配置资源的效率越高，为社会创造的经济价值也就越高，不会形成传统产业垄断导致的资源浪费和效率缺失的现象。此外，由于平台是固定成本高，可变成本低的组织形式，其外部交易成本也低，平台进行扩张的成本很低，但是扩张会加剧网络外部性，使之能够包含更多的厂商与用户，获得更高的市场份额，其扩张的收益极高，所以平台有不断进行扩张的激励条件。此外，平台本身往往并不需要拥有平台上所交易的产品，平台的发展也不会受到有限的产品资源限制。所以，平台也具有不断扩张的能力。从理论上来讲，平台的发展也能无限增长，直到覆盖该产品与服务的全部范围。因此，数字经济既有发展的动力，也有发展的能力，规模越来越大是其发展的必然趋势。

三 产业数字化占据主导地位

数字经济主要包括数字产业化和产业数字化，随着数字产业化发展逐渐趋于平稳增长，产业数字化成为当前数字经济发展的重要力量，在数字经济发展中占据主导地位。产业数字化是当前传统产业转型升级，实现新旧动能转换的重要抓手，主要是指将实体经济与数字化技术相结合，而这种结合将成为高质量发展的重要方式。

第一，数字化技术与实体经济的结合能够极大地降低实体经济的成本。在生产之前，大数据的收集与处理有利于企业进行经营决策的分析与判断，对于企业发展规划具有决定性作用，直接影响企业的长期发展和生产过程的成本；在生产过程中，数字技术的使用可以极大地代替人工，提高企业生产效率，降低生产成本，互联网的使用也可以节省企业管理成本和运营成本；在生产之后，信息通信行业的发展与数字经济平台的使用推动了市场供需之间的精准对接，在降低企业沟通成本、运输成本与销售成本的同时，使企业能够实时接收消费者使用产品的现实反馈，从而对生产进行及时调整，提升企业运行效率，增加企业收入。

第二，数字经济推动实体经济产业链和分工的变革，催生了实体经济发展的新模式与新业态。互联网与数字技术在实体经济领域应用不断深化，推动原有产业链、价值链不断分化，并进行数字化改造，产业融合发展，企业柔性化生产，私人订制服务等生产方式逐渐发展成熟。在此基础上，基于数字化技术的新模式、新业态不断涌现，新的企业和生产组织方式开始形成。智能机器人、智能材料、能源互联网等新型制造业模式转为现实投入生产，在完善我国工业生产体系的同时，提升了传统工业生产部门的生产效率和生产效益。总之，针对当前经济增长速度慢、经济发展质量不高等问题，将实体经济与数字技术结合的产业数字化模式能够极大降低企业生产成本，提高生产效率并促进传统产业转型升级，构建产业发展新模式与新业态，其是促进经济高质量发展，实现经济增长动能转变的重要抓手，是数字经济的主要发展方向。

四 发展不平衡呈加剧趋势

数字经济的发展固然能够起到多方面的重要作用，然而其发展不平衡现象广泛存在，数字鸿沟的存在或将成为未来发展数字经济面临的重要问题。数字经济的发展状况受到当地收入水平、经济发展状况以及数字技术基础、政策发展环境等多方面的影响，使数字经济在不同地区之间发展差异大，数字鸿沟问题显著。

数字鸿沟主要有两种形式，最初的数字鸿沟主要体现在接入鸿沟上，是指经济体本身由于信息通信基础设施和技术水平的落后导致的数字经济发展水平的落后。各个国家和地区发展信息产业和接入互联网的时间不一样，其发展能力也不一样。发达国家和地区信息化建设起步早，加之其有强大的经济发展作为支撑，其数字化基础设施建设完善，互联网接入普及程度高，数字化技术水平高。然而对于欠发达国家和地区而言，其信息通信产业发展晚、发展慢，加之地区缺乏足够的资金支持进行数字化基础设施建设，难以有效起到支撑数字经济增长的作用。

当前数字鸿沟最主要的形式表现在数字应用鸿沟上。随着数字技术的发展，各国对于数字经济发展愈发重视，数字基础设施建设也逐步发展完善起来，对于数字技术的应用之间的差异成为当前数字鸿沟的主要表现形式。从供给角度看，经济发达的国家和地区通信行业历史悠久，数字技术水平高，企业依托自身强有力的技术条件和雄厚的资金支持可以大力发展数字技术研发创新。同时，在数字技术创新升级的基础之上，结合相对发展完善的产业体系进行融合发展，实现传统工业产业提质增效和数字化转型，培育发展更高效率的新业态、新模式，实现数字经济迅猛发展。从需求角度看，经济发达的国家和地区往往居民人均收入水平高，其消费能力也较强，消费需求多样化，对于数字经济发展的市场需求也大，激发着供给侧进行变革，实现产业数字化加速发展，推动数字经济蓬勃进行。而对于部分欠发达的国家和地区，从供给角度看，其数字经济发展的时间较短，信息通信行业发展尚未完善，数字技术水平也较为低下，加之其工业生产体系不够完善，处于产业生产链条价值链的底端部分，数字化技术应用与产业生产相融合的产业数字化发展较为落后。从需求角度看，这些欠发达的国家和地区人群的收入水平低，购买力也弱，针对数字化产品与服务的消费能力差，难以作为激励引导数字经济发展，使其数字经济发展规模总体较小，难以支撑经济持续快速发展，实现新旧动能转化。而在不解决这些基础面的情况下，数字经济的发展会进一步加剧二者之间的发展差距，数字经济的发展将更加不平衡。

五 向万物互联与智能化时代迈进

随着数字技术的进一步发展，以大数据、5G、人工智能、互联网、云计算等为代表的新型数字技术蓬勃发展起来，将成为未来数字经济发展的技术主动力，推动社会向万物互联与智能化时代迈进。当前我国互联网发展迅速，实现了大范围的人群覆盖，消费者与产品、服务、厂商之间实现了广泛的连接。如今5G技术的迅速发展将以强有力的技术支撑构建一个万物互联的新时代。一方面，5G将以超高速的网络接入与解析速度为用户提供超高清视频、浸入式游戏等全新产品，营造用户新的业务体验，实现虚拟现实的突破发展，进一步升级人与人、人与产品之间的互联；另一方面，5G技术同样能够满足物联网所需要的技术要求，支撑传感器、识别技术等核心要素的发展，推动物联网的进一步发展进步，实现物与物之间、物与人之间的广泛连接，从而保证对物品与过程的识别与控制管理，推动自动化的迅速发展，形成全社会万物互联的崭新局面。

同时，全面智能也将成为数字经济的发展趋势与重要发展方向。科技革命发展的重要目标就是实现机器对于人力的替代，随着大数据、芯片制造与人工智能技术的不断发展与进步，发展智能机器人和人工智脑等能够代替部分人脑工作的新型技术将是未来数字经济行业的主要着力点所在。此时的智能技术并不是对于工厂等简单劳动的替代，而是通过深度学习等方式使人工智能能够拥有自主处理信息、自主决定生产等能力，实现全自动的生产。在生活方面也能通过感知与分析，表现出"类人"的特征，更好地满足人们多方面的需要。此外人工智能技术能够与医疗、教育、交通、金融等多个领域实现深度融合发展，提高社会整体运行效率与运行质量。

关键概念

数字经济；数字产业化；产业数字化

思考题

1. 请简述数字经济的含义是什么？
2. 请简述数字经济的特征是什么？
3. 请简述当前数字经济发展的趋势是什么？

第二章 数字经济学概论

第一节 数字经济学的相关概念

一 数字经济的内涵

数字经济（digital economy）最早由唐·塔普斯科特（Don Tapscott）在1996年出版的《数字经济》中提出的①。1998年美国商务部发布的《兴起的数字经济》使这一概念广为人知。近年来，随着大数据、云计算、人工智能等数字技术与经济活动的不断融合，数字经济"逆势上扬"，成为各国稳定经济增长、实现经济复苏的关键抓手。数字技术发展使数字经济内涵不断丰富，目前比较常用的概念是《二十国集团领导人杭州峰会公报》中关于数字经济的定义："以使用数字化的知识和信息作为关键生产要素、以现代信息网络作为重要载体、以信息通信技术的有效使用作为效率提升和经济结构优化重要推动力的一系列经济活动。"这一定义强调数字经济的两个关键特征：数字化知识和信息即数据成为关键生产要素；现代信息网络和信息通信技术即数字技术改变了生产方式。此外，中国信息通信研究院将数字经济定义为：以数字化的知识和信息作为关键生产要素，以数字技术为核心驱动力量，以现代信息网络为重要载体，通过数字技术与实体经济深度融合，不断提高经济社会的数字化、网络化、智能化水平，加速重构经济发展与治理模式的新型经济形态。其涵盖了四个维度：一是数字产业化，即信息通信产业，具体包括电子信息制造业、电信业、软件和信息技术服务业、互联网行业等；二是产业数字化，即传统产业应用数字技术所带来的产出增加和效率提升部分，包括但不限于工业互联网、两化融合、智能制造、车联网、平台经济等融合型新产业新模式、新业态；三是数字化治理，包括但不限于多元治理，以"数字技术+治理"为典型特征的技管结合，以及数字化公共服务等；四是数据价值化，包括但不限于数据采集、数据标准、数据确权、数据标注、数据定价、数据交易、数据流转、数据保护等。从数字经济这一内涵来看，同样具备两个特征，即数据成为新的生产要素与数字技术为底层支撑。

---

① Tapscott Don, 1996, *The Digital Economy*: *Promise and Peril in the Age of Networked Intelligence*, New York: McGraw-Hill.

二 相关概念辨析

20世纪90年代以后,信息技术的发展对社会产生的影响不断加深。对于信息技术融入社会与经济这一过程的定义,在不同发展阶段不尽相同,产生了不同的概念。除了早期的"信息经济"和近年的"数字经济",还存在网络经济、知识经济、新经济、智能经济等一系列概念。这些概念产生于数字经济发展的不同阶段,反映出了不同时期人们对信息技术引起的社会变革的不同角度的理解。

(一)信息经济

信息经济是一种日益强调信息活动和信息产业重要性的经济。信息经济理论开创者马克卢普和波拉特认为,信息经济是指以生产、获取、处理和应用信息为主的经济[①]。20世纪80年代,美国经济学家保尔·霍肯(Paul Hawken)在《未来的经济》中明确提出信息经济的概念,并描述信息经济是一种以新技术、新知识和新技能贯穿于整个社会活动的新型经济形式,其根本特征是在经济运行过程中,信息成分大于物质成分,而且占主导地位,还有信息要素对经济的贡献[②]。信息经济可以从宏观和微观角度理解。宏观信息经济研究信息作为生产要素的特征、功能以及对经济系统的作用条件和作用规律,它同知识经济相通,属于同一个范畴;微观信息经济是分析信息产业和信息产品的特征、在整个国民经济中的地位和比重以及信息对国民经济的贡献,强调的是信息产业部门经济。

信息经济是与"数字经济"最相似的概念,也是引起最广泛研究的概念之一。事实上,二者既存在时间上的顺承关系,也存在显著的内涵差异。一方面,数字经济由信息经济发展而来,是信息经济发展的高级阶段。20世纪中叶,微电子技术和集成电路水平的提升,加上信息存储基础设施的突破,即第二代晶体管电子计算机的发明,极大地提高了信息和知识的存储能力。20世纪50年代,数字技术扩散至其他领域,在其他产业的应用与融合过程中,对产业结构和经济社会发展产生了深远影响。1959年,美国经济学家马尔萨克(J. Marschak)在文章《信息经济学评论》中正式提出信息经济学(economics of information)一词,标志着微观信息经济学的产生。他讨论了信息的获得使概率的后验条件分布与先验的分布有差别的问题,之后又研究了最优信息系统的评价和选择问题[③]。20世纪七八十年代,在集成电路的规模化、微型处理器的出现等条件下,数字技术与其他产业部门的融合进入加速阶段,新现象的出现进一步丰富了信息部门的内涵。1977年,马克·波拉特在《信息经济》中提出信息经济测度的波拉特范式。他将产业分成农业、工业、服

[①] [美]弗里茨·马克卢普:《美国的知识生产与分配》,孙耀君译,中国人民大学出版社2007年版;[美]马克·尤里·波拉特:《信息经济》,袁君时、周世铮译,中国展望出版社1987年版。
[②] [美]保尔·霍肯:《未来的经济》,方韧译,科学技术文献出版社1985年版。
[③] Marschak J., Miyasawa K., 1968, "Economic Comparability of Information Systems", *International Economic Review*, 9: 337–374.

务业、信息业,把信息部门分为第一信息部门(向市场提供信息产品和信息服务的企业所组成的部门)和第二信息部门(政府和企业内部提供信息服务的活动所组成的部门),通过产出与就业两个方面,运用投入产出分析,对 1967 年美国的信息经济的规模和结构作了详尽的统计测算和数量分析。该研究表明在工业经济时代,信息已经成为重要的生产要素,能够促进生产力的进步与发展①。信息经济的研究开始受到重视。1976 年美国经济学会在经济学分类中正式列出信息经济学,1979 年首次召开国际信息经济学学术会议,1983 年《信息经济学和政策》国际性学术杂志创刊。与此同时,还出现了一批信息经济学教材,如澳大利亚国立大学教授兰伯顿于 1984 年出版的《信息经济学的出现》《信息经济学与组织》等,系统地介绍信息经济学的产生与发展过程②。

另一方面,数字经济在技术基础、经济拉动、产业变革和社会变革等方面都呈现出与信息经济不同的特征。20 世纪八九十年代,互联网技术日益成熟,生成了全球范围的海量数据,给原有基于分散的终端进行数据处理的能力带来了极大挑战,促使数字技术新特征的发展。20 世纪末,大数据、云计算等新兴数字技术发展迅猛,带动数字技术从信息产业的外溢,在促进传统产业数字化的同时,也催生了新的产业和新的经济运行模式。数字化产业和产业数字化现象超越了之前学者提出的第一信息部门和第二信息部门范畴,尼古拉·尼葛洛庞帝基于上述背景,预见性地在其出版的《数字化生存》一书中,提出"数字化"③。1996 年有"数字经济之父"之称的唐·塔普斯科特在《数字经济》一书中提出数字经济概念,预见性地提出美国信息高速公路普及之后将出现新的经济体制,宣告数字经济时代的到来④。1998—2000 年美国商务部连续三年出版了《浮现中的数字经济》(Ⅰ、Ⅱ)和《数字经济》的研究报告。21 世纪,数字经济的概念不断传播,被广泛接受和使用。经济合作与发展组织(OECD)的相关研究报告开始使用数字经济展望取代了之前的通信展望、互联网经济展望和信息与通信技术展望。从信息经济概念到数字经济概念使用上的变化,体现了数字经济的发展演化过程,在数字技术在经济部门更加广泛的渗透、应用及融合的背景下,数字经济将以更广泛、更深入、更高级的方式为经济社会的发展带来更为深刻的变革⑤。

(二)网络经济

网络经济(又称互联网经济)是信息网络化时代产生的一种崭新的经济现象。网络经济兴起于 20 世纪 90 年代中期,经历了 2000 年前后的互联网泡沫之后进入蓬勃发展阶段,并从网络宽带逐渐发展到移动互联网的新阶段。广义上,网络经济是指基于互联网进行的以资源的生产、分配、交换和消费为主的新形式经济活动。在当今发展阶段中,主要包括

---

① [美] 马克·尤里·波拉特:《信息经济》,袁君时、周世铮译,中国展望出版社 1987 年版。
② 王明明:《信息经济学的发展历程与研究成果》,《中国信息界》2011 年第 10 期。
③ [美] 尼古拉·尼葛洛庞帝:《数字化生存》,胡泳、范海燕译,海南出版社 1996 年版。
④ Tapscott Don, 1996, *The Digital Economy: Promise and Peril in the Age of Networked Intelligence*, New York: McGraw-Hill.
⑤ 宋爽:《数字经济概论》,天津大学出版社 2021 年版。

电子商务、即时通信、搜索引擎、网络游戏等形态，在网络经济的形成与发展过程中，互联网的广泛应用及电子商务的蓬勃兴起发挥了举足轻重的作用。互联网是网络经济存在的基础条件，电子商务是其核心。这主要是由于网络经济是伴随国际互联网的发展而产生出来的。因此围绕国际互联网发展起来的一些新兴行业是网络经济不可缺少的一部分。在互联网经济时代，经济主体的生产、分配、交换和消费等经济活动以及金融机构和政府职能部门等主体的经济行为，都越来越多地依赖网络，从网络上获取大量经济信息，依靠网络进行预测和决策以及直接在信息网络上进行交易。国际互联网的发展改变了过去传统的交易方式，使国际互联网成为传统经济一个便捷的交易平台，因此原来通过传统的方式进行的交易活动演变成通过国际互联网进行的交易活动，即电子商务，应当视为网络经济的重要组成部分。

网络经济是以现代信息网络为载体，以信息技术为根本动力，以知识和信息为核心生产要素的经济形态。数字经济也是以现代信息网络为载体，以工业互联网平台为依托，以数字技术为根本动力，以富含知识和信息的数据为核心生产要素，促进经济效率提升与经济结构优化升级的一系列经济活动。在网络上交易的产品要么是信息产品，要么是经过数字编码后才能网上交易的实物产品，所以网络经济的核心是通过网络生产、交易和传输的数字化编码产品，故也把网络经济称作数字经济。美国政府发布的数字经济报告认为，数字经济是信息、知识和技术驱动引发的经济转型及社会影响，主要包括电子商务及信息产业两个方面，大致和网络经济内容相当，但与网络经济相比，数字经济强调信息技术的数字化所带来的效率提升和经济转型，而网络经济则更强调信息技术与经济的网络化特征及效应。

网络经济、信息经济是以互联网络和信息技术的使用为中心，减少不可再生资源的利用，增加利用可再生的信息资源，小批量、定制化地生产多样性的信息商品；借助信息技术，信息收集、传递、存储、加工的速度越来越快，可以更准确地反映市场需求的动态变化与发展方向，甚至人们的生活方式、社会连接方式也发生了根本变化。数字经济是以大数据、云计算等数字技术的使用为中心，主要依靠可再生资源，以富含知识和信息的数据为主要生产要素，大批量、定制化、柔性化地生产多样化的数字商品，移动互联、大数据、云计算、人工智能等数字技术为生产者、消费者提供了一个便捷、低成本的生产与交易场所，经济主体可以借助数字技术平台充分把握市场信息，精准生产多样化的产品与服务、购买更加适合自己需求的个性化产品以及物美价廉的新服务。另外，数字技术使社会变得更加透明，信息传播更加快捷、畅通，使传统经济下的信息不对称现象大为改观，从而使消费者主权得以充分体现，可以认为数字经济是信息经济、网络经济的高级阶段。

（三）知识经济

早在20世纪初兴起的"社会主义（计划经济）运算论争"（socialist calculation debate）中，哈耶克便提出了著名的"知识分工"（division of knowledge）学说——知识分散在个体之中，任何个人或组织不可能掌握经济有效运行的全部知识①。1962年弗里茨·马克卢普在其著作《美国的知识生产与分配》中，系统论述了知识和知识产业（knowledge industry）的经济地位。他将知识产业定义为生产知识和提供信息服务或生产信息产品的组织或机构②。1968年经济学家彼得·德鲁克提出了"知识经济"一词，指出知识经济是指利用知识创造商品和服务，强调知识和技能在服务经济中的重要性。在丹尼尔·贝尔的"后工业社会"理论和阿尔温·托夫勒的"第三次浪潮"学说的全球传播背景下，1997年OECD出版了代表性报告《以知识为基础的经济》，认为知识经济是以知识为基础的经济，直接依赖于知识和信息的生产传播与用③。该报告将知识经济定义为建立在知识的生产分配和使用（消费）之上的经济。其所述内容包括人类迄今为止所创造的一切知识，最重要的部分是科学技术、管理及行为科学知识。

从生产要素的角度看，知识要素对经济增长的贡献高于土地、劳动力、资本等，因而知识经济是一种以知识为基础要素和增长驱动器的经济模式。数字经济与信息经济、网络经济、知识经济之间的确存在差异。信息经济强调信息技术相关产业对经济增长的影响；网络经济强调互联网进行的以资源生产、分配、交换和消费为主的经济活动；知识经济强调知识作为基础要素在经济发展中的作用，数字经济则突出表现为整个经济领域的数字化。数字经济以信息通信技术的重大突破为基础，以数字技术和实体经济融合驱动的产业梯次转型及经济创新发展为引擎，将有助实现经济发展的新飞跃。随着新一代信息技术的颠覆式创新与融合式发展，当前发展数字经济的重点不再是发展以阿里巴巴、腾讯等企业为代表的互联网企业，而是已经转变为推动互联网、大数据、人工智能和实体经济深度融合。数字经济绝不是特指少数互联网领军企业，而是要大力推进全产业、全主体、全要素、全业务、全渠道的数字化转型。

知识经济的产生是人类发展过程中知识积累到一定程度的结果，并最终孕育了信息技术和互联网的诞生。同时，信息技术和互联网的广泛应用进一步促进了人类知识的积累，并加速人类向数字时代的过渡。知识的不断积累是当今世界变化的基础；信息产业、网络经济的蓬勃发展是当代社会发生根本变化的催化剂；数字经济则是发展的必然结果和表现形式。由此可见，这几个概念相辅相成，一脉相承。

（四）新经济

"新经济"一词最早出现于美国《商业周刊》1996年年底发表的一组文章中。《商业周刊》在界定这个名词时指出，新经济是以信息革命和全球化大市场为基础的经济。1997年11月17日，《商业周刊》载文重申，在美国确实存在新经济，并指出新经济同传统经济的主要区别在于：产业结构进一步高级化，经济增长的主要动力是高技术产业，特别是信息产业。随着"网络股"的飙升，国内外的许多人在许多场合把以信息、网络业为代表

---

① 转引自任保平等《数字经济学导论》，科学出版社2022年版。
② ［美］弗里茨·马克卢普：《美国的知识生产与分配》，孙耀君译，中国人民大学出版社2007年版。
③ 经济合作与发展组织编：《以知识为基础的经济》，杨宏进、薛澜译，机械工业出版社2007年版。

的新科技产业或科技板块称为新经济,而把其他的传统产业称为旧经济。在1999年美国商务部的报告中将新经济定义为侧重于宏观经济发展新阶段、新形态,包括信息经济、知识经济与网络经济等①。

新经济作为一种新生事物,与传统的工业经济相比,其特点为:知识的作用日益突出,知识成为关键的生产要素;创新成为核心动力,创新是新经济兴起和发展的基础;数字和网络成为重要的信息平台和创造财富的工具。

(五)智能经济

智能经济的出现与以往的工业革命有着本质差异。智能经济借助机器人等智能设备,在更大程度上代替人类的脑力劳动,产出高附加值的产品或服务②。"第二次机器革命"的特点在于自动化、数字化和智能化,它对人类劳动的替代效应更为明显③。

智能经济是由智能技术推动形成和发展的一种新的经济形态。智能经济是建立在智能技术基础之上的,重视技术应用与社会经济发展的深度融合,以智能产业化和产业智能化为主要形式,以智能城市、智能交通、智能家居等为应用领域,推动生产生活方式实现智能化的全新的一种经济形态。2019年1月,阿里研究院在《解构与重组:开启智能经济》报告中指出,智能经济是使用"数据+算法+算力"的决策机制去应对不确定性的一种经济形态,具有以数据为关键生产要素、以人机协同为主要生产和服务方式、以满足海量消费者的个性化需求为经济价值追求方向三个特征。尽管智能化技术能否带来经济增长存在争议,但报告中依然描绘了智能经济的未来图景依赖强大的计算能力,满足用户实时、个性、碎片化的需求,并据此进行生产,实现供需之间的精准匹配。这个全新图景的实现依赖于新的物种。早在20世纪50年代,经济学家赫伯特·西蒙就提出智能代理模式,最简单的智能代理就是机器人④。智能时代,智能机器将更广泛地应用到人类工作、生活的各个领域,成为智能经济发展的关键物种。

第二节　数字经济学研究的对象与基本范围

一　数字经济学研究对象

数字经济是以现代信息网络为主要载体,以信息通信技术融合应用、全要素数字化转型为重要推动力,促进包容、创新、高效和可持续发展的新经济形态。数字经济在生产要素、生产力与生产关系方面均发生了全面而深刻的变革。其中,数据已经成为关键生产要

---

① 转引自靳涛《从新经济的兴起看技术创新与制度创新》,《南京社会科学》2004年第11期。
② 穆良平、姬振天:《中国抢占智能经济发展先机的战略要素及重点领域》,《理论探讨》2017年第4期。
③ 陈永伟、曾昭睿:《"第二次机器革命"的经济后果:增长、就业和分配》,《学习与探索》2019年第2期。
④ 转引自苟尤钊、吕琳媛《智能经济:基于个人智能助理的思考》,《学习与探索》2019年第7期。

素，云计算、大数据、人工智能已经成为数字经济的重要生产力，网络基础设施构成了新的生产关系。从经济史和经济思想史的角度来看，每一次新技术的出现都会带来经济形态的转变，而在这些变化中所产生的新现象，则会对当前经济学理论产生冲击。例如，以蒸汽机为代表的第一次工业革命，催生出了新古典经济学；以电气技术和内燃机技术为代表的第二次工业革命，促使产业结构向重工业发展，资本和技术创新成为当时的主要生产要素，催生了宏观经济理论、垄断竞争理论、创新理论等，不断地扩充和拓展经济学基础理论体系。当然，数字经济的产生与发展，也会给传统经济学理论带来挑战。这就需要我们运用新的经济学理论来解释当前数字经济下的各种经济现象。

数字经济学作为一门新兴的经济学学科，经济学是研究资源配置、利用与创造的科学，那么数字经济学的研究对象就是数字经济背景下资源配置、资源充分利用和新资源创造的理论与实践。从理论和实践上来看，数字经济学是研究数字经济发展中资源配置、资源充分利用和新资源创造等规律的新兴交叉学科。

二　数字经济学研究范围

数字经济学是研究数字经济背景下资源配置、资源充分利用和新资源创造的理论与实践。其研究范围涵盖了宏观、中观以及微观问题，在宏观方面主要是研究数字经济学的运行逻辑和经济本质理论的抽象，中观方面主要是围绕产业经济、行业经济、区域经济等领域而展开研究，微观方面研究企业的数字化转型，包括企业生产、经营、管理等各个领域。

从宏观方面来看，数字经济学主要研究数字经济的发展规律与经济作用。与农业经济和工业经济相比，数字经济中数字技术和数据在经济发展中的作用得到日益强化，生产方式与生产关系发生了显著变化，经济的数字化转型已经渗透到生产、分配、交换、消费的全过程。数字经济学研究应从概念、历史、性质、方法等基本问题出发，明确数字经济在经济中的作用与地位，研究完善数字经济统计方式、计算标准、测度指标体系，评估数字经济的规模、结构与特征。重点研究数字经济发展对宏观经济的影响，如数字经济发展对经济增长、经济周期波动、失业、通货膨胀、国家财政、国际贸易等的影响。在研究生产方式与生产关系的发展规律的同时，还要研究优化生产方式、完善生产关系的路径。如何推动数字经济可持续发展，也是宏观层面的重点研究方向之一，例如，研究如何为数字经济提供合适的经济政策指引和营造良好的发展环境，如何提高数字经济发展的质量。

从中观方面来看，数字经济学主要研究数字产业化、产业数字化和数字市场等问题。首先，数字产业化是数据和数字技术产业化的结果，研究内容应包括数字产业的发展趋势与规律、数字产业的规模测量、数字产业的经济影响以及数字产业的结构性特征。既包含数字产业结构调整对就业结构、收入结构、经济增长等定量实证性研究，又包含对产业结构升级和经济可持续发展等问题的定性判断①。其次，产业数字化主要探讨数据和数字技术提高要素配置效率、激发市场活力、推动产业质量变革的内在机制，分析数字化转型对传统产业的边界、供需、竞争力等方面的影响。最后，数字市场是基于数字技术的虚拟市场。虽然数字市场对经济发展的积极影响日益显现，但是对于数字市场的整体认知和理论研究还有待进一步加强。一方面，如何更好地发挥数字市场的积极作用，降低交易双方信息不对称和交易费用，提高交易效率，将成为数字市场的研究重点。另一方面，数字市场可能存在信息泄露和监管漏洞，诈骗、侵权、非法集资等网络犯罪行为屡见不鲜，市场制度规制明显滞后，如何保证数字市场的健康有序发展是数字经济学不容忽视的问题。此外，为适应数字市场的发展，研究与之匹配的相关法律法规，明确各数字市场主体权责，也是数字经济学领域中研究的重要课题。

从微观方面来看，数字经济学主要研究消费者行为与企业数字化转型问题。一方面，关于数字经济下消费者行为的研究建立在信息非对称这一基本事实和个人效用最大化的假设前提之下，核心研究内容是数据和数字技术对个人经济行为的影响。信息搜寻成本的下降和信息可得性的提升使个人对产品质量、性能、服务、成本等有了更深入的了解。在这种情况下，消费者的偏好、预期、支付意愿如何调整，市场中逆向选择问题、道德风险问题、委托—代理等问题如何演进，都是今后数字经济学需要解决的核心问题。另一方面，企业数字化转型是传统企业利用数字技术和数据对生产流程、组织架构、商业模式进行全要素、全流程、全方位的重塑。这一进程降低了生产要素成本，提高了产品技术含量与企业生产效率，并通过发展路径变革发掘新商机、探索新模式，催生出新产品。因此，如何推动企业数字化转型、提高企业竞争力而展开，并将如何优化政策环境、培育企业创新能力、激发企业转型活力等方面也作为数字经济学研究的重要方向。

关键概念

数字经济；信息经济；网络经济；知识经济；新经济；智能经济；研究对象；研究范围

思考题

1. 如何定义数字经济的内涵？
2. 与数字经济学相关概念有哪些？
3. 数字经济的研究对象和范围是什么？

---

① 肖旭、戚聿东：《产业数字化转型的价值维度与理论逻辑》，《改革》2019年第8期。

第三章 数字经济学的方法论与十大问题

作为一门社会科学,经济学的研究范式和研究对象随着社会实践的不断发展而不断演进与发展。目前,随着人类社会进入崭新而全面的阶段,实践基础也发生了天翻地覆的变化,这无疑将会给经济学带来新的研究方法和研究问题,从而对经济学研究与创新产生深远影响。

21世纪以后,人类社会最为显著的特征是信息技术全面而快速地应用。现代信息技术的广泛使用意味着人们相较于过去首次拥有了大规模获取、存储和分析数据的能力,快速增长的数据也首次作为关键要素登上人类历史的舞台。在这样的时代背景之下,经济学研究需要适应大数据时代要求,勇于创新与变革,利用好现代信息技术的研究工具,从而对不断发展和变化的数字经济的规律进行准确研判,进而推动建立起更好的大数据产业和更为完善的相关经济形式,这也就成为现阶段数字经济学这门科学所面临的现实课题。

本章从大数据时代经济学研究方法的变革、数字经济学分析中的数学、案例与大数据问题和数字经济学的十大问题入手,具体讨论在目前社会发展阶段数字经济学的方法论与面临的十大研究问题。

第一节 大数据时代经济学研究方法的变革

研究方法是随着研究对象的不断发展而演进的。大数据时代经济学研究方法的不断演进正是基于研究对象在具体形式和基本内容上均发生了深刻改变的必要适应。全新的研究对象呈现的新特点和新趋势,对于传统的经济学研究范式产生了不可阻挡的冲击与改变。正是在这样的背景下大数据时代经济学研究方法自然也发生了深刻的变革。随着现代信息技术的发展,新的研究工具也开始出现并得以推行和使用。本节内容主要围绕着大数据时代经济学研究对象的演变、研究方法的变革和新的研究工具三部分内容展开。

一 研究对象

研究对象在一门学科当中处于枢纽性地位,在串联起学科研究脉络的同时肩负起揭示学科规律和指导具体实践的重要任务。经济学的研究对象从本质上来说是人类经济活动的客观规律与必然趋势，即归结于社会生产关系及其发展规律。从抽象的角度而言，这一研究对象并不会随着时代的变化而受到根本影响。但是在实践层面来说，研究对象的具体表现形式和实际载体却会受到不同时代生产力水平的限制，从而反映出新特点和新性状。正如马克思所言："手推磨产生的是封建主的社会，蒸汽磨产生的是工业资本家的社会。"[①] 因此，随着时代的不断发展，经济生活中新的问题与规律特点也将成为该时期经济学研究的中心课题。

大数据时代的经济学研究对象的特点发生了显著变化，这冲击了传统经济学既有的研究范式。通常我们所讨论的经济活动，无论是农业耕种、工业制造又或者是商业服务等类型的具体形式，其通常都具有以下三个主要性质：物理性、空间性以及耗时性。物理性主要是指在经济活动中劳动对象通常具有物质载体的形式，在劳动过程中也紧密围绕着劳动对象和劳动工具的物理空间和物理数量改变，如将电子元器件通过加工的方式连接到电路板上，使用锄头耕种需要犁地的农田等。空间性是指经济活动通常是一定时间内在一个既定范围内的空间内发生的，无法跨越现实空间距离同时进行，如在工地内的建筑活动、工厂内的机械加工等。耗时性是指经济活动当中的劳动过程具有承前启后、紧密联系的特点，在包括流通、交易等中间环节则有着较大的时间耗费，无法实现同一时间内的共同劳动。而进入大数据时代以后，以数据为主要生产要素的经济活动日益凸显其重要性，其与传统经济活动的融合也带来了新特点和新挑战。数字经济活动的特点与传统经济活动的三大性质不同，其具备了跨越时空和超越物理的属性。数字经济活动能够跨地区同时进行，并且传递不再受到物理空间的严格限制，如在代码数据库的维护过程当中，两地算法工程师能够同时对代码库进行编辑和修订。而在互联网平台上产生的订单与支付，也不再受到现实物理的约束。正是在这样的背景下，要求经济学针对研究对象的新特点和新属性找到更为适宜的研究方法和研究工具。

二 研究方法

大数据对传统的经济学研究方法形成了新的挑战与机遇。在过去的经济学研究当中，由于受信息采集、存储和分析能力等客观上的限制，定量分析相对比较薄弱。传统定量分析的缺陷体现在样本数量较少、数据结构单一和分析滞后性三个方面，而对于大数据的合理运用则能够有效地弥补这些不足。

首先，相较于大数据时代的经济学而言，传统经济学研究活动收集信息的方式更为有限，这就导致了研究难以得到足够的样本进行必要的分析，由于样本缺乏代表性会带来异质性干扰，这就会严重影响定量分析的科学性和合理性。大数据时代则不会存在这样的问题，取而代之的是更为高效、便捷的数据采集存储方式，以及海量数据的分析。以问卷调

[①] 《马克思恩格斯文集》（第1卷），人民出版社2009年版，第602页。

查方法为例，传统经济学问卷调查就存在费用高、人工多、样本少三大缺点，而大数据时代通过网上发布调查问卷的形式能够更为便利获取到必要的研究数据，其调查主体通常也具有更高的多样性。

其次，传统经济学无法存储到多元形式的分析数据，其数据形式通常为单一结构的数值形式，这样的处理无疑剥离掉了更多的有价值信息。而在大数据时代，通过对于包括声音、图像和视频等形式的分析数据的采集与储存，则能够保留更为多元和多维的信息。例如，在传统经济学时期，关于贫困的数据标准是单一的数值形式，而大数据时代能保留的其他形式数据则能够更为直观和显著地反映数值所无法解释的信息。这无疑为研究提供了更为有价值的分析途径和角度。

最后，由于传统经济学收集的数据只能作为事件发生后的总结和分析，无法通过较为合适的形式来进行有价值的预测和分析，因此其现实意义难免大打折扣。但是通过对大数据的合理利用，能够在事件发生之前就通过精密的算法和较为发达的人工智能模拟出实践活动的可能性结果与具体概率，从而更有价值地指导具体实践。在现实生活中，诸如此类模拟和预测已经广泛运用于各行业的经济活动和其他行为中，发挥了不可替代的重要作用。

需要指出的是，定量分析这类研究方法并非一定比定性分析更具有科学性和合理性。任何的定量和定性分析都有其开展所必须具备的前提条件，如果这些前提条件得不到满足，其科学性的基础也将被削弱。事实上，不应当树立某种研究方法就是最好的方法的绝对思维，而是应该根据研究问题的性质和研究材料的特点采取最为合适的方法。

三　研究工具

研究工具作为研究方法的具体实践形式有着重要的意义。如同劳动工具在劳动过程中的重要性一般，研究工具在研究活动当中也十分关键。其进步与发展也体现着时代社会实践的特点，是生产力不断发展的典型标志之一。大数据时代，传统的研究工具已无法较好地满足现阶段研究的需要，在这样的需求下，新的研究工具被创造出来并得到了广泛的应用，这极大地提高了人类社会的研究能力和创造能力。

研究工具的硬件在大数据时代得到了充分的发展。在经济学研究工具的硬件当中最为重要的就是计算工具，其发展也助推了经济学的不断活跃和向前发展，这是通过使更多人们能够接触到大量计算能力的方式完成的。从我国古代的算筹与算盘，到17世纪苏格兰人发明了首个可以计算四则运算和方根运算的精巧装置，到1896年美国IBM公司前身的创立，期间的计算器械主要以机械机构为主，运行方式上也是简单的机械运行方式，无法进行超越人脑计算能力的计算。而1906年电子管的发明标志着电子计算机的时代正式开始。1946年ENIAC作为第一台真正意义上的数字电子计算机问世，表明了人类计算能力的飞跃。1947年的晶体管技术被正式发明和应用，使由政府主导的更为精密和复杂的科学研究成为可能。而后集成电路的创造和广泛使用，意味着个人用户也能够使用具有高效计算能力的硬件设备，从而可以让更多的专业研究者使用上具有高速计算能力的硬件设备。现在由于互联网络技术的大规模普及，依托于网络服务器的云计算已经能够使研究者脱离自身硬件设备的限制而获取到足够使用的计算能力，通过一台个人用户的移动设备也能够完成在 20 世纪之初无法解决的计算难题。这充分降低了经济学数据分析的门槛，并推动了经济学研究的普及和发展。

现代化的经济学研究软件应用也是大数据时代经济学的重要标志。大数据时代，经济学研究面临的是大量乃至海量的经济数据，对这些研究资料的筛选与分析便成为一个棘手的问题，计算机分析软件的出现和应用帮助研究者们解决了这一问题。在现有的经济学实证分析研究领域，主流的分析软件包括 STATA、SAS、SPSS、Eviews、Python 等。这些数据处理软件的使用，使获取、处理和分析经济数据不再成为研究路上的障碍，有力地促进了经济学研究的发展和普及。

第二节 数字经济学分析中的数学、案例与大数据问题

数字经济学分析是指对于数字经济活动进行经济学分析的方法。与传统经济学分析的典型范式有所区别的是，数字经济学分析当中对于数学科学的前沿研究成果、单一案例的多维视角把握和对大数据进行合理使用这三重领域的运用是更为看重的。事实上，正是由于对这三类方法的广泛应用和有效使用，使数字经济学分析具有更高的科学性和合理性，分析结论也有着更好的适用性和更高的理论价值。本节内容将围绕着数字经济学分析中的数学、案例与大数据问题三个方面展开，具体讨论数学、案例与大数据在数字经济学当中的运用与使用。

一 数字经济学分析中的数学

数学是研究数量、结构、变化、空间以及信息等概念的一门学科。数学在经济学分析当中始终承担着最为基础的研究理论基础，数学理论和假设在经济学当中的重要作用是不可或缺的。从古典主义经济学开始，数学理论便一直贯穿着经济学这门科学的发展史。一方面，数学理论的发展能够推动经济学研究领域的不断创新与突破，更为逻辑严密的数学理论能够推动经济学分析的科学化和逻辑化，更为直接和简单的数学语言表达则推动了经济学分析表述更为清晰和易懂，而类似于一元微积分和线性代数等高等数学理论的发展，也使经济学理论出现了重大突破和发展，其中最为典型的代表就是微积分的广泛应用与边际学派的出现和发展。当然，经济学分析当中的现实需要也会反过来促进数学前沿理论的完善。可以说数学这门学科与经济学之间是相辅相成、融合发展的关系。

数字经济学分析十分看重数学方法的科学运用。众所周知，数字经济学立足于经济学基础，自然要求较好地掌握现代经济学的基本方法，这些基本方法就包括了基本的数学思

想与理论。同时数字经济学本身是在经济学的基础上交叉融合了数学、管理科学、计算机科学等前沿学科与技术，因此在研究当中也需要掌握其他学科的最新理论研究。数字经济学当中的人工智能融合领域、互联网云计算、神经网络、大数据分析与研究都离不开当代最为前沿的数学理论支撑。还有时下较为流行的区块链技术，其本质上就是通过数学计算来得到唯一解的过程。另外，由于数字经济领域进行分析的数据通常为可以量化对象典型标识的数值型数据，这也为使用恰当的数学模型奠定了良好的基础。由此可见，无论是就数字经济学这门学科本身的发展要求而言，又或者是从研究方法、研究工具和研究数据的角度出发，数字经济学分析都需要客观认识到数学学科的重要性并将其充分合理地进行使用。

当然，必须要指出的是数学并不是数字经济学分析的唯一解或者无条件的最优解。就如研究方法中的定量分析方法一样，过度追求数学分析方法在实践当中的完美匹配也有着必然的缺陷和短板。比如为了实现最优理论模型会剥离和抽出许多看似"不必要"的信息和假设，从而与现实生活的实际相悖。又比如为了追求纯粹数字模型的完美而主动对研究数据进行筛选，从本质上背离科学研究的基本客观立场和科学真理性。因此，在使用数学分析方法时一定要注意需要满足其展开的必要条件，才能够真正意义上做到经济研究的实事求是。

二　数字经济学分析中的案例

数字经济学分析中的案例有其特殊性，这是由于数字经济研究对象本身的特点所决定的。从总体上来看，数字经济分析的案例通常具有三个特点：融合性、开放性以及两极性。在数字经济的分析当中，也需要认真甄别案例是否满足这三个特点，从而能够完全地准确把握其本质特征。

数字经济的案例通常具有融合性。融合性是指由于数字经济本身是与"互联网+"具有紧密相关的关系，因此具备跨地域、时间、空间、自然资源等条件限制的能力，进而较为容易形成跨行业、跨区域的融合性产业经济主体。数字经济包括数字产业化和产业数字化两部分：一是数字产业化，也称为数字经济基础部分，即信息产业，具体业态包括电子信息制造业、信息通信业、软件服务业等。而实际上，信息产业通常服务于实体产业运行和经营需要，因此本身就具有融合发展的特点。二是产业数字化，即国民经济各行各业由于数字技术应用而带来的产出增加和效率提升，也称为数字经济融合部分。因此，数字经济是一种融合性经济。其价值主要体现在实现经济赋能，即数字技术赋能传统行业以促进高质量发展和实现规模效应。从这样的角度来说，选取数字经济分析的案例需要重视案例的融合性，从全方位和多角度具体把握案例的特征，避免忽视和疏漏。

数字经济的案例一般具有开放性。开放性主要表现为数字经济产业生态当中具有重要地位的开放式创新，即任何技术上的创新突破都会很快扩散和外延到其他相关领域从而促进技术的大规模发展。需要指出的是，如果从传统经济学理论的角度来看，企业开放式创新是违反企业的利益最大化动机的，而这主要是由于传统企业具有经营组织上的封闭性和竞争之前的零和博弈特点决定。但是开放式创新本质上却能够实现主体之间的互利共赢，具有开放式创新特征的互联网平台则能够帮助主体之间实现数字化智能化创新。随着全球供应链整合和产业协同度提升，跨学科的研发和创新成为常态，技术升级和产品迭代速度加快。价值互联网中多对多连接形成网络效应，促进了研究机构、产业经济、资本等参与者之间的各种交易合作。可以说，互联网带来的开放性正是数字经济的重要特征之一，因此在进行数字经济学分析的过程中就一定要注意重视这一特征及其带来的影响。

数字经济的案例普遍具有两极性。两极性是指数字经济极其容易形成赢家通吃和长尾效应。赢家通吃是指市场中往往最后作为胜利者的企业会获得绝大部分的市场份额和经营利润。但是由于先进入市场的经营主体往往具有在资本、信息和技术上的先发优势，从而在竞争中更加容易胜出。长尾效应是指除了市场主流需求之外，由于数字经济时代允许个性化和小需求的存在，从而使这一部分差异化的、少量的需求会在需求曲线的统计上面形成一条长长的"尾巴"，而这部分非流行的市场份额累加起来之后也不容忽视。正是由于两极性的存在，在数字经济学分析的过程中既需要关注到占据市场主流的经济现象与主体，但同时也不可忽略其他市场现象和主体的经济效应。

三 数字经济学分析中的大数据问题

大数据，或称巨量资料，通常指规模大到在获取、存储、管理、分析方面大大超出了传统数据库软件工具能力范围的数据集合，其通常具有海量的数据规模、快速的数据流转、多样的数据类型和价值密度低四大特征。大数据是数字经济当中重要的生产要素之一，而对大数据的合理运用和处理同时也是数字经济分析当中的重要的研究手段。在数字经济学分析当中可以从理论、技术和实践三个角度来理解大数据的具体应用。

首先是理论上要准确认识到大数据对于数字经济分析的重要性。理论是对一个事物的认知总结和经验基础，必须先要正确认识到大数据的重要性和丰富价值，才能够在数字经济学分析当中有效地使用好大数据技术。大数据作为信息时代社会的重要现象，其通过大量的数据流蕴藏了数量丰富和多维角度的信息流。大数据在数字经济当中得到了广泛的应用，通过弥补了原有的信息差从而协调要素合理流动，最终促进了经济更高效地发展。而在数字经济分析当中也是如此，正如在前文中所提及的那样，由于大数据能够提供传统经济学数据当中所匮乏的信息，因此大数据能够帮助经济研究者更好地分析与研究经济现象。从这样的角度不难发现，大数据在研究对象和研究数据两个角度都对于数字经济分析十分重要。

其次是要从技术上准确使用大数据处理技术。大数据处理技术主要需要处理两方面的问题，即过滤噪音和筛选信号。过滤噪音的处理能够有效筛选出有价值的原始数据，从而过滤掉信息学当中的"信号噪音"，避免大量数据自身产生的干扰信息对于分析的不利影响。筛选信号既依赖于对于噪音的有效过滤，也依赖于更加发达的信息技术实现的数据爬取、定型和自动标识。正是由于先进的大数据爬取技术，使实时搜寻、储存和筛选有价值的数据不再成为难事，在此基础上对于数字经济学的数据分析、研究提升、质量控制都有着良好的促进作用。

最后是要利用好大数据处理技术，使之更好地服务于实践。任何一门科学从其诞生开始，其最终目的就必然包括如何更好地促进人类实践活动的开展，而数字经济学自然也不例外。数字经济学当中的大数据处理技术不仅仅是在研究过程当中扮演着科学研究工具的角色，更为重要的是能够充分实现产学研的相互融合。在此之前的很多经济研究，由于以前的学术研究到实践应用时间周期比较长，最后也可能只是停留在学术论文层面。但是，随着现代信息技术得到了充分发展，学术研究可以很快得到应用并投入到生产活动中去。通过数字经济学分析后的大数据能够对未来的经济走势、趋势和规律进行较为精准的预测和研判，从而能够很好地促进经济有序健康发展。

第三节 数字经济学的十大问题

在讨论完关于数字经济学的研究方法以及数字经济学分析当中遇到的数学、案例和大数据问题之外，还需要关注数字经济学发展过程当中的诸多现实问题与严峻挑战。这些问题一方面反映出数字经济作为当前最具活力和创新力、辐射最广泛的经济形态，其发展速度之快，涉及范围之广和影响程度之深可谓前所未有。正是由于数字经济对传统经济学当中包括生产要素、产权制度、信用关系、企业组织形式、市场组织结构和经济增长动力等方面都产生了深刻变更，因此导致了数字经济作为一种全新的经济形态，仍然需要不断完善和而发展对其的认识，从而更好地指导数字经济的健康发展。而这些问题，具体而言可以归结于十个方面。

第一，数字经济学作为一门科学仍然需要进一步系统化和科学化。数字经济学作为一门新兴学科，尚且处在学科建设的初级阶段。一方面，数字经济学需要认识到其与其他现有的经济学科学之间的区别和联系，只有认识清楚什么是数字经济学，而数字经济学为什么独立于其他经济学，才能够更好地建设和发展好数字经济学。另一方面，数字经济学需要构建起学科的统一术语表达和系统性的知识框架。首先是关于数字经济学的基础概念需要尽快实现研究界学者们的共识，从而才能在统一的立场上进行更深一步的研究和讨论。其次也需要将前沿的研究方法和研究结论整合进一个系统性的框架当中，使数字经济学真正意义上成为一门系统化和规范化的学科。

第二，对数据要素化的探索不足导致数据要素市场化进程受阻。现阶段在数字经济学的主要研究内容中，关于数据要素的讨论仍然没有停止。数据要素作为一种全新的生产要素，突破了传统经济学领域的既有规则。目前关于数据要素作为生产要素的讨论主要还是从两个角度展开的，一方面，从数据本身来说，由于数据自身就具备了大量的信息、知识等认知上的价值，因此数据是具备本体价值的。另一方面，由于数据可以被视为是实体经济在数字空间的投射和衍射，因此如果可以通过数据赋能就可以更好地促进实体经济的发展。但是，目前关于数据要素化仍然存在很多研究上的不足和亟待补充的空间，比如数据的资产地位尚未确立，数据产权难题尚待破解，数据流通仍然困难，现有的数据安全和隐私保护体系尚不健全等。因此，数据要素市场化培育目前阶段仍然举步维艰。

第三，目前数字经济发展缺乏必要的制度设计和建设。数字经济作为一种全新的经济形态，由于在许多方面都缺乏完善的认知和了解，这导致数字经济在部分产业领域仍然呈现野蛮生长和无序的状态，严重制约了数字经济的良性发展。全球范围内来看，包括中国在内的世界主要经济体都在努力尝试通过加快数字经济领域的立法工作来推动完善数字经济的相关制度。这些制度主要包括：如何有效限制平台经济垄断行为的发展；如何更好地规范数字经济的资本流动以维护本国经济安全；如何引导数字经济在地区内的共享发展等。现阶段关于数字经济的制度建设仍然值得进一步讨论和思考。

第四，数字经济学需要正确认识和处理与现代信息技术发展之间的关系。随着现代信息技术不断向前发展而来的是数据的爆炸式增长，这已经逐渐成为目前数据处理的最大难题。现有的计算系统依赖于早期的冯·诺伊曼底层结构，计算能力的线性化增长速度已经显著落后于数据的指数级增加。从目前的技术结构来看，两者之间的差距在可以预见的未来仍然将不断增加，从而制约数字经济学研究的有效开展。因为天量数据带来的不仅是增加的有价值信息，还包括大量的信息噪音干扰正常分析的进行。同时处理能力的有限也将损失掉大量有价值的可供分析的原始数据。据统计，受限于计算能力不足，已获取数据的平均留存率仅为2%，大量数据从未被处理和利用即被丢弃。因此计算技术体系有必要进行重构，以数据为中心的新型大数据系统技术成为重要方向，信息技术体系将从"计算为中心"向"数据为中心"转型，新的基础理论和核心技术问题仍有待探索和破解。

第五，数字经济学需要建立起对于数字经济的统计测度和评价体系。在对数字经济现象的分析过程中，必须要构建起一个合理的测度标准和评价体系，用以测算数字经济的现有状况和发展趋势。实时监测数字经济的运行情况、准确衡量数字经济的贡献，对于推动数字经济健康发展和研判国民经济形势具有重要作用。而目前这一领域的研究仍然是不足和短缺的，正是在这样的现有背景下，数字经济学研究者们需要在建立起系统化的数字经济学基础上，加强对于数字经济具体指标的测度工作研究，进而探索出一个较为完整和系统化的评价理论体系。在这一工作的完成过程中，中国的数字经济学研究者们尤其需要立足于中国国情因地制宜，建立起更为准确和适宜的标准体系，不可完全照搬或者复制其他现有他国标准。

第六，要加快构筑并完善中国数字经济治理体系，推动我国治理能力尽快实现现代化。数字经济作为我国现有经济形态的重要组成部分，要求必须建立起完善的数字经济治理体系，防范数字经济无序竞争和快速增长带来的重大经济风险。而只有提高我国数字经济治理体系和治理能力现代化水平，才能不断完善风险防范体系，促进数字经济服从和服务于我国经济社会发展大局。目前，我国也在不断构筑起更为完善的治理体系和制度规范，从而在促进我国数字经济发展的同时对于数字经济的负面作用进行有效限制，实现经济发展同经济安全的有机协调。同时，将数字技术嵌入政府公共服务，可以提高政府在税收、社会救助、转移支付等方面的调节力度和效能。网络化、数字化、智慧化的便民服务体系的完善，惠及偏远地区、弱势群体，可以弥补优质公共服务的供给不足、分布不平衡等问题。

第七，如何更好更优地实现数字经济对于实体经济的培育和赋能。数字经济的快速发展和增长绝对不能以实体经济的衰败和后退为代价，相反数字经济应该与实体经济实现更高程度的相互融合与嵌套。数字经济学研究者要关注数字经济与实体经济融合发展的前沿，思考如何更好地推动数字技术与实体经济深度融合发展、推动各类资源要素快捷流动、各类市场主体加速融合。事实上，中国目前阶段在数字经济领域拥有较大优势，如果能够顺利实现数字经济对于实体经济的渗透融合与发展赋能，则不仅能够推动我国数字经济产业快速发展，也能够促进我国实体产业实现产业升级发展，让以制造业为核心的实体经济实现提质增效，从而更好地实现中国特色社会主义经济现代化。

第八，数字金融领域亟待创新发展研究。数字金融作为数字经济的重要组成部分，其健康有序发展是数字经济正常增长的必要前提。数字金融也是目前阶段平台经济最为重要和活跃的业务，可以说数字金融在数字经济当中具有举足轻重的重要地位。必须要承认的是，现代数字技术对于金融服务的创新发展起到了正面积极的良好作用，比如在金融产品创新、业务流程简化、服务水平提升等方面就做出了卓越贡献。可以说，正是由于数字技术的应用使普惠金融不再是镜花水月，从而能够使更多的人群享有高效、普遍和高水平的金融服务。但是，随之而来的便是全新的金融风险挑战，比如在数据安全保护、数字鸿沟弥合、供应链安全监管、业务交叉风险控制等领域就存在着诸多现实困难。因此，如何促进数字金融领域实现创新发展，就成为数字经济学必须要面临和解决的重大问题。

第九，如何通过数字经济实现共同富裕。习近平总书记指出："在我国社会主义制度下，既要不断解放和发展社会生产力，不断创造和积累社会财富，又要防止两极分化。"[①]实现共同富裕，本质上就是要解决经济长期稳定发展和发展不平衡不充分之间的问题。而实际上数字经济本身是完美契合共同富裕发展要求的。一方面，数字经济作为全新的经济形态，具有良好的增长前景和发展空间。另一方面，由于数字经济具有开放性和共享性的特点，因此能够较好地实现充分和平衡的发展。因此，如何使数字经济的更好发展同共同富裕的实现相互融合也就成为数字经济学所应当思考和进一步探索的重要命题。

第十，需要构建数字经济人类命运共同体的意识。全人类的发展是有机统一、共荣共损的，数字经济在人类社会的不断发展将会对全人类产生重要影响。事实上，现有的国际治理体系就面临着数字经济不断发展所带来的巨大挑战。一方面，"赢家通吃"规则下的跨国互联网公司日益成为全球反垄断监管的难题，这些互联网巨头在市场垄断、税收侵蚀、数据安全等领域不断挑战着现有监管治理体系的漏洞与不足，而传统监管体系无力应

---

① 习近平：《习近平谈治国理政》（第4卷），外文出版社2022年版，第209页。

对如此局面。另一方面，各类新兴数字技术的快速发展与爆炸式扩散，使网络空间安全日益受到挑战和破坏。其他诸如网络舆情的管理失控、金融数字业务的无序扩张、大数据和人工智能技术应用导致的伦理问题等，均已成为全社会必须面对和解决的重要问题。在这样的背景下，亟待建立起数字经济人类命运共同体的意识，从而集合全人类的智慧来应对和解决。

关键概念

研究方法；研究对象；研究工具；数字经济学中的数学；数字经济案例；大数据

思考题

1. 总结数字经济学的研究方法变革的原因和主要特点。
2. 你能举出一款常用数据处理软件吗？尝试论述其发展历史和可以解决的问题。
3. 尝试论述数学对于数字经济学分析的重要性。
4. 尝试论述大数据对于数字经济学分析的重要性。
5. 除了本节提到的数字经济学十大问题，你还能提出哪些？请尝试回答。

第二篇　数字产品与市场

第四章 数字经济的技术基础与生产函数

第一节 数字经济的技术基础

近年来，在互联网技术、大数据、区块链以及人工智能等信息技术和数字技术的不断创新、变革下推动着社会生产组织方式的变革，表现为基于信息技术的平台组织与传统产业不断融合发展的新趋势，催生了数字经济的新业态、新模式。2016年，G20杭州峰会发布的《二十国集团数字经济发展与合作倡议》提出，"数字经济是指以使用数字化的知识和信息作为关键的生产要素、以现代信息网络作为重要载体、以信息通信技术的有效使用作为效率提升和经济结构优化的重要推动力的一系列经济活动"。认为数字经济是在数字技术推动下的经济活动。中国信息通信研究院发布的《中国数字经济发展白皮书（2017年）》显示，数字经济是以数字化的知识和信息为关键生产要素，以数字技术创新为核心驱动力，以现代信息网络为重要载体，通过数字技术与实体经济深度融合，不断提高传统产业数字化、智能化水平，加速重构经济发展与政府治理模式的新型经济形态。此外，数字经济包括数字产业化和产业数字化两部分。数字产业化是数字经济的基础部分即通信产业，包括电子信息制造业、信息通信业、软件服务业等。产业数字化是指传统产业运用数字技术帮助指导生产、销售、流通，来提高生产力、生产效率。数字技术与传统实体经济的深度融合发展而催生的数字经济成为新的经济增长点，促进经济发展。概而言之，数字经济的本质在于基于数字技术，以优化资源配置为导向的人类经济活动的高度协调和互动所塑造的新生产组织方式的不断演化[1]。

数字经济源于数字技术与实体产业的融合发展，数字技术也是数字产品和产业创造价值的基础要素，同时数字经济的运行、发展依赖于数字技术的不断创新。数字经济的核心要素是数字技术，因此数字技术是数字经济的技术基础[2]。

最早的数字技术是指在20世纪60年代以计算机应用为基础的新兴技术。是指借助计

---

[1] 韩兆安、吴海珍、赵景峰：《数字经济驱动创新发展——知识流动的中介作用》，《科学学研究》2022年第11期。

[2] 何玉长、刘泉林：《数字经济的技术基础、价值本质与价值构成》，《深圳大学学报》（人文社会科学版）2021年第3期。

算机通过二进制运算法将文字、图片、声音等信息转化为以"0"和"1"为代表的数字信息，并对其运算、加工、储存、传播与还原，以服务经济活动。因此，数字技术也可以称为计算机技术或数字控制技术。狭义的数字技术是传统工业自动化下的产物，随着21世纪以来科学技术的不断发展，数字技术已经突破了传统原有的范畴。在广义上，可以推动数字经济运行和发展的相关技术可以统称为数字技术。数字技术是对多种数字化技术的集称，包括计算机技术、互联网、大数据、云计算、人工智能、区块链等，以及与之相关的软件设计和硬件研制技术。

数字技术是指改进了的信息通信技术或系统，既包括数字硬件等物理部分，也包括网络连接、访问和操作等逻辑部分，还包括数据、产品、平台和基础设施等结果部分。数字技术并不是孤立地存在于某一领域，而是延伸至整个生产过程中，数字技术可以通过数字组件、数字平台、数字基础设施这三种要素与现有的技术、产品、服务的结合应用来为其赋能，使其发挥出新价值。其中，数字组件是指嵌入在数字产品或服务中具有特定功能和价值的应用程序或媒体内容，如App软件、手机芯片等。数字平台是指为数字组件等互补性产品提供的通用的、共享的服务平台和体系结构，如苹果的IOS手机系统。数字基础设施是指能够为使用者提供通信、协作、计算能力，并能支持资源聚集的数字技术工具和系统，如提供计算、沟通和资源聚集渠道的网络平台等①。

数字技术创新与升级将不断引领人类去探索未知领域和扩展新的认知空间，为人类社会创造更多新的可能，成为未来经济发展的核心驱动力和动力源泉。纵观人类经济社会工业革命的发展历程，并不是一个平稳渐进的过程，而是一个有少数历史时间决定的一个突变过程。通用目的技术的创新与变革所带来的生活生产方式的改变是推动人类经济社会发展的根本原因。数字技术的革新及其与人类生活生产的融合正推动工业时代向信息时代转变。数字技术进步超越以往的技术创新发展所受到的线性约束，数字技术能力的提升遵循摩尔定律，呈指数级增长。此外，基于数字经济具有的网络效应，使互联网用户和设备所具有的价值遵循梅特卡夫定律呈指数级增长，进一步推动了数字经济的快速增长和发展。近年来，大数据、物联网、云计算、人工智能、区块链等数字技术的创新突破以及数字技术与制造业、生物、能源等不同领域的技术相融合加速带动群体性突破，全面扩展人类的认知和增长空间，为数字经济提供更多可能性，不断强化未来经济的发展动力②。

数字技术支撑起了整个数字经济的运行与发展。数字技术通过从创新、资源配置的优化以及促进信息的全方位流动来融入社会生产之中，促进经济的运行与发展，极大地解放了生产力。已经成为社会化大生产的一大要素。在传统市场经济条件下，企业作为单个的主体存在于市场中，以追求利润最大化为主要目的，倾向于在最大程度上的获取、运用信息。此外，以企业为单位经济运行存在客观的组织边界，阻碍了信息的扩散和传播，使企业与企业之间存在着天然的信息壁垒。企业间的信息不对称制约产业的技术创新效率，特

---

① 郭海、杨主恩：《从数字技术到数字创业：内涵、特征与内在联系》，《外国经济与管理》2021年第9期。
② 李国杰等：《数字经济干部读本》，国家行政学院出版社2017年版。

别是在一些需要多方协同开展运行的特殊领域。创新的低效率无法满足当下需求的不断变化。数字技术的应用可以从根源上打破原有的界限，通过建立在企业间互联互通的信息网络可以打破组织间的信息壁垒。数字经济对传统商业模式的突破是革命性的，通过与实体经济结构的深度融合，从而深刻改变实体经济的发展质量、效率与动力，也增强了经济体在全球化的今天的国际竞争力。

数字技术深刻改变着传统产业的生产经营方式，以较低的成本推动产业链、创新链、价值链向两端延伸，提高了传统产业的经济附加值。数字技术创新为技术创新、产品创新、标准创新、组织和营销方式创新提供新动能，为企业优化资源配置提供了新平台。数字技术的进步性主要体现在价值流的可视化、推动生产要素的存量调整、机械制造向人机交互的智能升级、技术创新效率的显著提高上。

一 价值流的可视化

商品价值是由生产过程中的所有参与者共同创造的，但商品价值的最终实现依赖于商品的使用价值或消费者消费使用商品所能获得的实际效用。数字技术应用可以将消费引入生产领域，将生产与消费之间存在的壁垒打破。价值流是指从原材料转变为成品并给它赋予价值的全部活动，包括生产、流通、消费。让消费者运用数字技术参与价值流的全过程，不再让消费者的需求仅停留在消费领域，而是将消费需求融入价值流全过程，实现价值流的优化，消除生产过程中的冗余环节，降低流通成本。通过数字技术实现的价值流的可视化可以使资源分配效率和生产环节的协同都得到显著提高。帮助企业和消费者借助于数字技术可以实现对价值流进行全过程监督，通过及时的发现并解决问题，有效提高产品质量和生产效率，降低生产成本。

二 推动生产要素的存量调整

过去依靠资源集中的工业化发展极大地提高了社会生产力，促进了人类社会的发展。但生产要的过度集中导致生产要素的利用效率下降，也造成了资源分配无效率、不合理。借助于互联网技术信息可以快速地跨区域、跨领域的扩散传播，这也推动了生产要素和资源的快速流动，优化资源的配置效率。互联网技术的应用打破了要素或商品交易中存在的时间和空间的限制，加快了生产要素的流通。随着数字技术在不同领域的不断扩散，资源的配置效率将得到进一步的提高。

三 机械制造向人机交互的智能升级

科学技术是第一生产力的关键在于科学技术能够替代人工劳动从而提高劳动效率。机器替代人工生产可以有效提高产品的标准化和精细化程度，减少因人工操作造成的误差。

传统机械的数字化升级能够赋予机械信息捕捉收集和信息处理应对的智能化属性，使机器能在无人工参与控制的情况下自行运转进行生产活动或为消费者提供业务服务。交互设备之间的信息传递遵循一套标准化的程序语言，使信息被重新编码和解译的次数减少，有效提高了信息传递的效率和准确率，进而提高价值流的价值供给效率。

四　技术创新效率的显著提高

数字技术的创新可以推动其他领域的创新发展。数字技术的创新推动传统商业的变革，形成新的商业业态。数字技术的创新可以推动其他领域的技术创新效率的提高。数字技术能够通过数字化的方式将现实物体映射在数字化空间中。企业借助数字化空间完成技术性能的测试实验，使存在缺陷不可行的技术方案能够被及时纠正并进行重新设计。由于虚拟化运作耗费材料和时间极少，极大降低了技术实验测试的时间成本、试错成本、信息成本等，使技术创新具有范围经济的特征。借助于数字平台，消费者能够深度参与企业对外开放的技术创新或产品研发环节。数字技术的核心优势主要可以发挥在技术创新方面指明方向，从而强化技术升级与市场需求之间的匹配。由于可以实现对消费者需求的高匹配程度，因此将会显著改善技术创新的实用性与现实价值。

第二节　数字经济的生产函数

数字经济的运行依托于由数字技术通过数字化的方式将现实世界映射到数字化的虚拟空间。运行在数字化虚拟空间的数字经济帮助消费者摆脱现实空间、时间的约束，消费者在虚拟空间可以获得更广泛的实时的市场信息，可以轻松建立与生产企业之间的沟通渠道，以获得所需的产品或服务。在数字经济中，通过提高消费者获取信息的能力与实现更多个性化供给，使消费者的需求可以得到充分释放，从而提高了消费者整体的议价能力，让消费者与企业的地位变得更为平等。

此外，随着现代信息技术的不断变革，技术革新产生了崭新突破，这无疑将推动全体产业链的生产方式更为智能化、信息化和现代化，从而实现产业数字化改造。产业数字化是指在数字经济下的全新数字化制造生产方式，其以信息和知识的数字化为前提，以信息网络为载体，通过数字化与智能化来提高产品创新、生产和销售的效率。产业数字化是数字经济的重要特征。

数字化制造已经成为推动传统制造业升级变革的主要途径。数字制造的本质即是通过数字技术的创新带来的信息传递效率的提高来增加信息和知识等生产要素在整个生产领域的流转速度，以此强化对生产要素的利用效率以及提升生产效率。除了完成对传统的实体经济进行产业数字化，在数字化生产下，产生一个全新的生产领域——数字产业化。数字产业化主要是指通信产业，其是数字经济的基础部分，是数字经济发展的根本动力，同时也是促进经济稳定发展的压舱石。

在数字化生产下,数据成为新的关键生产要素。随着传统产业不断加深对数字技术的应用,以及互联网与物联网等数字技术的快速发展,带来了庞大的数据量,并逐年递增。数据要素与传统的生产要素存在着本质上的不同,数据要素具有非竞争性、边际成本极低、无限供给性等特点,这也使数字经济的生产活动区别于传统行业的生产活动而有着新的特点与特征。生产活动的变革将会如何改变数字经济的生产函数,是下面要讨论的问题。

一 数据要素

近年来,随着数字经济的高速发展,数据逐渐成为社会生产运行的重要因素。数据作为一种关键的生产要素的性质已经逐渐显现在社会生产经营活动中。2019年党的第十九届中央委员会文件中明确指出了要健全劳动、资本、土地、知识、技术、管理、数据等生产要素由市场评价贡献、按贡献决定报酬的机制。这表明数据已经被国家明确定义为一种生产要素。数据要素在企业生产运营以及国家发展方面都发挥着重要作用,数据表现出传统生产要素所不具有的新特征。数据要素能为企业生产经营管理活动提供决策依据,同时数据要素参与社会生产会对经济产生乘数效应,产业的流通和交易引导着数据要素流向最重要的环节,使经济取得相较于以往成倍的增长[1]。

从历史观的角度来看,每一次重大的经济形态变革都必然依赖于新的生产要素的参与和推动。例如,农业经济时代的生产要素是土地和劳动力,资本和技术成为新的生产要素推动农业经济转向工业经济时代,同时极大地推动了社会生产力的发展。数字经济时代的新的生产要素就是数据。数据已经成为影响人类生产生活的重要因素,进一步提高了人类的价值创造能力。通过数字技术对数据的收集、处理所获得的信息以及知识从诸多的生产要素中分离出来,成为独立的生产要素参与企业生产经营决策、商务服务等,并且能够带来新的价值增值[2]。由此,将数据作为一种独立的生产要素是科学的。

数据本质上是一种用来记载客观事物的性质、关系等信息的载体,首先,可以将数据视为一种人类为实现某种目的所发明的一种特殊工具,其特征有别于传统生产要素[3]。数据作为生产要素具有以下三种特征:第一,数据具有非竞争性。数据作为一种信息可以被复制,在传递过程中几乎无成本损耗,且不存在边界价值递减的问题。同样的数据可以让多个人共同使用且不产生拥堵,即不具有竞争性。第二,复制数据的边际成本趋近于零。数据在复制、传输的过程中几乎不无成本损耗。随着计算机的硬件和软件的革新所带来的计算机性能的不断提升,且可以收集数据的产品不断地丰富并深入人类生产生活的各个方

---

[1] 冯科:《数字经济时代数据生产要素化的经济分析》,《北京工商大学学报》(社会科学版)2022年第1期。
[2] 中国信息通信研究院:《数字经济概论:理论、实践与战略》,人民邮电出版社2022年版,第148页。
[3] 宋冬林、孙尚斌、范欣:《数据成为现代生产要素的政治经济学分析》,《经济学家》2021年第7期。

面，数据的收集、处理成本在不断地下降，数据的边际成本也在逐步地趋向于零。第三，数据价值存在不确定性。数据区别于信息，数据作为一种客观存在的可量化的字符，其本身并不具有现实意义。只有使用者运用数字技术将其转化为可以应用于企业生产经营决策的信息或知识时才能够创造一定的社会效用或经济效用。其次，数据具有客观存在性使数据的用途没有限制，相同的数据可以被不同领域共同使用。在这一情况下，数据的用途不同所带来的效用相应地也就有所不同，效用的不同也就决定数据所带来的价值也有所不同①。

二　数字经济下生产过程的变革

互联网的快速发展提高了数据信息传播速度和效率，物联网、大数据、人工智能等数字技术的快速发展带来了数据的大爆炸，同时充分挖掘发挥出数据对社会生产的帮扶推动作用。数据成为数字经济时代新的关键生产要素。同时，数字经济的变革推动了生产主体、生产组织、生产过程以及生产关系的变革。

（一）生产主体多元化、微粒化

传统经济下的企业生产通常选择将生产资料集中在企业内部，在产业链的上下游或产业集群的内部开展生产经营活动。数字经济条件下的生产，改变了传统的资本集中形式，通过数字技术将生产经营活动中产生的即时、可交互的信息转换为数据，并对其采集、处理、传播应用于企业的生产经营活动，促使网络化虚拟生产与现实生产的联结，提升组织内外利益相关者间的沟通交流效率②，提高资源的配置效率促进生产力的进一步提高。企业的生产方式逐渐由生产资料集中的内部生产转向非核心业务外包或多个主体间联合合作的生产方式。生产主体也逐渐由单一的企业生产转向由政府、企业、高校、科研院所以及微小的个体用户和自组织团队等自由组合的合作生产研发，生产主体在多元化的基础上呈现出微粒化的特征。经济表现形式转变为由多方共同参与的企业创新生态系统、平台经济以及按需组织劳动的众包经济、零工经济等。

生产组织边界的不断模糊，使消费者借助互联网数字技术参与进入生产过程，生产主体更加的多元化。消费者逐渐分化为两种，普通消费者仍然通过自身的市场选择，逆向推动企业的生产更为符合消费者个性化和多元化的需求。另一种关键意见领袖（Key Opinion Leader，KOL）的产生则是数字经济下的特例，其通过对某一特定市场产品的信息收集和整理，从而拥有对该领域消费者和厂商的影响力。关键意见领袖可以通过发布特定内容引导消费者选择适合的产品，也可以通过收集消费者意见向厂商进行反馈从而对产品定位、生产和销售产生重大作用。

---

① 冯科：《数字经济时代数据生产要素化的经济分析》，《北京工商大学学报》（社会科学版）2022年第1期。
② 王如玉、梁琦、李广乾：《虚拟集聚：新一代信息技术与实体经济深度融合的空间组织新形态》，《管理世界》2018年第2期。

此外，企业逐渐把广大的消费者当作自身的"准员工"，消费者成为数字平台的生产者、劳动者，企业可以免费利用消费者的数字化劳动来赚取企业利润[1]。数字技术的应用逐渐使生产过程呈现透明化和模块化。

（二）生产组织平台化、网络化

生产组织在生产主体多元化、微粒化的影响下呈现出平台化、网络化的新趋势。传统产业的发展模式通常表现为纵向一体化，将企业的产业组织架构集中在产业链和产业集群内部。进入数字经济时代，互联网技术加速信息的流通有效缓解不同生产主体之间存在的信息不对称，加强多元化主体之间的合作，促进资源的充分流动。数字经济背景下的生产组织架构表现为不同的生产主体通过网络空间的联结协同进行生产活动，价值由参与生产的多元主体共同创造。此外，企业通过大数据技术、人工智能等数字技术广泛收集消费者的消费行为信息来准确地预测消费者偏好，并对产品进行调整。在多元主体协同生产的网络化组织架构下，生产准入门槛和非核心业务外包的生产经营模式导致企业摆脱对内部员工的依赖。例如，Steam 创意工坊通过开源的方式让企业人员参与软件的开发设计，形成一种非正式协同生产网络[2]。

（三）生产过程呈现个性化、模块化、产销一体化

数字经济时代，在数字技术的推动下区别于传统经济模式下生产过程的标准化、模式化，生产过程呈现出个性化、模块化、产销一体化的新特征。数字技术于传统产业的融合不仅推动生产力的提高，还带来生产过程的透明化以及信息的不可篡改改变了传统生产过程的组织结构和强制性的分工协作，催生了去中心化、去中介化的网络组织，使生产过程表现为劳动生产者的个性化参与意愿。消费者出于对个性化的追求，使得消费者与产品的研发过程以及制造过程进行深度融合。

随着市场经济的不断发展与技术创新的进步，原有制造业的发展面临新的需求与变化。一方面，随着消费者市场的不断细分，对企业产品的个性化需求程度不断提高。另一方面，对数字技术的运用以及产业战略的认知，都会影响到企业发展方向。在数字经济当中，个性化定制服务无疑将成为企业经营发展必须考虑的一个方向。个性化定制要求企业生产要面向消费者，让用户参与产品生产的全流程过程中，实现定制化设计与个性化消费，从而颠覆了"标准化设计、大批量生产、同质化消费"的传统制造业的生产模式。

产销一体化也是数字经济生产过程中的一大特征。在以微博、抖音等为代表的数字原生态企业中的用户担任着视频、文案、信息的消费者，同时也是这些内容的生产者。数字平台完全依赖于广大消费者完成"消费—生产"的闭环，实现几乎零成本的生产运营。传统企业在数字化转型的基础上，依托数字平台将消费者直接纳入整个制造过程。

（四）生产关系虚拟化、垄断化

互联网技术打破了信息传递的时间和空间的约束，让生产主体之间面对面的交流方式

---

[1] 李海舰、田跃新、李文杰：《互联网思维与传统企业再造》，《中国工业经济》2014 年第 10 期。
[2] 魏江、刘嘉玲、刘洋：《数字经济学：内涵、理论基础与重要研究议题》，《科技进步与对策》2021 年第 21 期。

转变为更加快捷便利的互联网信息交流，生产主体之间的生产依靠互联网的信息交流来维持。在传统经济中企业与员工之间通常为雇佣关系，而在数字经济背景下，生产组织平台化和生产过程个性化使生产关系转变为平台与个人或个体组织之间的合作关系或互补关系。平台企业作为生产过程数字化基础设施的提供者，平台中的双边用户依赖于平台及其提供的基础设施，导致平台可以支配掌控平台的用户；因此数字经济下的生产关系呈现出虚拟化、垄断化的新特征。此外，大平台对于算法、储存、操作系统的技术垄断，致使大平台在与小平台之间竞争合作中处于垄断地位，形成控制与依赖紧密联系的嵌套新层级结构[1]。

三　数字经济的生产函数

在传统的经济学理论中，生产函数是指每个时期各种投入要素的使用量与利用这些投入要素所能生产某种商品的最大数量之间的关系，一般使用产量与投入要素之间的比例来表示。这些投入要素通常包括劳动、土地、资本、企业家才能。然而，在数字经济条件下，数据成为一种关键生产要素，极大地推动生产领域的变革。数据不仅滋生了数字化产业也就是通信产业，而且数据与实体经济互相融合发展，推动了数字经济的快速发展，成为当今经济发展的动力源泉。通过数字技术将数据要素融入生产过程极大地推动了制造业的转型升级。目前，我国制造业对数据的挖掘、收集、处理能力显著提升。传统生产企业在数字技术的推动下企业的研发、生产、运营管理方式得到极大的创新，使企业具有更高的生产效率和洞察力，助力制造企业向着智能、绿色、高端的方向转型。此外，数字技术在农业领域内的诸多环节的应用推动农业生产模式全面的优化升级，促进农业信息广泛共享，助力农业服务方式的加快变革。由此可见，数据已经成为生产过程不可或缺的关键生产要素。数据成为新的关键生产要素意味着过去缺少数据要素的生产函数已经无法完全揭示当下的生产过程。生产函数应该将数据这一关键要素融入生产函数中，数字经济的生产函数应该是产量与劳动、土地、资本、企业家才能、数据之间的比例关系。

数据对生产过程的影响并不是单项的、简单的比例关系。数字技术的广泛应用，以及数据资源的技术增长已经使数据已经深入到制造企业的生产、经营、决策、销售、运输、分工、协作等多个环节。数据对企业带来的影响并不是单一的，而是复杂的、全面的影响。将数字技术运用到生产领域，在数字技术的助力下可以提高企业的生产效率。此外，由于数字技术带来的价值流可视化和生产主体多元化，可以引导消费者参与生产过程帮助升级优化产品，给产品带来更多的附加值，同时也可以减少生产过程中的冗余环节从而降低成本。通过数字技术收集、处理数据可以全方位地获得全面的市场信息，可以有效提高企业的决策效率，减少企业由于决策失误而带来的损失。信息不对称是市场失灵的一个关

---

[1] 魏江、刘嘉玲、刘洋：《数字经济学：内涵、理论基础与重要研究议题》，《科技进步与对策》2021年第21期。

键因素，而数字技术的创新让企业获取信息的能力得到了极大的改善，让企业具有了敏锐的洞察力，也让消费者可以获取更多的产品信息，刺激需求的增长。数字技术可以极大地促进信息的流通，打破信息传递过程中存在的壁垒，让信息不对称成为过去式。在流通环节，数字技术可以大幅提升流通效率，有效降低物流成本。基于大数据技术可以实现智能配货，建设物流网络平台服务，推动物流高效协同，使物流运输资源的效率和利用率得到提升。通过以上分析可以发现，数据要素参与生产领域对于生产的影响并不是简单地以一加一的简单方式来促进生产效率，而是以一种倍乘的方式来促进生产力的进步。

第三节 数字经济中的劳动供给与就业效应

在数字经济背景下，互联网、大数据、人工智能等数字技术不断地融入传统产业的发展中，催生出一系列以"互联网＋"为特征的新经济、新模式、新业态。以数字技术为引领的产业变革也不断改变着劳动力市场和就业格局。数字经济已经成为经济增长的新动能，在扩大就业规模和激发就业市场活力方面发挥着重要的作用。目前，我国共享经济提供服务者人数已经超过1亿人。随着数字经济的不断发展，其吸纳就业的能力也在不断增强。一方面，数字经济发展所需要的信息传输、软件和信息技术服务业等先导性产业的不断发展扩大，创造了大量的新就业岗位。另一方面，在数字技术不断创新的推动下，催生出新的就业模式来，也为灵活就业开辟广阔前景。借助数字技术，劳动者摆脱时间和空间的限制以自由灵活的方式来提供劳动，从而提高劳动供给量并扩大就业群体。数字经济的不断发展不仅带来新的就业模式，还极大地激发了"大众创业、万众创新"的自雇就业。以"互联网＋"为代表的新经济业态在推动产业结构变革的同时，也在推动用工方式发生根本性转变，并催生大量的就业岗位，释放出巨大的吸纳就业潜力[①]。

一 数字经济下劳动市场的新特征

随着大数据、人工智能、物联网等数字技术融入传统产业的生产经营过程，传统产业正在进行新一轮的变革。在数字技术革命的影响下劳动市场的就业规模和结构发生了巨大转变，劳动的就业要求和形式也出现新的变化。在数字经济背景下的劳动力市场表现出一系列新的特征。

一是数字平台的发展深刻地改变了劳动力市场的规模和结构，为其注入新活力。具有双边市场特征的数字平台可以有效快速整合双边资源，提高劳动力供给与需求之间的匹配，实现资源对接，同时也逐渐调整生产要素和人力资源的分配，使其更加合理高效。基

---

① 胡放之、杨金磊：《数字经济对就业的影响研究——基于湖北新就业形态发展现状的调查》，《湖北社会科学》2021年第1期。

于数字驱动和平台支撑的新就业形态不仅创造大量新职业和就业岗位，极大地扩展了就业空间，还进一步深化劳动分工、优化劳动力结构、促进劳动力跨产业流动、提高劳动力市场的运行效率。

二是灵活就业快速兴起。新一轮的科技革命和产业革命推动就业模式、组织形式、经营业态出现根本性变革。网络信息技术、数字平台等打破了传统组织边界和雇佣关系，突破空间限制，向个体提供市场、研发、生产等资源，降低了个体从事经济活动的壁垒，个体不必进企业内部就可以从事经济活动。灵活就业使劳动者可以自由选择雇佣期限、工作时间和地点、工作内容等，给予劳动者充分的选择空间，具有极大的弹性。自主创业、自由职业、兼职就业等就业形式快速兴起，使就业形式变得更加灵活多样。灵活就业可有效缓解因季节性等因素影响的临时性用工需求问题，同时也能降低用工企业的用工成本和风险。

三是劳动力市场信息更加畅通。在数字经济时代，对数据的挖掘、加工、运用可以提高市场效率，实现价值增值。数字平台可以快速收集、整合劳动力市场供需双边的数据信息，并利用大数据、人工智能等技术对劳动力的供给和需求进行快速匹配，有效减少企业搜寻人力资源所耗费的成本，并缓解由信息摩擦所造成的岗位空缺或失业问题。数字平台在加速劳动力市场信息扩散流动的同时，还能带来新的灵活就业形式，打破了过去长期固定的雇佣形式和雇佣关系，使劳动者借助闲暇空余时间可以跨区域地参与劳动，充分地整合、利用劳动力市场的资源。灵活就业新形式的运行依赖于能够保证数据和信息充分流动的数字平台的构建。

四是劳动力市场需求发生重大变化。数字经济背景下，数据成为关键生产要素。信息数据成了企业经营和市场竞争的关键要素，这就对劳动者掌握的数字技能提出新的要求。一方面，数字经济发展催生了大量的新业态、新职业，进而创造了大量的就业机会，要求劳动者掌握一定的相关知识和数据技术。另一方面，数字化新职业的人才供给的增长无法满足劳动市场对专业化数字技术人才需求的快速增长，使人才培养链与产业链脱节，同时造成劳动力市场的结构性失业和短缺。随着数字化赋能制造业，传统产业为在完成数字化转型的过程中需要加深数字技术的应用和引入大批高端设备，加快了传统工作岗位数字化转型，从而对劳动力的数字技能要求不断提升。这就形成传统产业的技术工人的技能短缺和新技术人才短缺的局面，加深了劳动力市场的结构型矛盾[①]。

二 数字经济下的劳动供给

数字经济发展在为就业市场创造大量新的就业岗位的同时，也在改变劳动力市场的就业方式以及就业结构。一方面，互联网技术的应用打破了企业雇佣劳动者工作所受到的时间和空间上的限制，使劳动者以更加灵活的工作时间和工作地点来参与劳动生产，也打破

---

① 胡放之：《数字经济、新就业形态与劳动力市场变革》，《学习与实践》2021年第10期。

了企业与劳动者之间的固定的雇佣关系。另一方面，互联网、大数据、人工智能等技术的应用以及衍生的平台经济模式显著地增加了劳动供给与需求之间的匹配效率。在就业方式改变和工作匹配效率提高的共同作用下，灵活就业快速发展，越来越多的劳动者选择灵活就业的形式。

"互联网+"背景下的灵活就业模式是利用互联网和数字移动终端配置劳动力资源，通过在线平台从事各种工作，具有就业方式灵活、工作时间地点不固定、工作安排去组织化等特点。灵活就业体现了在数字经济形态以及劳动力市场结构调整的新趋势。灵活就业的岗位种类不断丰富，覆盖范围不断从劳动密集岗位扩展到中高端技术岗位。例如，越来越多企业选择将律师、财务、人力资源等岗位交予灵活就业者来完成。新的灵活就业方式将传统雇佣方式转变为平台与个体合作关系，即企业通过外包的方式将工作交给自由职业者或小型团队来做。随着灵活就业的不断发展，国际劳工组织放弃原来的将非正规就业转向于正规就业的建议，开始鼓励非正规就业。"互联网+"背景下的灵活就业改变了零工经济原先具有的较低技能的阶层属性，使其快速融入具有高附加值、高透明度的创新企业和商业模式中[1]。

灵活就业具有门槛低、工作时间地点灵活、就业弹性大等特点，从而农民、妇女、青年等弱势群体在兼顾工作和家庭生活的同时，还可以通过灵活就业来获取一定量的收入来应对外部的不确定性。灵活就业扩大了劳动供给群体，灵活就业也成为缓解就业压力、减少结构性和摩擦性失业的重要渠道。

在灵活就业市场中，灵活就业者具有较强的组织选择性，此时个人偏好对灵活就业者的选择会产生巨大影响。灵活就业者往往会根据自身偏好选择自己喜欢的工作。能够获得更高满意度的工作往往能刺激灵活就业者延长其劳动供给时间。由于灵活就业者的工作时间地点灵活多变，劳动雇佣关系不稳定，导致很多灵活就业群体的社会保障缺乏。灵活就业者为提高生活保障往往会延长劳动时间来获取更多的收入。在偏好和生活保障需求的共同作用下，灵活就业者会增加劳动供给。

收入是影响劳动供给的重要因素，灵活就业形势下的零工经济可以显著增加工作者的收入，收入变化会对劳动供给时间产生收入效应和替代效应两种影响，收入变化的总效用取决于收入效应和替代效应的相对大小。灵活就业者的工作通常是短期不固定的，收入水平通常较低，工作关系的不稳定导致灵活就业者未来收入存在较大的不确定性。因此，灵活就业选择减少劳动供给增加闲暇消费的成本较高，即由收入增加带来的替代效应会大于收入效应。收入增加对劳动供给产生的"拉力"会促进灵活就业者延长劳动时间，减少闲暇的消费[2]。

---

[1] 肖巍：《灵活就业、新型劳动关系与提高可雇佣能力》，《复旦学报》（社会科学版）2019年第5期。
[2] 戚聿东、丁述磊、刘翠花：《数字经济背景下互联网使用与灵活就业者劳动供给：理论与实证》，《当代财经》2021年第5期。

三 数字经济下的就业效应

数字经济的发展引发了劳动力市场的质变和量变,一方面,随着对数字技术的应用不断深化,就业载体、就业形态、就业技能要求发生了显著变化。另一方面,以数字技术创新应用为特征的数字经济导致了宏观经济和劳动力市场的发展和变化,对就业产生创造效应和替代效应双重影响。

（一）数字经济对就业的创造效应

数字技术的应用推动了整个社会生产率的提高。一方面,全社会生产率的提高导致产品从成本到价格的全面下降,在消费者的收入不变的情况下,市场中消费需求会增加,进而推动产业进一步扩大来满足增长的需求,相应需要更多的产业工人来参与生产。另一方面,数字技术应用带来的全社会生产率的提高带来产出增加的同时,工资水平也会相应地提高,进而刺激劳动者的消费需求增加。此外,数字经济带来的不仅有传统产业产品质量的提高,还创造大量的新产品来满足消费者更多、更深层次的需求。社会总需求的上升需要更多的劳动者参与生产。

数字技术创新发展所引发的产业部门创新和新产业的形成导致对劳动力的需求不断增加。数字技术的研发、应用、管理本就需要耗费大量的人力资本。数字产业作为数字经济的核心,其形成和发展创造了大量的工作岗。数字经济与传统经济的融合发展同样催生出一系列的新模式、新业态,进而吸纳大量劳动人员就业。

技术的发展代替劳动力的同时,技术扩散所具有的补偿机制会引致对劳动力需求的增加,也就是技术扩散带来的就业转移。马克思曾指出:"虽然机器在应用它的劳动部门必然会排挤工人,但是它能引起其他劳动部门就业的增加。"[①] 数字技术在扩散的过程中替代劳动力的同时,同样具有补偿机制来弥补劳动力需求的下降。例如,投资银行高盛用股票交易柜台的自动交易程序来替代股票交易员的工作,股票交易员人数从 600 人缩减至 2 人,但雇用了 200 多名计算机工程师来开发、维护股票交易柜台。此外,数字技术的融合特性能够对其他行业的发展起到关联带动的作用。美国有研究显示,城市中每增加 1 个高技能岗位,就会相应地带动消费性服务型行业增加 5 个岗位。

（二）数字经济对就业的替代效应

数字技术应用所带来的生产效率的提高导致企业对劳动力需求的下降。一方面,新技术的应用使机械直接替代人工岗位,导致工作岗位减少甚至消失,从而劳动力市场的需求下降。另一方面,技术进步带来的劳动生产率的提高会带动工人工资水平的上涨,导致劳动的边际成本上涨,进而影响企业生产的积极性,进而减少工作岗位。此外,劳动生产率的提高还会导致生产单位商品所耗费的劳动力减少,企业在保持产出不变的情况下会减少

---

① ［德］马克思：《资本论》（第 1 卷），人民出版社 2018 年版，第 509 页。

对劳动力的需求①。

智能化、自动化技术的发展与应用提高了劳动生产率，导致机器设备的生产成本与价格大幅降低，使等量的资本投入可以购买到更多的机器生产设备来替代人工。此外，机械设备智能化、自动化的提升也会减少对机器管理、运营、维护人员的需求。在双重效应作用下，企业所愿意提供的工作岗位不断减少。

此外，产业结构变革也会引致结构性失业。新技术扩散导致的产业结构性变革会引起失业率上升。当产业结构逐渐趋于稳定、社会经济制度适应新技术经济模式后，经济会再次繁荣。劳动力结构随着产业结构的变革不断调整，失业率也会下降。传统产业在数字经济发展催生的新业态的冲击、取代过程中，不可避免地会导致部分职业减少甚至消失。

（三）数字经济对就业影响的综合效应

新技术扩散引发的产业变革对就业产生正向的拉动作用。一方面，数字经济的长期发展催生的新业态、新产业对就业产生创造效用不断地扩大就业范围和就业量。另一方面，新技术的应用在提高劳动生产率的同时也会替代人工生产，从而减少企业对劳动力的需求，技术扩散带来的替代效用对就业产生反向的拉力从而减少对劳动力的需求。技术扩散对就业影响的总效用取决于替代效用和创造效用的相对大小，替代效用和创造效用的大小会因时期、区域、群体的不同而有所差异。

时序影响。根据新古典劳动力需求理论，技术进步对就业的影响主要取决于总需求的技术弹性。从短期来看，技术进步率对需求的影响可能较小，长期内弹性较大。在短期内产业结构的变革导致新产业的产生发展和旧产业的衰落，就产业工人的工作技能无法满足新产业的技能导致结构性失业，失业率上升。但在长期，人力资本结构不断调整以适应产业结构的变革，劳动者的技能与工作岗位的技术要求相匹配，结构性失业逐渐消失。在新技术推动下的社会生产规模不断扩大，新产业逐步增多会创造更多的就业岗位，失业率下降。随着数字经济的不断发展可以实现更加充分的高质量就业。

区域影响。不同国家和地区之间的经济发展水平、教育水平、社会制度会存在一定的差异，技术的进步和扩散会因区域间的差异而对就业产生不同的影响。从整体来看，技术对发达国家的影响小于发展中国家。发展中国家由于技术水平和经济水平较低通常处于产业链的中低端，借助国内的低成本劳动力从事劳动密集型产业。又因为发展中国家的人才培养体系不健全，其就业很容易受到技术冲击的影响。

群体影响。技术扩散对不同类型劳动者的影响有显著的差异性。根据劳动内容，可以分为程式化劳动和非程式化劳动；根据劳动技能，可以分为体力劳动和脑力劳动。数字技术以及智能化自动化技术的不断发展，机器设备会逐渐替代程式化劳动和简单的体力劳动，对从事这一类工作的劳动者产生巨大冲击。此外，技术的替代作用正从体力劳动向脑力劳动延伸扩展②。

---

① 龚玉泉、袁志刚：《中国经济增长与就业增长的非一致性及其形成机理》，《经济学动态》2002 年第 10 期。
② 胡拥军、关乐宁：《数字经济的就业创造效应与就业替代效应探究》，《改革》2022 年第 4 期。

第四节　新型分工与规模报酬递增规律

在数字经济背景下，数字技术的发展与革新推动企业分工协作体系的演进形成新型分工体系。数字技术推动的企业内部生产过程向着网络化、协同化的方向变革，并在此基础上推动企业间分工协作体系的演化，形成新型的分工体系即网络化分工协作体系，其体系以生产专业化为背景、以数字技术为技术基础。

一　企业内部生产过程变革

数字技术在生产领域的应用使传统机械化、流程化的生产过程朝着网络化、协同化的方向演变。数字技术与传统生产领域的融合实现劳动过程的自动化、智能化，推动分工协作体系的进一步发展[1]。数字经济时代，生产和创新不再局限在单一的企业内部，而是由企业、政府、科研机构、个体开发者甚至消费者共同参与的产业创新生态系统来完成。通过大数据、云计算等数字技术的广泛赋能，网络化的生产组织方式可以快速整合技术、数据、生产制造等生产和创新所需的必要元素来推动生产和创新，并在整个生产创新生态系统中产生协同效应。大数据、人工智能等技术的应用，为生产者和消费者之间建立起高效的沟通渠道，将消费者需求引入生产过程中，提高供给与需求的匹配程度。不同于工业经济时代的集中化、垄断化，数字经济时代通过通用性数字技术的广泛赋能，以分工合作的方式将中小生产者分散的劳动融入网络化、协同化的生产过程中，进一步扩大了资源配置和分工协作的范围，推动生产过程社会化[2]。

二　企业间网络化分工协作体系

数字经济中的企业间网络化分工协作体系以生产专业化和非核心业务外包为背景，在数字技术的基础上推动劳动进一步社会化分工和数字化生产资源的合理分配和充分利用。

（一）生产专业化与非核心业务外包

随着通信物流等行业不断发展，其成本不断下降为企业获取生产要素提供了更加便捷的途径，为企业间的分工协作提供更多可能性。致使企业将过去集中化的组织架构拆解分离，将原材料采购、生产、销售等部门通过外包的形式由专业的企业来负责，仅保留核心的设计研发部门，在不影响企业的生产运营效率的条件下减少企业成本。在这种专业化分

---

[1]　王璐、李晨阳：《数字经济下的生产社会化与企业分工协作：演进与特性》，《北京行政学院学报》2022年第1期。

[2]　王梦菲、张昕蔚：《数字经济时代技术变革对生产过程的影响机制研究》，《经济学家》2020年第1期。

工协作的背景下，企业选择在世界范围内寻找原材料供应商，商品由分布在世界各地的生产商来进行生产，销售也由广泛分布的代理商来负责。这种仅负责核心业务的核心企业和外包企业的分离是一种建立在专业化分工基础上的分工协作体系，这种通过数字技术建立的协作生产组织是一种更高水平的企业分工组织，进一步促进生产资料的社会化使用和社会化生产。

（二）网络化分工协作体系

网络化分工协作为充分发挥以生产专业化和非核心业务外包为基础建立的企业间分工协作体系的生产经营效率，需要保持核心企业与外包企业的生产经营协同一致，也就要求掌控核心业务的企业具有掌控外包企业的生产经营活动的能力。这种掌控能力需要借助互联网技术和通信技术，收集、掌握外包企业的生产经营活动信息，并对外包企业的生产经营活动进行实时调控以服务核心企业的生产经营活动。核心企业还可以通过大数据、人工智能等技术掌握的消费者需求信息为依据来计划、调整企业生产经营活动。核心企业借助互联网平台的信息传递和收集来指挥分散在世界各地的外包企业进行分工协作以完成产品的生产，通过数字技术实现精确的信息匹配来保障资源配置效率达到最大化，最终形成网络化分工协作体系。因此，企业间网络化分工协作体系是以生产专业化为背景、以数字技术为基础建立的新型的企业间分工协作体系。

在网络化分工协作体系下，改变过去将生产资料集中在单一的企业集团内部的生产组织方式，而是核心企业借助互联网技术和资本控制的方式将分布在世界范围的生产资料聚集在产品生产活动中。这种网络化的分工协作体系是对生产资料更高水平、更大范围的社会化使用，不仅促进生产的社会化进程，还能进一步发展生产力。企业间网络化分工协作本质上仍然是一对传统企业分工协作方式的创新，改变原有的企业组织形式，打破企业间的空间限制，将过去的整合企业内部资源的生产组织方式转变为整合企业外部资源服务于企业产品生产。网络化分工协作主要是借助互联网一体化组织方式来连接产品生产的上下游环节。通过网络分工协作的方式，核心企业和外包企业整合世界范围内资源进行专业化的生产经营活动，通过互联网数字技术将不同企业的生产活动相互联结，推动了生产社会化进程。网络化分工协作体系是一种劳动社会化程度更高和规模更大的商品生产活动[①]。

三 数字经济的规模报酬递增

规模报酬递增通常来自分工和技术进步。数字经济时代，数字技术不仅带来了新的数字产品，同时形成更具效率的新型分工体系，加强了传统产业的生产效率。

数字产品与传统和服务的不同之处在于，数字产品在研发阶段需要花费大量的成本，在将数字产品研发生产出后，数字产品可以通过其可复制的特性，以极低的边际成本获取

---

① 王璐、李晨阳：《数字经济下的生产社会化与企业分工协作：演进与特性》，《北京行政学院学报》2022年第1期。

无限的产量。数字产品的高固定成本和低边际成本的成本结构特征使数字产品在生产过程中呈现出规模报酬递增的趋势。虽然传统经济活动也具有规模效应，不过传统经济的规模报酬递增是有限的。传统经济的边际成本会随着产量和规模的扩大而下降，但难以降到零，甚至达到一定程度后成本还会上行，规模效应也受到限制。而数字经济的规模效应非常大，边际成本可以趋近于零。这是因为数据的复制成本很低，甚至是零边际成本，基本不存在边际成本限制，使数字经济具有规模效应。在将企业投入的固定成本收回后，由于数字产品的生产几乎不存在边际成本，数字产品的销售收入直接转化为企业利润，此时企业利润与市场规模直接相关。例如，传统的线下书店因陈列成本太高，很多书籍无法展示；而对于电商平台亚马逊来说，它能够通过网络展示无限多的书籍而不增加销售成本，把卖书的边际成本降到了零。当边际成本为零时，平均成本有必然下降的趋势，也就是说规模报酬是递增的。如果说数字经济中普遍存在零边际成本的现象，也就意味着规模报酬递增具有普遍性，随着企业、产业和市场规模的扩大和扩宽，在较大的产量和规模或产品种类范围内都明显存在规模报酬递增的特征，因此数字经济中的规模经济比以往都更加明显①。

关键概念

数字经济；数据要素；数字产业化；产业数字化；网络化分工协作体系；规模报酬递增

思考题

1. 结合市场现象，讨论数据应用带来的改变，并运用经济学原理加以解释。
2. 结合社会生活现象，解释数字经济进步性的应用体现。
3. 对比工业经济时代生产活动与数字经济时代生产活动的相同与不同之处，以具体某项业务为例分析上述二者的生产效率变化。
4. 结合具体的社会经济现象，分析解释数字经济时代劳动力供给需求的变化。
5. 选取若干行业，分析数字化赋能的成功经验及失败教训。
6. 对比数据成为关键生产要素前后生产函数的变化。
7. 在数字经济蓬勃发展的背景下，我国应如何更好地发展数字经济。

---

① 戚聿东、肖旭：《数字经济概论》，中国人民大学出版社2022年版。

第五章 数字产品价格与供给关系

第一节 数字产品的概念与分类

一 数字产品的概念

数字产品作为诸多产品的一种,其种类的更新丰富主要依赖于数字科技的进步和发展,包括应用软件、电子游戏、在线服务、网络影音、电子货币等。当今世界,数字产品正逐渐渗透到人们的生产、生活等全过程和各领域,对各国的经济社会发展产生了重要影响。

数字经济和数字产品的概念起源于 20 世纪 90 年代,由经济合作与发展组织首次提出。1999 年,世界贸易组织将数字产品的具体概念界定为"通过网络进行传输和交付的内容产品"。2000 年,Soon-Yong Choi 等进一步指出,在消除了生产和使用的物理界限的前提下,所有可以在网络上自由交易的产品或服务都可以视为数字产品[1]。此外,从技术角度来看,美国经济学家夏皮罗和瓦里安在《信息规则:网络经济的策略指导》中则提到,数字产品就是编成一段字节,数字化格式、可编码为二进制流的交换物等均可视作数字产品[2]。

与数字产品相类似的,还有信息产品和数字化产品,但彼此之间既有联系又有区别。数字产品是信息内容基于电子化的数字格式,通过网络方式运送的虚拟物品。而信息产品是基于信息的交换物,数字化产品则是指经过数字化处理的产品,或是指可以处理数字产品的产品。一般情况下,信息产品和数字化产品并不一定是数字产品。例如,一方面,电子书既是信息产品也是数字产品,但纸质书却只是信息产品。另一方面,应用软件既是数字化产品也是数字产品,但数字化家电却只属于数字化产品却不是数字产品。因此,通常来讲,一般将数字产品看作是信息产品和数字化产品的结合物。还需要指出的是,硬件设备并不属于数字产品范畴。尽管学术界有观点指出,凡是基于数字技术的电子产品都属于

---

[1] [美] Soon-Yong Choi 等:《电子商务经济学》,张大力、刘维斌译,电子工业出版社 2000 年版。
[2] [美] 卡尔·夏皮罗、哈尔·瓦里安:《信息规则:网络经济的策略指导》,张帆译,中国人民大学出版社 2000 年版。

数字产品,但大多研究者认为,数字产品应该独立于物理载体,不包括实物形态的电子产品。总之,根据以上分析,可以将数字产品的概念定义为:信息内容基于数字格式,以互联网为载体,通过信息化网络方式运送的产品。

二 数字产品的分类

数字产品也有不同的类别,不同种类的数字产品具有不同的特点,分析并利用数字产品的差异化,有助于更好地开发新的数字产品。例如,针对在线服务产品,由于其交互性,服务提供商可以按使用时间或时间段收费的定价模式;对于信息分析来说,时效性和质量是信息定价的重要评价指标。因此,对数字产品进行分类可以识别和掌握产品的关键特征,丰富数字产品。

(一)根据可测试性和粒度进行分类

可测试性是指生产厂商在产品正式进行销售之前是否能够让消费者进行试用的可能性,这同时也包括一些新功能或新技术的试用权。在许多数字产品的正式交易之前,许多企业都会允许顾客对产品或服务进行体验,从而增强顾客的购买意愿。比如常见的购物平台会员体验或者音乐影视平台试看权利,都是可测试性的体现。粒度是一个物理名词,原指物体移动的相对尺寸、比例或穿透深度。数字产品的粒度则是指数字产品是否能够进行分割。由于数字产品通常具有实现下载、存储的功能,因此数字产品是否具有粒度属性就决定了该类型产品的交易模式与特征。拥有粒度属性的数字产品,可以采取多次下载来实现频繁交易,从而有效解决了一次性交易的成本高、价值昂贵等问题。

(二)根据使用用途的性质进行分类

一是内容性产品。内容性产品是指能够表达一定内容的数字产品,主要有文章、报刊、视频、音乐等代表性产品。通过网络技术的应用可以将新闻、图像等信息进行数字化的方式转化为数字产品,内容性数字产品大多数是网站免费提供给消费者的。由于互联网具有强大的数字化转换能力、极快的传播速度以及内容的易获得性,在互联网上可以轻易获得大量的内容性数字产品,且种类以及内容非常丰富。因此,内容性数字产品受到广大消费者的青睐。

二是交换工具。主要是用来代表某种契约的相关数字产品,如数字门票、虚拟货币等。与传统用纸质货币作为交换工具不同,在数字经济背景下,通过数字技术将数字化交换工具作为用于交易流通的货币或金融工具。大量的金融信息通过数字化的转换方式储存在服务器中,或以数字信息的形式在互联网上传播。随着互联网、移动终端的数字技术的应用与普及,虚拟货币在商业社会中发挥巨大作用,能够有效降低社会交易成本,提高经济运行效率。

三是数字过程和服务。数字过程是指可以被数字化的交互行为。这样的交互行为包括通过软件来发送电子邮件、进行网上学习以及远程线上会议等。数字过程显然离不开作为行为主体的人和作为载体的数字软件,数字过程本身是从人到软件再到人的过程,这正是数字过程区别于内容性数字产品的重大差异。数字过程并不能单独依靠软件来实现，软件的作用仅限于承担数字过程进行的载体。

第二节 数字产品的特征与延伸范围

一 数字产品的物理特征

一是可复制性。可复制性是指数字产品可以被复制，且进行复制的边际成本趋近于零。数字产品的可复制性并非数字产品独有的物理特征，虽然大量的非数字产品同样具有可复制性，但其复制的边际成本受原材料等限制很难趋近于零。企业在研发过程中投入大量的资源实现数字产品从无到有的过程，生产出最初的数字产品。由于数字产品具有可复制的特性，且其储存传输成本也极低，因此数字产品可以通过复制的方式以极低的边际成本进行快速的无限生产。数字产品的可复制性能为数字产品的生产者创造出丰厚的利润，但其低廉的复制成本也为数字产品的盗版活动提供基础，给数字产品的研发者带来巨大的经济损失。

二是不可破坏性。数字产品是基于数字格式通过因特网以比特流的方式运送的交换物，本质上数字产品是一种数字格式。虽然数字产品依托于计算机等实体设备作为载体而存在，但是数字产品作为一种无形的消费品，其本身不存在物理实体。数字产品的物理载体可以被损坏，但数字产品作为一种数字格式而存在的交换物不会因其物理载体的损坏而损坏的。保证其正确的使用和储存，且物理载体不被损坏的前提下，数字产品的产品质量不会因使用次数的增加而降低。数字产品在消费过程中不受使用次数和使用寿命的限制，也不存在损坏、耗费、磨损等问题。不易被损坏的特性限制了消费者对数字产品的重复购买行为。为留住消费者和吸引更多的新的消费者，数字产品的生产者需要不断地对产品进行升级换代扩充产品信息，来提高产品的质量和性能。正是这一原因促使数字产品的生产厂商持续不断地进行产品创新。

三是可变性。数字产品一旦被下载，厂商很难控制产品内容的完备性。由于数字产品的内容很容易被消费者为满足自身需求，修改、组合，改变产品的原样。因此，数字产品一旦被消费者消费后，生产厂商会失去对其准确性的控制。可变性的意义不在于保护内容的完整，而在于要求厂商通过定制和升级等行为差异化生产产品。一方面，软件生产商可以借助升级软件的方式对现有用户的低版本软件进行升级，利用数字产品的可改变性来克服有不可破坏性带来的问题。另一方面，数字产品的提供者通过采取一系列的加密技术、合同约束或者其他措施来阻止消费者任意地修改产品内容，以控制用户级别的修改。由于用户的技能也在不断地进步，用户级别的修改很难被控制。

四是高速传播特性。数字产品是一种以数字形式存在的虚拟产品，数字产品的传递依托于互联网的信息、数据的传输。由于数字产品的传递是基于互联网的信息传播，因此数字产品的传递速度与互联网信息传递速度一致，数字产品通过网络用极短的时间在全球范围进行传播和交换，打破了时空限制，具有实体产品无法比拟的传播速度[①]。

总之，数字产品的物理特性直接影响着数字产品市场的交易方式，也使数字产品的生产流通所耗费资源相比于实物产品具有明显区别。

第一，信息数据资源替代物质资源。数字产品具有可复制性，其复制的是产品本身所具有的数据信息，因而数字产品的复制生产以及传播不受物质资源稀缺性的制约，数字产品的复制过程所依赖的是比特流的传输。在以大数据、物联网、人工智能为核心特征的数字经济背景下，新技术的不断发展带来了海量的信息数据，这些信息数据可以轻易地被人们收集获取，并且这些信息数据的复制几乎不耗费成本。从数量的角度来看，信息资源并不是稀缺的。数字产品的生产同其他产品一样需要消耗社会资源，数字产品在研究和开发过程中所消耗的资源多数为信息数据和人力资本。在特定的时空内从事数字产品研究和开发的人员的数量和质量总是有限的，因此在某一特定时点或地域范围内，相对于特定的经济行为而言数字产品的品种类型是有限的。而从数字产品供给的品种类型的角度看，数字产品的生产却仍然会受到资源稀缺性的制约。

第二，数字产品的成本结构具有非均衡性。数字产品的生产可以分为研发阶段和研发成功后的生产阶段。在数字产品的生产前的研发阶段，厂商需要耗费大量的生产资源进行数字产品的研发。数字产品生产所面临的资源稀缺主要是指在研究开发阶段知识和智力等人力资本的稀缺。无论数字产品的研发是否成功，其所耗费的资源都将无法回收。因此在这一过程投入的成本大多为沉没成本，也可以视为固定成本。在数字产品研发成功后的生产阶段，依靠数字产品可复制的特性，数字产品的生产不受物资资源的约束。数字产品具有"高固定成本、低可变成本"的特殊成本结构。

第三，数字产品的质量和种类取代产品数量成为影响资源分配的主要因素。数字产品具有无限供给的特性，在价格给定的情况下厂商完全有能力全部地满足市场的需求量，数字产品的产出水平对产品的销售几乎不产生影响。在数字产品市场中，产品的质量和种类逐渐成为厂商和消费者的关注点，进而影响着资源的分配。数字产品生产所耗费的资源主要是知识和智力等人力资源。影响资源分配的关键因素不再是产品数量，而是为满足产品本身质量和种类要求所耗费的边际成本。数字产品的合适价格是由生产具有特定功能的产品所需要耗费的边际成本来决定的，产品再生产的边际成本与之无关[②]。

二 数字产品的经济学特征

（一）依赖个人偏好

需求反作用于生产，消费者需求的变化将在一定程度上影响着生产者的生产行为。尤

---

① 王晓玲、孙德林：《数字产品及其定价策略》，《当代财经》2003年第12期。
② 解梅娟：《数字产品定价问题初探》，《生产力研究》2011年第4期。

其是数字经济时代，生产者很容易根据消费者的个人偏好和需求差异而进行定向化生产。由于数字产品被消费的不是其物理属性，而是其思想理念和使用价值。因此，数字产品满足他人偏好的功能则更显突出，更有必要根据消费者类型或其他身份信息进行产品定制和差别定价。

（二）特殊的成本结构

数字产品的成本结构不同于传统意义上的产品成本。生产第一个数字产品往往需要投入大量的研发成本以及人力、物力。但是，由于数字产品的可复制性，在后期生产过程中可以通过复制研发生产出的第一个数字产品来获得无限的产量，同时由于数字产品的传输是通过借助互联网进行，所以传播速度非常快且传输成本几乎为零，因此后期生产和运输的边际成本非常低。例如，拍摄一部电影或电视剧需要花费上亿元的投入，研发一款游戏需要投入大量的人力、物力，但是一旦第一份产品成型，后面用于复制的成本就会很低。

（三）高附加值

数字产品的附加值是指通过技术创新而创造的科技附加值。随着网络覆盖范围的扩大、使用领域的不断延展，数字产品的应用也趋于多元化。例如，付费歌曲、图文、影像，消费者在支付费用后可以以在线形式下载保存。由于消费人数众多，生产者能够获得大量的收入，除了能收回厂商前期的生产成本，还能让生产商获得更多的利润，进行再生产。这就是科技创新创造的数字产品本身之外的附加值。

（四）时效性

时效性是指数字产品在不同的时间点上会具有不同的价值或效用。首先，数字产品具有较快的更新速度。例如，一些风靡的电影在上映之初票房上涨很快，但经过一段时间随着新电影的上映，其票房基本处于停滞状态。其次，部分内容性产品如新闻、证券、气象信息以及有时间限制的凭证和票据等，时效性都很强，其价值取决于获取的时间。但与其他产品相比，过时、过期的数字产品，甚至被消费过的数字产品也是有价值的，可以归档用于长期分析[①]。

（五）网络外部性

网络外部性是指当消费同样产品的其他使用者的人数增加时，某个使用者消费该产品获得的效用增加。在传统的商品市场中，有"物以稀为贵"的价值规律，但数字产品恰恰相反，产品越相似，价值就越大。数字产品市场中普遍存在网络外部性。数字产品对消费者的价值部分取决于消费者对该产品的消费程度，或是消费者使用数字产品获得的效用受该产品用户数量的影响。数字产品的价值并不完全取决于产品本身的质量和性能，其价值与用户的购买有关，销售数量越多，价值就越大。因此对于数字产品来说，由于网络的外部性，稀缺产品的价值很低。例如，消费者在选择办公软件时，通常会选择 Office 办公软件，因为消费者更加关注兼容性和舒适性问题，以避免阻碍与他人沟通交流信息。

---

① 蒋小花、吴山：《数字产品运营管理》，电子工业出版社 2022 年版。

网络外部性可分为直接网络外部性和间接网络外部性。直接网络外部性是指同一市场内的消费者之间相互影响，某一产品的用户规模扩大会导致消费者使用该产品所获得的效用增加。间接网络外部性是指产生于基础产品与辅助产品之间的技术上的互补性，这种互补性导致基础产品与辅助产品在产品需求上存在相互依赖性。在具有间接网络外部性的产品市场上，消费者使用某一产品的价值取决于该产品的互补产品的数量和质量，如消费者购买硬件时会考虑与硬件相互配套的软件流行程度和范围，从而形成市场的外部影响。

数字产品的网络外部性具有两个相互矛盾的特征：一方面，产品的价值会随使用数字产品人数的增加而减小。例如，一套能够带来某种价值且在市场上非常紧缺的软件，其他消费者购买使用该软件会对该软件的价值产生负的外部性，导致软件的价值下降。另一方面，使用同一数字产品的人数越多其价值就越高。例如，流行的数字游戏软件比不流行的游戏软件具有更大的价值，这意味着数字产品的使用对其他使用者存在正的外部性[①]。

第三节　数字产品的价格

随着经济社会的不断发展变化，人们对于价格理论的认识也在逐步深化。在马克思主义政治经济学的理论下，商品价格主要取决于生产商品的社会必要劳动时间和商品在市场上的供求均衡状况。在数字经济市场中，数字技术给产品的生产和销售方式带来了新的革命性改变，也对传统的供需分析造成了冲击。数字产品本身的独特性，使传统的供求曲线和均衡分析逐渐失去效能，降低了传统价格理论的解释力，进而深化了数字产品的价格理论。具体的变化包括：一是数字产品由于其本身超越了经典经济理论中的物质性，不存在实际载体的信息与数据资源将对其定价产生重要影响。二是由于是产品和服务之间、生产者和消费者之间，以及企业之间的关系不再像以往清晰。三是数字产品通常存在供给过剩的问题，基本不存在生产不足的问题。四是边际效用递减规律不太适用于数字产品，很多时候会存在边际效用递增的问题。五是数字产品的成本问题，一方面其复制成本极低，边际成本问题的衡量更复杂，另一方面其生产所需要素繁多，很难准确衡量其生产成本。

数字产品在定价时，应当充分考虑数字产品的特性、销售环境和消费者的消费行为，以及与传统商品经济的差异。数字产品在研发初期具有较高的成本，在经历过研发阶段的生产后，基于数字商品的可复制性特征导致其具有后期生产的边际成本极低且趋于零的成本结构特征。这就决定了其定价方式的特殊性。此外，为满足不同消费者的不同需求而产生的个性化定制以及消费者主观偏好的差异性，致使数字产品的使用价值会因人而异。数字产品在价格给定的情况下具有无限供给的特性以及消费者主观偏好的差异，导致数字产品需求的不可预测，从而使基于供求关系、成本结构或者基于价值的定价方式不再适用数字产品的定价，由此表明，应从消费者的购买愿意和所愿付出的成本出发来制定数字产品

---

① 王晓玲、孙德林：《数字产品及其定价策略》，《当代财经》2003 年第 12 期。

的价格。因此，数字产品市场一般会存在多种不同的定价方式，包括差异化定价策略、个性化定价、免费定价策略、捆绑销售定价等。

一 差异化定价策略

差异化定价通常是指针对不同的消费者，通过分析其个体特征和消费属性，将同一产品以不同的价格进行销售。产品的差异化定价包括因产品差异所形成的价格差异和同一产品针对不同消费者的差异定价。完全价格差异也被称为一级价格歧视，企业可以根据每个消费者对任何数量的产品愿意支付的最大金额进行定价，以与产品的需求价格同等的价格，企业将收到每个消费者的全部消费剩余。二级价格差异是指企业不能区分消费者，但根据用户主动选择的方法，根据消费者购买量进行差别化定价。三级价格差异是根据类别的不同来定价的，企业为不同的类别设置不同的价格机制。

二 个性化定价

互联网技术的发展为个性化定价提供了优良的技术前提，其在获取消费者信息方面具有无可比拟的便利，可以轻松地获取消费者的偏好、消费项目等多种信息。个性化定价是在产品的个性化定制基础上进行的，就是企业根据消费者的需求和偏好来设计生产产品。也就是说，个性化定价是指同一产品针对不同销售时期不同的消费者采取不同价格定价方式。由于数字产品具有生产是通过复制的方式进行的，其边际成本非常小，因此传统的通过批量生产来平均固定成本或研发成本进而降低产品生产成本的方法不再适用于数字产品。数字技术的应用使产品个人化、个性化成为可能。产品定制降低了经济效率与经济规模的关联度，但提高了产品与消费者需求之间的匹配程度，降低了需求的不确定性。个性化定制产品的核心在于更好地满足消费者需求，降低用户在市场上进行套利的可能。一方面，个性化定制的产品是为了某个或少数消费者的个性化需求，对其他消费者并没有价值；另一方面，个性化定价能够减少资源浪费，优化社会资源配置，获取最大的消费者剩余，提高社会福利。

三 免费定价策略

免费策略也曾应用在传统的销售过程中，但由于成本高，不可能长期普遍、持续地提供或免费使用。数字产品具有特殊的成本结构，边际成本接近零，这使企业能够免费或低价销售数字产品。通常企业基于长期考虑，针对数字产品的成熟阶段，选择免费提供数字产品。免费定价策略作为一种非常有效的方式，通过让消费者在早期免费试用，可以培养对产品的依赖性，使企业在未来市场上有了先机，获得市场空间和利润。但是，任何采取免费形式的企业都不能成为其长期战略，而是希望通过免费战略在未来获得更大的利益。

借助免费策略，企业可以快速获取消费者信息、锁定用户、占领互联网巨大市场，为企业带来利润。

四 捆绑销售定价

提供多种产品的企业可以选择性地单独销售或捆绑销售每种产品。捆绑销售是指对以固定比例包装在一起的两种或两种以上产品进行销售。生产和销售数字产品以开展业务的企业所产生的成本，包括网络、数据传输和信息存储等成本，与所提供的产品或服务的数量无关。使用捆绑销售为数字产品添加组件几乎不会增加成本，而且提供一个产品和提供多个产品的成本没有太大差异，因此可以在销售过程中充分利用这种低边际成本来增加产品销售数量。在数字产品市场中，捆绑销售定价是一种有效的定价策略，越来越多的数字产品企业选择捆绑销售定价作为产品销售的主要方式。

第四节 数字产品的供给与需求

一 数字产品的供给

在传统经济学理论中，产品的供给由产品的边际成本和边际收益来决定。但是在数字产品领域这一规律不再适用。数字产品的特性使数字产品的生产具有特殊的成本结构。数字产品的生产通常分为两个阶段：第一阶段是智力的创造性劳动阶段，这一阶段主要实现数字产品从无到有，研发过程需要投入大量的人力、物力、资源才有可能生产出第一个数字产品。在研发阶段投入的所有成本相当于数字产品生产的固定成本，且固定成本的绝大部分是沉没成本，即企业在之前经营活动中已经付出且不可收回的成本，是生产者在生产开始之前预付的，其中包括产品设计费用、程序设计费用等。第二阶段主要是复制过程，数字产品的复制成本极低，只需要很低边际成本就可以通过复制生产出大量的同样的数字产品，且其边际成本会维持在这一水平，不会改变。因此，数字产品生产的边际成本几乎为零这一特征使生产者能够实现没有限制的规模经济，使数字产品具有无限供给的特征。

在数字产品领域，价格对供给的影响十分有限，反而供给能够影响价格。由于数字产品生产的边际成本几乎可以忽略不计，即使在价格很低的情况下厂商依然会愿意提供足够的商品满足市场需求。这是由于数字产品成本的特殊性导致的厂商的生产销售几乎没有边际成本，所以无论产品价格低到何种程度，厂商每生产销售一单位商品都能获得收益。在弥补产品研发投入成本后的销售额可以直接转化为企业的利润，企业的销售量越多，所能获得的利润也就越多。在数字产品市场中，产品供应量的增加会导致价格的下降，由此导致数字产品的供给曲线是向右下方倾斜的。

同样地，数字产品的供给增多必然导致其价格的下降，但是由于数字技术进步带来的数字产品种类的日益丰富，以及消费者需求变得多样化、个性化，企业可以选择增加数字产品的供给种类来满足不同消费者的个性化需求。供给种类数量是指数字产品的生产者在一定时期下，愿意且能够向市场提供的不同品种类型的产品数量。由于生产者追求利润最大化，为扩大数字产品的收益，生产者就需要提供更多品种类型的数字产品，直到边际收益等于边际成本为止。因而数字产品的种类供给曲线向上倾斜，即数字产品的供给种类数量随着价格的上升而上升。

二 影响数字产品供给的因素

数字产品的供给受到很多方面因素的影响，主要包括科技水平、教育水平、专利制度、市场规模以及经济政策等。科技水平，如区块链、大数据和其他应用于现代信息收集、存储、分析和共享的数字技术，提高了生产效率，改变了人类社会交流沟通的方式，尤其是基础科学的研究已成为信息产品生产的根本来源，为数字产品的创新提供了新的途径和思路。同时，数字产品作为人类智力劳动的结果，与教育水平、教育质量也有着密不可分的关系。国内外数字产品市场的繁荣程度表明，数字产品的供应与科学教育有关。通过教育质量的提升，可以培养大量适合从事数字知识产品生产和销售的人才，能够有效扩大数字产品的供给，提升数字产品的供给质量。

此外，专利制度、市场规模和经济政策对数字产品的供给同样存在着重要作用。首先，专利制度的作用是从法律上保护知识产权不受侵犯，有效保障发明人和创新者的合法权益。发挥知识产权保护在促进创新和优化营商环境中的作用，鼓励更多的企业进行创新和发明数字产品，减少盗版，遏制知识侵权，缓解市场失灵现象，解决数字产品开发的后顾之忧。因此，一个合适的专利制度可以增加数字产品的供应。其次，市场规模是指数字产品的有效需求规模。市场的规模和竞争力可以直接对新产品开发的投资规模形成倒逼作用，市场规模越大，需求也就越大，数字产品的供应量也就会随之增加。再次，经济政策主要是指税收政策和财政政策。目前，各国普遍采用减税降费、降低贷款利息等数字产品开发刺激政策，鼓励数字产品企业的生产经营，促进数字产品供应的增加。最后，国家对数字经济的支持，如大力发展数字普惠金融，也极大地促进了数字产品市场的快速发展[①]。

三 数字产品的需求

数字产品作为虚拟化的商品，生产过程中不消耗物质资源，具有零边际成本的特殊成本结构，这与传统商品生产结构不同。如果市场足够大，数字产品的生产基本上是无限的。在传统经济学理论中，一般商品的需求曲线是向右下方倾斜的，这就表明消费者对商

[①] 蒋小花：《数字产品运营与推广》，浙江大学出版社2018年版。

品的需求与价格呈反向关系。同时消费者在选择传统产品时总是倾向于选择相对好的产品，更喜欢多元化、多样性的产品，通常很少选择固定产品。与之不同的是，数字产品的消费则是特殊的，当数字产品能够满足消费者的需求时，消费者一般不会改变消费习惯。原因是转换产品的过程中存在较高的转移成本，包括货币成本、时间成本等。例如，消费者在习惯了某个软件后不会轻易改变他们的选择，如果他们更换了新软件，将需要一定的时间和精力来重新熟悉和学习，还可能由于与原始软件和硬件不兼容而造成一定的损失。这种转换的成本称为转移成本。当转移成本总是大于购买替代产品的预期收益时，消费者不会轻易改变他们的选择，这就是消费者锁定。这一特点使数字产品一旦被消费者所接受，其使用数量就将保持相对稳定。

此外，作为数字化的商品，数字产品具有不可摧毁的特征。一旦数字产品被厂商制造出来，它们就可以永久存在，而不会出现存储问题，质量也不会出现损耗折旧问题。因此，大多数消费者不会重复购买同种数字产品。故而，研究数字产品的价格与个人消费者购买量之间的关系不大，但这并不意味着数字产品没有个人需求函数。虽然价格变化不会影响购买数量，但会影响消费者的需求程度，当某一数字产品的价格上涨时，将会导致消费者对该产品的需求程度减弱。

自主扩张是数字产品消费市场的特点之一。一旦某一数字产品被消费者广泛认可，那么该数字产品经过网络传播，更多人会购买。当数字产品的用户数量达到一定规模时，与产品匹配的互补品的供应和品种类型也将随之相应增加，对互补产品增加的预期将吸引更多消费者购买相关产品。在外部网络效应的作用下，用户规模的增加将导致消费者效用不断增加，促使产品的用户规模与消费者效用之间形成正向反馈联动，从而使数字产品的市场规模呈现出自主扩张的趋势。

在以上分析的基础上，网络外部性的存在也将导致数字产品的需求曲线不能简单由累加个人需求曲线得到。网络外部性是指连接到一个网络的价值取决于已经连接到该网络的其他人的数量，这就导致消费者的效用会随着其他消费者消费量的增加而增加，从而抵消该消费者个人的边际效用递减程度，最终使边际效用在整个市场上表现出递增态势。此外，消费者意愿支付价格也会受到网络外部性的影响。在数字产品消费规模达到某个特定的阈值之前，将会形成所谓的"网红效应"。

四　影响消费者需求的因素

一是消费的搜索成本。在信息完全对称的条件下，不存在市场摩擦，交易是顺利和有效的，但在现实交易过程中，总是有各种因素干扰交易的完成，如时空的自然要素或信息不对称等人为要素。为了减少市场摩擦，交易者往往愿意花费一定的时间搜索信息。当搜索的好处少于花费的时间时，消费者就会停止搜索。搜索技术的改进可以更好地降低消费者的搜索成本，互联网为消费者消除了时间和距离的障碍，降低了市场搜索成本，从而减少了信息不对称导致的交易市场摩擦，使交易的优势天平偏向买方，进而提高了市场效率。因此，随着数字技术水平的不断提高，消费者对数字产品的需求程度也在不断提高，即信息搜索水平对数字产品需求水平正在发生积极影响。

二是消费者外部性与转换成本。消费者外部性是指某种产品带给消费者的效用和满足程度，不仅取决于产品本身的质量，还取决于可能为产品建立信息共享的其他消费者的预期数量。另外，消费者转换成本的变化也可能导致消费者受外部性的影响。转换成本主要是指消费者选择用另一种商品替代现有消费品所产生的成本，包括机会成本、时间成本、学习成本和转换过程中由于不兼容而造成的损失。数字产品的转换成本与需求的价格弹性成反比，数字产品的转换成本越高，消费者对产品的需求弹性越小，也就越不可能转换消费对象。

关键概念

数据；数字产品；网络外部性；产品差异化；差异化定价

思考题

1. 从数字产品的特殊性及分类来分析数字产品的定价。
2. 简述数字产品与传统产品在需求和供给方面存在的区别。
3. 简述影响数字产品需求和供给的因素。
4. 如何理解数字产品的网络外部性。
5. 具体分析生活中某一款数字产品的定价策略。

第六章 数字产品市场

第一节 数字产品市场的特征

数字产品和数字经济的概念早已出现，但是随着数字技术和网络技术的不断普及、应用和发展，数字经济和数字产品才逐渐走进人们的生活，成为经济发展和社会生活的一部分。数字产品作为数字经济的核心，数字产品生产销售所形成的数字产品市场值得我们关注。数字产品市场依托于网络市场而建立的，网络市场是数字产品市场的基础。基于数字技术而形成的网络市场，具有离散性、去中心化和网络状等特性，因而能将信息以数字流的形式实现高效采集、及时处理、实时传输，从而在现实世界和虚拟空间之间构建了高度共享的人机交互平台，数字产品的宣传、销售和服务得以在网络市场上有序进行。数字产品市场是网络市场中专门用于销售数字产品而形成的虚拟市场，以数字形式存在，是网络市场中的一个组成部分。

数字产品市场是建立在互联网空间中的，依靠互联网的信息传输功能来完成数字产品的销售和运输，如网上交易平台、网上商城等。数字产品种类或提供的数字服务是丰富多样的，数字产品销售存在免费、差异化定价等多种销售方式，也就导致了数字产品市场存在多种形式。从经济学的角度分析，数字产品市场依旧由供给、需求、价格、市场等要素构成，继承传统商品市场的部分特点。但数字产品作为一种以数字形式存在的虚拟性且不具有实体的商品，也就导致数字产品市场有了新的发展变化，具有了传统商品市场所不具有的新特征。

一　低固定成本效应

数字产品作为一种以数字形式存在的虚拟商品，也就导致销售的数字产品的店铺具有虚拟性，以数字形式存在互联网中，借助于互联网、通信等数字技术来完成数字产品销售过程中的商品展示、宣传、交易、流通等过程。由于销售数字产品的店铺存在具有网络化的虚拟性，也就导致维持店铺运营需要依靠互联网来进行，使在数字化、网络化的店铺不再需要传统实体店铺经营所需要的大量员工来进行信息沟通、商品宣传展示、辅助交易等工作。同时，网络虚拟商店可以摆脱因员工疲惫或缺乏训练而引起顾客反感所带来的麻烦，可以不停歇地持续营业。一方面，互联网不仅消除了时间限制，而且还突破了地域障碍。国内企业可以开展全球性营销活动，扩展客户群。另一方面，数字产品市场上的虚拟店铺可以根据建设、维护的差异划分为自主建设维护的虚拟商铺和通过托管方式进行建设维护的虚拟商铺。自主建设维护的虚拟商铺需要耗费一定的资金用于网站建设、软件设计、硬件租赁或购买、网站维护等。但相较于昂贵的土地费用、建筑费用、装潢费用，网站建设成本显得微不足道。而通过托管方式进行建设维护的网络商店则仅需要向店铺提供者支付租赁费用，就能获得完整的店铺使用权，其成本也远低于经营实体商铺所产生的费用，还能获得远大于实体店铺的市场空间。

二 低交易成本效应

随着大数据、搜索技术、人工智能等数字技术的不断发展，借助于互联网的信息传递的便捷性，使信息的搜寻成本大大降低。特别是数字产品市场存在于互联网空间中，可以借助互联网空间进行无限地扩展。由于数字产品的成本特征使其在数量上具有无限供给的特性，但是数字产品的供给者通过增加产品种类数量，丰富消费者的选择来促进消费，致使数字产品的种类、内容愈加丰富。无限扩展的市场空间可以容纳下庞大的产品数量，这将极大丰富数字产品市场中的产品信息。在数字产品市场中商品的供给者均能借助互联网空间的虚拟性与信息传递的便捷性，无限扩展市场的空间范围，并获得丰富的市场信息。市场中的消费者则可以借助互联网搜索技术获取丰富的市场产品信息，产品的丰富将极大地提高消费者的满意度，刺激消费者进一步消费。此外，搜索技术、人工智能等科技的快速发展应用还极大提高了数字产品市场中信息的匹配效率，缓解了数字产品市场中存在的信息不对称问题，降低了市场交易成本，进一步提高了市场运行效率，有助于促进经济社会的进一步发展。

三 长尾市场效应

随着数字经济时代的到来，标准化的工业产品已经无法满足消费者日渐个性化、多样化的需求。数字产品所具备的高固定成本和低边际成本的特殊成本结构，以及可以快速复制的特性，使数字产品具有无限供给的可能，即一家企业就能满足整个市场对同一件产品的需求。与此同时，数字产品市场的竞争逻辑也导致市场中竞争的结果是仅留下一家垄断企业或几家寡头企业的市场格局。数字产品企业想要发展或是占据一定市场份额就必须不断进行产品创新，而不是进行同质产品的竞争。在此背景下，数字产品市场产品种类和数量将愈加丰富，数字产品的市场规模也会不断扩大。此外，随着消费需求的多元化，在数字产品市场中引领市场潮流的热销商品市场饱和后，众多针对消费者个性化需求的数字产品也就是长尾市场将成为数字产品企业发展的新空间。数字产品的特殊成本结构使小众化、个性化所形成的长尾市场成为可能。另外，大数据、人工智能等数字技术的进步与应用还将进一步降低消费者、供给者的搜寻成本，强化供给与需求之间的匹配程度，使越来越多的小众化、个性化的数字产品被消费者发现和认可[①]。因此，数字产品市场可以通过利用数字技术和互联网平台将零散的个性化、小众化的需求市场加以整合、集聚，从而形成一个庞大的长尾市场。因此，对长尾市场的开发利用是数字产品市场发展的一个新的特征。

四　网络外部效应

具有网络效应的数字产品市场通常引发需求方的规模经济。网络效应表现为当消费者使用某种产品所获得的效用和价值随着使用该产品的消费总人数的增加而增加时就产生了网络效应。网络效应的概念说明了用户数量和产品价值之间的正相关关系。网络效应的普遍存在是数字经济能够快速发展的关键因素，是网络经济区别于传统经济的重要原因，也导致数字产品市场结构变迁的最重要原因。在网络效应下需求供给双方相互影响带来正反馈作用，使用户数量以及市场规模不断扩大。在存在网络外部效用的市场中，拥有较大规模和用户基础的厂商往往在市场竞争中占据有利地位，进而造成"强者恒强、弱者更弱"的效应，强化垄断产生的可能性。具有垄断地位的主导厂商在竞争中占据有利地位，从而使市场出现"赢家通吃"的局面。在这一市场情况下，主导厂商的市场份额远远高于其他中小厂商，同时在利润分配过程中获取更多的利润，导致利润分配出现不平衡性[②]。

五　"柠檬问题"效应

互联网的虚拟性促进信息的快速传播和流动，但也造成了互联网中虚假信息的产生等问题。在数字产品市场中，由于网络化、数字化的虚拟性存在，消费者无法直接对消费品进行完整的使用体验来确定产品的质量、功效。消费者所接收到的产品信息是来自于商品销售方的描述或其他消费者的使用评价。消费者和销售之间的信息差异也就造成了数字产品市场存在信息不对称，引发"柠檬问题"。一方面，在互联中信息造假的成本极低。商品的销售方出于利益目的会进行虚假宣传，夸大产品质量和功效等信息。由于消费者无法直接掌握商品真实信息，所以消费者无法识别商家信息是否准确，从而导致数字产品市场中消费受骗的现象大量存在。另一方面，由于网络化的虚拟商铺租赁成本以及转换成本较低，受不良风评影响的商户能以极低的成本转换成为一家具有新面孔

[①] 赵静：《基于市场特征的数字出版物销售商的产品组合策略》，《编辑之友》2014 年第 5 期。

[②] 张丽芳、张清辨：《网络经济与市场结构变迁——新经济条件下垄断与竞争关系的检验分析》，《财经研究》2006 年第 5 期。

的商户，摆脱之前造成的不良风评，继续虚假宣传销售，商家的信誉程度也就无法被消费者识别。而此时的消费者只能以价格等非质量因素来确定是否购买商品，这也就造成了市场中出现"柠檬问题"。

　　数字产品不只是对产品进行标准化的数字化，为满足不同消费者的需求，还需对数字产品提供个性化、定制化的服务。个性化、定制化的数字产品对不同的消费者会产生不同的效用，消费者对产品的评价也会因产品的个性化而出现差异，从而导致很难从消费者评价中识别出产品的质量。此外，由于生产制造者为降低成本和提高利润还会使产品质量的不确定性增加，从而导致市场上普遍存在以次充好的现象。因此，在这两方面的作用下，数字产品市场的"柠檬问题"将表现得更加突出。与实体市场不同，数字产品市场中交易双方之间关系的维持依靠的是虚拟网络，以致存在严重的信息不对称问题，从而使数字产品市场存在很大的不确定性。

第二节　数字产品市场的结构

　　数字产品是以数字形式存在的不具有物理实体的产品，这也就造成了数字产品与传统的商品存在本质上的区别，导致在商品生产、销售、运输、宣传等多个环节存在巨大的差异，这些差异主要体现为市场结构和市场竞争格局两个方面。

　　首先，数字产品的无限供给特性使数字产品市场具有特殊的规模结构。对于传统物质产品而言，由于资源的有限性和生产的规模报酬递减以及产品流通在时间和空间上的限制，产品的供给有限且每家企业产能也相对有限。因此，同一种产品需要多家企业的生产才能满足市场的巨大需求。而数字产品的可复制性导致数字产品的生产边际成本趋近于零，数字产品生产企业呈现规模报酬递增趋势，数字产品具有无限供给的特性。在数字产品市场中，数字产品借助自身的可复制性具有了无限供给的特性，同样的产品仅由一家头部企业就能满足全部的市场需求。此外，在企业占据一个产品的全部市场的状态下，在规模效应的作用下企业能够有效地降低成本，提高经营效率，同时也可以帮助企业优化产品，提高售前或售后的服务质量。

　　其次，数字产品的可复制性使数字产品市场具有特殊的成本结构。虽然，传统的工业化产品也是通过复制、分工形式进行的工业化、标准化生产，但生产过程受到原材料、成本、时间、生产工艺过程、工人生产效率等多方面的限制，在销售过程中也会受到时间、空间的影响。传统工业化产品在经过生产的规模报酬递增后必然会进入规模报酬递减阶段，此时的产品边际成本将会呈现出递增倾向。而数字产品是以数字形式存在的虚拟性商品，与传统产品的生产具有截然不同的本质区别。数字产品在研发生产第一件产品也就是原件的过程中需要耗费大量的资源，包括资金、人力资源、物质资源等。如果研发失败，在研发阶段所投入的资本将无法收回，成为沉没成本。在研发成功后生产只需要接受其自身的可复制性，通过对原件的复制就可以实现无限的产量。数字产品的复制生产只需要借助计算机、互联网就能够进行，其复制的效率只受计算机的读取速度和网速的影响，数字产品产量也只受到存储设备的容量限制。此外，数字产品的复制过程的成本还不受物质资源消耗以及时间、空间的限制，所以其复制所耗费的成本极低，甚至几乎可以视为零，即数字产品生产的边际成本极低。总体来看，数字产品具有较大的固定成本和极低的边际成本的特殊成本结构，而成本结构的不同也就造就了数字产品的市场结构与传统商品完全不同。

最后，在数字产品市场中存在网络外部效应，即数字产品的服务价值受使用该产品的其他消费者数量的影响。具体而言，部分数字产品的销售具有正向网络外部效应，即消费者使用该产品所能获得的效用会随着消费者数量的增加而增加。当形成正反馈循环的网络外部效应时，该数字产品的消费者会迅速增加。在诸多消费者的共同作用下，之后消费者的选择将会进一步受到影响，以吸引更多的消费者选择该商品，从而使市场规模不断扩大直至占据整个市场，形成垄断。例如，微信这种社交软件就具有强烈的正向的网络外部效应，在经过最初的用户积累后会吸引更多用户进入，使用户数量实现指数级增长。类似的数字产品还有抖音、淘宝等。这一发展模式的基础就在于数字产品的可复制性和极低的边际成本使供给具有无限增加的可能，没有无限供给的特性就无法实现这种快速的积累和规模扩大。

结合以上分析，根据微观经济理论，通过市场中的企业数量、企业间的产品差异性、市场竞争程度、价格弹性、价格障碍等多个指标可以将市场划分为完全竞争、垄断竞争、寡头垄断和垄断这四种市场结构。与此相对应，数字产品市场结构也包含这四种市场结构。

第一，从完全竞争市场角度来看。完全竞争市场是指一个行业中有非常多的生产销售企业，它们向市场提供同类的、标准化的产品。在完全竞争市场中，价格由市场决定，买卖双方均是价格接受者，对市场价格不产生任何影响，每家企业的生产能力有限且仅能占据很小的市场份额。一方面，完全竞争市场是在资源完全流动、生产的产品同质、信息完全性、市场中存在大量买者和卖者等假定下存在的。另一方面，由于数字产品具有无限供给的特性，同一产品市场由一个或几个企业就能满足整个市场的需求。因此，在数字产品市场中同一产品不可能长期存在众多企业的完全市场竞争。完全竞争的市场格局与数字产品市场的生产逻辑是背离的。此外，完全竞争市场的存在本就是依赖于众多几乎不可能实现的假设为前提。所以，在数字产品市场中几乎不可能实现完全竞争的市场格局，也没有存在的必要。

第二，从垄断竞争市场角度来看。垄断竞争市场是指在市场中存在许多生产具有一定差异的产品的卖方，垄断竞争者通过差异化产品在市场中竞争。垄断竞争的市场格局在数字产品市场中是存在的。在某一数字产品市场发展的初期，企业可以自由进出，众多企业能够通过数字产品的生产研发进入这一市场，在市场中提供差异化的数字产品。因此在数字产品市场发展的初期，垄断竞争市场是普遍存在的。但这种垄断竞争的市场格局只会短期存在。在数字产品所具有的特殊成本结构所致使的无限供给的特性，以及网络外部效应、产品技术的不兼容等多面的共同作用下,通常要求数字产品市场只能留下少数几家企业。只有在这种格局下市场才具有较高的运行效率,才能够充分发挥出数字产品无限供给的特性。在数字产品市场中,由众多企业提供差异化的产品无疑是一种资源的浪费。所以,垄断竞争的市场格局通常短期存在于数字产品市场发展的初期,垄断竞争的市场格局对数字产品市场而言并不是一个相对稳定的市场竞争格局。

第三,从寡头垄断市场角度来看。寡头垄断市场是指市场中只有少数几家厂商为市场提供产品,市场中存在一定程度上的竞争。寡头垄断是数字产品市场中一种常见的市场结构,如在电子商务领域,电子商务的市场由淘宝、京东、拼多多等少数几家企业占据几乎全部的市场份额。由于数字产品具有无限供给和网络外部性的特性,每一家数字产品企业都具有生产满足同一产品市场全部需求的能力,为获取更多的利润都在拼命地占据更大的市场,生产数字产品的企业能够在这种短暂的激烈竞争中迅速完成规模的扩大。通过市场竞争的方式将落后的企业或产品淘汰掉,在数字产品市场中留下少数几家企业或是仅一家企业,迅速形成垄断竞争的市场格局。数字产品市场中的竞争过程和逻辑区别于传统市场的地方在于,数字产品市场中的竞争更加激烈,竞争过程中又潜藏着"赢者通吃"的市场逻辑。数字产品市场中所具有的特殊生产规律和竞争逻辑与寡头垄断竞争的市场格局不谋而合。此外,由于技术不兼容和网络外部效应的作用,数字产品具有较高的标准化要求,这就导致市场通常只能由一种技术来主导,从而使先期进入市场或占有技术垄断的厂商在竞争中占据巨大优势,有技术优势并符合消费者需求的商品就可以迅速占领市场。同时,技术优势也能形成行业壁垒阻碍其他竞争者的进入,从而进一步加深垄断趋势,最终形成寡头垄断的市场竞争格局。所以,寡头垄断竞争的市场结构在数字产品市场中是一种常见的市场格局,也是数字产品市场中相对稳定的市场格局。

第四,从垄断市场角度来看。垄断市场是指市场上只有一个供给者和众多消费者的市场结构,垄断厂商面临着整个市场向下倾斜的需求曲线,垄断企业是市场价格的指定者。垄断市场格局是在垄断竞争市场格局或寡头垄断市场格局下通过不断的竞争形成的。通过众多企业的竞争,当市场仅留下一家厂商时,就形成了垄断市场格局。垄断市场是一个高度集中的市场格局。在数字产品市场中,垄断厂商凭借用户锁定、网络外部效应、技术垄断等形成行业壁垒,阻碍竞争者进入该行业。垄断厂商凭借自身垄断地位,占据整个市场,凭借定价权获得大量利润。例如,微软的计算机操作系统和办公软件几乎垄断了全球市场。数字经济具有高度的创新性,一旦垄断企业在技术上落后,其垄断地位就会受到很大威胁。因而从长期来看,在一轮竞争胜利的厂商很快便会进入下一轮竞争,从而整个行业不断重复这一从竞争到垄断再到竞争的循环。随着数字技术的更新和应用,行业发展的这种循环速度会越来越快,由此带来了数字技术、数字产品和数字应用模式的持续创新。

总的来看,数字产品的特殊性导致数字产品市场不同于过去的传统产品市场。在网络外部效应、头部效应、产品特殊的成本结构等特征的共同作用下,数字产品市场具有更高的市场集中度，市场中更容易出现寡头或垄断厂商。同时，数字产品所特有的生产方式也彻底改变了数字产品市场中企业间的竞争方式，进而导致市场格局不断发生改变。

第三节　头部效应和长尾效应

　　头部效应是指在同一竞争领域中，行业的第一名往往会拥有更多的关注和更多的资源。在现实生活中人们通常会记住行业的第一人，而忽略第二名，如在问到世界第一高峰，第一个登上月球的人时，人们通常会记得，但是第二或第三就很少有人能回答出来。在经济领域，"头部"带来更多关注的同时，也带来更高的收益和在发展上更快的加速度。头部聚集效应为品牌或产品吸引大量的关注，进而提高市场对头部产品的需求。在数字经济时代，可复制性使数字产品的生产具有边际成本极低的特性，在短时间内通过复制生产出大量的产品，可以充分满足由头部效应带来的迅速扩大的市场需求，进而获取大量利润。数字产品同时具有网络外部性，产品为消费者带来的效用和价值会随着产品用户数量的增长而增长。头部效应与数字产品的网络外部性之间相互促进形成正反馈机制，进一步促进产品销量的快速增长或品牌的快速发展。在小额移动支付领域，支付宝和微信几乎占据整个市场。在消费者选择移动支付软件时，由于头部效应的作用，消费者往往优先考虑这两个软件，使其用户快速增长。当用户形成一定规模后，支付宝和微信支付近乎成为市场通用的支付方式，使使用支付宝和微信支付方式能够为用户带来更大的效用，进一步提高了之后的消费者选择支付宝和微信的可能性。

　　不仅仅是消费者的关注，在投资决策过程中，投资行为也会受头部效应的影响。由于头部效应的作用，行业的"头部"企业往往具有更大的发展空间和发展潜力，投资者通常会选择处于行业头部的企业进行投资，"头部"往往会获得更多的资源。头部效应通过资源集中的方式推动头部企业快速发展，逐渐形成垄断企业和寡头企业。此外，头部效应不仅能够推动发展形成垄断，而且还能够为这些寡头或垄断企业提供天然的垄断壁垒。头部企业凭借头部效应占据了行业内部的大多数资源，致使其他中小企业无法获得足够的资源来进行自身的发展，最终只能在不断的竞争和排挤中退出市场，或是通过创新等方式将自己建立成为头部企业，凭借头部效应占据市场和资源，形成新一轮的垄断，获取巨额的垄断利润。头部效应的核心就在于通过一种光环效应来集聚社会资源，并凭借这种集聚的社会资源来不断发展壮大。当然，"头部"所产生的光环效应并非现在才有，而是随着数字经济的发展被进一步强化了。在数字经济时代，互联网的普及应用加快了信息传递和传播的速度，使头部企业的光环被无限放大，让更多的企业和个人看到、关注到，进一步加速了社会资源的集聚。

　　长尾效应可以由统计学中的正态分布曲线延伸而来。统计学中的正态分布，其图形表现为一条中间高、两边逐渐降低的钟形曲线，其中间较高的部分常常被称为曲线的头部，其两端逐渐降低并无限延长的部分则被称为尾部，长长的曲线尾部也就被形象地形容为长尾效应。这种曲线形态与一些产品的市场需求具有较高的吻合度，其分布较集中的头部代表着商品市场中的主流需求，分布较离散的尾部则代表着差异化和零散化的个性需求。尽管尾部的集中度远不如头部，但由于其无限延长，因而这部分需求潜力也十分可观。所谓长尾效应，是指居于尾部的个性化需求尽管零散，但其总量却是非常庞大的，将这些零散的尾部需求聚合起来就可能形成一个比头部需求还庞大的市场，这种由差异化、个性化需求构成的市场即长尾市场。这种能够满足个性化、差异化需求的产品就是市场中的利基产品，长尾市场主要由利基产品构成。利基产品是指与热销产品相对应的普通产品，通常不被消费者所熟知。

安德森的长尾理论认为，商业和文化的未来不在于热门产品，即不在于传统需求曲线的"头部"，而在于需求曲线中那条无穷长的"尾巴"。热门商品的单一品类销售量虽然庞大，但众多小众、个性化产品加在一起的总销量同样拥有庞大的规模。当我们将目光转向没有边际成本、无限供给的数字产品时，销售收入即企业利润，用户数量就是企业的财富，长尾用户的意义也就更加重大。过去，无论是个人，还是企业，抑或是市场，只会重点关注重要的、少数的人或事，往往忽略了需要耗费更多的精力和成本才能关注到的大多数人或事，也就是只关注需求曲线的"头部"，而忽略了"尾部"。例如，传统商业理论中的二八定律认为，企业的大部分利润来源于少部分关键用户，所以企业的主要营销目标就是争取并首先服务好关键的 VIP 用户，无暇顾及普通消费者也就是长尾用户。从成本和利润的角度来看，开发长尾是建立在企业盈利基础上的，发展长尾用户所能获得的收益和耗费的边际成本显然成为企业的决策基础，只有在利益的驱动下企业才会注重长尾市场。

但是，随着数字经济的发展，以大数据、云计算、人工智能等为代表的数字技术极大降低了关注普通消费者也就是长尾用户所需要的成本，企业就能以较低的成本来开发"长尾市场"，在收益不变和成本降低的共同驱动下，长尾市场成为企业以及行业竞争的必然选择，而长尾市场所能创造的总效益甚至可能会超过"头部"。由此，安德森提出数字经济时代是关注"长尾"、发挥"长尾"效益的一个时代。依靠足够大的储存和流通渠道来整合需求较少或者销量较差的利基产品形成的市场，这种整合出来的长尾市场份额或许可能会超越主流市场所占的份额。因此，对于产品既能服务于大型机构，又能满足小微企业和个人用户需求的企业而言，长尾市场就显得尤为重要，长尾用户对这一类型的企业就非常有价值。例如，高端奢侈品等几乎不会考虑长尾用户，但通用软件、电商零售、社交服务、网络游戏等行业显然不能只关注屈指可数的高端用户，而是会将更多的注意力放在长尾用户身上[①]。

按照长尾理论的观点，需求曲线"头部"的热门产品只能满足小部分消费者的需求，限制了大多数消费者的选择，而分布在曲线"尾部"的个性化产品指向的是全体消费者，目的是满足不同消费者的多样化消费需求。长尾理论重视小众、个性化需求市场的开发，

---

① 周春生、扈秀海：《无限供给：数字时代的新经济》，上海财经大学出版社 2018 年版。

利用产品差异化提供个性化、定制化的产品，为消费者提供充足的产品选择空间，使消费者能够获得可以满足消费者个性化需求的产品。在传统实体经济中，由于规模报酬递减规律，企业集中进行热销产品的生产以获取更多的利润，此外在销售过程中由于空间限制，货架空间和流通渠道主要留给销量更高的、能获取更多利润的热销商品。因此，利基商品的生产和销售都将受到限制。而在数字经济下，数字产品的边际成本趋近于零，打破了过去的规模报酬递减规律，实现了规模报酬递增以及数字产品的网络外部效应，使边际效用递增，大大提升了利基产品的生产。同时，平台经济的虚拟性打破了空间限制，在网络空间中给利基产品提供充足的货架空间和流通渠道。此外，要推动消费者的需求向"尾部"移动，不仅在于丰富产品种类，还需要借助人工智能、大数据等技术帮助企业快速掌握消费者需求的变动，帮助消费者快速搜寻所需产品，降低其搜索成本，提高供给和需求的匹配程度[1]。总之，数字技术以及数字经济的发展为长尾理论的实现提供了充分的可能性。

目前，从全球范围来看，无论是价值规模庞大还是发展迅速的独角兽企业，绝大多数都来自数字经济领域，如阿里巴巴、腾讯、脸书、字节跳动等。这些企业均是依靠数字产品无限供给的特性和庞大的用户基数来塑造企业自身庞大的价值规模。他们所建立的庞大的用户规模就是来自于长尾用户。拼多多是国内近几年发展最迅速的电商平台，仅花费四年时间就成为中国国内第二大电商平台。拼多多的崛起所依靠的就是长尾用户和长尾市场。在淘宝、京东几乎占据整个电商平台市场的背景下，拼多多通过现金奖励、限时秒杀、百亿补贴、砍价免费拿等活动来突出、塑造自身追求低价的平台定位，吸引追求购买低价小商品的消费者，也就是长尾用户。拼多多的主要用户群体来自于大学生、三四线城市人口、乡镇人口等低收入群体，这些本就是淘宝、京东缺乏关注的长尾用户。随着用户规模的不断扩大，用户比例虽有所改变，但低收入群体和追求低价小商品人群仍然占绝大多数，由此可见长尾用户对该企业的重要性。虽然单个长尾用户带来的收益很低，但庞大的长尾用户数量帮助拼多多在低价小商品市场中实现巨额营收。可见，长尾市场已经成为数字经济时代企业和市场发展不可忽视的重要部分。随着数字产品市场的逐渐饱和，越来越多的企业正在通过创新的方式深耕长尾市场来促进自身的发展。

关键概念

数字产品市场；垄断竞争；寡头垄断；头部效应；长尾效应

---

[1] 周效章：《"互联网+"背景下高校数字资源社会化服务策略研究——基于长尾理论视角》，《图书馆工作与研究》2020年第8期。

思考题

1. 简述数字产品市场与传统产品市场的异同点。
2. 结合数字产品市场的特征来解释数字产品市场结构的特殊性。
3. 结合具体案例分析数字经济时代存在的头部效应。
4. 简述长尾效应,并结合现实经济问题分析解释为什么各行各业越来越注重长尾市场的开发。

第七章 平台经济

第一节 超越市场的新组织形态

平台并不是数字经济时代所创造的,平台一直存在于商品市场中,商品市场平台是指形成和促进商品买卖双方或多方之间交易的场所。过去这个交易场所是以实体存在的,称为实体商品市场平台或线下平台。在数字经济背景下,平台与数字技术结合发展,使平台产生了质的变化,形成了线上平台,并具有新的特征。数字平台变成了以数字形式存在于虚拟网络中的交易场所,也可以称为电商平台。平台运营商即平台的提供者和运营者通过提供平台为买卖双方提供服务,促进买卖双方或多方之间达成交易,并通过收取一定费用或赚取差价的方式来获得收益。平台核心功能在于匹配双边市场或多边市场,实现资源优化配置。对平台运营商来说平台是一种基于外部供应商和顾客之间的价值创造互动的商业模式,平台为不同参与主体间的互动赋予了开放的参与式的架构,并为平台参与者设定了治理规则。平台的首要目标是:匹配用户,并通过商品、服务或社会货币的交换为所有参与者创造价值。数字平台具有天然的零边际成本、网络效应、规模经济等特征,作为一种新的产业组织模式,交易不再是单向流动的线性价值链,供应商、顾客以及平台等主体都统合在一个多变的关系网中,存在灵活多样的价格机制和定价机制[1]。

平台经济是一个综合的概念,它不仅包含平台本身和平台中的多元参与者,还包括了多个平台之间的合作、竞争等经济关系,以及围绕上述主体产生的一系列经济现象。平台经济具有外部性,平台上买卖双方发生交易这一经济行为可以为其他平台经济的参与者提供一定帮助或者使其获取一定的收益,最典型的例子就是平台经济带动了各大电商和物流公司的快速发展。此外,围绕平台交易行为,金融业务得以更加顺利地开展,供应链服务也更加具有针对性,这些都是平台经济外部性带来的益处。现代平台经济是对传统的生产和消费模式的一次革新,平台与互联网的紧密结合使新的交易方式得以出现,而新的交易方式则催生了一系列旨在保护和发展平台相关业务的规则,平台交易和衍生服务并存,共同创造了新的经济效益,形成了新的生态规则[2]。在数字化时代背景下,以互联网、大数

---

[1] 李韬、冯贺霞:《平台经济的市场逻辑、价值逻辑与治理逻辑研究》,《电子政务》2022年第3期。
[2] 芮明杰:《平台经济:趋势与战略》,上海财经出版社2018年版。

据、人工智能为代表的数字技术日益成为新的生产力,引领和驱动平台经济的创新发展。平台经济具有推动产业结构升级和变革驱动作用,在经济社会发展的过程中,大部分企业在战略转型和功能拓展等方面的努力,都是基于平台模式赋能来实现的。平台经济的发展也被认为是一个循环、迭代和反馈的过程,并在其中不断寻求商业价值的最大化,在各个产业的价值链中,均存在着形成平台经济的可能性。平台经济的实质是数字化、网络化、智能化发展趋势的一种体现形式,参与平台交易的双方需求互补,只有平台双边市场同时参与平台,平台才能实现其自身价值且获得利润[1]。平台经济以敏感的数据采集和传输系统、发达的算力和功能强大的数据处理算法为基础,以数字平台为核心,可以跨时空、跨国界、跨部门地集成生产、分配、交换与消费活动信息,促进社会生产与再生产过程顺利进行[2]。

平台经济影响和促进了产业链的形态调整。从过去的经济实践来看,传统产业链存在一定的问题。随着市场分工的扩大和区域市场的一体化,产业链的层级也逐步增加,这些层级都要从最终产品里获取一定的利润,即最终产品的最终价格会随着层级增加而增加。此外,层级的增加也意味着仓库管理成本和物流成本的增加,这对于消费者而言又额外多了一笔需要承担的费用,对于生产者而言也增加了风险。而平台经济一定程度上缓解了多层级代理问题。线下平台本身就对流通行业产业链起到一定的正向作用,减轻了一部分运输和库存的成本压力。而平台的数字化,则催生了与原有的直线型产业链不同的产业链形态。信息不仅通过线下市场的价格变动传递,更是在平台中直接以数据的形态进行传递。平台通过智能算法,不断收集、筛选、处理信息,最终实现供求双方的快速、合理匹配。供求双方通过平台,可以对对方的产品和需求有着更加明晰的认识,极大节约了时间成本。供求模式的变化促使平台式产业链产生,这种产业链形态除了有上述优势之外,还可以产生大量的生产经营数据和销售物流数据,从而更好地监管市场中的不诚信行为,进一步提升消费者的消费意愿[3]。

从经济发展的脉络来看,平台经济的产生不是偶然的。首先,信息技术的飞速发展不仅丰富了商品的种类,促进了经济发展,为平台经济的产生提供了物质基础,更是产生了巨量的经济数据,这些数据需要被统一利用并转化为经济价值。其次,面对日趋复杂多样的经济环境,企业的经营任务不再仅仅是单一的利润最大化,对于风险的合理控制也是企业的重要目标,为了防范和化解风险,企业之间需要更加紧密地相互合作,也需要对行业相关数据保持更高的敏感度。最后,经济的发展与分工的扩大相辅相成,而分工的扩大则呼吁着更加稳定有效的市场和平台。总体而言,平台经济的诞生与繁荣并非偶然因素导致,而是经济社会发展到一定阶段的必然结果,其发展也受到了各类因素的多重影响。在2021年3月召开的中央财经委员会第九次会议中,习近平总书记特别指出:"平台经济有

---

[1] 李韬、冯贺霞:《平台经济的市场逻辑、价值逻辑与治理逻辑研究》,《电子政务》2022年第3期。
[2] 谢富胜、吴越、王生升:《平台经济全球化的政治经济学分析》,《中国社会科学》2019年第12期。
[3] 周春生、崔秀海:《无限供给:数字时代的新经济》,上海财经大学出版社2018年版。

利于提高全社会资源的配置效率，推动技术和产业变革朝着信息化、数字化、智能化方向加速演进，有助于贯通国民经济循环各环节，也有利于提高国家治理的智能化、全域化、个性化、精细化水平。"① 这充分证明了，从国家层面来讲，数字化、信息化的现代平台经济有利于生产力的发展，在生产、交换、消费、分配中起着重要的作用。

第二节 平台经济的特征

一 虚拟性

平台经济的运行依托于互联网，因此平台经济具有互联网的虚拟性特征。互联网电商平台是一个以数字形式存在于互联网中的虚拟的交易空间，其摆脱了过去由实体交易场所带来的时间和空间上的约束。面对日益复杂的商品跨区域运转要求，数字平台的建立显著降低了商品宣传和出售所需的线下运营成本，商品信息被有序展示在数字平台上，消费者可以根据规范化的商品参数来快速筛选所需商品，也可以利用网络获取其他消费者确切的购物体验。商家根据平台提供的订单数准确配送，避免了线下提前调配可能导致的缺货、货物积压等问题。数字平台解决了由过去现实场所带来的时间、地域上的交易限制，为供给方和需求方建立起便利、快捷的交易渠道。

数字平台的虚拟性打破了地域限制，为电商平台可以跨区域经营提供了可能性。由于在互联网空间没有地域、空间、时间的限制，使平台具有极强的跨地区经营能力，可以在较低成本下实现空间的无限扩散，平台的扩散能力几乎只取决于物流成本等。加之，电商平台以数字形式虚拟地存在于互联网空间中，促使电商平台可以利用互联网在空间上进行无限延伸的特性，使更多的商品和服务拥有无限的空间得到充分的展示和宣传，充分提高了消费者的选择空间，满足了消费者更多的个性化需求。互联网和数字技术的应用极大地提高了信息传播效率，促进了买卖多方主体之间的信息沟通效率，优化了服务过程。平台经济这种新经济形式已经成为社会、经济、产业、生活等诸多方面发展的重要基础架构。

数字平台是以数字形式虚拟地存在于互联网中的，平台经济运营过程中能够产生大量数据，这些数据可以被用于生产或创新。在数字经济时代，数据成为关键的生产要素，数字平台收集消费者的消费行为信息，借以数据的形式将消费、交易、流通等过程即时反映出来，以及云计算、人工智能等技术发现过程中存在的问题，便于平台企业的监控与改进。特别是记录买卖双方关键特征的数据被平台企业或厂商进行深度挖掘，以用来探析买卖双方的需求②。

互联网的虚拟性使数字平台的建设有了不同于线下门店的特点。线下门店在选址、装

---

① 《推动平台经济规范健康持续发展》，《人民日报》2021年4月10日。
② 芮明杰：《平台经济：趋势与战略》，上海财经出版社2018年版。

修、宣传、开业等每一个步骤都需要持续投入资金与时间。不仅如此，消费者对于新门店并没有一个明确的认知，更不会有一个稳定的平台为新门店提供信誉保障。反观数字平台，虽然在建设的初期需要投入巨大的人力、物力，如基础代码的编写费用、平台的广告宣传费用、针对新消费者和供应商的补贴等，但是随着供应商的入驻和平台在线人数的增加，在平台搭建的后期增加新用户和新交易的边际成本趋近于零。以电商平台为例，成熟的电商平台可以持续吸引店铺和用户而成本基本保持不变。消费者可以自行通过多种渠道进入平台，新店家则只需要将要出售的商品信息按照平台限制的格式上传，系统会自动把商品信息推送给不同的消费者。这一过程是由平台企业提供的数字服务来辅助完成的，不耗费任何的现实资源，凭借这一特点数字平台企业可以获取大量利润。

二 双边市场

不同于传统单边市场模式，平台经济是一种双边市场。在双边市场中一边用户获得效用会随着另一边用户规模的增加而增加。数字平台可以借助互联网对商品信息进行整合、集聚、展示和传递，使消费者的商品信息空间显著扩大。平台经济能够给消费者带来更多商品选择空间，使消费者效用增加从而吸引更多的消费者注册成为数字平台用户，进而推动更多的商品供给者入住平台，为消费者带来更多的选择，形成良性循环[1]。平台企业是平台经济的重要主体，它在双边市场中承担运营的责任，处于主导地位。当平台上的参与者达成交易时，平台企业可以借此获利。因此，平台企业首先要做的是扩大平台参与者的数量，明确平台自身的服务准则和服务方向，并在参与者产生利益纠纷的时候积极引导。从微观角度而言，平台企业自身从双边市场的交易中获益。从宏观角度而言，这有利于社会资源的快速整合。平台经济双边市场效应和平台的集群效应，形成符合定位的平台分工[2]。平台企业再借助互联网技术将这种由平台主导的双边市场模式进行迅速扩大发展，使市场规模和交易红利实现快速增长[3]。

三 网络外部性

平台企业搭建交易合作平台为买卖双方提供服务，形成网络外部性。网络外部性是指平台的价值会随着买方和卖方数量的增加而增加。这种外部性具有明显的交叉性，即一边用户的规模增加直接影响另一边用户使用该平台所获得的效用或价值[4]。网络外部性这一

---

[1] 郑小碧、季垚：《双边市场、多边市场与经济高质量发展——分工网络的超边际一般均衡分析》，《研究与发展管理》2022年第2期。
[2] 张鹏：《发展平台经济 助推转型升级》，《宏观经济管理》2014年第7期。
[3] 郑小碧、季垚：《双边市场、多边市场与经济高质量发展——分工网络的超边际一般均衡分析》，《研究与发展管理》2022年第2期。
[4] 张鹏：《发展平台经济 助推转型升级》，《宏观经济管理》2014年第7期。

特征使平台在用户增长方面进入一个良性循环，双边市场中任意一边用户数量增长都会使另一边用户的效用和体验提升，而效用的提升则意味着新用户的涌入。例如，当买方的体验变好，用户数量增加时，卖方会因为买方用户的增加而感到自身效用的提升。此外，吸引新用户的不仅只有市场另一边的用户数量，还有在该平台上的成交量，更高的成交量通常暗示着平台的交易环境经过了更多人的检验。在网络外部性作用下，平台企业的发展呈现出规模报酬递增的趋势，从而市场会出现"赢者通吃"的现象，从而淘汰所有弱小的竞争者，留下一个或几个大型企业形成垄断竞争格局。

四 开放共享性

平台经济的开放共享性首先体现在面向供需双方的开放和共享。从供给方而言，需求方的信息可以用最直观的数据形式呈现，这也就为同一类型的供给方指明了竞争和创新的方向。在交易完成后，数字平台会留下公开可查的交易记录与买方评价，这直接为评估供给方的信誉提供了可靠的渠道，从而为供给方的服务质量提出了一定的要求。从需求方而言，通过多个平台交易数据的反复比较，可以筛选出服务意识较优，交易秩序良好的交易平台，从这个角度而言，开放共享性是能够促使平台之间良性竞争的重要特性。

数字平台是与互联网深度融合的平台，它除了为交易双方提供交易平台建设、交易咨询、纠纷处理、数据处理等基础服务以外，还为第三方组织、机构和个人提供了一个可供分析和参与的生态系统。这个生态系统的特点是信息、数据、资源的对外开放和高度共享，在数字平台中获取信息后，第三方机构或个人可以选择与平台企业和其他相关产业的企业共同开发信息中潜在的经济价值，也可以选择为平台中的主体提供差异化服务，从而与平台企业一起参与平台经济的建设。

对单个数字平台的评价是从平台处理信息速度、分享资源能力、提供服务质量、促进商品流通的能力等维度出发的，一个良好的平台一定能为信息资源的开放和共享提供渠道，通过这个渠道，社会中分散化的资源和数据将被集中起来加以利用。特别是平台成熟后所带来的资源配置效率的极大改善和集聚效应的显著提升，也进一步加强了对碎片化资源的整合利用[①]。

第三节　平台经济中的双（多）边市场

Rochet 和 Tirole 从价格结构的角度出发将双边市场定义为"价格总水平不变，价格结

---

① 芮明杰：《平台经济：趋势与战略》，上海财经出版社 2018 年版。

构变动就会影响平台交易量的具有双边（或多边）结构的市场。"① 当平台企业向双边用户收取的费用总额固定时，平台企业有能力对双边用户的费用进行重新分配。如果平台上的交易量受价格结构影响，则该市场属于双边市场；反之，则不属于双边市场。Armstrong 和 Wright 将交叉网络外部性引入双边市场的定义中，认为双边市场中一边市场用户获得的网络外部性收益会随着另一边用户数量的增加而增加②。

在单边市场中，商品供给者与消费者之间采取直接交换的方式进行交易，消费者所面临的商品种类和规模都较小，其市场交易量也相对较小。此时，厂商主要依靠价格竞争的方式来抢占市场份额，市场化程度较低。双边市场是指基于互联网数字平台所形成的平台经济。在双边市场中，平台中的众多商户借助互联网平台来完成对产品信息进行展示、传播，吸引消费者达成交易。消费者在平台中获得更多、更丰富的商品信息。相较于单边市场，多边市场中具有丰富多样的商品吸引更多的消费者入驻平台，进而吸引更多的商户加入来进一步扩展商品选择空间，消费者和商户相互吸引导致平台规模持续扩大。在网络外部效应的作用下，平台经济所形成的双边市场模式能够快速复制，持续扩大市场规模和交易红利。例如，淘宝和美团等平台企业在各自行业快速完成专业分工角色定位后，对互联网双边市场进行信息整合和资源配置，由此快速提升了所在行业的运行效率并增加了产业收入。

双边市场主要表现为以下三个特征：一是具有交叉网络外部性。交叉网络外部性是指在双边市场中一边用户的数量会影响另外一边用户效用水平。双边市场由平台、商家、消费者等多个主体共同组成。商品的消费者和供给者分别处于平台的两边，平台作为中介为商家和消费者交易活动提供服务。消费者为了获取更多的商品信息而成为平台的用户，消费者数量增加吸引更多商家入驻平台，双边用户相互影响。交叉网络外部性是判断双边市场的重要依据。二是双边市场用户间的相互依赖性及需求互补性。平台经济的运行依靠双边用户和平台企业的共同参与，只有在双边市场中双边主体的共同参与下，平台的价值才能得以体现。平台企业作为平台的运营管理者必须同时迎合双边用户不同的需求并为其提供服务，促进双边用户的需求协同，使双边用户和平台企业均能获利。三是具有价格非对称性。当平台企业对双边用户的收费总额固定时，平台企业作为平台的主导者有能力对双边用户的收费标准进行差异化调整来实现利润最大化。此时，平台企业对双边用户的收费标准具有不对称性。平台企业依靠价格的非对称性来努力增加价格敏感度高、数量较少的一方的用户数量，表现出基于不同需求交叉弹性的交易量调整③。

多边市场的形成与发展，不仅是简单地在双边市场的基础上增加"边"群体的数量和

---

① 转引自丁宏、梁洪基《互联网平台企业的竞争发展战略——基于双边市场理论》，《世界经济与政治论坛》2014年第4期。
② Mark Armstrong, Julian Wright, 2007, "Two-sided Markets, Competitive Bottlenecks and Exclusive Contracts", *Economic Theory*, 2.
③ 丁宏、梁洪基：《互联网平台企业的竞争发展战略——基于双边市场理论》，《世界经济与政治论坛》2014年第4期。

种类，而是通过双边市场的网络连接引入更多的主体，在多边的基础上实现平台生态的建构，使商品生产、信息匹配、金融服务、售后服务等相互依赖的不同的社群进行无边界跨界融合，增强产业链之间的连接性与联动水平。市场组织模式在平台经济的影响下加速重构，市场组织方式逐渐向多元化商品和服务对接海量消费者升级，使传统的单边市场向着双边再到多边形态的市场组织模式快速演变升级。多边平台企业通过跨行业跨界融合经营建立的产品和服务生态体系使商品和服务的专业化水平进一步提高，覆盖领域更加多元。另外，多边平台通过链接大量不同的制造商和服务商所形成的平台生态能够为消费者提供更好更全面的商品和服务，进而吸引更多的消费者成为平台用户，进而形成庞大的市场规模。总之，平台从需求端和供给端吸收整合大量的市场资源形成的平台生态能够有效扩大市场规模，提高市场效率[1]。

第四节　平台经济中的垄断与治理

一　平台经济垄断的产生

平台经济是在数字经济背景下以数字技术为支撑，通过网络平台组织协调资源配置的一种新型经济形态。随着平台经济的快速发展，以及平台监管制度的缺乏，其潜在的垄断倾向逐渐显现。平台经济垄断的产生主要是由于平台经济的特殊成本结构、交叉网络效应、锁定效应、数据垄断以及监管制度的缺乏导致的。

平台经济的低边际成本特性和交叉网络效应促进平台加速扩张。与传统的实体经济相比，网络平台存在于虚拟的互联网空间中。网络平台作为一种数字产品，一方面，具有可复制性和边际成本趋近于零的特性。因此，平台可以在短时间内不受成本和空间限制进行无限扩张，且具有规模经济。另一方面，平台经济作为双边市场具有交叉网络外部效应。平台中的供给侧市场主体规模与需求侧市场主体规模相互影响，促进供求双边的规模不断扩大。平台在交叉网络效应与边际成本趋近于零的影响下快速扩张。而且平台经济的规模效应能够不断降低平均成本，实现规模报酬递增，通过"赢者通吃"最终形成垄断。此外，平台经济还存在较强的锁定效应。用户在某一平台积累的数据、客户资源、商业关系等造成了很强的转换成本和锁定效应，进一步强化了平台的垄断地位。

与此同时，平台经济中还存在典型的头部效应和长尾效应。一方面，在平台经济中由于头部效应的存在，头部平台企业往往能够聚集更多优质资源，占据该领域核心地位，在竞争中处于有利地位，排挤弱小竞争者形成垄断。另一方面，在数字经济中，不同商品品

---

[1] 郑小碧、季垚：《双边市场、多边市场与经济高质量发展——分工网络的超边际一般均衡分析》，《研究与发展管理》2022年第2期。

类之间也存在长尾效应①。分布在需求曲线尾部的是个性化、少量的需求。相对于需求曲线头部的，所有的个性化、差异化的非流行市场会累积形成一个更大的市场，形成市场规模优势。尽管市场规模的大小不是垄断的认定依据，但是对于具有庞大市场规模的平台企业而言，如果不加以有效治理，其庞大的用户规模和极高的市场占有率却存在很大的垄断可能②。

平台经济中的平台企业在双边市场中一直起着积极的作用，但是不可否认其作为平台的主导者，存在利用其特殊地位形成数据垄断的可能性。随着信息技术的提升和社会生产力的不断进步，数据在推进技术革新和实际应用中扮演着越来越重要的角色，如果形成垄断，必将阻碍经济的发展。现实中，拥有数据优势的平台集聚效应更加明显，用户黏度更高，在与其他平台竞争的过程中占据有利地位，以致后发的平台往往只能通过加大前期投入和补贴力度来试图赶超投入建设较早的平台。这就给其他企业参与平台经济设置了进入壁垒。因此在数据垄断之后，平台的竞争压力减小，就可能会出于利益考虑做出不利于供给者与消费者的举动，如提高交易手续费，逼迫商家购买流量，复杂化买家购买策略等。此外，随着用户企业掌握的数据量逐渐增加，平台企业甚至可以利用大数据掌握用户的画像和心理保留价格，预测用户的经济行为，并通过给不同类型的用户推送不同的内容来精准地影响用户购买行为，从而使用户在一定程度上丧失了选择的自主性。

事实上，在平台经济的运行过程中，平台企业要想通过获取数据占据垄断地位并不困难。活跃在平台上的需求方、生产者、衍生服务提供者在参与交易和提供服务时都会产生大量数据。此时，一方面平台企业将借助人工智能对数据的分析来优化资源配置，另一方面物联网和大数据需要与平台进行对接才能最大限度地发挥它们的作用。因此，作为平台的主导者，平台企业可以轻易获取并占有非平台企业、组织和个人所产生的数据，形成数据垄断③。

二 平台经济反垄断的治理对策

在平台企业发展的初期，为防止规制偏差的出现以及执法过度挫伤平台企业的发展积极性，政府选择放任平台企业在一定范围内的自由经济行为。目前，平台经济已趋于成熟。具有庞大市场和用户规模以及完善生态系统的平台企业经过激烈的市场竞争，导致平台经济呈现出高度集中化的市场竞争格局，垄断趋势愈加明显。平台企业的垄断行为不仅干扰了平台企业间的市场竞争秩序，还损害了创新行为和平台用户的利益。为保证平台经济的健康持续发展，要建立科学的平台经济的反垄断监管治理体系，完善反垄断法律法

---

① 周文、韩文龙：《平台经济发展再审视：垄断与数字税新挑战》，《中国社会科学》2021年第3期。
② 尹振涛、陈媛先、徐建军：《平台经济的典型特征、垄断分析与反垄断监管》，《南开管理评论》2022年第3期。
③ 王春英、陈宏民、杨云鹏：《数字经济时代平台经济垄断问题研究及监管建议》，《电子政务》2021年第5期。

规，充分合理地发挥政府作用。

（一）创新政府监管模式，加快推进平台经济监管体系建设

目前，我国的反垄断监管和执法受事后监管的执法路径限制，使反垄断执法时间处于被动态势。一方面，事后执法并不能有效约束平台企业的垄断经济行为，事后执法过严也会抑制平台经济的正常发展。另一方面，受事后被动执法行为本身特点的影响，当危害后果已发生或已持续多年，再去追究企业的事后反垄断责任，其威慑力度和反垄断的效用将被极大地弱化，所以事后执法并不是合适的反垄断举措。为进一步强化反垄断，防止资本无序扩张，在平台经济领域内构建前置式反垄断监管制度，即提前主动地规范平台企业经济行为，防止垄断行为的出现具有重要的意义。前置式反垄断监管能够有效规范平台企业的市场竞争行为，维护市场竞争秩序。前置式反垄断监管能够使市场监管机关及时掌握平台企业的行为动态，敦促平台企业遵守市场竞争法则，防止对平台企业垄断或反垄断的执法造成严重损失。同时，还要制定科学、灵活的反垄断监管目标，在保障平台企业合法权益的基础上实行有效监管。

（二）建立科学的反垄断监管目标，保护企业创新的积极性

适当的市场集中有利于平台把社会上的闲散资源集中起来加以利用，用户数量将实现一定程度的自然增长，交易量、数据量的增大可以帮助平台企业更好地分析供求关系，优化自身的服务水平，这有助于平台经济市场的创新。但当市场的竞争失衡、市场高度集中时，市场中处于垄断地位的平台企业就凭借自身垄断地位，采取逼迫用户"二选一"等干预市场竞争秩序的行为，用户或是因为路径依赖，或是在集聚效应的影响下，被迫选择垄断企业而不是新兴的创新型企业，这为创新型企业的进入设置了障碍，抑制了市场创新的积极性。因此，在反垄断法律的制定与执行过程中，要针对具体的市场竞争格局建立更加科学与合理的监管目标，科学地调整政府的监管执法方式，减少政府对市场的不合理干预。在监管过程中，可以以平台经济中的一些指标作为监督监管的依据，并且通过法律和规章制度设置企业竞争的红绿灯。如果没有越过红线，那么应该将政府干预控制在合理范围内，保证市场的平衡不被破坏。如果违反了相关法律和规章制度的要求，那么应该坚决要求企业整改，并进行相应的处罚。在打击垄断的同时也要保证公平自由竞争和创新的良性竞争生态系统。要避免选择性执法，对所有企业和个人执行统一的标准，并保证这个标准的公正性与合理性。要避免"一刀切"式执法，严格落实具体问题具体分析，执法必严，违法必究，杜绝懒政。不依赖事后行政处罚的被动模式，而是根据市场环境的变化，提前设计出适合市场合理发展的监督模式。不设置不合理的市场准入条件，杜绝歧视性的市场准入规则，做好对市场环境和秩序的服务监督工作。

（三）加强数据建设

在数字经济时代，数据成为生产力发展不可或缺的关键生产要素。数字技术的不断创新成为生产方式变革和经济高质量发展的新动力源泉。随着平台经济的不断发展，数据垄断的可能性不断加深，而国家对数据相关制度法规的建设相对落后。因此，强化数据产权体系建设成为当前及今后一个时期发展数字经济的重点任务。其中最为重要的是，政府应

该完善相应的法规来明确数据的产权归属，明确各类数据的管制范围，从根源上抑制数据垄断的产生，使数据要素在市场中充分流动并进行资源的合理分配。当然，还需要强调的是，在数字经济发展过程中，在实现信息共享的同时，还要特别注意互联网用户的隐私保护问题，同样应该通过立法的方式，加强对用户的隐私保护，防止用户数据的丢失和贩卖，从而营造良好的数字发展环境，更好地推动数字经济的持续健康发展和数字中国的建设。

关键概念

平台经济；双（多）边市场；平台生态构建；平台垄断；平台垄断治理

思考题

1. 简要阐述平台经济产生的必然因素。
2. 以某个平台企业为例，简述其运营模式并描述分析其所形成的平台生态体系。
3. 结合平台经济的特征分析平台经济垄断的产生。
4. 简述单边市场、双边市场、多变市场，并简要分析双（多）市场相较于单边市场的进步性。
5. 结合平台经济垄断，分析平台企业涉嫌反垄断的原因，并提出相应的垄断治理建议。

第三篇　数字经济的"四化"结构与价值核算

第八章　数字产业化

数字产业化和产业数字化是数字经济的主要内容。数字产业化是数字经济发展的先导产业，以信息通信产业为主要内容，为数字经济发展提供技术、产品、服务和解决方案等。《中华人民共和国国民经济和社会发展第十四个五年规划和二〇三五年远景目标纲要》指出："加快推动数字产业化。培育壮大人工智能、大数据、区块链、云计算、网络安全等新兴数字产业，提升通信设备、核心电子元器件、关键软件等产业水平。构建基于5G的应用场景和产业生态，在智能交通、智慧物流、智慧能源、智慧医疗等重点领域开展试点示范。鼓励企业开放搜索、电商、社交等数据，发展第三方大数据服务产业。"数字产业化具体包括计算机通信和其他电子设备制造业、电信广播电视和卫星传输服务、互联网和相关服务、软件和信息技术服务业等。数字产业包括但不限于5G、集成电路、软件、人工智能、大数据、云计算、区块链等技术、产品及服务。

第一节　数字产业化概述

一　数字产业化内涵与意义

（一）数字产业化内涵

数字产业化是数字经济的基础部分，主要指"数字"+"产业化"，一些生产经营过程依赖于数字技术的互联网企业将其技术拓展应用到相关产业中，形成具体的数字化产业。随着大数据等新一代信息技术的发展应用，以数字技术、数字内容等产业为核心的数字化产业体系逐渐形成。因此，以信息产业领域为基础的产业转型发展，构成了数字产业化的核心内容[①]。然而，随着数字技术的价值被不断深入挖掘，为数字化发展提供基础设施的软硬件生产产业也成为数字产业化的重要组成部分。此外，国家统计局于2021年颁

[①]《中国数字经济发展白皮书（2020年）》将数字经济界定为"四化"分析框架，即数字产业化、产业数字化、数字化治理及数据价值化，其中，将数字产业化纳入生产力范畴，是数字经济发展的核心内容之一。生产力是人类创造财富的能力，是经济社会发展的内在动力基础。数字产业化蓬勃发展，加速重塑人类经济生产和生活形态。数字产业化代表了新一代信息技术的发展方向和最新成果，随着技术的创新突破，新理论、新硬件、新软件、新算法层出不穷，软件定义、数据驱动的新型数字产业体系正在加速形成。

布的《数字经济及其核心产业统计分类（2021）》指出，数字经济核心产业（数字产品制造业、数字产品服务业、数字技术应用业、数字要素驱动业）是指为产业数字化发展提供数字技术、产品、服务、基础设施和解决方案，以及完全依赖于数字技术、数据要素的各类经济活动。据此，数字产业化应包括两个部分产业的经济活动：一是依赖于数据要素进行生产经营的产业；二是为产业数字化发展提供数字技术等基础设施、中间产品或服务和解决方案的产业。因此，数字产业化的转型主要涉及与信息化产业相关的核心行业，如电子信息制造业、电信业等，数字要素的驱动、数字技术的应用以及数字产品制造是信息化产业转型的关键。

一方面，信息技术的发展使数据、音频、图片和文字等各种信息数字化，另一方面，也能将数据信息从原来的硬件系统中剥离出来进行使用。通过软硬件技术将大量由个人智能设备所产生的数据不断交织与交互，并基于数据的收集、储存、处理、分析等衍生出带有商业化特性的数字化产业模式，同时，产品从工业化产品向数字化产品延伸。产业数字化从本质上来看是生产要素从实体资源向虚拟资源进行转变的过程，在智能化、数字化的作用下，产品生产过程发生了从物理实体向数字智能的转变。而数字化制造也将取代传统的数字化过程，数字化行业的发展也成为重要的数字化形态之一。因此，要想推动数字产业转型可从通过新型信息技术构建电子商务产业生态和应用场景，培育人工智能、大数据等新基础性产业，提高关键软件和通信设备等研发水平这三个方面入手[1]。

（二）数字产业化意义

在2018年4月的全国网络安全和信息化工作会议上，习近平总书记指出，"要加快推动数字产业化……依靠信息技术创新驱动，不断催生新产业新业态新模式，用新动能推动新发展"[2]。目前，以人工智能、大数据、云计算为代表的新一代信息技术异军突起，为实施创新驱动战略提供了重要支撑，对社会、经济和科技发展具有重要作用[3]。首先，数字产业化使科技的传播速度提升，大大缩减了其从研发到应用的时间；其次，数字产业化通过利用数字技术从事相关产业行为提高了经济信息的传递速率；最后，数字产业发展促使技术密集型、智力密集型和知识密集型产业快速发展，成为推动国民经济发展结构的关键[4]。

总而言之，数字技术的市场化、产业化发展，有助于释放技术价值，促进技术应用，优化数字产业布局，确保数字技术安全等。技术产业化意味着技术具有环境友好、政策偏好、高渗透性以及超前性，在一定程度上有利于数字技术发展。数字产业化以科学技术应用和数字龙头企业带动为依靠，以效益为衡量、市场为导向，促进数字产业实现积极正向发展。有学者研究发现，高效技术产业化对经济增长的作用明显，贡献度为0.66[5]。随着

---

[1] 崔邦军：《数字经济的概念后认识与基本面向》，《新经济》2022年第7期。
[2] 《习近平关于网络强国论述摘编》，中央文献出版社2021年版，第136页。
[3] 许旭：《我国数字经济发展的新动向、新模式与新路径》，《中国经贸导刊》（理论版）2017年第29期。
[4] 逄健、朱欣民：《国外数字经济发展趋势与数字经济国家发展战略》，《科技进步与对策》2013年第8期。
[5] 王江：《科技进步环境、高新技术产业化、科技金融效益与经济增长方式转变》，《科技管理研究》2015年第14期。

数字产业化发展，其对国民经济的贡献度也在不断提升，目前，数字产业对美国经济增长的贡献度为69.40%，中国为58.45%，因此，大力发展数字产业具有光明的发展前景和重大的战略意义①。

此外，在马克思主义政治经济学视域下，加快构建"双循环"新发展格局是"十四五"时期主要任务之一。其核心是经济发展能够循环畅通，数字产业化具有丰富的经济学价值，有助于破解经济循环发展中的难点，推动经济循环畅通发展，助力新发展格局构建。具体地，数字产业化推动了数字技术的发展、融合与使用，促使国民经济循环畅通，而关键在于打通生产、流通、分配、消费四个环节。数字产业化使数字技术应用愈加广泛，有助于推动生产过程的智能化、自动化，提升生产效率；数字产业化促进了网络交易的发展，有利于供需的精准匹配和精准对接，从而简化交易流程、缩短交易时间和降低交易费用；数字产业化促进了数据要素发展和资源合理配置，有利于缩小数字鸿沟，实现发展成果共享；有助于促进数字技术和数字产品推陈出新，创造经济增长新动能。

二 数字产业化分类

数字产业化是基于数字技术对信息资源进行采集、整理、存储、分析、传递，环绕数字服务和数字产品的生产与供给等相关流程的产业，对应于数据收集、数据传播、数据运算、数据建模的运作过程，其主要涵盖了电子信息制造业、信息通信业、软件服务业、互联网与人工智能等（见图8-1）②。具体地，电子信息制造业是数据收集、存储的基础，主要进行传感器、可穿戴设施、电子设备、集成电路、计算机等研发与生产，包括计算机软件研发设计和相关机器设备的硬件制造。信息通信业包括移动互联网、卫星通信、物联网、互联网等，是数据传播的中介，将信息完整、准确、即时地发送到需求方。软件服务业包括区块链、人工智能、电子商务、大数据、计算机软件等信息技术，主要是通过数字技术和现代计算机设备进行信息资源的收集、整理、存储、分析等，为相关部门的决策提供相应信息服务。互联网与人工智能产业主要包含云计算、大数据、互联网等基础技术研发，深度学习、计算机视觉、人机交互等技术的发展以及无人驾驶、智能机器人、人脸识别、智能语音等技术的应用。

---

① 王振主编：《全球数字经济竞争力发展报告（2018）》，社会科学文献出版社2018年版，第68—88页。
② 中国信息通信研究院发布的《中国数字经济发展白皮书（2017年）》指出，数字产业化是数字经济发展的基础，涉及行业包括《国民经济行业分类》中的26个大类、68个中类、126个小类。另外，在2021年5月发布的《数字经济及其核心产业统计分类（2021）》中将数字化产业划分为数字产品制造业、数字产品服务业、数字技术应用业、数字要素驱动业。数字经济核心产业，是指为产业数字化发展提供数字技术、产品、服务、基础设施和解决方案，以及完全依赖于数字技术、数据要素的各类经济活动，是数字经济发展的基础。

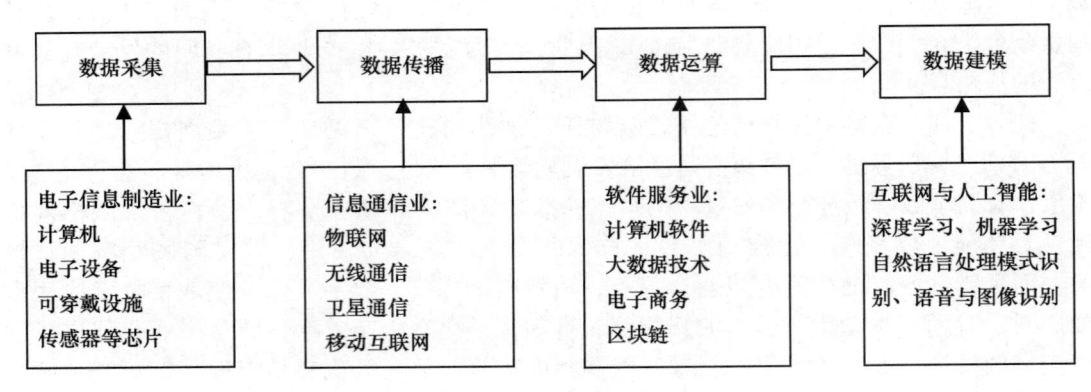

第三篇 数字经济的"四化"结构与价值核算

```
┌─────────┐    ┌─────────┐    ┌─────────┐    ┌─────────┐
│ 数据采集 │───▶│ 数据传播 │───▶│ 数据运算 │───▶│ 数据建模 │
└─────────┘    └─────────┘    └─────────┘    └─────────┘
     ▲              ▲              ▲              ▲
┌─────────────┐ ┌─────────┐ ┌─────────────┐ ┌──────────────────┐
│电子信息制造业:│ │信息通信业:│ │软件服务业:    │ │互联网与人工智能:  │
│计算机         │ │物联网    │ │计算机软件     │ │深度学习、机器学习 │
│电子设备       │ │无线通信  │ │大数据技术     │ │自然语言处理模式识 │
│可穿戴设施     │ │卫星通信  │ │电子商务       │ │别、语音与图像识别 │
│传感器等芯片   │ │移动互联网│ │区块链         │ │                  │
└─────────────┘ └─────────┘ └─────────────┘ └──────────────────┘
```

图 8-1 数字产业链

第二节 数字基础设施与数字技术基础

一 数字基础设施

数字基础设施,顾名思义就是"数字化"的基础设施,主要是指以网络通信、大数据、云计算、区块链、人工智能、量子科技、物联网以及工业互联网等数字技术为主要应用的新型基础设施。数字基础设施是在数据成为关键生产力要素的时代背景下,在软硬件一体化的基础上,以知识产权为核心价值,用数据表达新型生产力结构和生产关系,并用以支撑数字中国建设的底层架构和技术基础。2018年中央经济工作会议明确提出,加强人工智能、工业互联网、物联网等新型基础设施建设。为稳定经济和社会运行,中央加大了"新基建"的投资规模,确定了七大重点投资领域:5G、工业互联网、人工智能、大数据中心、新能源汽车充电桩、特高压以及城际高速铁路和城市轨道交通。"新基建"投资计划的推出,体现出政府层面对数字基础设施建设的重视,契合了当前数字经济发展的基础需求。本节将重点介绍移动互联网、工业物联网和大数据中心三类数字基础设施。

(一)移动互联网

早在20世纪末,移动通信的迅猛发展使固定通信被淘汰成为必然,同时,互联网技术的进步和完善推动信息时代向前加速发展。在此背景下,移动互联网应运而生。移动互联网是设备通过无线连入互联网,实现了移动端之间的数据互动,是继大型机、小型机、个人电脑以及桌面互联网后的新一代技术发展周期[①]。移动互联网作为传统互联网技术和移动通信的有机融合体,是未来网络发展的核心内容。早在2011年,中国信息通信研究院在《移动互联网白皮书》中就指出:"移动互联网是以移动网络作为接入网络的互联网

---

① 罗军舟、吴文甲、杨明:《移动互联网:终端、网络与服务》,《计算机学报》2011年第11期。

及服务，包括 3 个要素：移动终端、移动网络和应用服务。"从这个定义可以看出，移动互联网包括三个方面内容：一是移动终端，主要是便携电脑、移动互联网终端和手机等；二是移动通信网络接入，主要是 2G、3G、4G、5G；三是公共互联网服务，主要是 WAP、Web 方式。其中，移动终端是前提，接入网络是基础，应用服务是核心。

移动互联网有四个方面基本特点：一是终端移动性，使用移动终端连接互联网的用户大多处于移动状态；二是业务及时性，用户可通过移动互联网随时随地获取其他终端或自身信息，并能及时获取需要的数据和服务；三是服务便利性，由于移动终端具有诸多限制，就要求移动互联网服务的时间端操作便捷；四是业务/终端/网络的强关联性，移动互联网服务的实现需要同时满足运营商提供服务、移动终端和接入网络三个条件。

相比于传统固定互联网，移动互联网具有以下四个优势：一是能随时随地获取服务和通信；二是具有可靠、安全的认证机制；三是可以及时获取终端和用户信息；四是业务端到终端流程具有可控性。当然，也具有业务互通性差、移动终端软硬件统一标准缺乏、用户数据隐私性和安全性、无线频谱资源的稀缺性等劣势。

移动互联网不是简单互联网业务的延伸，而是多种传统业务的结合体，因此产生了创新性的产品和商业模式。一是创新的技术和产品，如陀螺仪和重力感应器确定当前的位置和方向、手机扫描商品条码进行价格比较等，手机开发商可以通过手机中的各类传感器研发出超越以往用户体验的产品；二是创新的商业模式，如将传统位置服务与广告、游戏、SNS 相结合的应用系统以及 App Store + 终端营销的商业模式。

移动互联网是一个涵盖范围广泛、多学科交叉的研究范畴，包括嵌入式系统、无线网络、移动通信、互联网等技术。这个研究体系中的研究对象主要包括应用服务、接入网络、移动终端、隐私和安全问题四个层次。其中，应用服务研究包括基于智能手机感知的应用、基于云计算的服务、移动互联网应用拓展、移动社交网络、移动搜索等；接入网络包括无线资源管理、移动性管理、异构无线网络融合、多跳无线网络、无线局域网、蜂窝网络、无线通信基础理论和技术等；移动终端包括人机交互、内容适配、定位、应用软件、软件平台、操作系统等；隐私和安全保护包括位置隐私保护、移动终端安全、无线网络安全、应用安全、内容安全等。

（二）工业物联网

无线通信技术在过去几十年的长足发展为物联网的兴起和发展奠定了坚实的基础。物联网最早是在 1998 年由 Kevin Ashton 提出的，是指在人与人互联的基础上，将各种对象和事物连接到互联网。当前，物联网在交通、环境、医疗保健、智能家居等多场景已经得到广泛运用，而在工业领域，基于物联网实时在线的高效控制和实时监测使生产成本大幅降低，并且生产效率得以提升，推动了工业发展的革命性变革，工业物联网（IIoT）也因此产生。工业物联网是高度连接、智能化的工业组件网络，采用高效管理、实时监控精准的控制工业资产、流程和操作时间，从而达到运营成本降低和生产效率提高之目的。工业物联网内含于物联网，其需要更高级别的可靠通信、处理、控制和安全，进而确保工业流程的稳定性和连续性。工业物联网是数字"新基建"重点布局的领域之一，被视为互联网的下半场。随着政策利好的推动和5G商用步伐加速，工业物联网将在各个行业和应用场景实现大规模落地①。

工业物联网致力于有效改善制造业、物流、能源和航空等典型工业场景，通过小型环境传感器、敏捷型供应链监控和智能化数据分析等一系列工具和技术，实现最优的业务决策以获取竞争优势。工业物联网主要表现为四大特征②：第一，智能感知。工业物联网通过声光电磁等各类传感器技术，直接获取产品从研发、生产、运输到销售乃至终端用户使用的各个阶段信息数据。第二，互联互通。工业物联网通过各类不同协议的专用网络和互联网相连的方式，使工业过程中各个阶段、各类设备的信息实时、准确无误传递出去。工业物联网注重低延时、低带宽和低功耗的通信能力，同时更注重数据交互。第三，智能处理。工业物联网利用云计算、云存储、模糊识别及神经网络等智能计算技术，对数据和信息进行分析处理，构建工业物联网大数据，深挖数据的价值。第四，自我迭代。工业物联网通过对工业资源进行数据处理、分析和存储，形成有效的可继承的知识库、模型库和资源库，经过不断迭代自我优化，不断完善决策和控制能力，实现系统级的效率优化。

工业物联网与传统物联网技术之间存在一定的差别，主要在于工业物联网一般是在短程通信环境中进行，需要传输的实时性和可靠性③。因此，常用的工业物联网就需要满足三个条件：一是时间同步的精确性，是指数据在收集和传递过程中时钟必须是同步的。无线传感器网络是物联网的基础，而传感器会导致收集采集和传输的时钟不一样，这就是在物联网中所需要解决的重要问题之一；二是通信的准确性，是指在工业特殊环境中，无线网络在通信中很有可能会出现数据包丢失的问题，然而工业物联网要求通信的极度可靠，从而避免生产过程中可能发生的危险，因此，工业物联网广泛应用的关键之一就是无线网络通信的可控性；三是工业环境的高适应性，是指在石油、冶金、煤炭等传统的工业环境中，高温、强腐蚀性等工作环境需要特殊的采集设备，因而适应性强的通信标准和高性能的传感设备是工业物联网应用的基础。

（三）大数据中心

大数据中心是融合数据中心（IDC、物理层）、云计算（处理层）、大数据应用（应用层）的集成创新平台，对于发展数字经济、实施创新驱动发展战略、推动"互联网＋"行动计划、强化大数据创新应用具有基石性作用。全国一体化大数据中心建设的核心要义是从根本上解决信息孤岛的问题，推动数据中心与云计算资源的分级互联，支撑各级政府部门纵横联动、上下协管，促进信息资源的融合，进而利用大数据分析手段，实现政府决策科学化、社会治理精准化与公共服务高效化。为此，形成"全国覆盖、物理分散、逻辑集中、统筹调动、资源共享、深度应用"的国家大数据中心体系，是适应社会治理模式转

---

① Martin Keenan：《从概念到落地，工业物联网正迅速走向成熟》，《中国电子商情》（基础电子）2020年第8期。
② 汤敏贤、史勇民、李日南：《工业物联网关键技术及发展挑战》，《中国信息化》2021年第9期。
③ 季杰、白瑞林、陈大峰、唐超：《工业物联网拓扑发现协议的设计与实现》，《计算机工程》2012年第11期。

变，发挥互联网在国家管理和社会治理中作用的必然选择[1]。

2016年10月，习近平总书记在主持十八届中央政治局第三十六次集体学习时指出："要深刻认识互联网在国家管理和社会治理中的作用，以推行电子政务、建设新型智慧城市等为抓手，以数据集中和共享为途径，建设全国一体化的国家大数据中心，推进技术融合、业务融合、数据融合，实现跨层级、跨地域、跨系统、跨部门、跨业务的协同管理和服务。"[2] 由此，正式提出建设全国一体化国家大数据中心建设的构想。2020年4月，习近平总书记在浙江考察时强调，要"加快5G网络、数据中心等新型基础设施建设"[3]，将数据中心作为一种新型基础设施上升为数字经济时代区域和国家竞争力的核心战略资源。同年12月，在国家大力发展"新基建"的浪潮下，国家发展改革委、中央网信办、工业和信息化部、国家能源局4部门联合印发的《关于加快构建全国一体化大数据中心协同创新体系的指导意见》（发改高技〔2020〕1922号）明确指出："加强全国一体化大数据中心顶层设计，对深化政企协同、行业协同、区域协同以及全面支撑各行业数字化升级和产业数字化转型具有重要意义。"2021年3月，《中华人民共和国国民经济和社会发展第十四个五年规划和二〇三五年远景目标纲要（草案）》明确提出，要"加快构建全国一体化大数据中心体系，强化算力统筹智能调度，建设若干国家枢纽节点和大数据中心集群，建设E级和10E级超级计算中心"，为"十四五"时期促进数据中心集群的高质量发展指明了方向。可以看出，我国数字化新型基础设施建设相关政策路线图日趋清晰，全国一体化的大数据中心建设已成为未来新经济社会发展的重要基础。

建立全国一体化国家大数据中心，能提升以下四个方面的发展能力：第一，全国应用基础设施的一体化调配与服务能力。推动各地大数据中心快速联通，优化数据中心布局，促进物联网设施、超算、云计算、带宽链路、网络等资源的一体化调用和协同发展，实现数据中心计算存储资源按区域、按层级集聚，形成"全国数据中心骨干网络"，增强应用基础设施服务能力，为应用系统纵横联动提供基础运行环境。

第二，跨部门业务的纵横联动与协同治理能力。实现各级政府部门、企事业单位应用系统基于分级互联的国家大数据中心体系云平台部署，推动应用系统资源整合，促进各层级、各部门间的衔接配合和业务联动，为政务信息共享与整合提供前提条件。

第三，国家数据资源体系的统筹管理与掌控能力。实现与国家共享交换平台体系对接，根据公共信息资源开放目录，推动公共数据资源跨部门、跨区域、跨行业互通共享，形成统一规范、互联互通、安全可控的国家数据开放体系与国家数据资源体系，在此基础上推动重点信息资源国家统筹规划和分类管理，增强关键信息资源掌控能力。

第四，国家大数据资源的联合分析与创新应用能力。推动公共数据资源与行业数据融合，构建国家跨部门数据分析中心，开展大数据联合分析与深度应用，形成国家知识资源

---

[1] 贾一苇：《全国一体化国家大数据中心体系研究》，《电子政务》2017年第6期。
[2] 《习近平关于网络强国论述摘编》，中央文献出版社2021年版，第21页。
[3] 《习近平关于网络强国论述摘编》，中央文献出版社2021年版，第143页。

服务平台，提高信息资源利用水平，充分发挥大数据提升国家治理能力的作用。

二 数字技术基础

数字产业化发展离不开数字技术的支撑，换言之，数字技术是数字产业化"更上一层楼"的"基石"。数字产业化是数字技术驱动产业升级的直接体现，因此，要确保在新一轮竞争中抢占先机，必须聚焦发展重点，集中力量发展数字技术。本小节将重点介绍云计算、区块链、人工智能以及大数据四类数字技术[①]。

（一）云计算

云计算（cloud computing）是分布式计算的一种，是指通过网络"云"将巨大的数据计算处理程序分解成无数个小程序，然后通过多部服务器组成的系统进行处理和分析这些小程序得到结果并返回给用户。现阶段所说的云服务已经不仅仅是一种分布式计算，而是分布式计算（distributed computing）、效用计算（utility computing）、负载均衡（load balance）、并行计算（paral-lel computing）、网络存储（network storage technologies）、热备份冗杂（hot backup redundant）和虚拟化（virtualization）等计算机技术混合演进并跃升的结果。云计算由一系列可以动态升级和被虚拟化的资源组成，这些资源被所有云计算的用户共享并且可以方便地通过网络访问，用户无须掌握云计算的技术，只需要按照个人或者团体的需要租赁云计算的资源。

云计算是继20世纪80年代大型计算机到客户端——服务器的大转变之后的又一种巨变。追溯云计算的根源，它的产生和发展与之前所提及的并行计算、分布式计算等计算机技术密切相关，它们都促进云计算的成长。但云计算的历史可以追溯到1956年，Christopher Strachey发表了一篇有关虚拟化的论文，正式提出了虚拟化的概念。虚拟化是今天云计算基础架构的核心，是云计算发展的基础。20世纪60年代，麦卡锡就提出了把计算能力作为一种像水和电一样的公用事业提供给用户的理念，这成为云计算思想的起源。而后随着网络技术的发展，逐渐孕育了云计算的萌芽。2006年8月9日，Google首席执行官埃里克·施密特（Eric Schmidt）在搜索引擎大会（SESSanJose 2006）首次提出"云计算"的概念。这是云计算发展史上第一次正式提出这一概念，有着巨大的历史意义。其后，在虚拟化技术、面向服务架构（SOA）、软件即服务（SaaS）的支撑下，云计算作为一种新兴的资源使用和交付模式逐渐为学界和产业界所认知[②]。

云计算的主要部署模式分为四种：公有云（public cloud），由云服务提供商拥有和管理，通过互联网向企业或个人提供计算资源。私有云（private cloud），单个组织专用的云服务，而无须与其他组织共享资源。私有云可以在内部管理，也可以由第三方云服务提供商托管。混合云（hybrid cloud），顾名思义，即同时使用公有云和私有云，允许公司将敏

---

① 戚聿东、肖旭：《数字经济概论》，中国人民大学出版社2022年版。
② 许子明、田杨锋：《云计算的发展历史及其应用》，《信息记录材料》2018年第8期。

感数据保留在私有云中，以保证安全性，同时使用公有云来运行应用程序，以实现低成本。社区云（community cloud），特定组织或行业共享使用的云计算服务方案。社区云由几个具有类似关注点（如安全性、隐私性和合规性）的多个组织共享。

云计算的主要服务类型分为三种：基础设施即服务（Infrastructure as a Service，IaaS）：它向云计算提供商的个人或组织提供虚拟化计算资源，如虚拟机、存储、网络和操作系统。IaaS 是对计算、存储、网络等资源进行池化，通过自服务门户让客户便捷实用。它的代表有 Dropbox，还有国内用户熟悉的百度云、腾讯微云等。平台即服务（Platform as a Service，PaaS）：它为开发人员提供通过全球互联网构建应用程序和服务的平台，使开发团队能够快速构建分发和运行应用程序。它的代表有 Google 的 GAE（Google App Engine），还有国内百度的 BAE、新浪的 SAE 等。软件即服务（Software as a Service，SaaS）：通过互联网提供按需付费软件应用程序，云计算提供商托管和管理软件应用程序，并允许其用户连接到应用程序并通过全球互联网访问应用程序。它的代表有 Amazon 的 AWS（Amazon Web Services）。

云计算的特点有以下五个方面：一是虚拟化技术，虚拟化突破了空间、时间的限制，是云计算最为突出的特性，虚拟化技术包括资源虚拟和应用虚拟两个方面。一般意义上，应用部署的环境和物理平台在空间上不存在关联性，而是通过虚拟平台所对应的终端操作完成相应动作，如数据的备份、扩展和迁移等。二是灵活性高，当前市场上大多数软硬件、IT 资源都支撑虚拟化，如开发软硬件、操作系统和存储网络等。云系统资源虚拟池中包含了众多虚拟要素，由此可见云计算的兼容性特别强，可以兼容不同厂商、低配置机器的硬件产品，同时，也能使外设进行高性能计算。三是可靠性高，服务器的故障也不会对计算机的正常运行造成影响，是因为如果单点服务器出现问题可以通过虚拟计算进行修复，或者是部署新的服务器。四是性价比高，对虚拟池中的资源进行统一管理有利于优化物理资源，这样用户不需要存储空间大、价格昂贵的主机，可以选择价格较为合适的 PC 组成云，这样既能降低消费，其效果也和大型主机相差不大。五是可扩展性，凭借应用软件快速部署条件，用户可以更加便利地对自己的原业务或新业务进行进一步延展。例如，计算机云计算可以通过其动态扩展功能有效解决计算机云计算系统中出现的设备问题，对其他服务进行延展，从而保证任务有序、高效完成。在对虚拟化资源的动态扩展的同时，也能对应用进行高效扩展，从而提升计算机云计算的可操作性[1]。

（二）区块链

区块链技术起源于 2008 年由化名为"中本聪"（Satoshi Nakamoto）的学者在密码学邮件组发表的奠基性论文《比特币：一种点对点电子现金系统》。该论文阐述了一个分布式系统交互过程普遍面临的难题——拜占庭将军问题（Byzantine generals problem），即分布式节点在缺少可信任的中央节点的情况下如何达成共识和建立互信。因此，论文引入一种去中心化（开放式、扁平化、平等性、不具备强制性的中心控制的系统结构）数据库技

---

[1] 李文军：《计算机云计算及其实现技术分析》，《军民两用技术与产品》2018 年第 22 期。

术作为解决方案，这种解决方案就是区块链技术。但是，目前尚没有形成公认的区块链定义。但马尔科·扬西蒂和卡里姆·拉哈尼在《哈佛商业评论》中指出，区块链技术的本质是公开分布式账本，由于它具备共识算法、不可篡改性、智能合约等特点，它可以高效记录买卖双方的交易过程，支持查证并且能够永久保存①。

区块链技术是一种以分布式为基础的计算范式，需要通过各块链才能对数据进行验证和存储，在底层架构下对共识算法进行重塑，进而使数据编辑和存储模式发生转变②。区块链技术可以在多场景进行应用，同时对应用和服务模式进行创新，主要体现在加密技术赋予各台账数据识别、记录和编辑的权利，从而使数据记录透明化和共享化，有利于信息的即时查询和追踪。

区块链主要有三种类型：第一类，公有区块链（public block chains）。任何世界上的团体和个人都可以发送交易，并且其交易能够得到区块链的有效认可，任何人都能参与这个共识的过程之中。共有区块链是最早、应用最广的区块链，各大 bitcoins 系列的虚拟数字货币都是以公有区块链为基础的，同时，仅仅只有一条该币种对应的区块链。第二类，行业区块链（consortium block chains）。是由群体内部指认多个预选节点为记账人，所有的预选节点决定了每个块的生成，当然，其他节点也可以参与到交易之中，但是不能对记账过程进行过问（本质上是托管记账，只是表现为分布式记账。如何决定每个块的记账者，预选节点的多少成为该区块链的主要风险所在），其他人可以通过 API 进行有限访查。第三类，私有区块链（private block chains）。仅依靠区块链的总账技术从事记账活动，可以是个人，也可以是一个企业，具有独享该区块链写入的权利，与其他分布式存储方案区别不大。公共区块链的应用如 bitcoin 已工业化，但是私有区块链的应用产品仍处于探索阶段。

区块链具有以下五点特性③：一是去中心化。去中心化是区块链最本质、最突出的特性，其没有中心管制，不依靠额外的硬件设施和第三方管理机构，除了一体化的区块链自身，凭借分布式核算和储存，实现了各节点的信息自我验证、管理和传递。二是开放性。区块链技术除了对交易各方的私有信息进行加密以外，其他数据是开源的即对所有人开放，该系统信息高度透明，任何人都可以通过公开接口对开发相关应用和区块链技术进行查询。三是独立性。以协商一致的协议和规范为基础（与比特币采用的哈希算法类似），整个区块链系统是不依靠第三方的，在系统内的所有节点都能自动完成数据交换、安全验证，而不需要人为操作。四是安全性。只要掌握的数据节点不超过所有数据节点的一半，就不能随意修改操控网络数据，从而避免由于人主观行为对数据进行修改，使区块链变得更加安全。五是匿名信。单从技术来看，除非法律硬性规定，各节点的身份信息是不需要

---

① 转引自王焯、汪川《区块链技术：内涵、应用及其对金融业的重塑》，《新金融》2016 年第 10 期。
② 杨兆廷、李俊强：《基于"区块链+大数据"的科技型中小企业融资方式创新》，《金融理论探索》2019 年第 6 期。
③ 姚忠将、葛敬国：《关于区块链原理及应用的综述》，《科研信息化技术与应用》2017 年第 2 期。

进行验证或是公开的,可以匿名进行信息传递。

相比其他技术,区块链技术具有四个不可替代的优点:一是业务数据可信化。区块链不能对内容进行修改,具有不可变性,因而存储于其中的业务数据具有高度可信性,能大幅降低各方的信任成本。并且在区块链系统里面,各节点均存在一份数字分类账副本,若大多用户认为其有效,则可将其添加到分类账上,从而有助于增加透明度,防止腐败出现。二是权利结构分散化。区块链网络具有分散化的特性,没有任何一个人或机构来管理框架。反之,网络是由一组节点来分散和维护的。用户可以储存所有数字资产开头的东西、重要合同、加密货币等。用户可以通过使用密钥对区块链进行直接控制。因而,用户会看到权力分散的结构对普通民众资产和权力进行重新分配。三是参与主体对等化。一般来说,公共账本不会对相关参与者和交易中的所有信息进行提供。但是,在这种情境下,账本的真实情况仍会被许多人看到,是由于分布式分类账是由系统之中的其他人共同维护的,可以用效率更高的分类账系统取代传统的。在不依靠集中系统的情况下,许多企业可以通过区块链进行多方合作,是区块链最重要的特性之一。四是优良的底层共识算法机制。每个区块链因共识算法而兴盛,一致算法是其核心。各区块链都有共识以帮助网络进行决策。共识是网络中活跃的节点群的决策过程,也是去中心化算法的基础。

(三)人工智能

1956年Dartmouth会议首次提出人工智能这一概念,60多年来,历经多轮起伏后,随着计算能力、大数据和算法上的突破,人工智能迎来了最好的发展时期,并在全球掀起新一轮信息革命。人工智能是研究、开发用于模拟、延伸和扩展人的智能的理论、方法、技术及应用系统的一门新的技术科学。学界和业界对人工智能的理解众说纷纭,根据人工智能的应用,人工智能可以分为专有人工智能、通用人工智能、超级人工智能。根据人工智能的内涵,人工智能可以分为模拟行为结果、模拟大脑运作、不再局限于模拟人等模式。人工智能的限动因素包括算法/技术驱动,数据/计算、场景和颠覆性商业模式驱动。其技术承载方式包括单机智能、平行运算/多核智能、高度分散/群体智能。人工智能表现方式分为云智能、端智能、云端融合三种。其与人的关系分为机器主导、人主导、人机融合三类。

从对于人工智能的多种内涵规定来看,现阶段正处于从专有人工智能向通用人工智能的过渡时期,由计算、算法、数据为基础的互联网场景和技术群自我演进、互相推动和协同发展。在此过程中,人是主导者(主要是设计破解问题的方案)、参与者(数据的使用者、数据反馈的产生者,也是数据的提供者)、受益者(智能服务的享受者)。人工智能跳脱出了模拟人的行为结果,延展到"泛智能"的应用,能更好地、有创意地解决问题。这些问题既包括在信息爆炸时代人面临的信息接收和处理问题,也包括企业所面临的消费者诉求转变、运营成本递增、商业模式改变等难题,同时也包括社会稳定的维护、社会资源的优化以及环境的治理等挑战[1]。

---

[1] 田丰、任海霞、Philipp Gerbert、李舒:《人工智能:未来制胜之道》,《机器人产业》2017年第1期。

| 专栏 8-1 | 人工智能技术的应用——围棋世界冠军 AlphaGo |

在 AlphaGo 推出之前，IBM 的超级计算机"深蓝"就曾战胜过国际象棋世界冠军，那时候的计算机更多的是使用一种叫作"暴力搜索"的技术。所谓下棋，特别是信息完全的棋类游戏，本质上其实可以看作一种搜索——搜索一个巨大可行性空间里最可能获胜的一条路径。国际象棋的搜索空间相对比较有限，所以那个年代的计算机可以采用一种类似于"暴力搜索"的方式去找到一个最优解。但这种方法却不适用于围棋，因为围棋中有 19×19 的数量位置，穷尽所有可能性要比宇宙中所有原子的数量还要多，这意味着再强大的计算机也不可能完全搜索其所有的空间，技术发展到今天，我们可以通过智能化方案来解决这个问题，AlphaGo 也因此应势而生。

1. AlphaGo 的战绩

2016 年 1 月 27 日，国际顶尖期刊《自然》封面文章报道，谷歌研究者开发的名为"阿尔法围棋"（AlphaGo）的人工智能机器人，在没有任何让子的情况下，以 5：0 完胜欧洲围棋冠军、职业二段选手樊麾。在围棋人工智能领域，实现了一次史无前例的突破。计算机程序能在不让子的情况下，在完整的围棋竞技中击败专业选手，这是第一次。2016 年 3 月 9—15 日，阿尔法围棋程序挑战世界围棋冠军李世石的围棋人机大战五番棋在韩国首尔举行。比赛采用中国围棋规则，最终阿尔法围棋以 4：1 的总比分取得了胜利。2016 年 12 月 29 日晚到 2017 年 1 月 4 日晚，阿尔法围棋在弈城围棋网和野狐围棋网以"Master"为注册名，依次对战数十位人类顶尖围棋高手，取得 60 胜 0 负的辉煌战绩。2017 年 5 月 23—27 日，在中国乌镇围棋峰会上，阿尔法围棋以 3：0 的总比分战胜排名世界第一的世界围棋冠军柯洁。在这次围棋峰会期间，阿尔法围棋还战胜了由陈耀烨、唐韦星、周睿羊、时越、芈昱廷五位世界冠军组成的围棋团队。

2. AlphaGo 到底是如何下棋的

AlphaGo 实际上选择了一种新的下棋方式。促使 AlphaGo 提高棋力、打败人类选手的秘诀主要有三个：深度神经网络、监督/强化学习以及蒙特卡洛树搜索。

深度神经网络是指包含超过一个认知层的计算机神经网络，人们设计出不同的神经网络"层"来解决不同层次的认知任务。这种具备许多"层"的神经网络，被称为深度神经网络。AlphaGo 的核心算法中共包含两种深度神经网络，即价值网络和策略网络。价值网络负责尝试每一手棋中的每一种可能性，然后再下一手棋的各个位置去标注胜率。实际上这个胜率是通过大量的模拟下棋操作后得到的一个综合胜率。通过综合胜率的集中，可以判断下一手应该走到哪儿，然后反复重复此过程。最终价值网络能够辅助 AlphaGo 抛弃不合适的路线。策略网络辅助 AphaCo，对每手棋的落子进行优化，左右局部战术，以减少失误。两种神经网络结合在一起，使 AIphaGo 不需要过于庞大的计算也能够走出精妙的棋局，就像最顶尖的人类棋手一样。在研发的初始阶段，AlphaGo 需要收集大量的围棋对弈数据，通过大量的人类棋局数据来训练神经网络模型，形成自己独特的判断方式。但实验证明，通过大量的棋局训练出来的神经网络也只能让AlphaGo达到业余的水平，仅有深度学习网络还不足以打造专业水准的下棋机器人，去与人类的顶级专家进行对战。

故此，除了深度学习技术加持，还需要大量的监督学习和强化学习技术辅助。监督学习和强化学习是机器学习的不同分支。监督学习是指机器通过人类输入的信息进行学习，而加强学习是指机器自主收集环境中的相关信息，以作出判断，并形成自己的"经验"，从而增强对整个棋局的判断。

最后，蒙特卡洛树是一种搜集算法。在进行决策判断时，它会从根节点开始不断选择分支节点，通过不断的决策使游戏局势向AI所预测的最优点移动，直到模拟游戏胜利。每一次的选择都会同时产生多个可能性，通过蒙特卡洛树算法，AlphaGo可以先进行仿真运算，推断出可能的结果再做出决定。也就是说，在引入强化学习与蒙特卡洛树之后，AlphaGo能够在与自己做模拟对战，以及每一次与人类棋手进行对弈时，将对战的结果反过来再作为新的棋谱重新输入到神经网络中去做训练，得到一个更新的神经网络，然后再将这个过程不断循环，从而通过互相的对战提高棋谱质量，以生成新范式，实现模谱质量的提升。因此，AlphaGo最终能够打败人类顶尖棋手，不仅是一个单纯的深度学习训练所造就的，而是因为它综合应用了深度学习、监督/强化学习和蒙特卡洛树搜索这三种技术。

（四）大数据

大数据又称巨量资料，是指需要新处理模式才能具有更强的决策力、洞察力和流程优化能力的海量、高增长率和多样化的信息资产。大数据最小的基本单位是bit，按顺序给出所有单位分别是bit、Byte、KB、MB、GB、TB、PB、EB、ZB、YB、BB、NB、DB。大数据的概念最早由维克托·迈尔-舍恩伯格和肯尼思·库克耶在《大数据时代》中提出，指不用抽样调查的捷径，而是采用所有数据进行分析处理。

大数据具有四个特性：一是大量（volume）。随着数据集合规模从GB级向TB级甚至PB级增加，大数据的数据体量也在不断扩大，近年来，数据量开始以EB和ZB计数，再次扩大了大数据的数据体量。

二是高速（velocity）。主要是指大数据的数据产生、分析、处理的速率不断地提升。其原因在于数据创建的实时性特点，加之将流数据应用到决策过程与业务流程的需求。当前，批处理的处理模式已经向流处理转变。业界将大数据的处理能力归纳为"1秒定律"，即能快速从各类数据中获取高价值信息。大数据快速处理的特性是其与传统数据处理技术之间最为本质的区别。

三是多样（variety）。主要是指大数据的类型繁多。随着移动计算、物联网、社交网络、智能设备、传感器等新技术和渠道的大量涌现，产生了无以计数的数据。现在的数据类型更多的是非机构化或半结构化数据，不再是格式化数据，譬如邮件、视频、照片、即时消息、日志文件等。企业需要对来自传统和非传统信息源的数据进行整合、存储和分析。

四是价值（value）。主要是指大数据的数据价值密度低，主要原因是大数据的数据体量不断增加，从而导致单个数据的价值密度持续减少，但是从数据的整体价值来看确实在提高。例如，在一小时的监控视频中，有用的数据往往只有一两秒，然而其重要性却不言而喻。现今，许多专家将大数据比喻为石油和黄金，这也从侧面体现出了大数据具有巨大的商业价值。

专栏 8-2　　内蒙古自治区和林格尔新区超算生态集群建设

高性能计算是科技创新的动力源之一。以 E 级超级计算机为代表的高性能计算具有广阔的应用前景，有望在气候科学、可再生能源、基因组学、天体物理学以及人工智能等领域"大显身手"。2020 年，统计高能计算机的 TOP500 组织发布了全球超级计算机 500 强榜单，在这份榜单中，中国计算机的超算数量世界第一，占比份额超 40%。

近年来，内蒙古和林格尔新区把数据高密度运算和人工智能运算能力建设作为数字经济发展的重要方向，依托高保障的供电能力、优质的宽带条件、充裕的人才保障、优惠的政策配套、低廉的用电价格、冷凉的气候环境等优势，推进实施"计算存储能力倍增计划"，积极搭建产学研用科技穿心载体，探索构筑集存储和算力服务于一体的超算生态集群。和林格尔新区围绕内蒙古超算能力建设，积极布局上下游产业，特别是高端服务器生产和图像识别、人脸识别、语音识别等应用项目正在快速落地，初步形成了超算平台项目的聚集效应，数据存储优势正在加快向以数据高密度运算能力、人工智能运算能力为核心的产业发展驱动力转化。目前，应用于图像识别、人脸识别，基于 CPU+GPU 异构系统架构的三大超算系统相继在新区落地运行，东方超算云内蒙古超级大脑项目等多套超算平台落户建设，高性能运算总能力和规模居全国前列。

和林格尔新区超算生态集群已取得良好成效。一是"互联网+"可信身份证认证平台上线运行，形成了每秒超万次的人脸识别比对能力，累计向全国 220 多家政府机关、金融、电信、互联网应用服务等企事业单位提供真实身份核算 8 亿余次，日均服务量达 700 万次，成为推动由数据存储向数据高水平应用的标杆项目。二是旷视人工智能超算平台投入运行，目前总运算能力已超过 100PFLOPS 理论计算能力，达到我国现有人工智能超算的先进水平。三是投资 3 亿元的我国北疆最大规模的内蒙古高性能计算机公共服务平台建成运行。

第三节 数字产业发展

一 总体发展概况

2021年,数字产业化夯实基础,内部结构持续软化。从规模上看,2021年,数字产业化增加值规模达8.4万亿元,比上年增长11.9%,占GDP比重为7.3%,与上年基本持平。从结构上看,数字产业化结构维持软化态势,ICT服务部分在数字产业化增加值中占主要地位,软件产业和互联网行业在其中的占比持续小幅提升,分别较上年提升2.13个和0.6个百分点,电信业、电子信息制造业占比小幅回落,如图8-2所示。

（一）电信业

从数字产业化内部细分行业来看,电信业保持稳中向好运行态势。2021年,电信业务收入稳步提升,电信业务收入累计完成1.47万亿元,比上年增长8.0%,增速同比提高4.1个百分点,如图8-3所示。

（二）电子信息制造业

电子信息制造业经历波谷后迎来快速增长。2021年,全国规模以上电子信息制造业增加值比上年增长15.7%,增速创下近十年新高,较上年加快8.0个百分点,如图8-4所示。

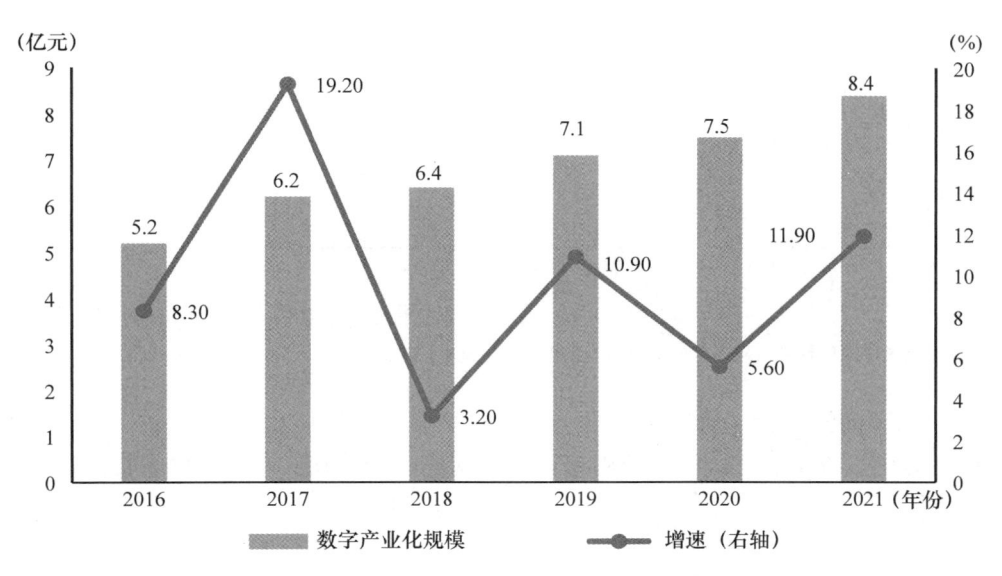

图8-2 2016—2021年数字产业化规模及增速

资料来源：中国信息通信研究院、工业和信息化部、国家统计局。

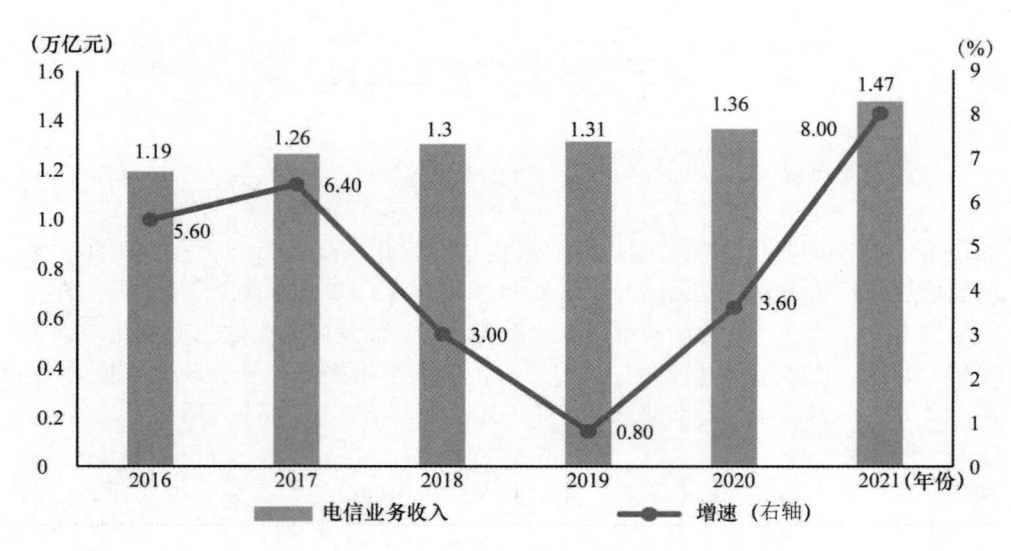

图 8-3　2016—2021 年电信业务收入及增速

资料来源：中国信息通信研究院、工业和信息化部、国家统计局。

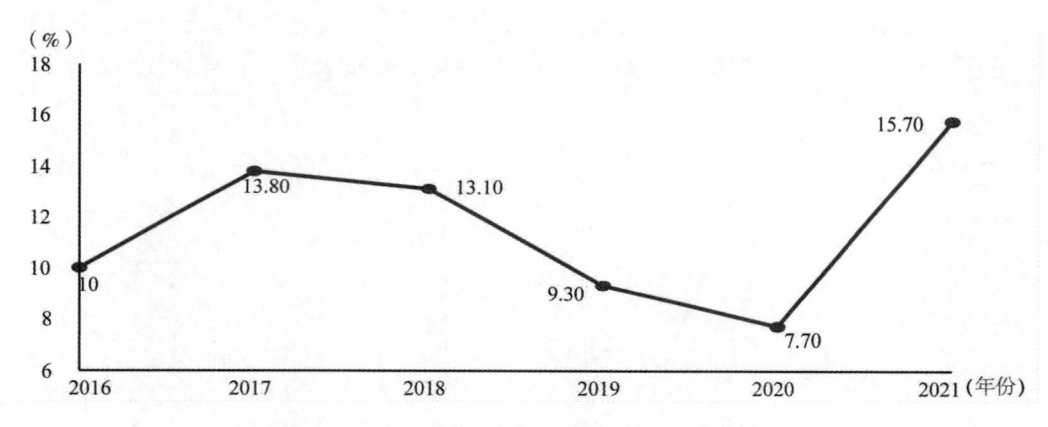

图 8-4　2016—2021 年电子信息制造业增加值增速

资料来源：中国信息通信研究院、工业和信息化部、国家统计局。

（三）软件和信息技术服务业

软件和信息技术服务业保持较快增长。2021 年，全国软件和信息技术服务业规模以上企业超 4 万家，累计完成软件业务收入 9.5 万亿元，同比增长 17.7%，两年复合增长率为 15.5%，如图 8-5 所示。

（四）互联网和相关服务业

互联网和相关服务业持续健康发展。2021 年，我国规模以上互联网和相关服务企业完成业务收入 1.55 万亿元，同比增长 21.1%，增速比上年加快 8.7 个百分点，如图 8-6 所示。

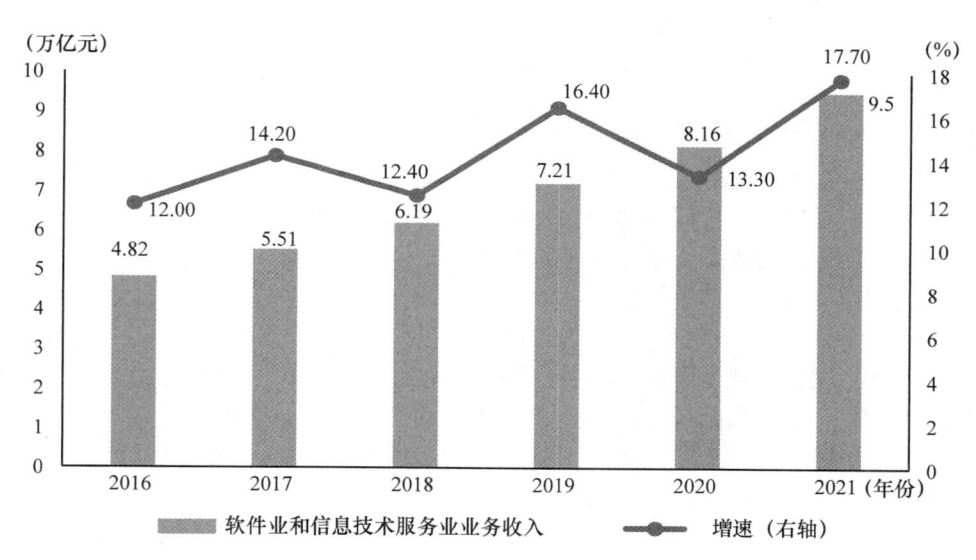

图8-5 2016—2021年软件和信息技术服务业业务收入及增速

资料来源：中国信息通信研究院、工业和信息化部、国家统计局。

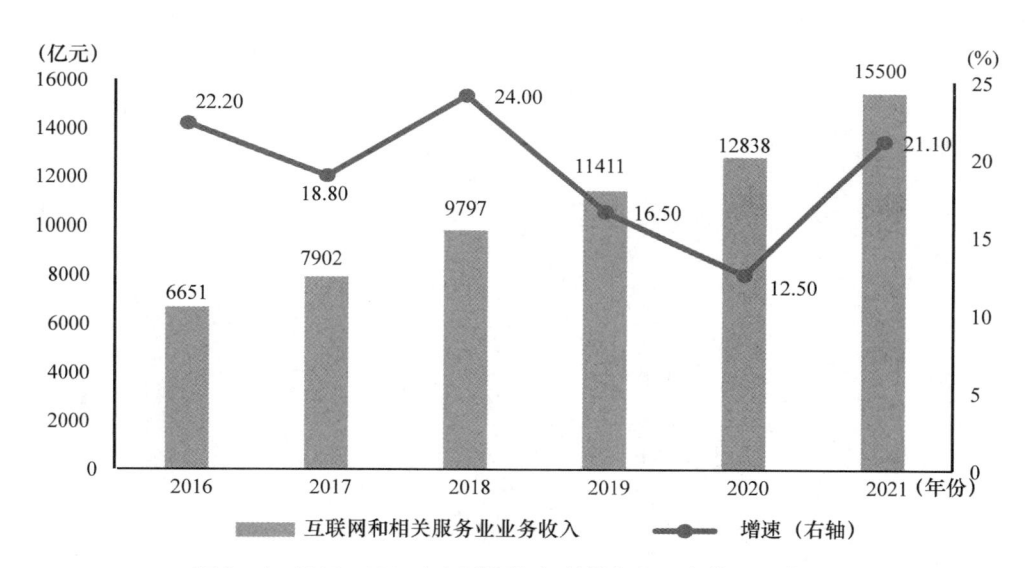

图8-6 2016—2021年互联网和相关服务业业务收入及增速

资料来源：中国信息通信研究院、工业和信息化部、国家统计局。

二 分行业发展概况

（一）云计算产业

作为数字技术服务模式和发展创新的集中体现，云计算在未来的一段时间将处于蓬勃发展之势，为数字经济迅猛发展提供强有力的支撑。近年来，云计算的全球市场规模在稳步递增，伴随着经济回暖，云计算的全球市场规模在2021年已经回到新冠肺炎疫情前的水平。根据Gartner统计，在2021年，以SaaS、PaaS、IaaS为代表的公有云全球市场规模为3307亿美元，增长速度为32.5%，如图8-7所示。

中国信息通信研究院在《云计算白皮书（2022年）》中指出，我国云计算市场在稳步增长，2021年云计算市场规模高速增长，总量达到3229亿元，比2020年增长了54.4%。其中，公有云市场发展迅猛，总量达到2181亿元，增长了70.8%，是中国云计算市场的主要支柱，同时，私有云市场同比增长28.7%，总量达到1048亿元。同时，我国公有云PaaS、IaaS增长迅速，SaaS也有所增长。2021年，公有云IaaS的增速为80.4%，市场规模为1614.7亿元，在云计算总体规模中占比接近30%；PaaS在云计算细分市场中增长最快，增速高达90.7%，规模总量为194亿元；SaaS的增速为32.9%，规模总量为370.4亿元。

厂商份额方面，阿里云、天翼云、腾讯云、华为云、移动云占据中国公有云IaaS市场份额的前五；公有云PaaS方面，阿里云、华为云、腾讯云、百度云处于领先地位，如图8-8所示。

我国数字经济规模已经连续多年位居世界第二，取得显著成绩。但同世界数字经济大国、强国相比，我国数字经济还有很大成长空间。随着中国从全球第二大经济体再向前迈进的总攻，中国云计算产业将再一次获得"浴火重生"的机会。当前，我国云计算发展具

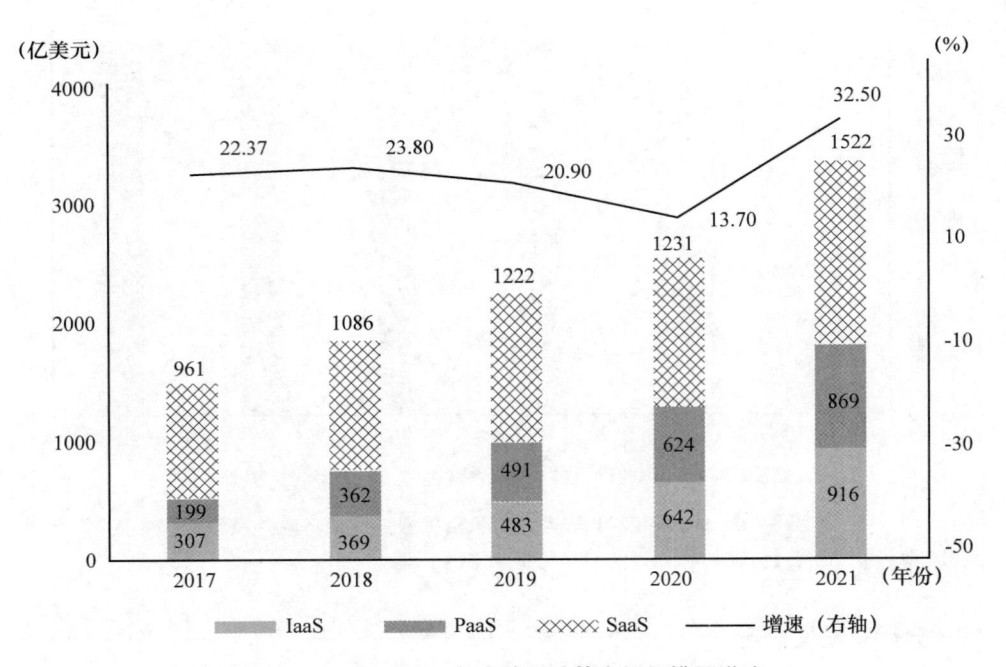

图8-7 2017—2021年全球云计算市场规模及增速

资料来源：Gartner，2022年。

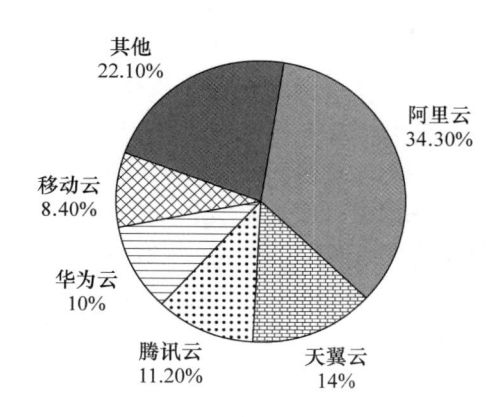

图 8-8　2021 年中国公有云 IaaS 市场份额占比

资料来源：中国信息通信研究院。

有五大特点：一是政策指引转向深度上云用云，标准建设拓展至新技术应用；二是产业集聚效应明显，布局发展从东部向中西部逐步扩散；三是市场需求持续更迭，多种部署模式并存发展；四是行业应用水平参差不齐，阶梯状发展特点明显；五是管理方面，云优化治理助力企业成本长效管理。

在中国特色云计算的背景下，我国云计算产业在技术、管理、安全、应用、模式等方面呈现出新的发展特点。第一，云原生技术和能力不断成熟，加速企业 IT 要素变革。在云计算已步入发展成熟的时期，云原生由于具备弹性扩展和响应、服务自治和故障自愈、跨平台及服务的规模复制的能力特性，成为充分发挥云效能的最佳实践路径。第二，相较于早期主要集中在容器、微服务、DevOps 等领域，如今云原生技术生态已扩展至底层技术、编排及管理技术、安全技术、监测分析技术以及场景化应用等众多方面，形成了完整的支撑应用云原生化构建的全生命周期技术链。云原生正在与基础设施加速融合。随着云原生技术和能力不断完善，其将驱动企业组织和流程、架构和设计、技术和基础设施等 IT 要素的全面升级。第三，云服务向算力服务演进，助力算力经济高质量发展。算力作为数字经济的核心生产力，正在成为加速行业数字化及经济社会发展的重要引擎。作为云服务的升级，算力服务正在呈现出泛在化、普惠化、标准化的特点。第四，除了对技术和服务的升级，算力经济不仅为制造、交通、零售等多个传统行业带来产值增长，还带来了生产效率提升、商业模式创新、用户体验优化等延伸性效益，对数字经济增长的拉动作用愈加凸显。

作为数字经济的重点产业，云计算将为各领域创新发展注入新的活力。云原生架构、云优化治理、云安全建设、云上系统稳定性、算力服务技术体系等数字时代下的新技术和新理念，将为云计算产业增添更多新的内涵。立足当下展望未来，云计算还将裂变出无限的机会和可能，带领人们在探索的路上发现更多未知的精彩。

（二）区块链产业

2021年作为"十四五"时期开局之年，是奔向2035年远景目标的新起点，也是推动数字经济高质量发展的关键启程。区块链技术作为数字经济时代的重要底层支撑技术之一，在推动数字产业化、健全完善数字经济治理体系、强化数字经济安全体系中发挥着重要作用①。

2021年，在政策与市场的双轮驱动以及元宇宙及数字藏品等热门领域的带动下，我国区块链产业加速发展，产业规模不断攀升。我国区块链相关机构大多以提供软件开发及信息技术服务为主，围绕着数字资产的发展，衍生出计算芯片、信息系统、网络系统、交易服务、媒体等诸多行业形态，脉络逐步清晰。这里区块链产业规模主要为我国区块链底层技术研发和行业技术应用相关企业（除去加密数字货币市场相关产业）规模，即区块链软件及服务产业规模。2021年，我国区块链产业规模不断扩大，我国区块链全年产业规模由2016年的1亿元增加至2021年的65亿元，增速明显。

在企业规模方面，产业链上游涉及的矿机、芯片等硬件企业、基础协议、底层基础平台等企业，中游涉及智能合约、快速计算、信息安全、数据服务、分布式存储等企业，下

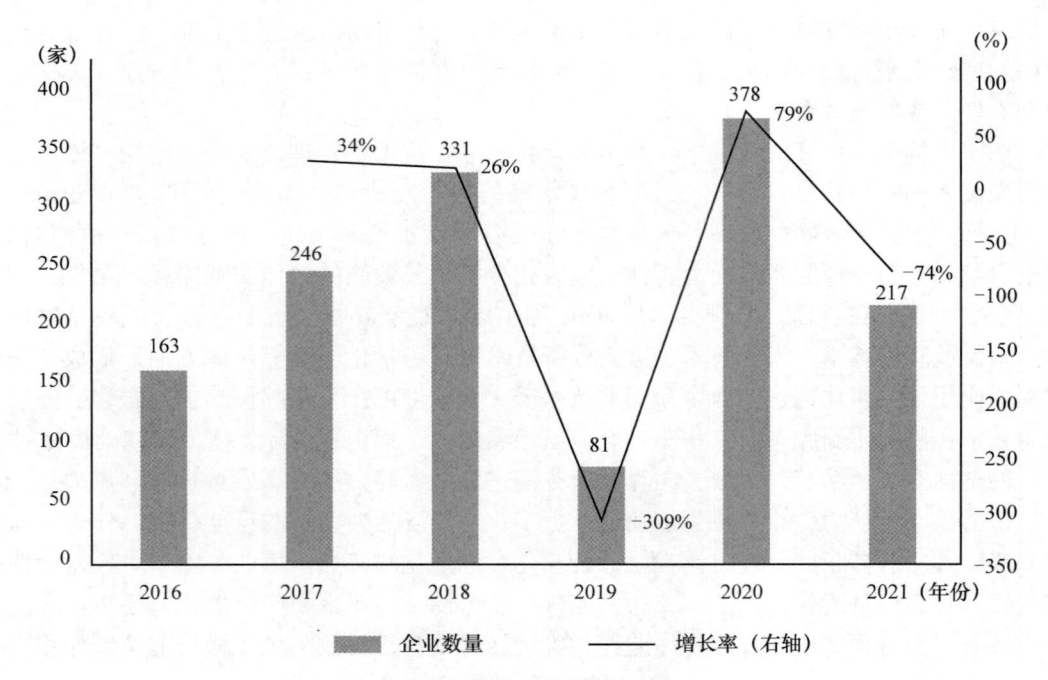

图8-9 我国历年区块链企业数量及增长率

资料来源：《2021年中国区块链年度发展白皮书》。

---

① 本部分区块链产业发展情况的相关数据来自赛迪区块链研究院组织编撰的《2021年中国区块链年度发展白皮书》。

游面向不同行业领域的应用类企业、产业服务类企业等均凭借政策与资本双向利好得到长足发展。同时对国家工商总局企业信息查询平台、企业公共信息查询平台中专业从事区块链底层技术、应用产品、技术服务方面的企业进行查询统计，截至2021年年底，我国提供区块链专业技术支持、产品、解决方案等服务，且有投入或产出的区块链企业超1600家，其中2021年新增区块链企业超200家，如图8-9所示。

从区块链应用市场来看，近年来我国区块链垂直行业应用持续拓展，应用市场规模不断攀升。据IDC预测，2021—2026年我国市场规模年复合增速达73%，2026年的市场规模将达163.68亿美元。据赛迪区块链研究院统计，2021年我国区块链应用落地项目共计336项，其中政务服务领域区块链应用是2021年我国区块链技术落地项目最多的领域，共计87项，占比为25.89%。金融仍然是应用场景最为丰富的行业领域，金融领域全年落地应用数量达82项。2021年以来，银行与金融部门进一步主导数字人民币、数字藏品等新兴市场，市场潜力不断扩大。值得注意的是，2021年工业、农业等传统产业应用市场规模增速明显。工业区块链市场规模增速明显，2021年工业区块链增加值规模为3.41万亿元，带动第二产业增加值规模达1.78万亿元。其中带动制造业增加值规模达1.47万亿元，带动采矿业增加值规模达0.19万亿元，带动电力、热力、燃气及水生产和供应业的增加值规模为1153.23亿元。产业区块链逐步成为区块链技术和产业发展的新增长点。

（三）人工智能产业

中国人工智能企业从20世纪90年代开始逐步设立，并在2012年以后开始井喷式增加，大多数企业以信息服务业为依托，从"互联网+"行业布局中转变为"AI+"的变革，集聚在以移动互联为基础的创新解决方案方面，并以此为契机布局线下生产。从行业集聚角度来看，创新设立企业都集中在大量数据支撑的企业中，呈现单边集聚效用。得益于信息化的率先完成，金融业、企业服务业、医疗产业设立了大量"AI+"式的新兴企业；得益于计算机视觉技术的突破以及政府智能化管理的需求，安防企业也大量组建。但是新零售并没有想象中的火爆，近几年陆续设立的新零售企业总数不足50家；工业制造业企业远低于预期，甚至少于农业产业的企业数量。从产业链延伸引导情况来看，在人工智能集聚的行业仍属于轻资产、泛互联网化延续，尚未形成中国重点产业整体人工智能赋能的情况。

从行业支持政策来看，2015年7月，国务院印发的《关于积极推进"互联网+"行动的指导意见》，将人工智能作为其主要的十一项行动之一，并明确提出，依托互联网平台提供人工智能公共创新服务，加快人工智能核心技术突破，促进人工智能在智能家居、智能终端、智能汽车、机器人等领域的推广应用；进一步推进计算机视觉、智能语音处理、生物特征识别、自然语言理解、智能决策控制以及新型人机交互等关键技术的研发和产业化。2016年3月，国务院发布《国民经济和社会发展第十三个五年规划纲要（草案）》，人工智能概念进入"十三五"重大工程。2017年3月，十二届全国人大五次会议上，"人工智能"首次被写入政府工作报告；同年7月，国务院发布的《新一代人工智能发展规划》明确指出，新一代人工智能发展分三步走的战略目标，到2030年使中国人工智能理论、技术与应用总体达到世界领先水平，成为世界主要人工智能创新中心；同年10

月，人工智能写入党的十九大报告，将推动互联网、大数据、人工智能和实体经济深度融合；同年12月，《促进新一代人工智能产业发展三年行动计划（2018—2020年）》发布，它作为对7月发布的《新一代人工智能发展规划》的补充，详细规划了人工智能在未来三年的重点发展方向和目标，每个方向的目标都做了非常细致的量化。2020年7月，中央网信办等5部门发布的《国家新一代人工智能标准体系建设指南》明确指出，到2023年，初步建立人工智能标准体系，重点研制数据、算法、系统、服务等重点急需标准，并率先在制造、交通、金融、安防、家居、养老、环保、教育、医疗健康、司法等重点行业和领域进行推进。2021年9月，国家新一代人工智能治理专业委员会发布《新一代人工智能伦理规范》，旨在将伦理道德融入人工智能全生命周期，为从事人工智能相关活动的自然人、法人和其他相关机构等提供伦理指引。

在2022世界人工智能大会产业发展全体会议上，中国信息通信研究院院长余晓晖介绍，2021年全球人工智能产业规模达到3619亿美元，中国为4041亿元人民币。从投融资规模来看，2021年全球人工智能产业投融资金额为714.7亿美元，同比增长90.2%，中国为201.2亿美元，同比增长40.4%。中国人工智能企业数量超过3000家，如图8-10所示。智能芯片、开源框架等关键核心技术取得重要突破，智能芯片、终端、机器人等标志性产品的创新能力持续增强。截至2022年6月底，已建成5G基站170万个，培育大型工业互联网平台150家，连接工业设备超过7800万台（套）。全国建成多个算力中心、数据中心等公共服务平台，行业数据集建设数量与质量不断提升。中国人工智能产业在各方的共同推动下进入爆发式增长阶段，市场发展潜力巨大，未来中国有望发展为全球最大的人工智能市场[①]。

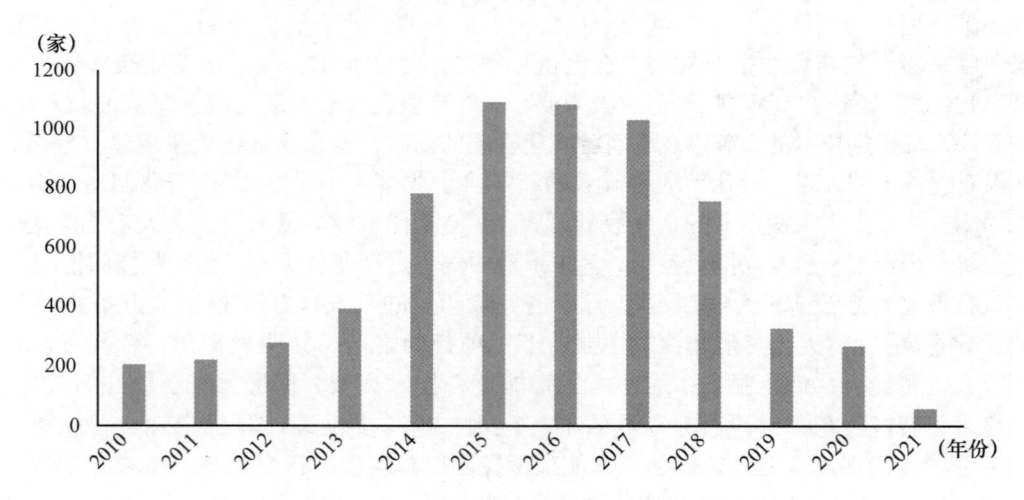

图8-10 2010—2021年中国人工智能公司成立数量

资料来源：IT桔子、智研咨询整理所得。

---

① 张铭阳：《全球人工智能产业发展现状及发展趋势浅析》，http://science.china.com.cn/2021-11/08/content_41741866.htm，2021年11月8日。

(四) 大数据产业

大数据产业是指一切与大数据有关的经济活动，如数据采集、数据存储、数据清洗、数据加工、数据可视化、数据分析与交易等活动。近年来，我国大数据产业迅速发展。根据IDC的预测，2018—2025年，中国的数据量将以30%的年平均增长速度领先全球，预计到2025年将增至48.6ZB，在全球数据量中的占比高达27.8%，中国也将成为全球数据量最大的区域。随着大数据逐渐走向各个行业，大数据分析应用需求也日益增长，行业应用得到快速推广，市场规模增速明显，细分市场规模也进一步增大。2015年以来，受宏观政策出台、技术进步升级、大数据应用普及等众多利好因素的影响，我国大数据产业规模不断攀升，一批大数据产业园相继落地，数据技术和应用标准体系持续完善，大数据产业生态加速成熟。

《中国互联网发展报告（2021）》显示，2020年我国大数据产业规模达718.7亿元，同比增长16%，增幅领跑全球数据市场。我国大数据企业主要分布在北京、广东、上海、浙江等经济发达省份，受政策环境、人才创新、资金资源等因素影响，北京大数据产业实力雄厚，大数据企业数量占全国总数量的35%。大数据在金融、医疗健康、政务几个大领域成绩突出，在关键技术创新方面控制成本，利用AI技术来提升数据管理的能力，加强联动关联分析技术，来提升隐私计算的水平。

《中国大数据产业发展指数报告（2022年）》显示，第一，北京连续三年蝉联榜首，各项指标表现突出，与第二名差距进一步拉大。重庆、西安、成都等西部城市大数据产业发展步伐不断加快，指数排名明显提升。第二，随着国家"东数西算"战略全面启动，不断加速推进大数据产业向京津冀、长三角、成渝等国家算力枢纽节点集聚，在前十强中，京津冀占2席、珠三角占2席、长三角占5席、成渝占1席。区域集聚协同的大数据产业发展生态逐渐形成，将成为未来引领我国大数据产业发展的增长极。第三，在京津冀城市群中，整体呈现北京"一枝独秀"发展格局；在长三角城市群中，整体呈现以上海为核心，杭州、南京、苏州、合肥等地为重点的"多头并进"发展格局；在珠三角城市群中和成渝城市群中，整体呈现深圳和广州、成都和重庆"双头驱动"发展格局。第四，各城市大数据产业发展逐步呈现四型联动的发展格局，分为综合实力驱动型、政策环境驱动型、创新要素驱动型和市场投资驱动型。北京、深圳、上海、广州等属于综合实力驱动型城市，南京、合肥、厦门等属于政策环境驱动型城市，成都、重庆、天津等属于创新要素驱动型城市，杭州、苏州、武汉等属于市场投资驱动型城市。

三 数字产业化空间牵引模式

为反映我国数字产业化的空间关联关系，引入网络分析法，通过建立我国数字产业化发展网络，反映各地区数字产业化发展对其他地区数字产业化的牵引带动作用。根据企业主营业务范围将行业划分为"计算机、通信和其他电子设备制造业""信息传输、软件和信息技术服务业"三个类别。以2022年3月底之前各企业的股权关联关系为主要研究对象，通过对全国 31 个省份（不包含香港特别行政区、澳门特别行政区、台湾省）、120 个三线及以上城市的近 1 万家典型企业及其控股企业开展股权穿透分析，进而反映我国各重点城市的数字产业化发展空间牵引带动模式。

从分析结果来看，我国城市空间牵引模式可概括为"一核三极多强"格局。截至 2022 年 3 月，以北京为核心，上海、深圳、杭州等为增长极的数字产业化牵引带动关系较为明显。"一核"是指北京，北京凭借其全国领先的信息传输、软件和信息技术服务业，产生较强的辐射带动作用，相关企业对广州、苏州、西安、南京、重庆、成都、天津等重点城市数字产业化发展形成强带动作用。"三极"分别是上海、深圳和杭州。其中，上海在计算机、通信和其他电子设备制造业与信息传输、软件和信息技术服务业均有较强的竞争优势，牵引带动武汉、南京、广州、大连等城市数字产业化发展；深圳以电子信息制造业为特色形成强大的自身发展能力，同时牵引全国其他城市发展；杭州与北京相似，以较强的信息传输、软件和信息技术服务业为牵引，带动其他城市数字产业化发展。

四　数字产业化高质量发展实现路径

作为数字经济的重要基础部分，数字产业化的高质量发展与数字经济高质量发展休戚相关，为进一步发挥数字经济对经济高质量发展的推动作用，在数字产业化视域下，可从以下四个方面入手。

一是加快推进新基建建设，夯实发展基础。新基建作为数字产业化发展的基础，在数字产业化高速发展中扮演了重要角色，因而，大力发展互联网、区块链、云计算等新型基础设施势在必行，是加快产业数字化发展，提升数字经济发展水平，推动经济高质量发展的重要途径。具体而言，其一，加速推进 5G 网络建设。数字产业化是数字经济的核心，5G 等数字技术的不断发展推动着产业数字化向前进步，扩大了数字产业化规模。因而，应该尽快编制各地区的信息基础设施建设规划，明确不同时间的计划与目标，加快推进企业微基站和 5G 宏基站的建设力度，实现全国各地区 5G 网络的基本覆盖。其二，加速推进云计算、区块链等新基建建设，同时，也要大力建设数据云平台、数据中心等算力基础设施。此外，推动大数据产业发展，重点解决通信管廊建设、转供电改造、疑难站址协调等突出问题。其三，着力建设以区块链、云计算、人工智能为主要内容的新技术基础设施，充分发挥数字技术在产业发展中的重要作用。总的来看，新型基础设施建设要全面展开，但也要突出重点，形成全方面、多层次的新型基础设施建设新局面。

二是充分发挥政府作用，营造良好发展环境。数字产业化的发展不仅需要强化新型基础设施建设，发挥其基础作用，同时也需要政府在制度、法律等方面出台相关政策措施，为数字产业健康发展营造良好环境。一方面，要不断完善数字产业应用规范和统计标准，由于当前业界对于数字经济、数字产业的内涵边界还不明确，具体的统计口径、细分领域、产业形态等也未统一，这就要求从政府层面出台数字产业应用标准体系，对相关行为进行有效规范，同时，也需要制定数字产业监测指标体系、统计标准以及评估方法，逐步

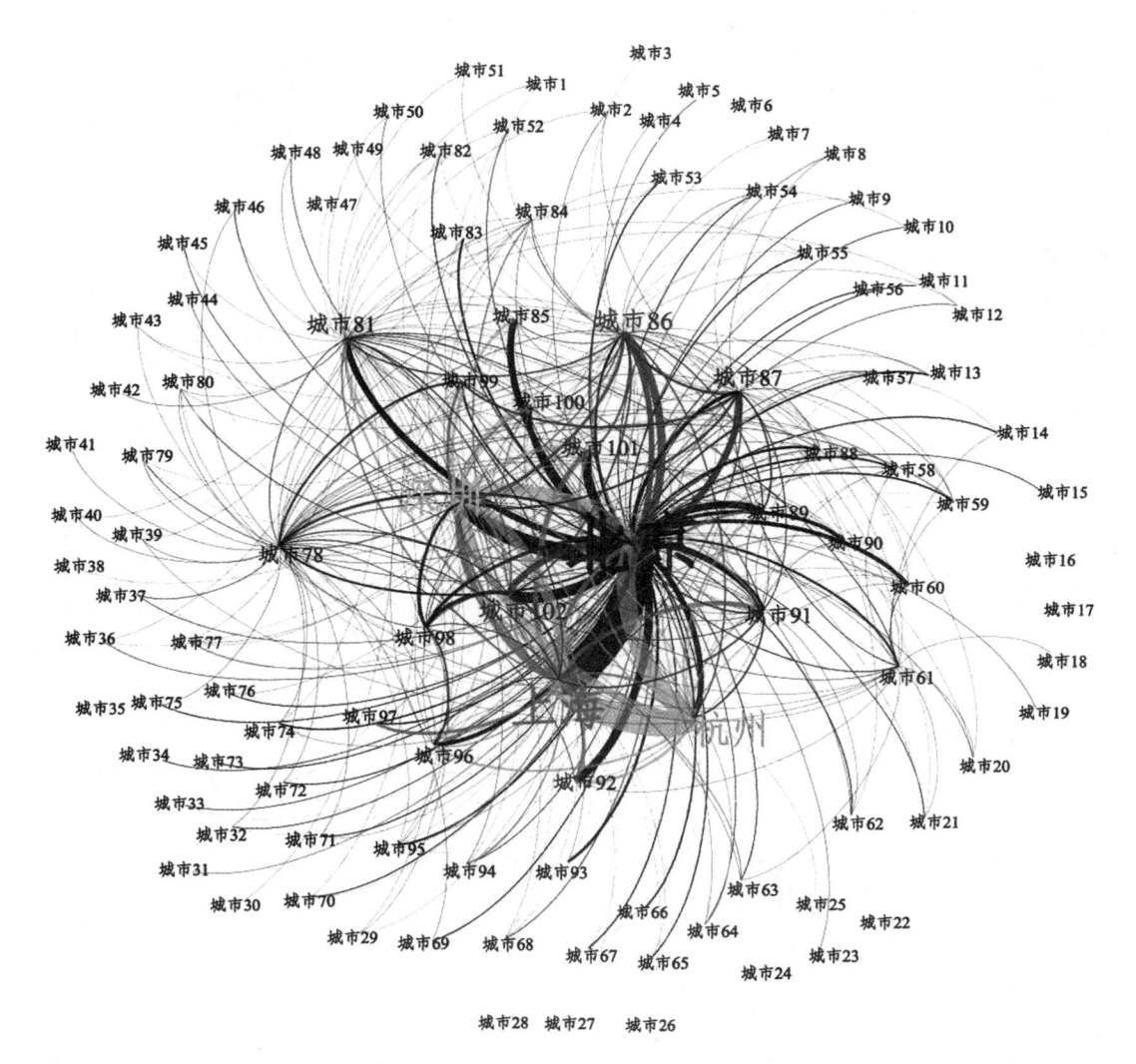

图 8-11 中国城市数字产业化牵引图谱

形成直观观测、科学评估、动态监测，以此确保数字产业高质量发展。另一方面，政府需要制定明确的数字产业发展定位与战略，在资源配置、支持配套、顶层设计、投入保障等方面做好数字产业发展工作规划。同时，政府也需要进一步探索数字产业发展培育的专项支持基金筹措渠道，为孵化成功后处于成长期的创新型、科技型企业和重大数字产业化项目提供资金支撑，确保技术型企业能快速发展，重大项目能顺畅开展。此外，除了从政府层面直接给予数字产业发展的帮扶资金，也可以通过发挥数字产业专项资金的购买服务、贷款贴息、投资补助等举措来进行激励，引导和带动社会力量共同参与到数字产业发展中来，为其发展提供充足资金。此外，数字技术在社会经济发展中的作用越来越重要，技术创新和技术治理应具有一致性，故由技术创新而催生的产业发展也离不开与其相适应的治理体系。因此，就需要政府搭建全时域、动态化的协同治理技术平台和机制，以确保能准确获取各方的利益诉求和问题，不断提升数字经济治理水平和效率，为数字产业化发展提供优质环境。

三是强化数字人才培育，提供发展动力。数字人才是数字产业发展的重要动力，数字产业化发展需要以区块链、大数据、人工智能、云计算等数字技术作为支撑，而这些数字技术研发的关键就在于数字人才，只有加大对数字人才的培育，才能源源不断地为数字技术研发提供动力，推动数字技术更上一层楼，从而实现数字产业更好、更快发展。可以从以下几个方面来强化数字人才培育：首先，加快数字人才培养。政府部门应加快对数字人才需求进行调研，对数字人才的需求情况有较为全面的了解，重点突出需要和应用导向。其次，大力推进产教融合，构建一套校企合作人才培养体系，支持高校和企业相互合作，积极鼓励高校设立、优化数字经济相关课程，着力培养一批在区块链、人工智能、云计算、大数据等领域具有专业知识素养和技能的数字人才，打造一支结构合理、素质优良的数字技术人才队伍，建立高质量、多层次的人才梯队。最后，在重点领域，深入贯彻实施国家多类数字人才选拔培育计划，并在信息技术重点领域持续推进人才支撑计划，培育一批具有数字信息技术的优秀人才，构建工业物联网、5G、人工智能等人才库。此外，还需要实施多渠道的人才引进政策，全面落实各项数字人才政策，大力引进数字经济前沿产业和科技领域的优秀人才，实施精准化引进措施，在研发经费、启动资金、研发住房等方面提供支持。总之，通过建立全方位的人才培育机制，推动数字产业化内生性高质量发展。

四是加强新兴数字产业发展和数字产业集群建设，扩大数字产业化外延。数字产业化发展是一个不断向外拓展的过程，因此就需要不断地推动新兴数字产业发展和建设数字产业集群，进一步地扩展数字产业化发展边界。具体来看，一方面，聚焦新兴数字产业发展，新兴数字产业是在新的数字技术兴起和应用的基础上而产生的新兴行业，具有利润附加值高、技术含量高、对经济总体和单个经济体影响大的特性，能够推动国民经济实现内生增长和创新发展。因此，需要加快区块链、大数据、量子信息、人工智能等新一代电子信息技术的产业生态和应用场景，从而推动数字产业规模不断做大、市场不断细分、业态不断更新。另一方面，着力打造数字产业集群，数字产业集群的建设有利于推动集群内部企业的创新发展，产生辐射和聚集积极作用，为区域积极增长提供新动能。其一，加强"城市级"数字基础设施建设，采用类似于供电、供水等公共服务形式为城市提供便捷化、系统性的数字化服务，为数字集群建设奠定坚实基础；其二，以数字经济龙头企业为主要力量，出台相关优惠政策促进产业链上下游企业聚集，有利于带动周边中小企业发展，从而推动数字产业集群形成。

关键概念

数字产业化；数字基础设施；数字技术；大数据；云计算；区块链

思考题

1. 数字产业化定义及其重要性。
2. 数字产业化的分类与依据。
3. 数字基础设施代表类型和数字技术的主要元素。
4. 如何进一步推进数字产业化高质量发展。

第九章　产业数字化

数字产业化和产业数字化是数字经济的主要内容。《中华人民共和国国民经济和社会发展第十四个五年规划和二〇三五年远景目标纲要》指出，推进产业数字化转型实施"上云用数赋智"行动，推动数据赋能全产业链协同转型。在重点行业和区域建设若干国际水准的工业互联网平台和数字化转型促进中心，深化研发设计、生产制造、经营管理、市场服务等环节的数字化应用，培育发展个性定制、柔性制造等新模式，加快产业园区数字化改造。深入推进服务业数字化转型，培育众包设计、智慧物流、新零售等新增长点。加快发展智慧农业，推进农业生产经营和管理服务数字化改造。

第一节　产业数字化概述

一　产业数字化的内涵

2020年6月，国家信息中心信息化和产业发展部与京东数字科技研究院在京联袂发布的《携手跨越重塑增长——中国产业数字化报告2020》首次专业阐释了"产业数字化"。报告认为，产业数字化是指在新一代数字科技支撑和引领下，以数据为关键要素，以价值释放为核心，以数据赋能为主线，对产业链上下游的全要素数字化升级、转型和再造的过程。包括：一是以数字科技变革生产工具；二是以数据资源为关键生产要素；三是以数字内容重构产品结构；四是以信息网络为市场配置纽带；五是以服务平台为产业生态载体；六是以数字善治为发展机制条件。

产业数字化就是培育数字经济新业态，深入推进企业数字化转型，打造数据供应链，以数据流引领物资流、人才流、技术流、资金流，形成产业链上下游和跨行业融合的数字化生态体系，构建设备数字化—生产线数字化—车间数字化—工厂数字化—企业数字化—产业链数字化—数字化生态的典型范式。

二　产业数字化的特征

（一）数据要素驱动

在产业数字化发展中，数据作为新经济下的生产要素，发挥着重要的作用。第一，数据促进产业创新。数据促进产业生产模式发生转变，促进生产方式集约化整合，改变产业协作机制，改变产业技术、生产材料、人才培养等方式，深刻影响产业的各项生产要素。在数据要素驱动下，原本的生产制造向虚拟仿真转变，在实物真正制造前，通过建立模型开展数字虚拟组装，从而减少实物的浪费，节省实际生产过程，提升生产效率。制造过程的协同化水平有效提高，制造过程控制更加智能化，大规模定制成为可能，逐渐转变传统的生产模式。企业从生产销售扩展到生产性服务领域，从传统的单一服务扩展到"一站式"服务领域，发展模式横向和纵向都在不断延伸，从而由经营链向经营网转变。数据成为企业管理的最佳"军师"，帮助企业负责人制定更加科学的决策，提升企业管理能力。通过对消费人群个性化的分析，准确描绘消费者画像，可以推动生产创新。

第二，加强数据资产管理成为数字化转型中企业的共识。数据治理能力显著增强，随着企业内部数据的不断积累和大量外部数据的引入，数据规模扩大、数据质量不高、业务之间数据融合度低、数据应用不到位等成为当前迫切需要解决的问题。相关企业围绕数据的采集、传输、存储、清洗、应用等环节进行规划，基于数据全生命周期进行数据资产治理体系建设，提高数据资产价值、开展数据资产运营成为企业发展的重要任务。数据应用范围不断拓展，已经从传统的企业内部应用为主，发展到支持内部和服务外部并用，挖掘和释放数据价值、扩展数据应用和服务成为企业经营的重要内容。

（二）科技平台支撑

科技平台通过改变企业生产、供应、营销、服务和设计研发等管理方式，促进了以数据为关键生产全要素的全面互联。在科技平台的基础上，不断积累的数据资产、迭代改进的技术结构等为企业数字化转型的加速和企业的持续改进提供了支持。

第一，科技平台架起链接桥梁。随着企业数字化步伐加快，更多的企业通过科技平台的建设，架起了软硬件之间的桥梁。借助科技平台，打通经济生产全要素之间的链接，优化整体的架构及流程，加快产业数字化转型。科技平台可以通过数据及信息技术，实现对制造过程的监控、对生产管理的调整、对市场营销的定位、对设计研发成果的转化等，带动生产和管理效率提升。科技平台可以通过数据及信息技术，深度拓展供应链渠道，带动产品供应的创新；整合资金、数据等生产要素，引领业务模式发生转变。

第二，科技平台助推协同发展。科技平台能够使数据及信息在交换和反馈的过程中实现更加精准的匹配、更加快捷的反馈，通过数据和信息的交互和共享，推动行业各项资源匹配和整合提高行业协同发展的水平。"火车跑得快，全靠车头带"，龙头企业在行业数字化过程中，将数字化转型的经验分享传递给行业内中小型企业，引领行业数字化转型。科技平台公司对外提供自身的数字技术及资源，帮助传统产业企业实现业务转型升级。

（三）服务先行拉动

依托强大的消费群体，近年来随着移动互联的深入发展，我国互联网消费业取得了全球瞩目的成绩。电商、餐饮、旅游、教育、医疗等服务行业借助移动互联网的普及，实现了消费侧的高度数字化。借助服务业全球领先的产业数字化水平，国内以 BAT 为首的众多互联网企业均在全球 500 强中占有领先地位。

第一，电商强劲拉动内需。我国"双 11"销售额连续多年创纪录，更是超越了世界 200 多个国家一年的 GDP，足以证明我国电商发展规模的庞大。新冠肺炎疫情防控期间，由于居家办公等限制了实体交易，很多行业相继关门，而电商购物却逆势增长。

第二，平台促进供需对接。平台经济、共享经济因其可以提高交易的快捷度、便利度及精准度，已经逐渐成为商品交易市场转型升级和创新发展的重要方向和途径。共享经济可以借助数据及信息技术将商品交易过程中的生产制造、交易流通和服务资源聚集在一起，同时盘活闲置资源，从而带动商品质量、服务满意度和全流程效率的提升。

第三，传统服务业加快转型。近年来，作为具有一定垄断地位的医疗和教育，也改变传统服务印象，正在加速数字化转型的步伐。例如，"好大夫""丁香园"等医疗服务 App，在患者与医生之间搭建了沟通的桥梁，在解决患者看病难问题的同时，也改变了一些患者的就医习惯。疫情防控期间，医院的网上预约系统和医疗问诊服务 App 都很大程度解决了患者就医难的问题，也有效控制了医院人员流动，对疫情防控起到了积极作用。同样是疫情防控期间，由于中小学延期开学，通过各网络直播课堂居家上课，线上教育培训机构得到了前所未有的发展，在线听课人数屡破纪录，各类线上培训如雨后春笋般出现。

第四，"一站式"深受青睐。随着电商服务的不断提升，一站式生活服务平台应运而生，为用户提供了"吃住行、游购娱"等一站式解决方案。例如，在"大众点评"查询好目标餐馆，顺手可以完成座位预定，一键式餐厅位置导航服务可以让开车的用户直达目的地，没车也不要紧，嵌套的打车服务可以直接一键帮用户叫好出租车到达餐厅。"盒马鲜生"可以提供新鲜的蔬果，还提供菜谱让用户可以一键购买好相关的食材和调料，超市同时提供厨师加工服务，让用户在超市实现"买做吃"一条龙服务。

（四）政企融合发展

政府多次在重要文件及会议上提出加强产业化发展，提出建设"网络强国""数字中国"，加快 5G 网络、数据中心、人工智能、工业互联网等新型基础设施建设，实现企业以及产业层面的数字化、网络化、智能化发展，支持传统产业优化升级，加快发展先进制造业，推动互联网、大数据、人工智能和实体经济深度融合。

各级政府深入推进新型智慧城市，以"只跑一趟""一站式服务"等为理念，建成了一批综合网络政务服务平台，同时开发政府服务 App 应用程序，让许多原来需要在特定时间、需要在特定地点、需要等待特定人员的流程审批都可以在"掌上"完成。特别是疫情防控期间，政府管理平台对疫情的防控起到了重要作用，通过大数据、人工智能识别等技术的应用，显著提高了政府应对疫情的敏捷性和准确性。

三 产业数字化的发展水平

我国产业数字化和数字化产业规模均呈现逐年上升趋势（见图9-1）。产业数字化规模约为数字产业化规模的4倍。数字产业化稳步发展，大数据、云计算、人工智能企业不断涌现，产业生产体系更加完备。产业数字化不断深入发展，平台经济、电子商务、共享经济等数字化新模式不断涌现，工业互联网、智能制造等全面加速。我国产业数字化与数字产业化水平的不断提高，促进了产业结构不断转型升级。

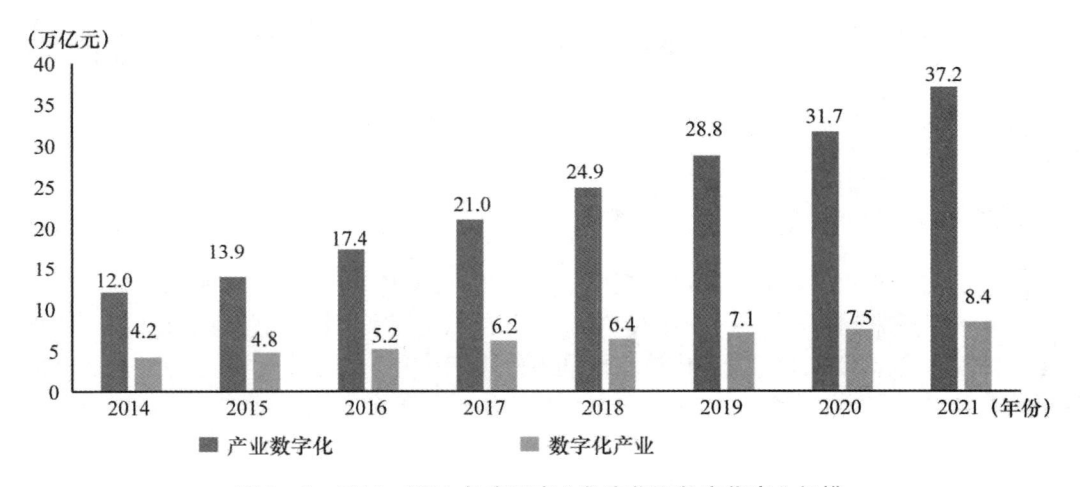

图9-1 2014—2021年我国产业数字化和数字化产业规模

资料来源：中国信息通信研究院。

数字经济与三大产业不断渗透融合（见图9-2）。数字经济在三大产业的渗透率不断提升，由2016年的6.2%、16.8%、29.6%提升至2020年的8.9%、21.0%、40.7%。数字经济依托平台经济、共享经济等新型消费方式，快速渗透到第三产业。数字经济在第二产业的融合增速相对低于第三产业。数字经济在第一产业的渗透率较低，不足10%。这同时也说明数字经济在各个产业的融合与渗透还有很大的潜力。

四 产业数字化的意义

产业数字化具有重要的意义：从企业角度，产业数字化可以通过提升效率而使企业具备更强的竞争优势。从产业角度，产业数字化可以构建新的分工合作蓝图。从国家角度，产业数字化可以成为加速新旧动能转换的新引擎。

（一）数字化技术助力传统产业升级

近年来，全球经济增速持续放缓，尤其受新冠肺炎疫情影响，全球经济增长动能不足，

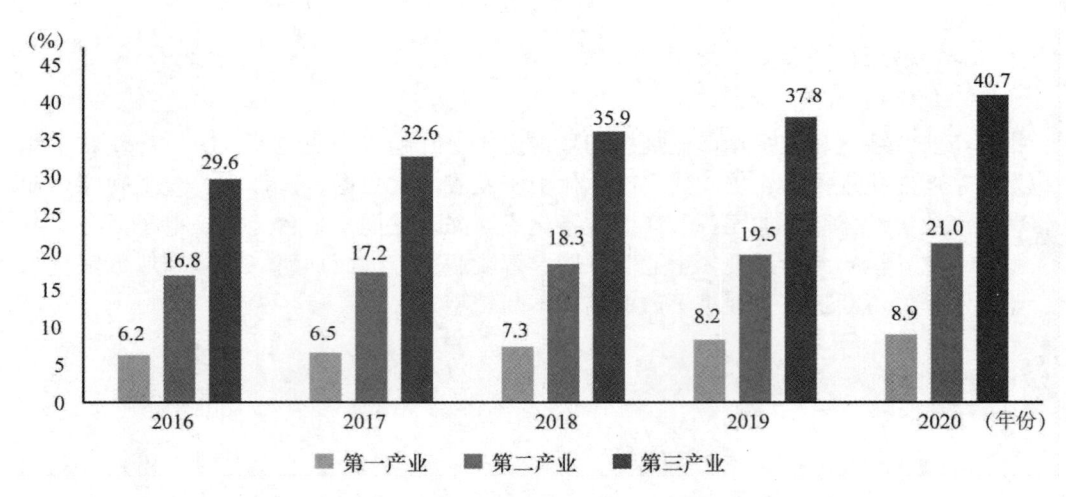

图 9-2 2016—2020 年我国数字经济在三大产业的渗透率

资料来源：中国信息通信研究院。

传统产业迫切需要找到新的增长点来支撑。正在此时，数字经济得到前所未有的发展，数字化服务项目越来越普遍，从互联网金融、数字乡村、数字营销到智慧城市，数字科技与实业的高度融合以及高水平数字化技术提升为传统产业升级创造了希望。传统产业已成为数字技术与自主创新的关键领域，在数字化技术渗透到各个领域的基础上，正确引导了三大产业的融合，宣告了数字经济的高速发展。

（二）数字化创新促进制造业提质增效

数字化创新有利于对制造、货运、仓储物流和市场销售等各个阶段进行完善，以达到降低成本提升效率的目的。第一，数字技术可以提高商品生产和加工全过程的自动化技术和智能系统水平，在提高生产效率的同时，降低新产品开发和制造的成本。第二，借助网络平台，可以完成生产和使用的整合，使供需关系更加灵活，进而在一定程度上减少企业仓储物流和销售成本。第三，数字化创新可以基于数据分析，帮助企业完成精准的营销和推广，人性化的服务，完成自主创新和运营模式的转变，从而降低营销和服务项目的成本。第四，数字化可以重构产业运营生产和管理决策过程，高效率提升产业流程效率，改变成本结构，从而实现规模效应，产生经济效益和网络效应。

（三）数字化应用催生诸多新生态

当今，大数据、云计算、人工智能、物联网、区块链、5G 等新型的现代数字信息科技的出现，我们日常生活被这些技术所催生的网络购物、移动办公、新媒体等方式彻底改变。数字信息技术在各领域的广泛应用和随之而来的消费需求变化，产生了网络共享经济和平台共享经济等新的业态和新的模式。与此同时，数据取代资本和技术成为新经济模式下的生产要素，以大数据、AI、物联网、5G 为代表的数字信息科技创新经济社会各环节，加速了关键核心技术的突破与创新，提高了成果转化率和产业化率，并且催生了包括机器人、可穿戴设备等新兴产业，实现了数字产业化。

（四）数字化运营赋能制造业转型

数据化运营最重要的就是与实体有效结合，这可以说是数字化的意义所在。数字化的根本任务就是将现实世界的知识与信息，通过产生大量数据而实现数字化，并基于大数据分析，将运营的结果反馈到现实世界，形成完整的价值链。数字化还可以将传统制造业的各生产环节串联起来，打通内外部真空地带，形成多维立体网状化的关联，从而为制造产业链创造更大的价值。

第二节 农业数字化

早在北魏时期，杰出的农学家贾思勰就提出了"食为政先，农为邦本"，在中国封建社会农业经济占主导地位。新中国成立后，受到国内外环境的影响，我国实行优先发展工业的发展战略，农业在相当长时期内的发展滞后于工业，农村的发展滞后于城市。直到20世纪80年代后，尤其是21世纪以后，中国共产党对"三农"问题的重视程度得到了不断提升。特别是党的十八大以来，以习近平同志为核心的党中央高度重视"三农"问题，高度关心决定中国乡村命运的乡村振兴问题。推进农业农村的发展和转型，是实施乡村振兴的重要内容。2018年1月，《中共中央、国务院关于实施乡村振兴战略的意见》明确提出，要实施数字乡村战略，做好整体规划设计，加快农村地区宽带网络和第四代移动通信网络覆盖步伐，开发适应"三农"特点的信息技术、产品、应用和服务，推动远程医疗、远程教育等应用普及，弥合城乡数字鸿沟。2019年5月，中共中央办公厅、国务院办公厅印发的《数字乡村发展战略纲要》指出，立足新时代国情农情，要将数字乡村作为数字中国建设的重要方面，加快信息化发展，整体带动和提升农业农村现代化发展。

数字农业是将遥感、地理信息系统、全球定位技术、系统计算机技术、通信和网络技术、自动化等高新技术与地理学、农学、生态学、土壤学等基础学科有机地结合起来，实现在农业生产过程中对农作物、发育状况、病虫害、水肥状况以及土壤从宏观到微观的实时监测，以实现对农作物生长、农业生产中的环境进行定期信息获取，生成动态空间信息系统，达到合理利用农业资源，降低生产成本，改善生态环境，提高农作物产量和质量的目的。数字农业使信息技术与农业各个环节实现有效融合，对改造传统农业、转变农业生产方式具有重要的意义。

近年来中国"互联网＋农业"加速发展，互联网利用农业生产智能化已初见雏形，信息技术在农业生产经营中被广泛应用，大数据应用不断深化，"互联网＋"推动农业转型升级的成效初步显现，有力地促进中国数字农业与数字乡村的发展。

一 数字技术在农业中的应用

(一) 物联网技术在农业中的应用

物联网技术在农业中的应用,是通过应用各类传感器设备和感知技术,采集农业全产业链的相关信息,通过无线传感器网络、移动通信网和互联网进行信息传输,将获取的海量农业信息进行数据清洗、加工、融合、处理,最后通过智能化操作终端,实现农业产前、产中、产后的过程监控、科学决策和实时服务。智能传感器作为通用的系统前端感知器件,可以助推传统农业产业的升级,推动创新应用,农业智能传感技术是农业智能制造和农业物联网的先行技术。"十三五"时期,农业农村部在全国9个省份开展农业物联网工程区域试点,截至2018年年底,已形成了426项节本增效农业物联网产品技术和应用模式。围绕设施智能化管理的需求,我国自主研制出了一批农业作物环境信息传感器、多回路智能控制器、节水灌溉控制器、水肥一体化等技术产品,对提高中国温室智能化管理水平发挥了重要作用。

(二) 大数据和云计算技术在农业中的应用

农业大数据是大数据理念、技术和方法在农业领域的实践与应用。一般认为农业大数据是指农业产业维度内全要素、全时段、全区域、全样本的数据集合,农业大数据的获取来源广泛、数据类型多样、结构复杂,并且融合了农业产业和农产品的地域性、季节性、多样性、周期性特征,农业大数据收集、分析难度较大,同时也具有巨大的潜在价值。近年来,农业大数据技术逐渐深化,用大数据决策指挥、管理服务引导产销的方式也逐步得到应用。2018年5月,农业农村部开始建设重要农产品单品种全产业链大数据,并率先建设苹果产业大数据中心。在农业农村部的支持下由农业农村部信息中心会同陕西省果业管理局等涉农大数据和苹果产业相关企事业单位、社会组织成立了全国苹果大数据发展应用协作组,建设了国家级苹果产业大数据中心,以期为苹果产业链主体提供高效协同的经营服务。

云计算可以采集存储具有物联网特性的资产和用户数据,目前也已经在农业领域开始应用。例如,京蓝科技采用阿里云提供的云计算资源、大数据分析计算能力,成功研发出"作物全生育期灌溉大脑""京蓝物联网平台""京蓝灌溉云平台"等涉及现代农业的SASS型产品,在内蒙古、宁夏、山东、广西、河北等地区投入使用,取得良好成效。

(三) 人工智能在农业中的应用

人工智能是研究、开发用于模拟延伸和扩展人的智能的理论、方法、技术及应用系统的技术科学。农业数据获取技术的不断成熟完善,海量农业数据的累积,加速了农业领域人工智能的实现,包括机器人、语言识别、图像识别、自然语言处理和专家系统等都在农业领域加快研发和应用,其中农业机器人技术是多项人工智能技术在农业领域的集成应用。农业机器人本质上是由不同程序软件控制作业,能感知并适应作物、畜禽种类或环境变化,具有检测和演算等功能,并进行自动操作的人工智能机械装备。农业机器人在智能种植、智能养殖、植保、监测巡查等方面都有应用,现已开发出采摘机器人、耕耘机器人、农田信息采集机器人、施肥机器人、除草机器人、喷药机器人、嫁接机器人、分拣机器人等。农业机器人的研制和应用推动机械化农业向智慧农业初步转变。

根据应用地点的不同,农业机器人大致可分为两类:一类是行走类农业机器人,另一类是机械手类农业机器人。行走类农业机器人主要用于大田作业中耕耘、播种、植保、施肥、收获等作业,无人驾驶农机是研发行走类农业机器人的核心技术,华南农业大学罗锡文院士团队和中国农业大学的毛恩荣团队分别以东方红 X-804 拖拉机铁牛 654 型号拖拉机和雷沃 TG1254 拖拉机为研究平台研发了自动导航控制系统。机械手类农业机器人主要有育苗机器人、喷药机器人、蔬菜嫁接机器人、果树采摘机器人等,我国在果蔬采摘机器人、嫁接机器人等方面都有较好的发展。例如,国家农业智能装备工程技术研究中心开发出了贴接法嫁接机器人,华南农业大学研发了荔枝采摘机器人,中国农业大学研发了黄瓜采摘机器人,这些均在生产上有了实际应用且工作效率显著提高。

农业智能装备、无人遥感飞机等装备的应用实现了农业智能监测、智能喷洒、智能施肥和智能勘察。我国已成功地将现代电子技术、控制技术、传感器技术、农机工程装备技术集成应用于精准农业智能装备中。在农业生产中经常应用的典型智能装备技术主要有自动导航技术、播种监控技术、土地精细平整技术、智能产量监测技术、变量施肥技术和农药变量喷洒技术。此外,无人机的应用也逐渐由军事领域转入农业领域。当前在我国,除了传统的航空植保农药喷洒,无人机在土地确权、标准农田管理、航空植保和农田测损方面的应用越来越广泛。

二 数字经济与农业现代化

数字农业理念的产生给农业发展带来了新的机遇,让农业生产由靠"天"收向靠"智"收转变,让传统农业由结构调整,再实现转型升级,推进农业供给侧结构性改革,大力推进规模化经营、标准化生产、品牌化营销,向农业的深层次、多层次进军。以数字化、智能化、信息化为主要内容的数字农业的兴起,有利于形成大批高效、生态、安全型技术和技术产品。

数字农业的发展,一方面得益于物联网等新信息技术日渐成熟,另一方面也是现代农业未来发展的需要。通过物联网与精细农机相结合,对企业的经济效益和管理水平都有很大提升。数字农业的应用价值包括:建立无线网络监测平台,对农产品的生长过程进行全面监管和精准调控;开发基于物联网感应的农业灌溉控制系统达到节水、节能、高效的目的;构建智能农业大棚物联网信息系统,实现农业从生产到质检和运输的标准化和网络化管理。另外,数字农业能够极大便利客户迅速、稳定、低成本地部署业务,为其提供一揽子解决方案。

根据《2019 全国县域数字农业农村发展水平评价报告》可知,2019 年全国县域数字农业农村发展总体水平达到 33%,县域财政总计投入数字农业农村建设资金 129 亿元;县域城乡居民人均电信消费突破 500 元；农业生产数字化改造快速起步，2018 年农业生产数字化水平达 18.6%；全国已有 77.7% 的县（市、区）设立了农业农村信息化管理服务机构。目前，我国数字农业发展与数字乡村建设已取得显著成就，促进农业转型升级的成效初步显现。

据国际咨询机构研究与市场预测，到 2025 年，全球智慧农业市值将达到 3001 亿美元，发展最快的是亚太地区（中国和印度），2017—2025 年年复合增长率（CAGR）达到 11.5%，主要内容包括大田精准农业、智慧畜牧业、智慧渔业、智能温室，主要技术包括遥感与传感器技术、农业大数据与云计算服务技术、智能化农业装备（如无人机、机器人）等。

专栏 9-1　　农业数字化转型：大邑县"数字农业"改革试点的经验

　　大邑县地处成都平原向川西北高原的过渡地带，总面积有 1327 平方公里，常住人口 51.49 万，距成都市区 41 公里，处于成都市"半小时经济圈"内，是成都市"西控"核心区，农业和旅游业是其主打产业。随着数字经济时代的来临，数据逐渐成为核心生产要素，不仅体现在第二、第三产业，而且农业也必定会走上数字化的道路，当然，大邑县也不例外。作为 2020 年首批入选"国家数字乡村试点"的地区，大邑县拥有由润地集团开发的"吉时雨"数字农业服务平台、以沙渠街道东岳花苑小区为代表的"大邑智慧社区"等多个数字经济项目，它们是探寻"数字农业"实践发展的不二选择。数据作为关键生产要素，通过聚合土地、劳动、资本、技术、管理等要素，使大邑县的农业农村现代化更上一个台阶。主要体现为：关键生产要素的更替与在农业生产中的突出性作用、生产力水平提振、生产关系更加复杂多元、乡村制度与治理愈加完善，然而，不可忽视的是大邑县的"数字农业"虽然成效突出，但仍存在亟须改进之处（生产关系与生产力以及上层建筑与经济基础脱节）。

　　1. 数据成为关键生产要素嵌入农业生产

　　首先，数字技术应用助推农业生产现代化，随着生产物联网测控系统投入使用，大邑县的农业生产效率极大提升。一方面，高效的监测与识别模型，在一定程度上减轻了农户生产中对人力的依赖；另一方面，测土配肥、水稻侧根施肥、无人机精量等新型作业手段的应用，提高了农业耕作效率与精细耕作能力。总之，数字技术的广泛应用使农业生产具有精细化、低成本、高效率的现代化特征。其次，数据采集分析促使农业经营管理智能化，润地"吉时雨"数据服务平台通过应用先进的数据采集和成像分析技术，依托"天空地"一体化系统，建立了农地耕地识别、作物识别、环境监测、灾害预警等大数据库，并通过"吉时雨 App"将农地、作物、天气等详细信息转达给农户，使农户能第一时间掌握农地情况，能及时、准确处理相关问题，提高了农业经营管理的效率，避免了不必要的损失。最后，大数据降低信息不对称，助力农产品销售数字化，农产品最终需通过交换进入市场，而信息不对称是导致供需双方难达成共识的主要因素，同时也阻碍了农业生产现代化道路，大邑县的润地"吉时雨"数字农业服务平台创建了"平台＋中心＋农户"的市场应用模式，通过区域功能中心打通农户与市场，既为农户提供市场对农产品的需求信息，又为市场提供大邑县农产品的具体信息，减少双方的交易信息不对称，促使交易达成，农户收入得以增加。

2. 农业生产力水平不断提升

大邑县农业生产力水平的提高得益于数据成为生产要素后，使农业生产工具以及劳动者和劳动对象得以创新。一方面，农业生产要素与工具的创新促进生产力发展，大数据在农业领域的广泛应用，使大数据毫无疑问成为农业生产的核心要素，与以往土地、劳动、技术不同的是，数据可与上述生产要素结合，激发其潜力，润地"吉时雨"数据服务平台将数据融入农地耕种、经营管理以及交易中，聚合各生产要素，发挥"数据乘数"效应，提高了农业生产力。此外，大邑县"天空地"一体化水稻生产物联网测控系统、水稻生产过程管理系统、精细管理及公共服务系统等数字技术已成为重要的农业生产工具，尽管有别于传统直接作用于农地的实物工具，但数字技术的应用却实现了农业生产过程、交换过程的效率的改进与成本的降低，从而提高了农业生产效率。另一方面，农业劳动对象与劳动者的创新是推动生产力发展的又一关键，与传统农业中以土地作为主要劳动对象不同，大邑县的数字服务平台通过对数据进行收集、处理与运用以促进农业生产，使其成为"数字农业"发展中不可或缺的要素。因此，数据也成为新的劳动对象，在农业生产中发挥重要作用，并且基于对数据获取、加工、分析的需求，农村生产劳动者的内涵已从原有耕地作业劳动者扩展至借助工具采集数据、加工数据、应用数据的数字劳动者。总之，劳动对象与劳动者内涵外延的扩大同样有利于提高农业生产力水平。

3. 农业生产关系（经济基础）复杂多元

数据成为关键生产要素推动生产力的发展与演进，进而促使生产关系更加复杂多元。一方面，直接或间接参与农业生产的主体增加，使生产关系更加复杂，大邑县"数字农业"通过"平台＋中心＋农户"的市场服务模型，将农户、政府、农业服务商等市场主体汇聚起来，共同为打造现代化的农业生产经营管理体系出谋划策，并且为解决农户贷款难的问题，直接由大数据平台为其提供贴息或免息的生产经营信用贷款，无须第三方抵押与担保，以当年粮食销售回款进行偿还，可减少80%的融资成本。此外，大邑县更是引进了中国农科院、中国农业大学、四川农业大学、中央储备粮、中国联通5G智慧等"数字农业"基地及"数字农业"平台，着力推进大邑县"数字农业"建设，因此，数据融入农业生产使生产关系愈加复杂，但更有利于农业现代化发展。另一方面，大数据和数字技术的应用降低了生产成本、减少了信息不对称以及提高了农业生产效率，使各方收益显著增加。从农户来看，大数据和数字技术应用于农业生产使农户的成本降低20%—30%，管理效率提高40%—50%。2019年，农民的人均可支配收入增长9.8%，与传统粮食销售相比，农户种粮平均增收150—200元/亩，从数据平台来看，其依靠数据售卖获得5000万元收入，此外，服务农田面积约20.1万亩，规模化农场主256个，品类农业服务商55家，农民2.1万人，年社会化服务营收1.3亿元，从大邑县农业整体发展来看，2019年大邑县农业总产值为71.02亿元，比上年增长2.6%。

4. 上层建筑日益完善

随着数据作为生产要素推动生产力不断发展，大邑县的制度、文化、治理等也逐步完善，为农业农村现代化建设提供配套保障。首先，政府监管精细化，随着大邑县全方位的物联网测控系统的建立，精准数据信息的收集为政府部门统计农情、参谋决策提供了可靠依据，通过现代农业信息技术及设施设备实现了对粮食产业园区、农田资源的"一张图"24小时监管。其次，政府制度合理化，"数字农业"带来的生产力水平逐步提升促使政府政策趋于合理化，面对数字经济蓬勃发展的态势，四川省政府、成都市政府相继下发了多个文件以促进数字经济、数字农业的建设发展。在面对数字经济快速发展产生的数字安全问题时，四川省政府在《关于加快推进数字经济发展的指导意见》中指出："需对现有数字监管措施进行进一步优化，加强数据资源的开发与保护，加大数字版权、数字内容产品的保护力度，健全数字资源的安全保障体系。"再次，文化活动多元化，大邑县全年免费开放图书馆、文化馆、20个乡镇综合文化站，开展艺术展演活动60余场，"走基层"文化惠民文艺演出40场，此外，还立足互联网文化建设，成立互联网社会组织（大邑县网络文化协会），规范互联网行业行为，并创新推动"网络文明自律"项目，确保广大网民能自觉守法用网，营造良好网络文化氛围。最后，推动"智慧社区"建设，大邑县的"智慧社区"平台集智慧党建、智慧政务、智慧物业、智慧安防、智慧康养、智慧公共服务、指挥调度中心于一体，着力推进乡村治理现代化，打造"数字乡村治理"示范基地。

5. 现实困境依然突出

虽然大邑县的"数字农业"建设提高了生产力水平、促进了经济发展，但仍存在现实难题，阻碍其更进一步，从本质上来看，是生产关系与生产力抑或是上层建筑与经济基础脱节所导致的。首先，"数字农业"模式尚未成熟，试错成本高，作为我国数字乡村的首批试点地区，大邑县"数字农业"在发展中面对的首要问题是经验缺乏，同时作为一种全新的农业发展模式，当前"数字农业"在全省、全市乃至全国尚无成熟模式，可参考的措施与路径有限，试错成本较高。因而，大邑县在发展中只能"摸着石头过河"，在探索中前行。其次，"数字农业"资金需求大，推广应用难，在大邑县"数字农业"的发展过程中，对大数据应用、云计算、5G基站等基础设施的建设与数字前沿技术的推广运营都需要大量的资金投入，这无疑加大了大邑县政府的财政负担。再次，数字技术普及困难，尽管大邑县"数字农业"试点初期通过集中培训、政策激励来对"数字技术"进行了大力推广，但仍然存在农户、企业因有限的接纳、学习能力及烦琐的技术操作过程而引发的推广、应用困难。因此，面对"数字技术"的推广与应用难题，

> 大邑县迫切需要政府与企业的通力合作，在教育培训、技术提升、人才引进等方面实现进一步提升。最后，"数字农业"人才缺乏，人才的引进与培养是"数字农业"建设中的关键一环，只有通过人才引进与技术研发解决技术"卡脖子"问题，才能够将"数字农业"发展的主动权掌握在自己手中，而在大邑县"数字农业"发展中"数字人才"缺乏是主要难题，作为农业与信息的交叉领域，"数字农业"对既懂农业又了解信息技术的复合型专业人才需求尤其突出。然而，该类专业人才从数量上而言本就十分匮乏，加之农业生产第一线的待遇、工作环境、晋升空间等诸多限制因素以及人才引进力度不足，从而使人才缺乏成为"数字农业"建设的长期顽疾。

第三节 工业数字化

按照共识，工业1.0是蒸汽机时代，工业2.0是电气化时代，工业3.0是信息化时代，工业4.0则是利用信息化技术促进产业变革的时代，也就是智能化时代。这个概念最早出现在德国，2013年的汉诺威工业博览会上被正式提出。德国所谓的工业4.0是指利用物联信息系统（Cyber-Physical System，CPS）将生产中的供应、制造、销售信息数据化、智慧化，最后达到快速、有效、个性化的产品供应。《中国制造2025》与德国"工业4.0"的合作对接渊源已久。2015年5月，国务院正式印发《中国制造2025》，部署全面推进实施制造强国战略。工业4.0已经进入中德合作新时代，中德双方签署的《中德合作行动纲要》中，有关工业4.0合作的内容共有4条，第一条就明确提出工业生产的数字化就是"工业4.0"对于未来中德经济发展具有重大意义。

一 工业数字化转型的内在逻辑

（一）数字经济助力工业数字化的作用机理

工业数字化是工业利用数字技术对传统业务进行转型升级、开发新业务，进而提升产品的数量以及效率的过程，是推动我国经济高质量发展的必然选择。工业数字化的最终目标是提高各类市场组织的市场竞争力，进而实现企业盈利能力的持续提升。

具体来看，数字经济助力工业数字化的作用机理有如下三点。第一，数字技术为工业转型提供创新路径。创新是工业技术升级、产业转型、效率提升的根本动力，自工业革命以来工业领域的技术创新多集中于技术的迭代和工艺的革新，缺乏与数字信息技术的结合，如今人工智能、区块链、大数据、物联网等数字技术已辐射经济社会的方方面面，同样也成为新时代工业创新升级的重要依托。数字技术强化工业技术创新主要体现在以下四个方面：一是数字技术能够加快工业产品和工艺设计的创新，依托大数据与人工智能等模拟出最佳的产品技术路线图，大大节省"试错"成本，最优化资源的合理配置。二是数字技术能够提高工业生产的精细度，数字技术控制工业生产的各个方面，降低原生产过程中不必要的能源、材料耗损，强化生产过程的智能化和绿色化。三是打破原有工业生产的规模化、单一化，实现个性化定制。经济学原理认为，工业化的最大优势在于能以较低的成本生产标准化的产品，然而这种生产方式却难以满足消费者日益增长的个性化消费需求。数字技术恰恰能够解决这一生产难题，通过对信息的收集、加工、处理，挖掘消费者隐性需求和个性化需求，企业根据需求进行个性化生产，实现供需有效对接。四是数字技术能够支撑企业在日益激烈的市场竞争中获取技术优势，随着新一轮的产业和技术革命的到来，工业技术的更新迭代周期越来越短，"吃老本"已经越来越难以维持企业的生存和发展，必须获取最新的前沿技术和市场需求动态，应用数字技术能够实现企业技术、产品的持续性更迭、替换。

第二，数字技术实现工业产业链、供应链安全稳定。由于历史客观原因，我国工业化起步较晚，在诸多领域缺乏核心关键技术，尽管我国工业产值已经位列全球第一，但是大量工业发展所需的产品、技术依赖外国进口。近年来"逆全球化"主义开始抬头，一方面是由于新冠肺炎疫情肆虐全球使世界经济增长不断放缓，另一方面则是以美国为首的发达经济体实施贸易保护主义打击我国经济发展所致，这使我国产业链、供应链在安全稳定方面面临巨大挑战，如何维持安全稳定成为国家重大战略问题。数字技术在解决这一问题中发挥着重要的作用，数字技术覆盖整条产业链，上、中、下游企业的信息通过物联网、区块链等技术互联贯通，实现产品、原料、信息等的有效链接，极大地降低信息摩擦，一旦由于外部环境发生变动，上、中、下游企业能够迅速进行产品种类调整以及产能优化配置，从而保证生产活动的安全。同时，"逆全球化"也为我国企业在工业技术、材料、工艺等领域的"弯道超车"提供机遇，依托工业互联网、生产互联网，企业能够有效避开外国企业的竞争，突破产业链上的短板，实现开放式创新发展，解决核心关键技术缺失的问题，进一步实现工业产业链、供应链安全稳定。

第三，数字技术推动工业迈向产业链、价值链中高端。我国工业发展长期处于全球产业链、价值链的底端，如何迈向中高端成为工业发展的一大难题。数字技术能够推动企业革新传统工业生态，一方面加快技术研发、生产销售、组织管理的自动化流程，降低企业运营成本，另一方面促进产品创新和服务升级，使产品和服务更加适应日益发展的全球市场，从而提高国内工业企业在全球竞争中的能力，实现能力增值和产品增值，从而迈向产业链、价值链中高端。国内工业企业依托数字技术强大的信息传递效应，实现产业链上、中、下游企业生产协作，企业之间在共同利益目标驱动下创造更大的市场价值，同时加强企业内部系统的整合，针对多样化的消费需求，提高市场竞争力，形成有效的范围经济。此外，随着全新的"共享经济"和"平台经济"商业模式的出现，国内企业依托数字技术开始在销售端创新升级，实现"智能定制"和"体验式销售"，增加工业产品的附加值，提高国内企业的综合竞争力。

（二）工业数字化的核心要素

第一，数据资源是基础。传统经济理论认为，劳动、资本、土地等是经济增长的关键生产要素，而在数字经济时代，数据成为比上述传统要素更为重要的生产要素。我国政府部门高度重视数据资料的保护和开发，不仅关乎国家安全的数据资料，而且包括企业、居民的日常数据资料，《中共中央　国务院关于构建更加完善的要素市场化配置体制机制的意见》明确提出，要"加快培育数据要素市场，推进政府数据开放共享、提升社会数据资源价值、加强数据资源整合和安全保护"。数据要素之所以重要，是因为在数字经济时代，数据要素不仅能够为经济增长提供重要动力，而且它能够融入其他生产要素中，如劳动、资本、信息、技术等，数据要素能够提升单个要素的生产效率，最为简单的就是对信息这一要素的增值过程，数据要素的融入能够强化信息的准确性和及时性，提高信息对生产过程的增效作用。此外，数据要素不仅能够对单一要素进行增效，而且对要素组合也能产生效应，合理化劳动、资本、技术、土地这些传统要素之间的配置，优化经济发展。国内外经济发展历程同样证实了数据要素的重要性，无论是美国的工业互联网、德国的工业4.0，还是中国的两化融合战略，数据要素都贯穿产业发展过程，重构产业链、生态链、价值链，形成由数据支撑的全新智能制造模式，成为产业转型升级的重要依托和核心动能。

第二，工业互联网平台是底座。两化融合是信息化和工业化的高层次的深度结合，工业互联网平台能够为这一高层次的深度结合提供技术底座。不同于传统的基础设施，工业互联网平台能够更加迅速、更加全面以及更加便利地连接工业生产过程中的各个环节、各个要素和各个系统，构建全新的覆盖产业链、价值链的服务系统，打造智能化的应用模式和高效化的工业生态，为产业数字化转型提供强大支撑。工业互联网平台的基础是海量的工业数据，通过对设计、研发、生产、管理、服务等产业链各环节数据的存储、管理、呈现、分析、建模及应用，工业互联网能够重构产品开发的全生命周期，并进行创新性的应用，进一步借助劳动力、机器等生产主体，将这些创新性应用付诸实践，形成全新的产品设计，更加贴近市场需求，从而优化生产环节中的资源配置，提高制造业的智能化和信息化，实现高质量发展。

第三，人机协同是"新劳动力"。劳动力一直是工业生产的重要因素，虽然工业革命以后蒸汽机器、电力机械等逐步代替人类劳动力，然而在追求规模经济、标准化生产的时代，普通劳动力仍然发挥着不可替代的作用。这种作用在数字经济时代将发生重大变化，人力将难以适应大量的数据采集、计算与应用，个性化生产的转变也不再需要劳动力在流水线上进行简单的生产活动，生产精确度的提高也预示着工业机器人将逐步取代普通劳动力。社会各界存在一种担忧，工业机器人将全面替代人力，这种担忧随着近年来人工智能的快速发展而越加严重。然而，工业机器人的大量使用是对人力与机器力的重新划分，机器人将承担更多简单重复甚至危险的工作，而人类将负责更多的管理和创造工作，人类仍然是生产过程中的核心经济要素。

二　工业数字化的现实困境与发展方向

产业数字化是数字经济发展的主阵地，工业数字化是产业数字化的主攻方向，相对于服务业数字化，工业数字化转型相对缓慢①。近年来，我国实施"宽带中国"战略、"网络强国"战略、"互联网+"行动和"国家大数据"战略等重大战略，推动互联网、大数据、人工智能和实体经济深入融合，工业数字化转型是推动工业高质量发展的重要任务。

（一）工业数字化存在的主要问题

第一，企业数字化转型思维欠缺。不少企业管理者认为数字化转型是单纯的技术问题，更多体现在如何将生产流程、生产工业与信息化技术相结合，然而这种看法是片面的，企业数字化转型更多的是企业战略业务和价值创造问题。企业高层仍然无法转变工业时代的硬件思维，认为将企业生产、管理等业务信息化，增设一些电脑设备或者实施一些IT改造方案，就是实现了数字化转型。这就暴露了企业数字化转型思维欠缺的问题，企业高层缺乏对业务转型、数据赋能以及流程再造等的系统性思考，因此难以提出可实施、见效快的数字转型方案，使企业在数字经济时代难以有所建树。此外，顶层设计的缺失也是多数企业数字转型中面临的困境，尽管部分企业高层意识到数字化转型的重要性，但是对于如何推进转型充满疑惑，"转什么、如何转"成为典型问题。这也说明国内企业在数字化转型中缺乏整体战略和长期规划，企业领导者不能拿出一套适合企业自身数字化转型的解决方案，空有强烈的意愿，却没有实施的路径，这也是学术界与企业界应当相互合作，共同解决的重要问题。

第二，关键核心技术缺失。一是智能装备呈现高端失势局面，长期难以改变。例如，智能装备的典型代表高档数控机床领域，其发展受制于核心零部件、数控系统技术落后等诸多问题。二是工业自动化核心产品及标准均由国外企业掌控。例如，工业传感器产品及标准由霍尼韦尔、意法半导体等国外公司主导，我国在整机领域有一定的基础，但局限于低端环节。三是工业软件仍处于全球产业生态边缘和中下游位置。我国工业基础与应用软件技术与国际领先水平差距较大，多数领域技术仍处于第二梯队。四是新一代工业数字化技术在起步阶段已经落后。工业互联网平台作为未来高端制造新的关键核心技术，国外已经加快发展，中国存在与国外企业差距持续拉大的风险，这将会制约工业数字化完整生态体系的构建。

第三，产业支撑能力不足。一是基础研究引领作用不强。近年来，我国科技投入不断增加，但科技投入中基础研究所占比重不足5%，仅是发达国家的20%，导致我国原创能力不足。二是缺少龙头企业。国外企业不仅在规模体量上具有优势，而且产品线和业务范围也较为全面，通常横跨装备、自动化和工业软件多个领域，能够向用户企业提供完整的解决方案。反观我国企业，在市场规模上与国外企业仍有差距。三是广大中小型企业信息化基础不足。我国工业企业发展不平衡，尽管部分企业的信息化已经达到高阶水平，但大部分企业，特别是广大中小型企业仍然处于发展阶段，部分甚至处于起步阶段。中小型企业信息化发展相对滞后，管理理念、制度和方式落后，经营者对信息化建设的重要性、紧

---

① 中国信息通信研究院：《数字经济概论——理论、实践与战略》，中国邮电出版社2022年版。

迫性认识不到位，信息化建设投入不足、成效不佳。

第四，发展环境仍需优化。一是支撑数字工业发展的人才结构失衡。在数字化浪潮下，传统工业的人才素质提高和转岗转业任务艰巨。二是各方资金支持仍无法支撑数字工业发展需求。发展数字工业需要在平台建设、系统开发、应用部署等方面进行大量的投入。三是新产业革命国际竞争日趋激烈，加剧外部环境压力。为抢占制造业未来制高点。巩固加强主导优势，美国、德国等发达国家已经抢占了一定的先机。并加快新技术、新产品、新标准向我国布局，试图借我国工业数字化转型升级之机，主导新的技术体系和市场格局。

第五，政策制定实施有待完善。一是产业政策精准性有待进一步提升。国家围绕数字化升级已制定并出台了一系列国家级、地方级产业政策。当前，数字化政策存在传导不畅、协调不足、精准度有待提升等问题。在政策落实的过程中，许多省份在一些重点领域"一哄而上"，导致低水平的重复建设较多，出现了高端产业低端化和新的产能过剩。二是数据流转保护政策体系尚未构建。数据作为一种新的资产、新的生产要素，出现了确权、交易、流通、保护等一系列问题。依托工业互联网，智能装备、智能工厂与智能服务的工业数据流动普遍存在。工业数据涉及战略级的安全，其数据保护相对于一般数据保护更为重要。如果政府的工业数据保护水平不足，或者工业数据被当地执法部门强制披露，容易出现工业企业运营和技术数据泄露风险。三是兜底保障政策亟须进一步完善。数字化升级虽然从长期来看将优化产业结构、就业结构，推动升级。但是在短期内，相对生产、加工等劳动密集型行业，数字化行业对技能要求更高，雇佣人数更少，无法满足更多转移就业及新增劳动人口的就业需求，数字化升级对岗位的可替代性的影响，特别是对低技能人员、老龄劳动力岗位的可替代性的影响不可忽视。

第六，数据要素开发利用率低。工业4.0的实现，基础就是数据资源的开发与利用。数据资源的开发与利用不仅是企业内部生产、销售以及组织等的数据收集、汇总、分析，还包括企业所处产业链上、中、下游相关企业的数据，这些相关企业涉及合作企业和竞争企业，同时还要收集市场数据，消费者的各种偏好，市场监管数据，政府环保、财政、福利政策等的数据，只有整合上述数据，企业才能作出科学的决策，才能实现大数据等技术深度应用于企业制造、销售、服务等环节。目前，国内企业在数据开发利用上仍然处于相对初级的层次，能够实施数据收集的企业占比很低，更不用说分析数据、利用数据。数据采集困难、数据标准不统一、数据共享程度低、安全保障的不信任等诸多因素都制约着企业对数据资源的开发利用，这些困难导致企业决策者希望通过数据分析实施准确的决策难以达成，更谈不上基于数据开发的数字化转型。同时，受限于我国的实际情况，公共部门的数据共享至今没有实现，企业想整合内部与外部数据资源的方案无法达成。

（二）工业数字化的发展方向

我国工业数字化转型面临互联网与新工业革命交汇的历史机遇，也面临许多严峻挑战。我们要把握数字化、网络化、智能化融合发展的契机，推动工业数字化转型升级，开启工业高质量发展的新征程。

第一，做好数字化转型顶层设计。要进一步推动国内工业企业数字化转型，需要在以下几个方面做好顶层设计。一是加快编制实施制造业数字化转型的相关规划，将工业数字化转型的国家战略落实到各个具体的规划方案中，进而指导各省（直辖市、自治区）推进制造业数字化转型工作；二是加大部门职能整合力度，改变以往"政出多门"的状况，成立国家层面的工业数字化转型部门，协调相关政府部门，实现政策资源的整合，通力合作实现数字化转型目标；三是编制工业数字化转型指南，针对不同行业提出相对应的数字化转型方法和途径，为企业数字化转型提供具体的参考，如此方能加快企业数字化转型的步伐；四是建立健全标准框架，详细阐述数据开发、数字工具等的基本内涵，明确数字技术、产品、流程等标准体系，推动企业建立数字化转型的整体管理框架；五是加大财政政策引导，中央政府和地方政府设立工业数字化专项基金或专项资金，优化相关财政、货币、税收等政策，进行企业数字化转型的扶持，同时注重引导金融机构参与中小型制造企业数字化转型，加快银行信贷、风险投资和社会资本对这一过程的融资支持。

第二，加快关键技术产业演进升级。加速推动信息领域核心技术突破，提升工业软硬件产业的核心竞争力，培育解决方案供应商，全面构筑工业数字化的坚实基础。一是推动软件产业高质量发展，着力完善产业政策体系，增强基础软件、核心工业软件、嵌入式软件供给能力，着力发展"软件定义"平台，加强优化公共服务。二是发展核心工业硬件。着力突破核心芯片、智能传感器、工业机器人、数控机床等关键核心技术，推进在重要行业的规模化示范应用，提升产业竞争力。三是加快培育数字化转型解决方案商，既要培育跨行业、跨领域的综合型数字化解决方案供应商，也要培育一批面向特定行业、特定领域，能够真正解决制造企业现实痛点的专业性数字化解决方案供应商，大幅降低企业，特别是中小工业企业的数字化转型难度。

第三，深入推进工业互联网建设。围绕网络、平台、安全三大体系，加快推动工业互联网创新发展，赋能工业数字化转型。一是继续推动网络体系建设，在工厂内积极推行新型网络技术部署，在工厂外加快建设高可靠、广覆盖、大带宽、可定制的工业互联网骨干网络。加快完成5个工业互联网标识解析国家顶级节点的部署及互选，推动顶级节点与部分完成部署顶级节点、实施的创新集成应用之间实现业务对接。二是深化平台体系生态构建，按照功能和业务方向差异，加强平台分类指导，明确发展路径，从供给侧和需求侧两端发力，提升工业互联网平台的建设质量。三是支持龙头企业打造一批面向垂直行业和细分领域的工业互联网平台和产业互联网平台，强化平台资源集聚能力，开展面向不同行业和场景的应用创新，不断探索商业模式创新。

第四，全面深化融合应用，拓展转型空间。推动数字技术与传统制造业深度融合，打造数字化设计、智能化生产、网络化协调、服务化延伸等融合发展新模式，形成网络连接广、数据驱动强、智能程度高的数字化制造新业态，推动国内制造业数字化、网络化、智能化发展。一是加快企业数字化改造升级。全面推动制造企业研发设计、生产加工、经营管理、销售服务等业务数字化，鼓励支持大型企业立足自身优势，加快升级企业信息化系统，融入5G、工业互联网应用场景和产业生态。中小企业的数字化转型需要工业互联网平台和数字化转型服务商为其提供成本低、见效快、实用性强的数字化解决方案。二是深化制造业与互联网融合创新。支持鼓励已经初步实现数字化转型的企业率先探索智能制造新模式，围绕5G、人工智能、数字孪生等新兴融合型技术，推广个性化定制、智能化生产、网络化服务的新业态发展。三是推动人工智能和制造业深度融合。大力发展智能制造，推动智能制造单位、智能生产线、智能车间建设，实现生产过程动态感知、数据集成和智能管控。

第五，持续优化工业数字化的发展环境。着力挖掘数据要素潜力，强化财税支持，释放制度红利，利用好国际国内两个市场、两种资源，营造工业数字化转型的良好环境。一是丰富要素供给。加快数据立法，完善工业数据权属、开放共享、交易流通、跨境传输和安全保护等法律法规，构筑全流程、全产业链、全生命周期的工业数据链，形成数据采集汇聚、传输流通、开发利用的闭环，挖掘工业数据要素价值。鼓励高校与信息技术企业、互联网企业和工业企业联合，培养既具有数字化思维和能力，又熟悉工业发展模式及流程的融合复合型人才。二是加大财税支持，引导资金投入工业数字化转型，充分利用现有资金渠道，加大对工业数字化转型的支持力度。推动信息传输、软件和信息技术服务业税收优惠政策延续升级，并进一步向工业软件等领域聚焦。鼓励金融机构创新金融产品，为中小型企业实施数字化转型提供定向贷款、供应链金融等服务。三是强化制度保障。进一步深化"放管服"改革，全面实行市场准入负面清单管理制度，努力营造规范有序、包容审慎、鼓励创新的发展环境。加大对企业专利、数字版权、商业秘密等数据信息和知识产权的保护力度。引导工业企业与平台企业、金融机构建立数据共享和业务协作机制，打造数据驱动的新型信用体系。四是培养多层次复合型数字人才。数字时代，人才为先。大到国家数字经济发展战略，小到企业数字化转型都需要复合型数字人才，尤其是数字技术、数字应用和数字管理等多个数字领域的复合型人才。一方面，要针对企业决策者进行数字化培训，要培养其对数字化趋势敏锐的洞察力，要培养其制定符合企业业务现状的数字化转型规划，要培养其具备强有力的数字化领导力，推动企业数字化转型的落地。另一方面，要鼓励高校、科研院所等开展数字化职业教育培训，企业可通过"1+X"制度、实训基地共建、校园人才选拔大赛等多种方式加深校企合作，构建多层次的数字化人才培养体系，扩大数字职业人才培养规模。五是深化国际合作。明确以智能制造、工业互联网等为数字经济的合作方向和重点领域，在制度层面对数字经济合作进行重要的安排，围绕技术、产业、标准、园区、人才培养等方面寻求更多利益契合点、合作增长点，鼓励支持国内企业主导和参与数字经济领域合作，培育示范性合作项目，构建高质量的国际数字经济伙伴关系。

第六，强化中小工业企业指导。中小企业由于自身资金实力薄弱，在数字化转型过程中常常出现"不敢转""转不起"的问题，中央政府、地方政府应当采取切实的措施降低中小企业数字化转型成本和风险。首先，应分行业领域开展企业数字化转型诊断，中小企业数量众多，且规模种类各异，需要政府部门购买第三方服务为其开展数字化转型诊断，如专业的工业互联网平台和数字化转型服务商为其提供具有针对性的数字化解决方案。其次，推广工业数字化转型单点应用，从大量转型模式中选择高频重复、成本低、收益大且相对独立的改造模式进行推广，一方面解决中小企业数字转型资金投入不足的问题，另一方面能够降低第三方服务商的成本，针对性地进行模块化改造。最后，建立数字化转型服务供给资源池。政府部门牵头，聚集已有数字化转型的技术和服务形成资源池，通过公益性服务和市场化相结合模式向众多中小企业提供数字化转型服务，从而实现国家数字化转型战略。

三 工业互联网

工业互联网（Industrial Internet）是新一代信息通信技术与工业经济深度融合的新型基础设施、应用模式和工业生态，通过对人、机、物、系统等的全面连接，构建起覆盖全产业链、全价值链的全新制造和服务体系，为工业乃至产业数字化、网络化、智能化发展提供了实现途径，是第四次工业革命的重要基石。工业互联网是新兴工业革命的关键基础设施，是制造业转型升级的路径。随着工业互联网平台的逐渐发展，以工业互联网为核心的制造业数字化转型之争已经成为世界主要国家新的竞争焦点。

（一）工业互联网的技术基础

从技术维度看，工业互联网平台主要包括边缘层、IaaS层、平台层和应用层：第一，边缘层。对海量数据的全面感知是工业互联网平台功能的核心。工业互联网平台的边缘层数据采集的本质是利用泛在的传感器和感知技术，对多源设备、异构系统、运营环境等设计、生产及运营等要素的海量数据进行采集、集成处理，并向平台端汇聚进行大数据分析计算，或者在边缘端进行边缘计算。根据大数据分析计算结果，实现对生产现场状况、设备运营情况、市场客户需求等的评估，从而实现机器控制、智能决策、优化管理等功能。边缘层的要素构成包括数据分析能力、网络传输能力和协议转换能力。

第二，IaaS层。IaaS层是基础设施即服务。工业互联网平台的IaaS层基于虚拟化技术、分布式存储、并行计算、负载调度等技术，将计算、存储、网格等计算机资源池化，向用户提供可计量、弹性化的资源服务，并确保资源使用的安全与隔离，为用户提供云基础设施服务，实现工业大数据的存储计算、分发功能。工业云基础设施的核心价值包括提供大规模分布式资源、实现虚拟化、具备高可靠性和扩展性、提供资源调度、按需服务。

第三，工业PaaS层。工业PaaS层是工业互联网平台的核心，是构建基于工业的操作系统，为工业应用软件开发层上构建一个可扩充。其本质是在现有成熟的IaaS源和开发工具的接入、控制和管理，为应用的开发提供一个基础平台，实现对软硬件资源的接口及存储计算、工具资源等支持。工业PaaS层最核心的价值是将大量工业技术，具体包括通用类业务功能组件、软件化、模块化，封装为可重复使用的组件类。

第四，应用层。应用层为工业互联网使用者提供满足不同行业、不同场景的工业应用服务和工业App。应用层的主要功能有两个：一是构建工业App，形成工业App，形成工业互联网的最终价值；二是提供设计、管理、服务等一系列创新性业务应用。应用层通过新商业模式的打造，不断汇聚应用开发者、软件服务集成商、工业用户和平台运营商等各方资源，正在成为行业领军企业和软件巨头，构建打造共生共赢生态系统的关键。工业App是应用层的关键，主要表现为：面向特定工业应用场景整合全社会资源推动工业技术、经验知识和最佳实践的模型化、软件化、再封装。工业App面向企业客户提供各类软件和应用服务能极大地提升制造业供应链协同能力、资源配置效率和创新水平。

（二）工业互联网的数据运用

随着海量数据汇聚到工业互联网平台上，工业知识、经验、技术等将以工业机理模型和大数据分析模型的形式沉淀在平台上，可以用来解决工业领域的4个基本问题：一是描述发生了什么事情，即状态感知；二是诊断为什么会发生，即实时分析；三是预测下一步将发生什么，即科学决策；四是决策应该怎么做，即精准执行。描述、诊断、预测、决策体现了人与机器智能的4种协同状态。当人工判断占决策的比重越来越少时，系统的自动化、智能化程度就越来越高。

数据的第一道流程是描述，即描述设备、工艺发生了什么。描述型分析一般通过计算数据的各种统计特征，把各种数据以便于人们理解的可视化方式表达出来。在工业互联网平台数据流中，这可以被理解为状态感知，通过各种各样的传感器感知物质世界的运行状态。

数据的第二道流程是诊断，即通过对工业大数据的实时分析实现数据信息知识的转化。在对描述性数据进行评估时，诊断将有助于分析人员针对生产销售管理、设备运行等过程中出现的问题和异常，找出导致问题的原因所在，从根本上解决问题。利用工业大数据分析技术和建模仿真技术，对实时采集到的数据进行多种形式的分析，包括设备故障诊断、质量事故分析等。

数据的第三道流程是预测，即针对生产运营中的各种问题，根据当前的数据与分析，预测未来可能发生的结果，包括预测需求、预测不可见的风险。在这个充满不确定性的世界，预测能够使人做出更好的决策。例如，在制造系统中，如果可以预测到设备的老化对质量的影响，就可以在制造过程中对质量风险进行补偿和管理，增加制造系统的弹性和坚韧性。

数据的第四道流程是决策，其核心在于如何把海量工业数据转化为信息，信息转化为工业知识，工业知识转化为精准决策，以解决制造过程中的复杂性和不确定性等问题。数据分析和预测的重要目的是决策支持，这是以往的控制系统所不具备的特性，也是工业互联网平台功能的本质。

（三）工业互联网的具体应用

制造业与互联网融合的主线是激发制造企业创新活力、发展潜力和转型动力，融合的目的就是要推动新旧发展动能和新旧生产体系的转换，融合的重要标志是形成了新模式、新业态和新产品。目前已经展现出如下特征。

第一，从大规模生产到个性化定制。个性化定制是从传统工业过渡到智能制造阶段的重要标志。个性化定制的本质是满足客户个性化需求的按需生产，应对随着需求升级而产生的制造业体系的升级。从需求侧看，随着消费升级，消费者愿意为范围更广、定制程度更深的个性化产品付费；从供给侧看，定制企业亟须寻找一个新的个性化定制运作模式，能使企业以较低的价格、较短的时间提供给顾客所需要的个性化产品和服务。

第二，从独立型制造到网络化协同。网络化协同模式是指企业借助工业互联网平台或工业云平台，集成生产制造、企业管理、上下游供应链等的先进制造系统。网络化协同使企业的价值链从单一的制造环节向上游设计与研发环节延伸，企业的管理链从上游向下游生产制造控制环节拓展，企业合作模式向协同化发展，有效降低资源获取成本，大幅延伸资源，从而促进产业整体竞争力提升。

第三，从传统式生产到智能化改造。智能化生产是指利用先进制造工具和网络信息技术对生产等流程进行智能化改造，实现数据的跨系统流动、采集、分析与优化，完善设备性能、优化智能排产等智能化生产方式。智能化生产的本质在于以数据的自动流动化解原来系统的不确定性，提高制造资源配置效率。

第四节 服务业数字化

近年来，我国服务业发展迅速，规模不断扩大，结构逐步优化，对国民经济发展贡献率不断提高。2021年我国服务业增加值占GDP比重为53.3%。与此相伴，2017—2021年，我国数字经济占GDP的比重从32.9%提升至39.8%。服务业是数字化转型最早的行业，中国数字贸易的比重接近50%。

服务业数字化是指以数据资源为关键要素，以现代信息网络为主要载体，以信息通信技术融合应用为重要推动力的服务形态。服务业数字化已经产生了一定的积极意义：一是服务业数字化打破了时空界限，实现了规模效率；二是实现了全程留痕管理，数字政府建设取得明显成效；三是对原有组织边界进行重构，实现供需高效匹配，优化了资源配置；四是人工智能等新技术不断创新，催生了服务业新技术、新产业、新业态、新模式，如无人驾驶配送业务、AI诊断等。

一 服务业数字化的现实动因

服务业数字化发展存在如下几个助推因素：第一，数字技术的快速发展为服务业数字化提供了技术支持和现实可能。数字技术是指借助一定的设备将各种信息（图、文、声、像等）转化为电子计算机能识别的二进制数字后进行运算、加工、存储、传送、传播、还原的技术。数字技术包括传感技术、计算机软件技术、信息通信技术、网络技术和人工智能技术五大类，这些数字技术在经济生活中表现为大数据、云计算、物联网、区块链、人工智能、LBS、NFC、数字孪生等新的技术形式。这些数字技术的蓬勃发展，为智慧餐厅、智慧菜场等新型设施走入人们生活提供了可能。

第二，人民对美好生活的需求对服务业数字化提出了新的要求。2017年10月，党的十九大报告强调，中国特色社会主义进入新时代，我国社会主要矛盾已经转化为人民日益增长的美好生活需要和不平衡不充分的发展之间的矛盾。从我国的基本国情来看，2019年我国人均GDP首次超过1万美元，标志着我国居民生活水平进入到新发展阶段，消费需求呈现升级趋势，人民对医疗、健康、文教、娱乐等消费服务需求不断增加，也对服务消费的个性化、智能化、定制化需求不断提高，对服务业的数字化升级提出了新的要求。

第三，服务业数字化是推动产业发展、调整产业结构和提升企业效率的需要。推进信息技术与实体经济深度融合，有助于引领我国产业快速发展；服务业数字化能够推进服务业与工业、农业的融合，带动产业提质增效、转型升级；服务业数字化不仅可以提升企业在价值链上的地位，而且能够降低企业的投入成本，提高生产效率。

第四，政府部门通过加强规划和引导，大力发展服务业数字化，提升了政策的精准度，加大了政策扶持力度，以此来为经济发展提供新的、有活力的经济增长点。例如，商务部会同中央网信办、国家发展改革委发布的《"十四五"电子商务发展规划》，地方政府颁布的《北京市生活服务业数字化转型升级工作方案》《山东省服务业数字化转型行动方案（2021—2023年）》等。

二　服务业数字化与"服务业之谜"

"服务业之谜"是指服务业发展过程中出现的许多不易解释的"谜"一样的问题，最早可以追溯到鲍莫尔－富克斯假说，主要内容为一国服务业占经济比重不断提高，就业份额不断提升的同时，生产率增速显著低于第二产业。那么，数字经济时代，服务业作为数字技术最早渗透的行业，"服务业之谜"又有着什么样的新变化，数字经济带来的服务业数字化是否能对"服务业之谜"提供新的解释？

（一）数字经济时代"服务业之谜"的现实表征

第一，服务业增加值显著增加，在国民经济中的地位不断提高。我国的服务业起步相对较晚，改革开放后才逐步开始发展，但发展迅速。国家统计局的数据显示，2012年，服务业增加值占GDP比重达45.5%，首次超过第二产业。从服务业的增加值和增速来看，我国服务业增加值从2012年的约24.5万亿元增长至2021年的约60.9万亿元，年均增长7.4个百分点，分别高于GDP和第二产业增加值年均增速0.8个和1.4个百分点，我国经济呈现一定的服务化趋势且增速较快。从服务业的贡献率来看，2012—2019年，服务业对GDP的贡献率从2012年的45.0%增长到2019年的63.5%，提高18.5个百分点。受新冠肺炎疫情的影响，服务业对经济增长的贡献率有所下滑，2021年贡献率为54.9%，但不可否认的是，服务业逐渐成为拉动中国经济增长的新引擎，其在后疫情时代对GDP的贡献率必将继续增加。

第二，服务业的就业吸纳能力不断增强。国家统计局的数据显示，2013—2021年，服务业就业人员累计增加8375万人，年均增加就业人员931万人。2021年，服务业就业人员35868万人，比2012年提高11.9%，占全国就业总人数的48.0%。2021年，我国农业、工业和服务业的就业人员分别为17072万、21712万和35868万人，占比分别为22.9%、29.1%和48.0%；其中，和2012年的就业人数比重相比，只有服务业的比重是上升的，农业和工业的就业人数比重是下降的。这表明，服务业就业吸纳能力日益增强，并成为吸纳就业能力最大的产业，且显著高于其他产业。而且服务业增加值增长率持续大于就业人数增长率，说明服务业仍有较大的吸纳就业潜力。

第三，服务业劳动生产率相对滞后。服务业对GDP的贡献率逐年增长，并且就业吸纳能力最强，但劳动生产率并未达到工业的水平。虽然从绝对值来看，服务业的劳动生产率从2010年的69140.93元/人增长至2021年的166811元/人，增长了1.24倍。但是从劳动增长率增速来看，我国服务业劳动增长率总体上增长缓慢，近年来增速在7%上下波动并出现下降趋势。为什么服务业是低效率产业？这源于许多服务过程要求生产和消费同时同地，"人对人""点对点"，这直接增加了服务成本，降低了服务效率。

（二）数字经济对"服务业之谜"的影响效应

改革开放以来，中国经济保持40年的高速增长，创造了经济增长的"中国奇迹"。自2009年始，中国经济进入新常态，增长速度出现下行。这种下行的一个重要原因是，中国进入了以服务业为主的发展阶段，服务业占GDP的比重持续上升。世界经济发展史上存在着一个规律性现象，即服务业占GDP的比重超过一半以后，服务业在经济中的比重不断升高，而经济增长速度却持续下行。这种规律性的产生是因为服务业是相对低效率的产业，服务业比重提高后，经济活动的效率会下降，进而延缓整个经济的增长速度。经济理论和国际经验都表明，以服务业为主的经济结构，有将经济增长速度拉低的内在力量。这也就部分解释了为什么中国经济进入到了以服务业为主的时代后，经济增长速度呈现不断下行的阶段性特征。一言以蔽之，既然经济增速放缓不可避免，但是我们可以以先行国家为鉴，借助数字经济发展的时代东风来提升服务业的运行效率。

从数字经济对生产率影响的积极效应来看，数字技术极大地提高了服务业的劳动生产率。一方面，数字经济可以降低服务业生产成本和交易成本，有利于形成范围经济。首先，在数字经济出现之前，降低生产成本是通过不断扩大生产规模的规模经济实现的，但规模经济并不是降低生产成本的唯一途径，数字技术以低成本的方式解决了生产中信息收集难、处理慢、范围小的问题，降低了多样化的生产成本。其次，数字技术可以有效地降低企业和消费者搜寻产品和客户的搜寻成本、消费者和企业之间的信息交换成本、消费者进行消费的决策成本等交易成本。最后，数字技术可以更好地满足消费者个性化、差异化需求，形成了服务业的范围经济，并可以降低生产者的门槛，摆脱了固定资产投入的限制，可以有效拓宽市场范围，如直播带货的兴起大大丰富了服务业业态。

另一方面，数字经济可以带来资源配置效率的提升。这种效率提升体现在三个维度：第一，存量资源的优化配置，数字技术可以低成本地将零散资源和片断时间与需求匹配，以此来提升稀缺性资源的配置效率，可以为经济增长提供更多投入要素。第二，增量资源的优化配置，政府和企业可以根据经济运行的大数据来分析何时、何地更需要资金和其他资源，以此来实现增量资源的优化配置。第三，更为具有数字经济特色的是关注力资源的优化配置，企业可以直接使用大数据来探知广大消费者个性化的需求，并基于此进行个性化推送；而消费者搜寻合意商品的途径也从广告、演示和试用逐步转变成了搜索、推送、社交网络等新形势。

不可忽视的是，数字经济发展也可能导致对服务业生产效率产生低估。数字经济降低服务业生产成本、交易成本从而促进范围经济，个性化的服务产品可以获得超高溢价，这也增加了直接或间接服务产品的价值贡献。随着服务业生产过程复杂化，更多的资源投入到生产过程中，进一步提高了服务业的价格水平，但统计数据无法准确衡量服务业价格中包含的价值，因而容易导致服务业生产率被低估。

三 服务业数字化的基本路径和实现举措

（一）服务业数字化的基本路径

2022年7月，全国政协经济委员会副主任，商务部原党组成员、副部长房爱卿在"2022中国服务业开放合作论坛"上提出了发展数字服务产业的四个基本路径[1]。第一，企业数字转型。每一个服务业企业都应根据自身的企业特点，做好本企业的数字化转型。企业的数字化转型虽然有个体性差异，但是大体可以按照如下四步展开：第一步是对结算、检测等部分过去需要人工操作的环节进行数字化改造；第二步对第一步数字化改造后的环节进行连接，把物理空间复制成网络虚拟空间，形成数字孪生体；第三步对虚拟网络环节根据网络特征进行链条重构，降本增效；第四步增强网络空间的智能化水平，提高企业的数字化转型。

第二，企业横向聚集。数字经济时代的典型特征是平台经济，平台经济正在深刻地改变着人们的生产生活方式。数字经济时代，互联网、物联网使万物相连，必将引起不同类型企业广泛的聚集。平台经济就是这种聚合的最好体现，现有的大部分服务型企业几乎都入住了阿里、京东、拼多多等各类型互联网平台，聚集形成了供应方、采购方和服务方的巨大市场。例如，患者可以直接在拥有1万多家医院和24万名医生的"好医生"平台上选择医生，进行在线诊断；高德打车在接入众多出行服务平台的基础上建立了平台之上的平台，大大缩短了打车等待时间，提高了居民出行效率。

第三，企业纵向贯通。纵向贯通主要体现在产业链上，不同类型的企业都应该在供应链上面找到自身的位置。服务业柔性化、个性化的服务方式的创新，必然会推动消费互联网向产业互联网发展。这种转型不仅可以提升供应链的韧性和竞争力，还可以大范围带动供应链上的企业特别是生产型企业的数字化转型。

第四，企业跨界融合。跨界融合是指在跨越行业、领域等固有界限的基础上，实现自身资源的某一特性与其他相关甚至不相关的资源进行融合共享，并在相互渗透中形成新的发

---

[1] 房爱卿：《大力发展数字服务产业，推动构建新发展格局》，http://www.catis.org.cn/nd.jsp？id=4873。

展模式。例如，先进制造业和现代服务业的"两业融合"带来了柔性化、个性化、定制化生产；服务业与农业融合创新了农产品品种，形成了产地直供、按需种养、农超对接等新的生产经营模式；线上线下融合发展成为拉动消费的坚实力量，实现了优势互补，降低成本。

（二）服务业数字化的实现举措

一是建立健全支撑服务业数字化转型的政策体系。国家层面和地区层面应该建立专项引导基金支持服务企业数字化转型，并对先进数字化转型企业提供税收优惠等配套政策支持。此外，针对服务行业多、企业小的特点，应进一步优化财政支出结构，通过多项政策支持"专精特新"中小微企业数字化转型。

二是大力发展服务业相关的数字技术。5G、大数据、云计算、物联网、区块链、人工智能、虚拟现实、LBS、NFC、数字孪生等新的技术是服务业数字化的基础，要大力发展利于服务业数字化转型的相关技术，着力推动新基建。

三是大力发展平台经济。必须承认的是，数字平台是继市场、企业之后的第三种资源与组织方式，平台的角色是连接者、匹配者，甚至是市场机制的设计者。大部分中小型服务企业没有足够的资源独立进行数字化转型，故而服务业数字化的需求，亟须"安卓市场"似的SaaS生态，足量的数字化供给必须由第三方技术服务市场来提供。

四是完善数据要素市场建设。服务业参与人数、交易频次都非常巨大，不仅是大数据的重要生产者，也是大数据的重要使用者。而现阶段国内关于数据确权、数据交易等数据要素市场的基础制度建设尚不完善，需要在保证数据安全的基础上，加快数据要素市场的建设。建立数据资源所有权、数据加工使用权、数据产品经营权等分置的产权运行机制，健全数据要素权益保护制度，以此来进一步激发服务业大数据的应用价值。

五是形成利于服务业数字化发展的人才队伍。产业数字化转型的过程中都存在一个重要的问题，就是既懂数字技术又懂细分产业的复合型人才的培养。一方面，应实施更加积极开放的人才政策，引进复合型、领军型的国际高端人才；另一方面，对高等学校的专业设置和人才培养计划进行调整，培养更多社会急需的数字经济复合型人才。此外，还可以鼓励、引导现有员工学习数字化技术，以此来实现实践中培养人才目的。

关键概念

产业数字化；农业数字化；工业数字化；服务业数字化；工业互联网

思考题

1. 企业如何在数字经济发展大潮下顺利实现数字化转型。

2. 国有企业数字化转型和中小企业数字化转型的异同。
3. 数字经济对乡村振兴和欠发达地区经济发展的影响。
4. 列举数字技术在服务业中的典型应用。
5. 如何通过数字技术来实现中国的制造业强国梦。

第十章 数据价值化

全球正迈入数字经济时代，数字经济的基础是数据，在新的数字经济时代数据已经被视为继土地、劳动力、资本、技术之后的第五个关键生产要素，其具有重要的经济和社会价值。

第一节 数据成为关键性生产要素

习近平总书记多次强调，"要构建以数据为关键要素的数字经济"[①]。在创新、协调、绿色、开放、共享的新发展理念指引下，推进数字产业化、产业数字化，引导数字经济和实体经济深度融合。《经济学人》杂志曾将数据比喻为"21世纪的石油"。2020年4月，《中共中央 国务院关于构建更加完善的要素市场化配置体制机制的意见》公布，把数据与土地、劳动力、资本、技术并列为生产要素，凸显了数据这一新型、数字化生产要素的重要性。2020年政府工作报告强调，要推进要素市场化配置改革，培育技术和数据市场，激活各类要素潜能。

一 数据的定义和特征

（一）数据的定义

"数据"的英文是 data，其源于拉丁文 datum，拉丁语的原意是"被给予的意义"（meaning that which is given）。这个词根的原意提醒我们，数据是某种抽象，它蕴含着"被给予的意义"。17世纪，一些哲学家认为"数据是作为推理和计算基础的已知或假定为事实的实物"。他们认为，一份数据是对一个事实最直接、最如实的表达，这样才能进行正确的推理和计算。但是数据不等于事实，它只是人类为定义一个事实所用的最小观察单位。英国哲学家佛罗利迪（L. Floridi）被认为是当代信息哲学的开创者之一，他给数据下了一个定义："数据是在某一情境下有关差异或统一性缺乏的推定事实。"他认为，这一现实架构中的"差异"在特定条件下使信息成为可能，但要具备三个先决条件：一是要

[①] 《习近平关于网络强国论述摘编》，中央文献出版社2021年版，第134页。

求一份或更多份数据；二是这些数据必须是可取的，即它们必须是根据特定规则组合起来的；三是这些数据是有意义内涵的，即可以通过不同的方式阐释、翻译或表达。因此，从哲学意义上看，数据与事实直接相关。

从数据的发展历史来看，在计算机产生后，计算机成了数据的主要载体，数字化数据也成了数据的主要形态。在计算机科学中，数据是对所有输入计算机并被计算机程序处理的符号的总称，包括电子化的字母、数字、文字、图形、图像、视频、声音、音乐等。

很多计算机相关的协会和标准化组织都试图给出"数据"的定义。国际数据管理协会（DAMA）认为，"数据是以文本、数字、图形、图像、声音和视频等格式对事实进行表现"，其指出了数据的不同形态，也认为这些形态的数据可以表现事实。国际标准化组织（ISO）认为，"数据是对事实、概念或指令的一种形式化表示，适于人工或自动方式进行通信、解释或处理"，其认为数据是人为创造的符号形式，是对它代表的对象的解释，同时又需要被解释；数据对事物的表示和解释方式必须是权威、标准、通用的，只有这样才可以达到通信、解释和处理的目的。

2021年9月1日起施行的《中华人民共和国数据安全法》认为，"数据，是指任何以电子或者其他方式对信息的记录"。数据处理包括数据的收集、存储、使用、加工、传输、提供、公开等。数据安全是指通过采取必要措施，确保数据处于有效保护和合法利用的状态，以及具备保障持续安全状态的能力。这就是本章所采用的数据的定义，数据就是对事实的记录和描述。

（二）数据的特征[①]

第一，事实依赖性。数据既可以是对事物对象特征的表示，也可以是对事物对象间的事件关系的表征。数据不等于事实，数据力求准确、完整、及时地描述和记录事实，但只是对事实的描述和记录。

第二，物理符号性。数据是一种物理符号或物理符号的组合，要依赖某种物理载体进行记录、传输或存储。这些记录、传输或存储数据技术的使用，通常是为了从数据中获得信息与知识。

第三，可计算性或可解释性。数据是用数据采集工具获得的对事实描述和记录的"原材料"，数据本身并没有任何显性的意义，但它有蕴含意义，可以作为解释、推理和计算的基础，通过对数据的分析和挖掘，能够发现有意义的信息和知识。

第四，历史性。数据是对已经发生或正在发生的事实的记录和描述，我们拥有已经真实存在的事实的数据。尽管通过已有的数据可以对未来进行某种推理、计算和预测，但因为数据具有时间属性，我们掌握的只是历史数据，未来数据只是推测数据。而且数据的价值会随着时间的流逝而有所降低。

第五，数字性。数据的符号，不管是数字、文字、图像还是声音等，无论是模拟数据还是数字数据，都可以用二进制的数字符号统一表示。在现有计算机系统中，所有数据也

[①] 赵刚：《数据要素　全球经济社会发展的新动力》，人民邮电出版社2021年版。

都是以二进制的形式存储的。因此，任何数据都可以表示为 0 或 1 两种状态的某种组合。数字化数据是当前数据的主要存在形式。

第六，易复制性。数据可以在不同的数据载体间进行传递或复制、再复制，而且副本数据保真度保持不变。因此，数据可以被低成本地使用和再次使用。数据的复制不需要对事实进行重新记录。

第七，可删除性。数据可以被删除，某份数据被删除后就会消失，不复存在。

二 数据成为关键生产要素

（一）关键生产要素的演变路线

生产力是经济社会发展的根本动力。生产力由生产要素构成。传统经济中，生产要素主要指土地、劳动力、资本和技术。随着科学技术不断发展，特别是大数据、人工智能、互联网和物联网、云计算、区块链等数字技术涌现，数据成为新的生产要素。同时，在数据和数字技术的作用下，原有的土地、劳动力、资本和技术等要素也有了新内涵。由这些新生产要素构成的新生产力，推动人类社会进入数字经济新时代。

1. 农业经济时代的关键生产要素：土地和劳动

在农业经济社会时代，土地和劳动是关键生产要素，正如威廉·配第所言，"土地为财富之母，而劳动则为财富之父和能动的要素"[①]。在这种简单的生产方式下，主要通过扩张土地占有量和增加劳动力实现社会经济增长，马克思指出："人的生产能力只是在狭窄的范围内和孤立的地点上发展着。"[②] 此时，土地影响生产力的性质，劳动和土地是生产力的基础力，对生产力的提升作用甚微，生产力水平较低，在以种植业为主的时代，社会产品仅能自给自足，社会发展步伐缓慢，并且在封建社会下，简单的劳作方式和高度的阶级划分使社会生产关系、制度与文化等都比较单薄。

2. 工业经济时代的关键生产要素：资本和技术

18 世纪 60 年代，蒸汽机和机械动力纺织机在英国的出现拉开了第一次技术革命的序幕，人类跨入工业经济社会时代，手工劳动逐渐被机器生产所替代，劳动生产率极大提高，更多财富被创造。之后 19 世纪 60 年代以内燃机和电力为主要内容的第二次科技革命进一步为社会发展提速，在这一时期，资本作为关键生产要素，在社会化大生产中扮演着愈加重要的作用，是经济增长的第一推动力，资本家为获取更多的利润，不断增加生产资料，提高科技水平，进而资本的有机构成提高，经济增长的同时社会财富被资本家所掠取，正如曼德尔（Ernest Mandel）所说："所有的科学都被迫来为资本服务。"[③] 进入 20 世纪，随着企业规模扩大和机器大工业发展，技术的作用得以凸显，技术通过嵌入到生产

[①] ［英］威廉·配第：《赋税论：献给英明人士货币略论》，陈冬野等译，商务印书馆 1978 年版，第 66 页。
[②] 《马克思恩格斯全集》（第 46 卷上），人民出版社 1972 年版，第 104 页。
[③] ［比利时］厄尔奈斯特·曼德尔：《晚期资本主义》，马清文译，黑龙江人民出版社 1983 年版。

要素中发挥作用，促使生产力提升，在马克思看来："劳动资料取得机器这种物质存在方式，要求以自然力来代替人力，以自觉应用自然科学来代替从经验中得出的成规。"① 而随着将"巨大的自然力和自然科学并入生产过程，必然大大提高劳动生产率"②，可见技术这一关键生产要素嵌入社会生产使生产力水平极大发展，如马克思所言："资产阶级在它的不到一百年的阶级统治中所创造的生产力，比过去一切世代创造的全部生产力还要多，还要大。"③ 可见，资本和技术作为关键生产要素贯穿整个工业经济社会时代，促使生产力不断发展，生产方式"获得一种弹性，一种突然地跳跃式地扩展的能力"④，因此，社会经济发生了翻天覆地的改变，具体而言，社会的生产关系更加复杂，尤其是工人与资本家的关系更加难以厘清。此外，与农业经济社会时代不同的是社会整体经济发展迅速，并且制度、机制、法律、文化等愈加完善。

3. 数字经济时代的关键生产要素：数据

到20世纪40年代后期，电子计算机技术、航天技术、个人通信技术等的发展叩响了第三次技术革命大门，人类步入信息经济社会时代，电子信息技术成为时代发展之基石，尤其是进入20世纪80年代，依托电子信息技术而兴起的互联网、大数据、人工智能以及云计算等昭示着数字经济时代来临，数据成为时代的关键生产要素，通过与农业、制造业以及服务业的深度融合，促使生产要素实现聚变，产生一种聚合力，如同凯恩斯所说的资本具有乘数效应一样，数据也产生一种张力效应，使生产要素产生"乘数效应"，并通过各生产要素的协同合作，可大幅提升生产力水平，推动社会经济快速发展，同时，催生出电子商务、平台经济、短视频等一系列社会新业态，社会生产关系呈现多元化，劳动者、企业、政府、数字平台等之间的关系如蜘蛛网一般复杂多样，由此社会的经济基础不断发展，并且制度、政治、文化、法律等上层建筑也在不断调整，从而信息经济社会时代的包容性与农业经济社会时代和工业经济社会时代存在天壤之别⑤。

(二) 数据成为关键生产要素的原因

1. 传统生产要素分析框架面临挑战

以土地、劳动力、资本等为生产要素的传统框架已发展到一定"瓶颈"期，主要体现在以下几个方面：第一，投入生产要素规模与报酬呈递减趋势。传统生产要素具有排他性，无论投往哪个方向都存在机会成本；而许多行业已发展到"瓶颈"期，增加传统生产要素投入会导致规模不经济。第二，时空限制被一次次突破，世界联通方式被重构。数字技术将物理世界与数字世界有机结合在了一起，原有的物理世界的时空边界被重新定义。比如，现在不少企业都支持居家办公，不用聚集在一个固定的物理空间；物联网、5G等技术也使企业生产管理可以真正做到"运筹帷幄"。第三，个体关系、群体关系模式可能

---

① ［德］马克思：《资本论》（第1卷），人民出版社2018年版，第443页。
② ［德］马克思：《资本论》（第1卷），人民出版社2018年版，第444页。
③ ［德］马克思、恩格斯：《共产党宣言》，人民出版社2018年版，第32页。
④ ［德］马克思：《资本论》（第1卷），人民出版社2018年版，第519页。
⑤ 王梦菲、张昕蔚：《数字经济时代技术变革对生产过程的影响机制研究》，《经济学家》2020年第1期。

发生重大变化。由于物理世界的联结方式被重构，未来学校与学生、公司与雇员、政府与公民等的相处模式可能都会改变，比如网课的盛行使学生们可以随时随地享受世界顶级教育；受益于移动互联、社交平台的盛行，现在有越来越多的自由职业者能够有条件养活自己，他们不想，也不用受到传统上班族那种拘束；此外，新冠肺炎疫情期间，移动互联等技术大放异彩，可以用于各级政府与居民的信息同步、密切接触者的有效追踪等。

(1) 数据成为新的生产要素；
(2) 新的技术经济范式（"数字技术—经济范式"）正在形成。

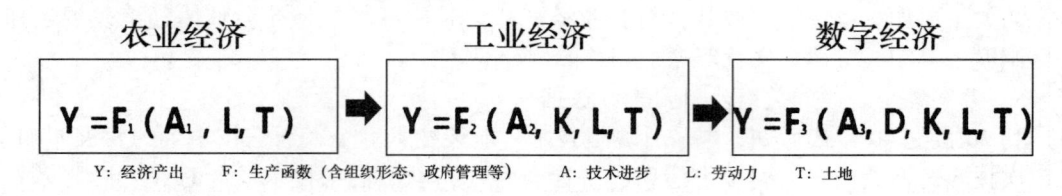

农业经济　　　　　　　工业经济　　　　　　　数字经济

$Y = F_1(A_1, L, T)$ ➡ $Y = F_2(A_2, K, L, T)$ ➡ $Y = F_3(A_3, D, K, L, T)$

Y: 经济产出　　F: 生产函数（含组织形态、政府管理等）　　A: 技术进步　　L: 劳动力　　T: 土地

图 10-1　经济形态与生产要素变革

资料来源：《中国数字经济发展白皮书》。

2. 数据生产要素给经济发展带来新活力

数据要素对经济社会的发展起着关键作用。有了数据，就可以进行预测，提前布局和规划；就可以更好地了解用户，根据用户喜好进行推荐和定制；就可以不断改进和更新工具，不断创新产品和服务；就可以更加精准地分析、规避、防范风险；等等。数据要素和数字技术的结合，带来了生产方式的变革、商业模式的变革、管理模式的变革、思维模式的变革，改变了旧业态，创造了新生态。在数据要素和数字技术的驱动下，数字化产业飞速发展，同时也促进了传统生产要素的数字化变革，推动产业数字化转型发展。

土地、劳动力、资本、技术这些传统生产要素也迎来了数字化变革。一方面是传统生产要素本身的数字化。例如，同样的一亩农田，加上一个摄像头，就成为一个可直播的"数字农场"，除了地里的农作物产出，还有更可观的粉丝经济等价值分享收益；同样的一个老师，以前在教室里只能教几十名学生，现在在网上课堂就可以教成千上万名学生；同样的一毛钱，如果是一枚钢镚，恐怕只能躺在抽屉里无人问津，而在余额宝里却还能产生利息；同样的一台电脑，以前只是为你一个人服务，现在却可以分享算力给其他人。另一方面是在数字空间里产生的"新土地""新劳动力""新资本""新技术"要素。例如，社区、社群等类型的"新土地"；7×24小时在线的"客服机器人"等"新劳动力"；数字货币等"新资本"；中台、云组织等"新技术"。传统生产要素在数字空间里呈现的新形式必将带来新价值，也必须为之制定新规则、采用新模式。

（三）数据要素市场化配置面临的困境

2020年4月，《中共中央　国务院关于构建更加完善的要素市场化配置体制机制的意见》明确指出，完善主要由市场决定要素价格的机制；健全生产要素由市场评价贡献、按贡献决定报酬的机制。但是，由于数据的特性，数据要素的市场化配置存在诸多的困难①。

第一，数据的价值评价难。其一，数据既是一种独立的存在，又是对客观事实的记录和描述，数据的价值评价究竟是针对数据本身还是针对数据所蕴含的事实的意义，或者二者兼有？而对数据本身的度量衡还没有统一的标准。例如，用香农信息量的计算方法可以对数据的信息量进行计算，但它不能反映数据所蕴藏的语义。就好比一本好的经济学著作和一本差的经济学著作，两本著作的数据文件大小都是 5M，但其价值可能千差万别。其二，在数据的生命周期中，不同阶段的数据具有不同价值形式。例如，原始数据、加工整理后的数据、计算分析后的数据等，虽然最终都会逐步转化为信息或知识，但是不同形式的数据，其价值是不一样的。其三，数据的应用领域、用户和场景不同，其价值也不一样，这使数据价值贡献的评价更加复杂。其四，当数据作为生产要素与其他生产要素共同贡献价值时，一般很难单独分离出数据所做贡献的比例和大小。其五，数据产品是一种经验性产品，很难以试用的方式让用户体验其价值，对数据产品的信任关系只能通过模拟数据、过往的交易或品牌知名度等建立。

第二，数据的稀缺性不足。数据被称为数字化时代的金矿，是基础战略资源，也是企业的核心资产。互联网平台以非常高的"数据黏性"，汇聚了大量的流量。这背后的原因是互联网上无稀缺：价值是守恒的，但是数据不守恒。价值是稀缺的，数据也本该是稀缺的，而一旦数据被放到互联网上，稀缺就不成立了。因为数据具有数字化、易复制、易传输、易修改等特点，一份数据可以被低成本、无限制地复制若干次。一旦数据集被开放，该数据就不具备任何稀缺性。

第三，数据产权确权难。前面已经提到，数据自身是独立生产要素，对于数据处理者或数据控制者而言，其付出了劳动和资本，其权利应得到相应的保障。但数据本身又蕴含着个人、企业等主体的信息。会涉及相关当事人的物权、人格权、民事权、隐私权等多种权利，因此确认数据产权的权利归属的难度较大。

第四，数据交易流通难。其一，数据提供方的权益无法得到保障，收入与贡献不匹配，从而降低了数据提供者的积极性。由于数据具有确权难、易复制的特点，数据产权保护困难重重。为了避免权益被伤害，数据提供方不愿将自身的数据交换给其他人。最终，大部分数据被少数人或机构所掌控和利用，造成了数据垄断。其二，数据开放和共享造成新的安全问题，降低了政府部门和社会机构对数据开放共享的积极性。数据集本身可能是脱敏的、安全的，但不同数据集的整合却可能侵犯个人隐私权。其三，数据主体、数据处理者、数据使用者三者之间的信息不对称性降低了数据流通的效率。例如，数据主体往往不清楚关于自己的数据在何时、因何目标而被收集，也不知数据如何被利用。美国学者理查德（N. M. Richards）提出了大数据的透明化悖论，即当大数据广泛收集私人数据的所

---

① 王磊：《推进数据要素市场化配置：瓶颈制约与思路对策》，《中国经贸导刊》2019 年第 24 期。

有方面时，大数据自身的操作运营却差不多完全隐藏在法律和商业的保案中，个人并不知道机构在用他的私人数据做什么[①]。数据处理者也不清楚相关的数据主体是否会选择性披露数据，以及在知道关于自己的数据被收集时是否会有针对性地调整行为，也不清楚生产的数据对于不同数据使用者的价值差别有多大。数据使用者在事前很难完全了解数据对于自己的价值。三方之间的猜测和不信任，使数据流通面临很多困难。其四，数据具有很强的外部性，一旦据为私有财产且利润巨大，会使数据处理者产生铤而走险、侵犯多数人权益的动机，进一步阻碍了数据的正常流通。理查德也提出了大数据的权利悖论，即尽管大数据声称能够变革社会，但它以牺牲普通个体的权利为代价，提供给政府和大企业等实体更多特权。在大数据广泛收集的背景下，社会上的大部分数据都汇聚到了政府、互联网大企业、大金融机构和电信运营商的后台，而他们进行数据操作的行为却是保密的。个人必须出让数据才能享受手机 App 服务及随之而来的更多的大数据精准推荐服务，手机 App 和它所属的公司对我们的画像是 360 度的，个人在它们面前完全就是一个透明人，身份的价值被商家利用到了极致。尽管个人的数据被大机构大量收集，但大机构却不愿意开放和共享。而且，对于个人数据被利用的事实，每个人并不知情。如果这种状况得不到改变，数据在每个人心目中的信任度将大幅降低。

三 数据的价值

价值，泛指客体对于主体表现出来的积极意义和有用性。在经济学中，价值是商品的一个重要性质，它代表该商品在交换中能够交换得到其他商品的多少，价值通常通过货币来衡量，成为价格。数据的价值主要是指数据对人和社会在经济上的意义。数据要素具有自身鲜明的特点，其价值不等同于其他生产要素的价值。

（一）数据的经济学特点

在分析数据价值之前，需要根据数据的特征，来分析其存在的经济学特点。第一，数据要素对生产的投入具有相对独立性。数据是一种生产要素。在生产函数 $f(x_1, x_2, x_3, x_4, x_5)$ 中，作为生产要素的自变量 $x(i=1-5)$ 都是相互独立的不同变量。数据要素对生产的价值贡献不同于劳动、土地、资本、技术等生产要素。

第二，数据要素对生产的投入具有协同性。在生产函数 $f(x_1, x_2, x_3, x_4, x_5)$ 中，作为生产要素的自变量 $x(i=1-5)$ 都是基本要素，是生产的必备要素。在现代经济体系中，某个生产要素 $x(i=1-5)$ 一般需要与其他生产要素协同完成生产。在不同的时代，生产要素 $x(i=1-5)$ 的表现和组合形式不同。在数字经济时代，虽然数据成为关键生产要素，权重日益提高，对生产的价值贡献日益突出，但数据也需要与劳动、土地、资本、技术等要素进行协同，以共同完成生产任务。

第三，数据要素蕴藏着其他生产要素的意义。数据要素 x_5 虽然独立于其他生产要素 x

[①] Richards, Neil M., King, Jonathan, 2013, "Three Paradoxes of Big Data", *Stanford Law Review*.

($i=1-5$)，但它是经济社会活动的产物，可能蕴藏其他生产要素的意义。数据是事实的描述和记录，对其他生产要素能够完成镜像映射，但这种映射只是一种镜像，与事实不在同一境界，正如物在镜中的像，不同于物，一个在物理空间，一个在符号空间或虚拟空间。对数据要素 x_5 做数据处理，能获得关于其他生产要素的信息和知识。如前所述，信息是物质的基本属性，知识是人（智能体）对世界的真实认识。数据分析获得了对其他生产要素及关系的信息和知识，并借助物理实体再作用于其他生产要素，显著提升其他生产要素的利用效率，常具有倍增效应。由于获得了其他要素的意义，某种程度上可以减少其他生产要素的投入，降低要素投入的总成本。

第四，数据要素具有技术依赖性。数据虽然只是一种符号存在，但"镜子"即处理数据的技术载体却是物理空间的具体存在。数据要素 x_5 要与其他生产要素 x ($i=1-5$) 一起发生直接作用，必须进入其他生产要素的境界，必须依赖承载数据的物理载体。而且，数据要发挥价值，必须要生成信息和知识，需要依赖处理数据的物理载体、技术和方法，如数据采集技术、数据传输技术、数据计算技术、数据存储技术和数据分析技术等。由于数据和信息技术具有依赖性，我们可以把数据、处理数据的技术和方法，以及数据处理产生的信息和知识，统称为数据要素。

第五，数据要素具有时效性。在生产函数 $f(x_1, x_2, x_3, x_4, x_5)$ 中，作为生产要素的自变量 x ($i=1-5$) 都是与时间相关的变量。随着时间变化，生产要素的自变量 x 也会发生变化，劳动、土地、资本、技术、数据等要素的属性都会随时间发生变化。相比其他生产要素，数据要素随时间而变化的频率更高，价值衰变更快。通过数据分析刚刚产生的新信息，它的价值最大。经过一段时间后，这个信息的价值就会下降。这种现象可称为信息折旧。由于知识的时效性更长，因此将数据提炼为知识能抵抗信息折旧。

第六，数据要素投入具有高固定成本、低边际成本的特点。数据要素投入成本的高低取决于是否生成新信息。数据分析生成新信息，需要逆转熵增的自然过程，因此付出的成本较高。而数据复制的过程并没生成新信息，则付出的成本较低。但对于低成本获得数据的一方而言，仍可利用数据的价值。数据可复制、可共享、可不断生成和供给，数据"取之不竭，用之不尽"的特性克服了传统生产要素的资源总量限制，可以形成规模报酬递增的经济发展模式。然而，数据不是越多越好，过多的数据可能造成信息过剩。由于复制数据的边际成本较低，在数据应用阶段，可以根据数据的应用价值为数据产品定价。

第七，数据要素可被重复利用。数据可以满足当前需求，也可以被重复利用到新应用场景中。作为生产要素的数据不仅要考虑其当前价值，还要考虑其未来价值和再利用价值。

第八，数据要素有很强的外部性。数据要素不仅对拥有数据的人具有价值，而且对开发和利用数据的公众、社会和其他商业机构都能产生价值。数据要素投入有很强的外部性，虽然很多组织或个人没有对数据进行投资，但仍可分享到数据的红利。

（二）数据的经济价值

随着计算机、软件、互联网、物联网、人工智能等信息技术加速在经济社会各个领域中的应用，企业的生产设计、制造、采购、物流、库存、销售、服务、管理、决策等各个环节甚至社会运行逐步走向数字化、网络化和智能化，为经济社会变革提供了新机制和新生产力。经济活动的各个环节都产生了海量的数据，这些数据被处理分析后生成与应用领域相关的各种信息和知识，有效解决了经济活动中的信息不对称问题，对多种生产要素的优化、替代和倍增效应明显，大幅提高了生产效率，降低了生产成本，同时衍生了更多新产品、新业态，产生了巨大的经济价值。

第一，提高生产效率。数据要素能够显著提升全要素生产效率。信息技术的应用推动了实体经济各个环节的数据采集、计算和分析，使数据产品（信息和知识）作用于传统生产要素，实现了传统生产要素的数字化、网络化和智能化，成倍地提高了经济运行体系的整体生产效率，实现了乘数效应。例如，数字化的生产过程应用了自动化技术、信息技术等，实现了数据控制的机器自动化生产，相比手工生产，成倍地提高了单位时间的产量和质量。数字化生产实现了产业链上下游的数据共享，实现了面向用户的设计、面向订单的生产、面向制造的设计和企业资源规划等先进生产模式，大幅优化了资源配置和生产加工能力，使生产效率大幅提升。布林约尔松（E. Brynjolfsson）等的调查研究显示，采用数据驱动决策的企业，其产出和生产率比他们在其他领域进行投资所得到的产出和生产率高出5%—6%，且其在资产利用率、股本回报率和市场价值方面的表现更好[1]。

第二，提高市场交易效率。经济活动中信息不充分，使信息在经济活动中很有价值。但是信息的获取需要付出成本。所以信息成为现代经济分析需要考虑的一个重要变量。数据分析获得信息和知识并将其应用于市场，能显著提高市场交易的效益。例如，电子商务交易就应用互联网和大数据分析等技术，实现了商品数据展示和客户行为数据分析，并且突破空间和时间的限制，汇集了各个地区7×24小时的购买需求，成倍地提高了单位时间的交易量，降低了搜寻成本，实现了精准的供需匹配。夏皮罗和范里安研究了信息的经济规则，分析了数据产品（信息和知识）对市场结构与产业组织的影响，并提出了网络经济下的市场交易优势，如差别定价优势、产品个性化优势、降低搜寻成本和转换成本优势、网络效应优势、锁定效应优势等[2]。

第三，优化生产要素配置结构和效率。通过经营管理数字化、网络化和智能化的应用，利用人力资源管理系统（HRM）、资产管理系统（EAM）、财务管理系统（FM）、产品生命周期管理系统（PLM）、企业资源管理系统（ERP）、供应链管理系统（SCM）、客户管理系统（CRM）、研发管理系统（R&DM）、知识管理系统（KM）、商业智能系统

---

[1] Erik B., Hitt L. M., Hellen K. H., 2011, "Strength in Numbers: How does Data-driven Decisionmaking Affect Firm Performance?", *SSRN Electronic Journal*.

[2] ［美］卡尔·夏皮罗、哈尔·R. 范里安：《信息规则：网络经济的策略指导》，孟昭莉、牛露晴译，中国人民大学出版社2017年版。

(BI)、决策支持系统（DSS）等，各类生产要素的信息和知识可以实时呈现，这能显著优化劳动、资本、技术、企业家才能等生产要素资源的配置结构，大幅提升生产要素资源配置的效率及管理和决策水平。例如，ERP 的应用让企业能够及时掌握生产要素资源配置，相对于传统管理方式，实现了库存减少 20%—30%、直接劳力生产效率提高 5%—10%、采购成本平均降低 5% 等。

第四，减少其他生产要素的投入。数据分析能获得其他生产要素的信息或知识，减少传统生产要素为获得这些信息或知识所做的投入，部分替代其他生产要素的投入和功能，大幅节约生产和交通成本等。例如，自动化生产线及数字化管理对办公物资、人员和能量的替代效应明显，大幅节约了企业的生产成本。互联网能够提供即时的数据和信息，网络化业务减少了劳动者异地出差等现象，大幅降低了人力、交通和管理成本。OECD 的相关研究指出，各个行业在数据驱动下显著降低了运维成本，减少了环境污染和资源消耗。

第五，推动全要素的高效连接和融合。数据是经济活动数字化的产物，是对经济活动全过程、全要素的记录和描述，它既是生产要素，也蕴含着其他生产要素的意义。经济活动的效益是由劳动者、土地、资本、企业家才能、技术、数据（信息和知识）等全要素协同作用的结果，要素之间的连接形成了经济价值网络。以数据为纽带，不断冲破行业信息不对称的壁垒，跨行业资源整合成本不断降低，行业不断跨界融合，衍生平台经济、共享经济、零工经济等新的经济形态，数据在其中发挥着核心和纽带作用。

第六，创新产品和业态。数据要素与经济活动的深度融合能促进各类生产要素的融合创新，深刻改变生产方式与组织形态，催生新的业务模式，衍生"互联网+""大数据+""人工智能+"等信息服务新业态。按照克里斯坦森的颠覆性创新理论，数据驱动的创新应该被视为"颠覆性创新"，因为它将通过改变或生成新产品、新流程、新的组织形式和新的市场来转变所有经济部门[①]。例如，推动制造业、服务业、农业等行业进行数字化转型，通过网络提供生产性服务，向客户提供数据服务，而非直接售卖产品。

第二节 数据产权

一 产权

产权（property rights）是由社会或法律规定的一组财产权利，这些权利的所有者能够在法律的保护下，自主地行使相应的财产权利，并取得一定的收益，不受他人的干涉，从而使财产权利的所有者有动力去运用这些权利积极地从事经济活动，增进自己的福利。

理解产权应当把握以下四个产权的特征：第一，产权具有排他性，同一产权在同一时间只可能由某一经济主体单独享有，其他任何主体不得行使相应财产权利。第二，产权是

---

① [美] 克莱顿·克里斯坦森：《创新者的窘境》，胡建桥译，中信出版社 2010 年版。

一种权利束，它包括占有权、使用权、收益权和处分权四项基本财产权利，也可以仅仅体现上述四项权利的某一项权利，还可以分解为多种权利并统一呈现一种结构状态。第三，产权应当有确定的界限或范围。即在规定某一产权时必须明确该项产权具体包括哪些权利以及这些权利的行使方式，告诉产权主体可以做什么、不能做什么以及各自相应的后果，这一点也被称为产权的有界性。第四，产权可以转让或授权他人行使，市场经济中的交换实质上就是不同产权的相互交换。

总之，产权是一种社会工具，其作用在于帮助从事经济活动的主体形成一种可以合理把握的预期。由于产权具有排他性和有界性的特点，一项明确的产权就应当对该产权的主体以及相应权利范围做出明确的规定，告诉他可以做什么、不能做什么以及能获得什么、不能获得什么，并用法律的强制力予以保护或惩戒。微观经济主体可以根据产权的界定对自己的经济行为的结果做出相对准确的预测，进而采取符合预期目标的经济行为。

产权界定是指通过法律明确规定产权的主体和其相应拥有的财产权利范围的过程和结果状态，本章特指后者，即不研究产权界定的具体过程，只研究产权界定的结果。产权的界定实质上是通过社会契约的形式对微观经济主体财产权利的确认和保护，必须是明确的。根据产权的特征，产权界定一般包括两个方面的内容：一是产权主体的界定，二是产权范围的界定。产权主体的界定，也就是谁拥有该项产权的问题，是基于产权的排他性特征而提出的。产权的排他性要求享有某一产权的经济主体在同一时间必须是唯一的，不能就同一产权规定两个或两个以上的拥有者。产权范围的界定，也就是某项产权所包含的财产权利的边界问题，是基于产权的有界性特征提出的。有界性要求某一产权必须有一个明确的权利范围，即上面自主性特征中所提到的产权的主体能做什么、不能做什么、能获得什么、不能获得什么等问题均应有明确的规定。

二 数据产权

（一）数据产权的含义

数据产权主要分为数据所有权、支配权、使用权、收益权、转让权、处分权、数据隐私权和数据许可权等。数据的所有权是指这个数据属于谁，应该获得什么权利。这个所有权应该是明确的，但数据所有权的确立是一个很复杂的问题。

那么，当数据作为一种商品在进行市场交易时，它究竟作为何种商品买卖就成了首要的问题。一般而言，商品交易所涉及的往往是其所有权和使用权的转移，同样大数据商品在交易过程中也必然无法回避其所有权和使用权的交易与转移问题。

1. 交易所有权

商品交易行为往往导致商品所有权的转移。依据《中华人民共和国民法典》第二百四十条规定，所有权是指所有权人对自身不动产或动产依法享有占有、使用、收益和处分的权利。大数据商品在进行市场交易时所历经的所有权转移属于一次性买断式的所有权交易，所谓一次性买断式是指商品一经交易，则商品卖方所拥有对商品的占有、使用、收益以及处分四项权能完全归商品买方所有的交易行为。因此，大数据商品卖出后其相应的所有权权能也应一次性转移给数据购买者。但是，生产数据本身的各个环节的权利归属问题以及数据的来源问题仍然需要在数据交易之前由买卖双方进一步商议，并在交易合同中（与个人或企业）进行详尽的书面约定。

2. 交易使用权

商品交易过程同时也伴随着商品使用权的转移。使用权是指在不改变财产所有权的情况下依法对财产加以利用的权利，它是用益物权的重要内容，既能由所有权人行使，也能在法律、政策或所有权人允许的情况下由他人行使。在大数据交易过程中，使用权与所有权相分离而单独行使的情况之一就是数据买卖按次计费或会员制，即数据购买者每一次调用数据都需要进行支付，通过交易后才能获得相应的数据使用权，此时使用权的买卖就是按次按量计费。由数据到数据要素商品的过程需要经历对数量庞大、杂乱无章的原始数据信息进行采集、处理和分析等系列操作流程，其中每一个环节的执行者和权利主体都不尽相同。例如，Web 大数据首先需要以网络爬虫的方式采集，其次进行数据清洗、集成、变换和归约等预处理环节，然后利用 MapReduce 分布式计算框架等模型对大数据进行处理与分析，最后才能实现数据可视化、大数据交易与应用环节，其间的所有流程都需要由不同操作人员来完成，甚至有的流程需要由多个主体协作才能完成。由此必然会产生不同主体之间由财产所有权界定不清晰产生的纠纷，为了避免这种情况，数据生产过程往往只转移各自环节的使用权，并依据各主体在该过程中的贡献进行价值分配。

3. 保留收益权

保留收益权是指在所交易数据潜藏巨大经济价值前提下，数据交易后数据使用者能够迅速使用并挖掘其核心价值从而获取经济利益的权利，此种权利即为大数据商品交易过程中的保留收益权。作为数字经济时代新兴的关键生产要素，数据要素的价值实现问题涉及整个社会发展的方方面面。由于数据生产过程极其复杂，数据价值实现也受诸多因素影响，不仅依赖于前期数据收集和预处理等环节，更取决于数据使用方对大数据的深入挖掘与现实应用。而且作为商品进行交易的数据要素本身的经济价值识别难度也有所不同，有的数据有着特殊的专门用途因而能够计量其最终所能带来的经济利益，但有的数据适用范围极其广泛从而难以确定其经济价值的大小。因此，在大数据商品交易过程中，买卖双方可以就特定数据商品的收益权进行单独约定，从而尽可能保证数据商品价值真实反映数据生产过程的劳动耗费和经济利益的分配权利。

4. 处分权与占有权

处分权是指财产所有权人在法律规定范围内对其财产（生产资料和劳动产品）进行最终处理的权利，即在事实上或法律上决定其财产消费或转让的权利。处分权是所有权的核心权能，是财产所有人最基本的权利。占有权本质上就是对所有物事实上的控制权，它本身是一种事实而非权利，若没有占有权，所有权的其他三项权能的行使都将受到影响。理论上，处分权和占有权都是所有权的基本权能，二者能够进行剥离转移。但在大数据交易过程中，处分权的行使就意味着数据商品所有权的变更，其内含的使用权、收益权和占有权将一并转移至数据购买方。因此，大数据交易行为中未涉及处分权和占有权在交易双方之间的剥离转移问题。

在数据产权原则确立后，数据权属主体分别拥有以下权利。第一，个人数据权。自然人是自己个人数据的主体，具有查阅权、复制权、更正权、删除权等。第二，企业数据权。企业是自己企业数据的主体，具有查阅权、复制权、更正权、删除权等。企业对自己采集和加工的数据具有数据控制权。第三，政府数据权。政府代表公众，是公共数据的实际控制人，具有公共数据的使用权、复制权、更正权、删除权等。第四，国家数据主权。数据主权是特定国家的最高权力在本国数据领域的外化，其以独立性、自主性和排他性为根本特征。现阶段，数据主权的核心逻辑是在网络空间及数据领域延伸和拓展传统国家主权理念的各项基本价值追求，进而确保国家对本国数据享有独立自主开发、占有、管理和处置的最高权力。从这个意义上说，主权国家范围内的公共数据归国家所有。

（二）数据产权的归属

产权是生产要素所有制关系的法律表现形式，故数据要素的产权界定应围绕数据要素生产展开。数据要素的生产过程主要包括原始数据生成者（如互联网用户）和数据要素生产者（如数据处理企业）两大主体，这构成了分析数据要素产权界定的核心架构。从原始数据生成者来看，随着数字产业化和产业数字化的快速推进，尤其是移动互联网的广泛应用，每一个互联网终端的上网行为都会留下诸如浏览痕迹、消费记录以及视频、音频和文字创作信息等原始数据，为互联网空间积累了数量庞大、种类丰富的数据信息资源库。但是，这些碎片化、非结构化的数据信息并不具有可利用的经济价值，因为普通电子计算机和非专业人员无法将散落在网络空间的零碎信息整合并进行分析发现规律，从而这些数据信息在处理成结构化数据要素之前并不具有使用价值。这些大数据信息只能通过专业化的数据处理企业借助云计算技术加工处理才能转化为具有经济价值的数据要素。换句话说，充斥在互联网空间的琐碎数据只有在数据处理企业经过定向采集、清洗归约、处理分析等程序后才能由"原料"转变成为数字化生产过程所需的数据要素。由此观之，原始数据生成者涵盖了各类市场主体，他们的互联网活动留下的痕迹构成了数据要素生产过程所需的原材料，只是由于这些市场主体往往并不具备将海量琐碎的原始数据信息加工处理成具有经济价值的数据要素的能力，因此需要专业化的数据处理企业利用云计算和区块链系统等数字技术对原始数据信息进行专门处理，最终生产出真正的数据要素，其经济价值凝结了数据处理企业所有投入的原始数据、计算机和软件等不变资本和程序员、设计员等智力劳动。因此，数据要素的产权应在保障好原始数据信息生成者数据隐私的前提下主要界定为数据处理企业所有，但同时也应对原始数据信息生成者提供适当的利益补偿。

一方面，将数据要素所有权界定给数据处理企业能够有效激发其进行数据要素生产的积极性，从供给端发力为社会其他市场主体提供更多优质价廉的数据要素，为加快推进数字经济发展厚植根基。数据要素被称为数字经济时代的石油[①]，但要真正发挥数据要素在

[①] The Economist, 2017, "The World's Most Valuable Resource", *The Economist*, 423: 7.

数字经济时代的关键生产要素作用就必须实现数据要素的大规模社会化生产与供应，而这又必须建立在数据要素的低成本供应机制基础之上。追求经济利益构成了市场化数字处理企业进行大规模数据要素生产的原动力，而数据要素归数据处理企业所有是能够实现数据处理企业经济利益长期稳定可持续的基石。因此，将数据要素所有权界定给数据处理企业能够有效激励企业持续更新数据要素生产过程中投入的生产资料和劳动力并不断进行新的创造与研发，从而充分发挥数据要素"零边际成本"带来的规模经济效应，最大程度降低市场中的数据要素价格，进而为数字经济的持续健康发展注入强劲活力。当然，也有学者思虑数据处理企业凭借数据要素所有权可能会形成垄断地位，从而以大数据杀熟、重复收费等非合理方式挤占消费者剩余、侵害其他市场主体权益，因而主张限制数据处理企业的规模。但是，数字经济时代不仅平台企业的垄断地位是基于自身持续增加研发投入和更新数字技术所形成的技术优势，如果强制消除其垄断地位可能会侵害其知识技术产权，而且这种垄断也未必会造成数据资源配置扭曲。因此，我们认为，数字经济时代的平台反垄断应建立在包容审慎的原则之上，政府监管应将重点放在垄断行为而非垄断地位本身上，鼓励平台企业在不扰乱正常市场秩序的前提下做大做优做强。

另一方面，原始数据信息生成者的正当利益也不应被忽视，应在充分保障其数据隐私的前提下对其进行合理的利益补偿，这对数字经济的持续健康发展同样必要。互联网信息资源库中海量琐碎的原始数据信息虽然没有经济价值，但却是数据要素生产过程中必不可少甚至是最重要的原材料，没有这些原始数据即使是最先进的数据处理企业也难为"无米之炊"。而这些原始数据信息是各个互联网终端开展互联网活动而产生的，因此在将数据要素产权界定于数据处理企业的同时也应作出适当的制度安排对原始数据信息生成者提供合理的利益补偿。在具体操作上，政府应以原始数据信息代理人的身份对数据处理企业凭借数据要素所有权获取的经济利益进行征税，并将这些税收收入用于维护、建设网络基础设施，从而以间接的方式补偿其他市场主体在数据生产过程中的必要贡献。此外，原始数据信息多是互联网用户在开展互联网活动时无意或不得不留下的，这些数据信息必然包含很多未经筛选的、用户自身都不曾察觉的隐私信息，如果数据处理企业对这些隐私信息肆意搜集、共享甚至借此以威胁、诈骗等非法手段牟取暴利，则将严重侵害互联网用户的人身与经济权益、扰乱市场秩序甚至威胁社会安定，因此也应该对数据处理企业的行为进行监督与规范。但如果保护过当同样也可能增加数据要素流通成本、阻塞数据要素的高效流动渠道，从而降低数据要素的使用效率。因此，政府应在制度层面统筹数据要素利用与隐私保护，尽可能在平衡好用户隐私的条件下充分发挥数据要素在推动数字经济持续健康发展的关键价值。

（三）数据产权的相关法律法规

1．国外数据产权的相关立法

（1）美国数据产权相关立法

随着数字技术的应用和发展，美国出台了一系列与数据相关的法律法规，重点是促进数据开放（《信息自由法》《电子信息自由法》《开放政府数据法案》等）、保护个人数据隐私（《隐私权法案》《公平信用报告法》《电子通讯隐私权法案》《电脑匹配与隐私权法》《自由法案》《数据隐私权法案》）、保护数据安全（《信息安全管理法》《网络安全法案》）、保护数据主权（《澄清境外数据的合法使用法案》）等方面。但是从数据产权立法来看，近年来，美国司法中出现了一些或多或少与数据权属有关的案件，但法官和律师均回避了数据在企业之间的确权问题，而是从合同法的角度对权属问题予以回应，类似"一事一议"，通过具体合同来分配权益。美国对数据确权的灵活态度促进了美国互联网和数字经济的发展。

（2）欧盟数据产权相关立法

1981年，欧洲议会通过了《保护自动化处理个人数据公约》，以规范个人数据使用、隐私保护。1995年，欧洲议会和欧盟理事会通过了《个人数据保护指令》，以保护个人隐私权并规制数据在成员国之间的合法流通。2016年，欧盟通过《通用数据保护条例》（GDPR），它取代了《个人数据保护指令》并于2018年5月正式生效。GDPR从个人数据处理的基本原则、数据主体权利、数据控制者和处理者的义务、个人数据跨境转移等方面建立了完备的个人数据保护法规。GDPR被认为是国际上最严格的个人数据保护法规，它规定了个人数据处理的原则、合法性、同意条件、特殊类型数据处理等，赋予了数据主体访问权、删除权/被遗忘权、数据携带权、拒绝权等一系列较强大的权利，对数据控制者和使用者的义务进行了明确规定。GDPR还对个人数据处理法律责任做出了严厉的规定。GDPR是一个范例，它的制定和实施对全球个人数据保护立法产生了非常重要的影响。

欧盟确立了"个人数据"和"非个人数据"的二元架构。GDPR规定，针对任何已识别或可识别的自然人相关的"个人数据"，其权利归属于该自然人，其享有包括知情同意权、修改权、删除权/被遗忘权、拒绝和限制处理权、数据可携带权等一系列广泛的权利。在政策文件《建立欧盟数据经济》中，欧盟委员会呼吁针对非个人的机器生成数据设立数据产权，规范市场和交易。针对"个人数据"以外的"非个人数据"，企业享有"数据生产者权"，不过，其权利并非绝对的。欧盟委员会希望通过这个"数据生产者权"，鼓励（特殊情况下强制）企业授权第三方访问其数据，以促进数据流通和增值。

2. 中国数据产权的相关立法与实践

（1）中国数据产权归属的法律不健全

对于个人信息，《中华人民共和国民法典》《中华人民共和国网络安全法》《个人信息安全规范》等法规中针对个人信息保护的规定均是在以知情、同意为基础处理个人信息的法律框架基础上而制定，针对收集、使用、存储、对外提供个人信息等不同的处理动作有不同的细化规定。但是我们理解上述个人信息保护规范并非旨在保护个人信息主体对于其个人信息享有某种经济利益，而是个人信息主体对其个人信息被他人收集、存储、转让和使用的过程中的知情权和自主决定权的利益。

对于交易数据、企业数据等，如果构成商业秘密，即不为公众所知悉、具有商业价值并经权利人采取相应保密措施的技术信息、经营信息等商业信息，则受到《中华人民共和国反不正当竞争法》的保护。此外，如果数据资源是经营者投入大量人力、物力长期开发、积累而形成的，如果其他经营者"搭便车"式地利用了该企业所掌握的数据资源开展经营活动，则经营者也可以依据《中华人民共和国反不正当竞争法》主张竞争性财产权益的保护。

在我国相关国家政策上，2020年中共中央、国务院发布的《中共中央 国务院关于构建更加完善的要素市场化配置体制机制的意见》第六条第二十二款明确规定，研究根据数据性质完善产权性质。2022年6月，在中央全面深化改革委员会第二十六次会议上通过的《关于构建数据基础制度更好发挥数据要素作用的意见》引发行业关注。会议指出，要建立数据产权制度，推进公共数据、企业数据、个人数据分类分级确权授权使用，建立数据资源持有权、数据加工使用权、数据产品经营权等分置的产权运行机制，健全数据要素权益保护制度。因此，我们理解关于数据的产权性质正处于研究过程之中。

（2）中国数据产权的相关实践

虽然中国法律法规、国家政策并未对数据权属进行明确规定，但是在司法上，已有相关案例从反不正当竞争角度出发，对企业就数据资源享有的竞争性利益做出认定，认为数据资源构成一种无形财产权益受到保护，典型案例列举如下。

其一，在谷米公司诉元光公司等不正当竞争纠纷案〔（2017）粤03民初822号〕中，元光公司为了提高其开发的智能公交App"车来了"在中国市场的用户量及信息查询的准确度，由时任该公司法定代表人并任职总裁的邵某授意技术总监陈某，指使公司员工刘某某等人利用网络爬虫技术大量获取竞争对手谷米公司同类公交信息查询软件"酷米客"App的实时公交信息数据后，无偿使用于其"车来了"App软件，并对外提供给公众进行查询。深圳中院一审认定，公交实时类信息数据具有实用性并能够为权利人带来现实或潜在、当下或将来的经济利益，其已经具备无形财产的属性。因此认为被告元光公司的行为构成不正当竞争行为。

其二，在淘宝诉美景案中，淘宝公司系"生意参谋"零售电商数据产品的开发者和运营者，该数据产品主要为淘宝、天猫商家的网店运营提供数据化参考服务、帮助商家提高经营水平。在经营过程中，淘宝公司发现，被告美景公司运营的"咕咕互助平台"及"咕咕生意参谋众筹"网站，以提供远程登录服务的方式，招揽、组织、帮助他人获取"生意参谋"数据产品中的数据内容，并从中获取利益。杭州互联网法院认为，涉案数据产品系淘宝公司付出了人力、物力、财力，经过长期经营积累而形成的。涉案数据产品能为淘宝公司带来可观的商业利益与市场竞争优势，淘宝公司对涉案数据产品享有竞争性财产权益，对于侵犯其权益的不正当竞争行为有权提起诉讼。美景公司未付出劳动创造，将涉案数据产品直接作为获取商业利益的工具，此种据他人劳动成果为己牟利的行为，明显有悖公认的商业道德，属于不劳而获"搭便车"的不正当竞争行为。

三 数据要素参与收入分配

明晰数据要素产权的最终目的是要深入探讨数据要素参与收入分配的内在机制。"数据要素参与收入分配"作为一项全新的理论与实践命题自党的十九届四中全会首次提出以来受到学术界广泛关注,但学者的研究重点大多在于分析数据要素参与收入分配的必要性,也有少数文献关注数据要素参与收入分配的现实路径,而深入分析数据要素参与收入分配机制的相关研究还尚不多见。我们认为,数据要素在社会主义市场经济体制下参与收入分配的总体原则是兼顾效率与公平,一方面确保数据要素生产过程中的各个主体都能按贡献获得合理报酬,充分激发数据要素生产各环节的积极性,另一方面还要注重数字经济时代的分配公平,让数字经济发展成果惠及全体人民。

(一)数据要素参与收入分配的初次分配机制

初次分配要在注重效率的基础上兼顾公平,数据要素参与收入分配中的初次分配机制也是如此。党的十九届四中全会强调,要健全"生产要素由市场评价贡献、按贡献决定报酬的机制",这是构建完善有效的要素市场体系、畅通要素市场机制的必由之路,也是充分发挥市场在资源配置中起决定性作用的内在要求。因此,数据要素参与收入分配的初次分配机制也应依据市场评价来衡量数据要素的贡献,进而依据这个贡献程度从数字经济发展中获取相应报酬。与原始数据生成者不同,数据处理企业作为数据要素生产者享有数据要素所有权,因此数据要素在市场中初次分配所得经济收益也应归数据要素生产企业所得。在数据要素的初次分配过程中,还必须正确处理好有效市场和有为政府在数据要素收益分配中的重要作用,既要依靠市场机制评价要素贡献进而作为数据要素生产者获取报酬之依据,又要充分发挥政府在维持数据要素市场公平有序运行中的重要作用。

一方面,数据要素价格同样遵循价值规律,即由生产数据要素商品所耗费的社会必要劳动时间决定,同时还会在市场对数据要素的供求与竞争关系变动中围绕数据要素价值上下波动,从而数据要素生产者能够通过数据要素出售获得合理报酬。在数据要素市场交易中,交易双方一方是作为数据要素生产者的数据处理企业,另一方则是作为数据要素需求者的其他市场主体(个体或企业),双方依据同一价格完成数据要素交易,生产者占有数据要素的交换价值从而获得经济报酬,而购买者则占有数据要素的使用价值。数据要素的价格是由两方面因素共同决定的,一是数据要素作为数据处理企业的产品凝结了数据要素生产过程中各个主体的体力和脑力劳动耗费,这个过程所花费的社会必要劳动时间决定了数据要素的价值,这是决定数据要素价格的基石;二是数据要素价格还会在市场竞争和供求关系变化中上下波动。最终数据要素交易双方在认同同一个市场价格的前提下完成交易,数据处理企业在此过程中实现了数据要素的价值,其所得就是数据要素按对经济增长贡献参与市场初次分配的结果。

另一方面,真实灵敏的数据要素市场价格有赖于完善有效的市场体系,这要求政府必须对数据要素市场进行监管,保障数据要素市场价格形成机制畅通高效。由于数据要素生产过程所需的原材料、加工工具和操作人员依赖于大规模的用户群体、强运算能力的计算机系统以及高素质的科技人员,故数据要素市场往往是数据要素需求者远远超过数据要素生产者的寡头垄断市场。这意味着,数据处理企业可能会凭借其在数据要素市场中的垄断地位获取垄断利润,这不仅会侵害消费者的合法权益,更会阻碍数字经济的持续健康平稳发展。因此，政府应加强对数据要素市场中数据处理企业垄断行为的监管，维护数据要素市场公平有序运行，确保数据处理企业获得经济利益的同时不侵害消费者的合法权益。

（二）数据要素参与收入分配的再分配机制

再分配要更加注重公平，数据要素参与收入分配中的再分配机制也是如此。就整个社会而言，数据处理企业在初次分配中所获得的经济利益并非完全合理。一方面，生产数据要素的能力要求极高，只有少数掌握先进数字技术的企业才能够完成，这决定了数据要素本身在不同社会成员之间分配就是极不平衡的。随着数字经济向社会发展全方位渗透，数据要素在经济增长中的关键作用逐渐凸显，作为数据要素生产者的数据处理企业在初次分配中所占的比重也与日俱增。由数据要素本身配置不均衡产生的经济利益分配失衡会对社会公平正义产生不利影响。因此，需要政府通过再分配机制调节数据要素收益在社会成员之间的分配。另一方面，数据要素生产过程中原始数据信息是最重要的原材料，而原始数据信息是由众多其他市场主体共同生产的，但他们却并未在数据要素收益的初次分配中得到分毫，这意味着数据要素的生产企业应对其进行合理的利益补偿。但囿于作为原始数据信息提供者的市场主体数量、类型众多，而且他们各自提供的原始数据类型和能够产生的经济价值本身也千差万别，这就为数据处理企业在识别用户所提供数据的贡献程度方面制造了障碍，故数据处理企业也无法对其进行利益补偿，由此就会产生数据要素生产者和原始数据信息提供者之间的利益分配不公平。因此，政府应通过再分配机制调节数据要素收益在两者之间的利益分配以尽可能维护数据要素分配的公平性，从而更好发挥有为政府在数字经济发展中的作用。

政府通过再分配机制调节数据要素收益以实现相对公平的主要方式是税收调节，主要包括两大税种：一是对作为数据要素生产者的数据处理企业征收数据要素收益所得税，税率设定可参照企业所得税税率，大致持平，由此征得的税收收入主要用于政府提供基本公共服务；二是以市场主体代理人的角色对数据处理企业开征原始数据信息税，其税率水平可参照资源税税率设定，由此征得的税收收入则主要用于网络基础设施建设以深入推进数字经济健康发展，从而以间接和普惠的方式补偿原始数据信息生成者的经济利益。此外，随着数据要素收益在初次分配中所占比重持续攀升，政府可以考虑向数据处理企业开征数据收益附加税，并以转移性支付的方式惠及全体人民，用于缓释由人工智能替代劳动力产生的失业问题。

第三节　数据资产的定价与交易

一　数据资产

（一）数据资产的定义

资产是指由持有者在过去的交易或事项中形成的、由持有者拥有或控制的、预期会给持有者带来经济利益的资源或生产要素。资产一般分为有形资产，如土地、房屋、设备、现金、股权等实物形态，或货币形态的资产——无形资产，如技术专利权、商标权、品牌等没有实物形态可辨认的非货币性资产。

数据资产（data asset）是指由企业拥有或者控制的，能够为企业带来经济利益的，以物理或电子的方式记录的数据资源，如文件资料、电子数据等。在企业中，并非所有的数据都构成数据资产，数据资产是能够为企业产生价值的数据资源。数据成为资产的前提在于，社会具备充分使用数据的能力。数据资产跟其他资金、自然资源不同，不会随着使用而消耗。数据只有充分流动，才能发挥其价值，才能为个人、企业、社会带来福利。提高数据使用效率，需要做到数据配置的科学性、实时性、有效性。

数据资产具有无形资产的属性，主要有以下特性①。①无消耗性。数据资产的每次使用只需要花费很低的成本，不会因为使用频率的增加而磨损、消耗，与其他传统无形资产有相似性。②增值性。企业稳定发展会促使数据资产在原有的基础上不断积累数据规模和数据维度，数据整体价值进一步提升。③依附性。与其他无形资产类似，数据资产不能独立发挥作用，其作用和效应的发挥往往依附于相应的软件和硬件。④价值易变性。数据资产时刻受到数据容量、数据时效程度、应用场景等因素的影响，与其他无形资产相比，其价值更易发生变化。⑤战略性。一切数据业务化，一切业务数据化，具有战略性。

（二）数据资源和数据资产

数据资产和数据资源是两种不同的概念，需要加以区分。数据在诞生时都可以被视为一种资源，但是数据资源转变为数据资产还需要一定的条件。数据资源一般是用某一媒介记录下来的资料，如文档、录音和其他电子数据，但是数据资源要转变为数据资产，则必须具备一定的价值，并且可以在市场上进行自由交易。数据资产可以为个人和企业带来巨大的经济利益，而数据资源可能只是简单地对经济活动进行记录而生成的资料，其价值一般有限。

数据资产和数据资源之间有以下区别：一是数据作为"资源"和"资产"存在的时候，其基本概念和基本属性截然不同。资源一般有自然属性，是一种客观存在的事物，而资产则是一种具有经济属性的价值手段，是经济实体为了保有一定的价值，同时通过交易实现经济利益的标的物。二是数据资产与一般资产不同，是符合会计核算准则的标准化的数据资源。数据经过记录之后一般是无序的符号和文字，但是要转化为资产就必须经过特定的处理和存储过程，形成标准化且能被社会普遍接受的资产。三是数据资源和数据资产的管理属于不同的领域。数据资源管理属于数据管理的初级阶段，首先需要从经济价值的角度对数据资源进行识别和收集，并在收集之后通过一定的标准化流程使其更符合通用规则，从而为进一步转化为数据资产做准备；数据资产管理是针对数据和信息资产进行管理的流程，是企业对其收集所得的数据资产进行进一步开发、改造和完善的过程，以实现数据资产质量的提升和价值增值，从而在日常生产活动和交易过程中为企业带来更多的利益。

---

① 《浅谈数据治理、数据管理、数据资源与数据资产管理内涵及差异点》，2019年9月23日。

二 数据资产的定价

（一）数据资产定价的影响因素

数据成为一项资产的重要前提条件之一是在市场上能够自由流通和买卖，要实现这一目的的基础就是完善且标准化的定价机制。没有完善且合理的定价机制，数据的价值将难以有效地衡量，市场也难以对这一资产提供长久的信心。因此，未来要建设完备的数据要素交易市场，就必须完善数据资产的定价机制。但是数据与其他的资产相比，其定价机制非常特殊且复杂。这是因为：一是大数据时代，数据自身产生的速度很快，而且数据量庞大且结构复杂，这给数据价值的评估带来了很大的挑战。二是数据确权较难。数据的归属问题一直困扰着法律界和企业界。三是数据交易过程中对特殊环境的要求，数据的安全性问题也会对数据定价产生干扰。这些因素的叠加使数据资产定价异常复杂。

要对数据资产进行合理定价，就必须要有效评估数据资产的价值，必须充分考虑影响价值的各项因素。数据由于种类多样，其评价维度也是多元的，不能仅仅依靠单一的标准来对数据资产价值进行衡量，需要考虑其不同的应用场景，从数量、质量、应用和风险四个维度来进行综合化的考量，如图10-2所示。

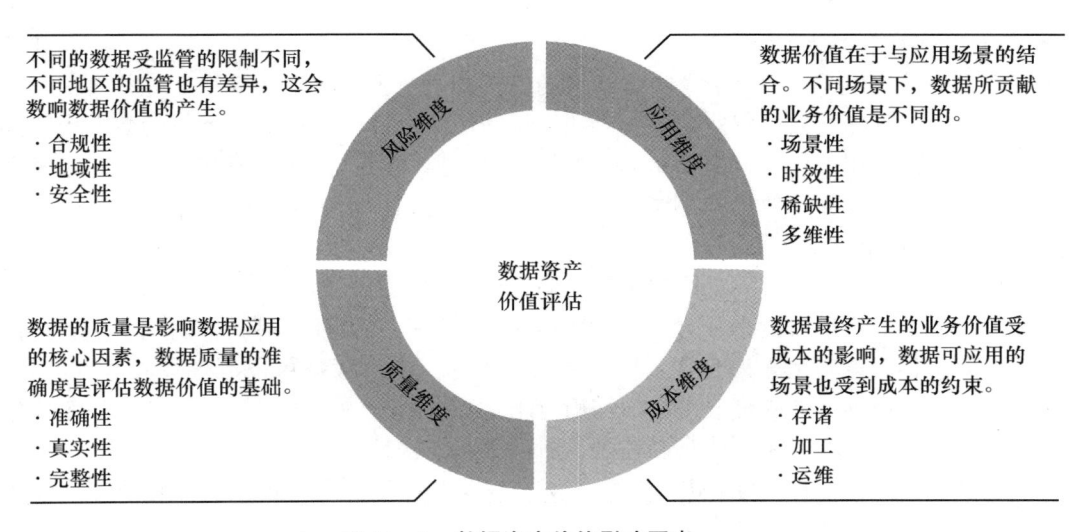

图10-2 数据资产价值影响因素

资料来源：普华永道《数据资产生态白皮书》。

（二）数据资产定价方式
1. 成本定价方式

数据要素从资源转变为资产必须要经历一种预处理过程。这种预处理过程的目的是使数据尽量标准化和科学化，从而能够在市场上进行评估和正常交易。因此，预处理给数据资产在市场上交易奠定了基础，这些处理的人力、时间和金钱成本自然也就成为数据资产内部价值的来源，从而实现对数据成本进行定价的可能。这种定价策略的优势能够充分体现数据从收集、加工到在市场上买卖的一系列成本，从而使这种定价策略的可操作性较高，同时也更能被数据来源方接受。在这种情况下，数据资产的理论价格区间为：

$$C_1 + C_2 \cdot r_1 = P_{\min} \leqslant P \leqslant P_{\max}$$

其中，$P_{\max} = |\sum_{i=1}^{n} T_i J_i - \sum_{j=1}^{m} Q_j H_j|$，$C$ 和 r 分别为包含数据在交易之前的处理成本和弥补成本所需要的最低收益率，$r_1 \geqslant 0$，$P_{\max}$ 为数据资产在处理之后和处理之前给人们带来的效用的差值，这代表了数据在处理前后的最大价值变化。这一策略的意义在于给人们提供了一种很直观且操作性较高的成本定价方法，适用性较强。

2. 公允价值定价方式

公允价值法是采用公开市场参与者在公平交易中交易资产得到的价格进行定价的方法。数据资产的公允价值法适用于通过交换获得的数据资产，对于没有在市场上交易过或者难以交易的资产，则不适用于此方法。例如，国内向万方、CNKI（知网）购买的电子数据，金融企业向同花顺等证券数据公司购买的数据普遍可以使用公允价值策略来进行定价。

数据资产计量的公允价值法通常包括三种：①市价法。通常适用于经常在市场上进行交易的数据资产，如知识付费公司和金融数据公司的数据资产。②类比法。是指当找不到数据资产交易价格时，通过参考类似项目的市场价格来进行定价的方法。③估价法。其适用情况更加苛刻，当数据资产几乎不存在市场交易信息，同时也没有类似的数据资产作为参考时，可以采用市场上普遍采用的估价技术对数据资产的公允价值进行估计。通常情况下，数据资产的公允价值策略都能从市价法、类比法和估价法中至少选择一种方法。

3. 拍卖定价方式

拍卖定价策略是另一种常用的定价策略。由于数据资产本身定价机制的复杂性，如果直接采用成本方法进行测量，对于很多数据而言，成本来源难以追溯，因此对于数据的价值直接采用拍卖策略是一种非常直接且方便的操作。拍卖策略可以兼顾买卖双方的利益，同时符合市场原则，能够形成市场的均衡价格。数据资产的拍卖有以下原则：一是要进行分期拍卖，数据资产由于价值难以衡量，所以很难一次性给出拍卖的合理价位，需要在不同时间段、不同主体的参与下进行多次拍卖，以此来确定合理的价格。二是要采用多种形式相结合的拍卖形式，买方竞拍、反向竞拍等常见的拍卖形式应该结合使用，这是由于拍卖双方如果存在信息不对称的问题，难以对数据资产的价格达成一致，会出现价格太高无人问津，或者价格太低严重影响数据拍卖的延续性，因此最好的方法是多种拍卖方式相结合，找到最合适的价格。以买方竞拍为例，数据资产的购买者有多个，各自对数据资产的保留价格为 B_k，则可知最终竞拍价格为：

$$P = \max_{1 \leq k \leq l} B_k$$

其中 B_k 就是理论最大值,即 $B_k = P_{\max}$。如果初始拍卖价定为成本价,则出现 $P = P_{\min}$ 的情况;如果无人提出拍卖价格,则说明此数据资产价值过低,不符合购买者的心理预期。

三 数据资产的交易

(一) 数据资产交易体系的构建

1. 交易的参与方

一是数据资产的购买者。数据资产的购买者主要包括以下三类:需要数据资产或服务用作新产品开发的初始资源的购买者;为了降低运营成本和风险,需要数据资产来提供运营分析的购买者;为了进一步扩充自身数据资产以丰富资产负债表的购买者。这三类购买者包括了现在能够见到的主要企业类型,如小额贷款公司、保险公司、消费金融公司和互联网企业等。

二是数据资产拥有者。数据资产所有者是数据资产的提供方,目前市场上拥有标准化数据资产的企业主要有银行、证券、保险、信托等金融企业,以及拥有大数据平台和较高数据运营能力的互联网企业,而个人由于自身数据管理能力参差不齐,数据储存能力较弱,还无法成为市场上的主要数据资产提供方。对于政府而言,出于对社会管理和敏感数据资产保护的需要,政府需要对工商税务、经济运行以及社会治理等各方面的数据进行统一规划管理,同时很多数据需要定期对社会公布,以实现政务的透明化。

三是交易平台运营者。数据资产交易的运营部门为数据资产的购买方和拥有方提供了数据资产交易的平台。这一参与主体的职责是运营整个数据资产交易的体系,为资产交易提供公平、合法、有序的交易环境,但自身并不参与具体的资产交易工作,也没有对数据资产交易的控制权。

2. 构建目标与原则

从数据资产交易双方的角度来看,数据资产交易原则需要包括以下两个方面:一是保护购买者权益。一般来说,交易平台都有信息不对称的问题,交易的买方相较于卖方在掌握信息方面有天然的劣势,因此数据资产交易需要特别保护购买者的权益,尤其是购买者的知情权、隐私权,保证数据来源的准确性。二是保护数据所有者权益。数据所有者在交易过程中一般面向交易平台,容易出现平台欺诈以及数据资产丢失的问题,因此需要在交易过程中对数据资产所有者的权益进行保护,保证其在资产交割之前保有对数据资产的合法权益,并确保交易过程中数据资产的安全。根据这两个原则,区块链技术可以在交易过程中发挥有效的作用,区块链技术能够有效保护交易者的权益,通过去中心化加密技术能够有效保证数据的安全性,有效实现数据的确权、追溯、点对点交易和匿名保护。

3. 总体架构设计

数据资产交易平台的总体架构主要包括五个层次，即存储层、网络层、扩展层、服务层和应用层。具体来看，网络层和存储层位于架构的最外层，分别负责数据资产交易的点对点通信和交易信息的存储加密功能；扩展层主要通过特殊算法、信用证明以及数据区块等内容，为整个体系提供安全保障机制。服务层主要提供交易日志、历史数据查询、数据安全验证、交易成员认证等功能；应用层则直接面向交易双方和平台管理方，满足平台使用者的需求，为参与方提供可视化操作界面，主要包括注册、查询、交易、投诉和外部接口功能。

（二）数据资产的市场交易模式

数据具有非竞争性，使其不适合作为私人产品进行交易，除非采用某种技术手段限制数据被重复使用。但是，对于数据需求方而言，政府开放和共享的数据不能满足数据分析的要求，他们迫切希望通过交易方式获得更多数据，由此产生了很多数据交易新模式。《"十四五"大数据产业发展规划》指出，要培育大数据交易市场，鼓励各类所有制企业参与要素交易平台建设，探索多种形式的数据交易模式。当前，数据商品的交易模式有以下四种，供需双方可根据自身需求进行选择。

1. 直接交易数据模式

交易双方就数据交易的内容和方式进行详细约定，签订数据交易合同，一方交货，一方付款，完成交易。通常，购买方通过某种渠道了解到销售方出售某类数据，与销售方协商后签订合同，购买数据。这种模式比较适合线下"一手交钱，一手交货"的交易，在数据黑市比较普遍。这种交易不透明，市场监管难度大，而且卖方很难控制买方的行为，特别是买方复制数据并与其他第三方再进行交易的行为。例如，A 以 1 万元的价格出售 1 份数据给 B，但很难保证 B 不将这份数据复制 100 份，以每份 1000 元的价格再出售出去。同时，此类交易模式也容易侵犯数据主体的权益，购买的数据可能涉及较多法律风险。

2. 数据交易所模式

目前，我国政府已经成立了一些数据交易所，在政府监管下，在集中场所进行数据供求关系撮合，如贵阳大数据交易所。贵阳大数据交易所是经贵州省政府批准成立的全国第一家以大数据命名的交易所，2015 年 4 月 14 日正式挂牌运营，在全国率先探索数据流通交易价值和交易模式。截至 2022 年 8 月，从公开渠道可查，全国已经成立或拟成立的数据交易所（中心）共计 46 家。北京、上海成立的数据交易机构走在了全国最前列，上海数据交易机构 2021 年的交易量已占全国一半左右。

表 10-1　　　　　　　　　　中国数据交易所名称

成立时间	机构名称
2014 年	中关村数海大数据交易服务平台、背景大数据交易服务平台、香港大数据交易所

续表

成立时间	机构名称
2015 年	贵阳大数据交易所、武汉东湖大数据交易中心、武汉长江大数据交易中心、华中大数据交易所、重庆大数据交易平台、西咸新区大数据交易所、交通大数据交易平台、河北大数据交易中心、杭州钱塘大数据交易中心
2016 年	上海数据交易中心、浙江大数据交易中心、哈尔滨数据交易中心、丝路辉煌大数据交易中心、广州数据交易服务平台、亚欧大数据交易中心、南方大数据交易中心
2017 年	青岛大数据交易中心、河南平原大数据交易中心、河南中原大数据交易中心
2018 年	东北亚大数据交易服务中心
2019 年	山东数据交易平台
2020 年	安徽大数据交易中心、北部湾大数据交易中心、山西数据交易平台、中关村医药健康大数据交易平台
2021 年	北京国际大数据交易所、贵州省数据流通交易服务中心、北方大数据交易中心、上海数据交易所、华南国际数据交易中心、西部数据交易中心、深圳数据交易所、合肥数据要素流通平台、德阳数据交易中心、长三角数据要素流通服务平台、海南数据产品超市
2022 年	湖南大数据交易所、无锡大数据交易平台、福建大数据交易所、广东数据交易所、青岛海洋数据交易平台、郑州数据交易中心

类似于股票交易市场，在数据交易所，买卖双方必须注册成为市场成员，通过交易所平台进行数据买卖。但是，由于信息不对称，数据易复制，交易双方都担心数据被第三方交易所截留并非法套利。而且，交易双方一旦达成某次交易，就可能不再依靠数据交易所进行下一次交易。因此，目前政府开办的数据交易所的数据交易很冷清。

3. 单边数据经纪模式

单边数据经纪模式也是中国数据交易的主流模式之一。单边数据经纪模式下，企业可以利用自身的数据优势或者采取为客户定制数据的方式进行数据交易。一方面，我国的数据密集型企业（尤其是大型互联网平台企业）利用自身的数据优势主导建立数据交易或服务市场，将企业数据再利用，实现数据的交易。以阿里数据为例，阿里数据利用阿里巴巴集团旗下的数据储备，面向电商企业提供数据分析产品，帮助电商集团预测市场走势，进行物流和仓储等环节优化。另一方面，一些自身数据持有量不大的数据产品提供商则主要依赖"采销一体"的数据交易模式。这类数据提供商往往面向特定市场的需要，采集特定资源，根据业务需要组织成数据产品，如万得（Wind）数据、聚合数据、数据堂等。以数据堂为例，数据堂拥有1000家以上合作伙伴，涵盖全球50多个国家与地区，配置专业数据采集设备并拥有自主研发的加密数据采集工具。客户只需要提出自己的需求，数据堂能够为其定制采集方案并采集数据，全程为客户量身定制并确保数据的安全。这种交易模式采取更加市场化的运营模式,门槛相对较低,能够调动数据提供方与需求方的积极性,有利于数据的汇聚和再利用。

4. 利益相关方的"数据平台+数据"的联盟交易模式

数据消费者共同出资,投资一家"数据平台+数据"的服务商,这家服务商负责生产数据产品并出售给所有利益相关方。例如,成立于 2003 年的 Markit 公司,其股东包含主要的 CDS 做市商。这些金融机构股东把自己的 CDS 数据上传到 Markit,Markit 整合得到 CDS 市场数据后以收费的方式对外提供,包括定价和参考数据、指数产品、估值和交易服务等数据。Markit 的股东金融机构在不泄露自己商业机密的情况下,不仅从 Markit 的工作中获知 CDS 市场整体情况,还从 Markit 的业务增长中获得投资收益。

专栏 10-1　　贵阳大数据交易所——基于区块链的交易系统[①]

作为我国第一家大数据交易所,2015 年 4 月 14 日正式挂牌运营,在全国率先探索数据流通交易价值和交易模式。2022 年进入优化提升阶段,抢抓数据价值化新机遇,探索数据要素资源化、资产化、资本化改革新路径,大力培育数据要素流通产业生态。贵阳大数据交易所的交易标的主要包括数据资源/数据服务、数据产品算力资源/算法工具等,经过合规审查、安全评估后,在贵阳大数据交易所上架交易。交付方式采用 APVS-DK 接口、离线数据集数据报告、数据库/数据系统/数据平台、云计算服务、云安全接入(代理)服务等多种形式。明确禁止违反法律法规侵害个人(企业)隐私信息的数据及数据服务流通交易。

自成立以来,贵阳大数据交易所先后推出 2016 年"数据星河"战略、2018 年"数+12"战略。2019 年 3 月,贵阳大数据交易所宣布启动增资扩股计划,准备扩大股东阵容,打造数据交易"朋友圈",增强核心竞争力。截至 2022 年 8 月,贵阳大数据交易所累计交易额突破 1.5 亿元大关,入驻数据商 334 家,上架产品 496 个,可交易数据涵盖电商、气象、电力、海关、能源、卫星等 30 多个领域。无论是会员数量,还是可交易数据种类与体量,贵阳大数据交易所均在我国大数据交易产业界处于领先位置。

贵阳大数据交易所采用"一中心一公司"的体系架构,优化提升贵阳大数据交易所基础服务能力。其中,贵州省数据流通交易服务中心作为贵州省大数据发展管理局下属一级事业单位,具体负责数据流通交易、合规监管服务等工作,承担数据流通交易平台建设管理,开展数据商准入审核,数据要素登记等服务,委托贵阳大数据交易所有限责任公司进行平台运营,推动数据要素市场培育。贵阳大数据交易所有限责任公司负责数据流通交易平台日常运营、市场推广和业务拓展等工作,开展交易撮合、第三方中介等服务,确保交易所合规稳定运行,依法依规受相关部门的监督管理,坚持合规运营,有

[①] 王海龙、田有亮、尹鑫:《基于区块链的大数据确权方案》,《计算机科学》2018 年第 2 期。

效防范风险,确保数据安全。

1. 大数据交易平台及运行机制

大数据交易平台,主要依托贵阳大数据交易所自主研发的数据交易系统而构建。三中心,即区域服务分中心、单品种数据交易中心和大数据创新中心。与以往不同,大数据交易所在继续迭代升级数据交易系统的同时,目前重点打造开源的数据交易生态,赋予交易会员更多权限,激发会员数据交易活力。

贵阳大数据交易所从管理角度提出了"提交权属证明+专家评审"模式的确权方案,如图10-3所示。

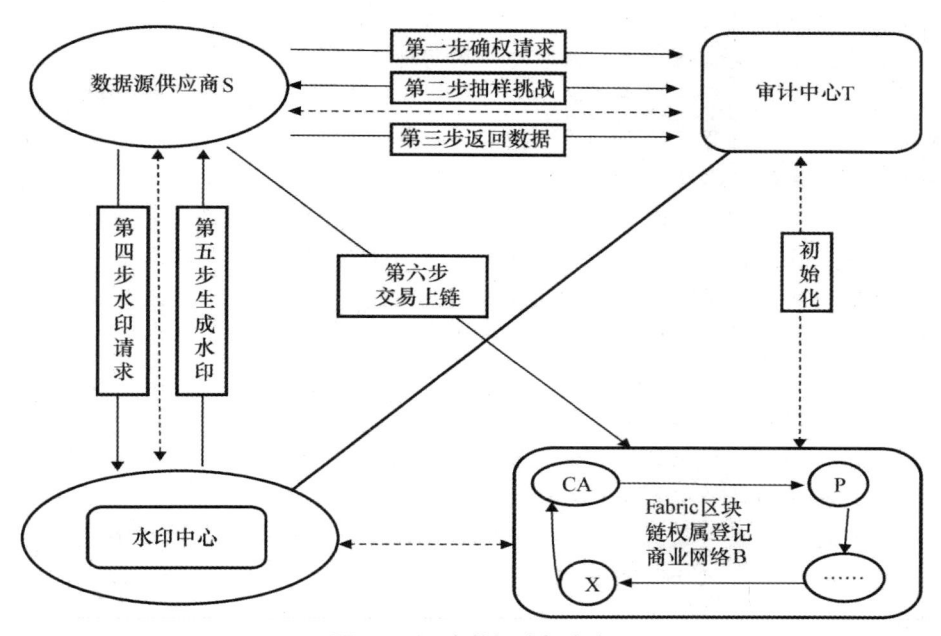

图10-3 大数据确权方案

审计中心T是负责大数据完整性审计事宜实施的专业机构。数据源供应商S是发起大数据确权请求的实体单元,一般为政府部门或互联网企业。水印中心负责为数据源供应商S生成水印,实现大数据起源的确认。Fabric区块链权属登记商业网络B负责将审计中心和水印中心联合构造的数据登记上链。该网络包括注册中心(CA)、数据源供应商S、节点X等负责共识的主体单元,其中CA负责对其他主体单元进行身份核实并签发公钥证书。本方案中各主体单元首先向证书机构申请公钥数字证书,同时完成认证接入;其次数据源供应商S对大数据进行分块,运用BLS短签名方案对数据块分别认证,并把数据块数、数据块认证器、大数标识符等与大数据确权相关的确权请求信息发送给审计中心T;审计中心T利用数据源供应商S的公钥验证签名的正确性,若验证通过,则 T 向 S 发送证据挑战请求；最后，T 收到证据后，利用双线性对的双线性质来验证等式是否成立，若成立，则 S 向水印中心申请生成水印并完成水印嵌入。审计中心 T 和水印中心将挑战证据、相关确权信息、水印以及相关元信息以 JSON 的格式封装成笔交易并发送给 S，待 S 签名以后再将其发送到 Fabric 区块链权属登记商业网络 B。网络中的共识节点在鉴定交易中签名的合法性后，按照共识算法的要求最终将权属信息写入 Fabric 区块链。

2. 应用场景

（1）数据交易、结算

在大数据交易所内已经确权的数据进行交易、结算，可以直接在链上进行。通过区块链上的交易记录确认转让结束，同时对应的物理空间内的实体在水印中心生成新的权属记录，这一切都是在链上有记录的。审计中心 T 会验证数据源供应商 S 的签名，只有验证成功，数据源供应商 S 才会向水印中心请求水印生成且在后续参与交易上链。水印是由水印中心生成的，水印中心会将水印记录在链上。后期的数据使用者在交易这批数据时可以从大数据中提取出水印，进而与链上的水印进行比对。水印一致时，提取的水印才是合法的。在登记上链和查询阶段，审计中心 T 和水印中心将确权结果和相关证据以一笔交易的形式发给区块链权属登记商业网络 B。其中的共识节点会验证审计中心 T 和水印中心发起的交易的真实性，只有通过验证的交易才会写入链上。

（2）数据登记上链和查询

为了防止数据源供应商 S 私下将不合法或者过期的水印添加到数据块中，水印中心会将生成的水印签名后发送到区块链权属登记商业网络 B，审计中心 T 会将整个大数据完整性审计过程中涉及的确权证据、验证数据、挑战请求、参数等信息利用 BLS 短消息方案签名后发送到区块链权属登记商业网络 B。审计中心 T 和水印中心会联合构造好一笔包含上述水印和完整性审计数据的交易，并将构造好的交易发送给数据源供应商 S；数据源供应商 S 在查看交易内容后，用自己的私钥签名。换而言之，当三个主体均完成签名后，这笔交易上链时才是有效的。审计中心 T 或水印中心拿到带有数据源供应商 S 签名的交易后，将交易广播出去。区块链权属登记商业网络 B 中的共识节点对交易中签名的有效性进行验证，按照相应的共识算法完成共识后将其写到链上。数据源供应商 S 可以通过 Web 或 App 等方式查询登记在区块链权属登记商业网络 B 上的确权结果。

第四节　数据安全与治理

数据作为一种战略性、基础性资源，具有重要的经济和社会价值。但不正当或非法使用数据、针对数据的违法犯罪活动会给经济社会发展带来很多问题。针对数据管理中面临的诸多问题，全球各国都在谋求建设数据治理体系。2019年6月，数据治理成为二十国集团（G20）大阪峰会的中心议题，二十国集团贸易和数字经济部长发表了联合声明："数据、信息、思想和知识的跨境流动提高了生产力，增加了创新，并促进了可持续发展。与此同时，我们也认识到，数据的自由流动带来了一些新的挑战。通过应对与隐私、数据保护、知识产权及安全问题相关的挑战，我们可以进一步促进数据自由流动并增强消费者和企业的信任。"随着数字科技时代的深化，对数据的认知应该更加深入和全面，对数据资源安全的技术防护也应该更加体系化、全面化和智能化。

一　数据安全面临的主要风险

（一）狭义数据安全风险

从单项数据本身出发，狭义的数据安全风险主要考虑单项数据在其保密性、完整性、可用性等方面出现问题。其中，根据《信息安全技术数据安全能力成熟度模型》（GB/T 37988—2019）中的定义，保密性指的是"使信息不泄露给未授权的个人、实体、进程，或不被其利用的特性"，完整性指的是"准确和完备的特性"，可用性指的是"已授权实体一旦需要就可以访问和使用的数据和资源的特性"。从比较通俗的角度简单来说，违反上述三个基本安全特征，出现数据安全风险时，主要就包括三类：一是看到不该看的，二是看到不准确的，三是看不到该看的。

1. 数据泄露风险

由于内外部多种可能的因素，如外部黑客窃取、内部员工有意泄露或失误疏忽等，导致违反数据的保密性要求。主要包括以下三种情况：第一，数据授权控制缺失、失效或失误，即数据的访问授权权限方面出现问题，要么根本就没有设置，要么被攻击失效或是设置失误。这一点使不恰当的人、实体或系统进程能访问查看到相关数据。第二，数据未加密或加密被破解，即数据等同于直接明文存储，这点使被访问的数据能够被查看的人或系统所理解。第三，数据未设置防复制、防打印、防下载等，即数据能够被轻易地通过电子化、物理化等方式带离原有位置，这一点使数据泄露的严重性进一步加深。目前，从世界范围看，数据泄露已成为威胁金融数据安全的严重问题。据美国非营利组织隐私权情报交换所（Privacy Rights Clearinghouse）统计，截至2018年，全世界金融业累计发生高达6.44亿次数据泄露事件，几乎是2005年数据泄露次数的85万倍。Tenable公司发布的数据泄露报告显示，2021年有超过400亿条记录在数据泄露事件中被曝光，比上一年增长了78%。

2. 数据篡改风险

因为数据本身的准确性和完备性被人为或系统干扰而导致违反数据完整性的要求。主要包括以下两种情况：第一，缺乏数据标准，即对各类数据的业务属性、技术属性、管理属性等缺乏统一、明确的定义与规范，从根本上使数据的准确性和完备性出现模糊，从而不同人或系统可能对同一个数据产生"见仁见智"的理解，在日常操作上极易出现问题。

例如，企业的所属行业分类是在做宏观研究、策略分析和资产管理等工作时都会涉及的概念，然而行业分类并没有通行标准，主流使用的有包括国标、中万、证监会等在内的多种行业分类。在不同的行业分类标准中，同一家企业可能被划分到不同的行业中。在这样的情况下，如果金融机构没有选定公司统一的数据标准，那么对应数据在不同员工的录入或使用时就可能"千差万别"。又比如理财行业里产品净值是极为重要的概念，是客户申购和赎回交易中对金额和份额进行转换的重要纽带。在上下游系统中存储时是保留小数点后4位、6位或是8位，对超过位数的部分是进行微位、进位还是四舍五入，这些标准和操作都将直接决定最终的产品净值以及由此计算出来的申购确认份额或是联回确认金额，可能出现不同的结果。第二，数据被非法或疏忽修改，不论是主观恶意还是疏忽大意，其结果都是直接导致数据失真，对后续的数据使用、处理等造成一连串的后果。

3. 数据丢失风险

此风险将导致违反数据的可用性要求，主要包括以下两种情况：第一，数据内容被有意或无意完全删除，使对应数据真正丢失，虽然在一定条件下可以通过技术手段进行部分恢复，但从业务连续性、机构声誉等方面来看，仍然往往对金融机构造成严重后果。第二，数据访问权限或访问通道被阻断。这种情况中数据本身其实并未实质丢失，仅是从逻辑上或者物理上失去访问许可或通道，但这也将严重阻碍正常业务开展。

(二)"空间扩展"后的数据集合安全风险

从数据集合的"空间维度"考虑，也存在几类主要威胁数据集合的保密性、完整性和可用性的风险。第一，数据集合加大泄密风险。在数据集合来源多样、内容有交叉时，利用大数据、人工智能等新技术通过对多个数据集合的对比分析、数据挖掘等，攻击者将可能从中获取到远比单数据有价值得多的隐藏信息，从而加剧重要信息泄露风险。

第二，数据未分类分级容易导致泄密风险。数据种类繁多、数量巨大，并且持续积累沉淀，其中有客户信息、交易信息、账户信息等保密性要求高的敏感数据，也有产品介绍、利率牌价等公开数据。若没有适当的数据分类分级，没有区分数据重要性或敏感度，没有差异化采取管理措施和安全防护措施，容易因为混杂管理而使数据风险隐患增大，可能导致高等级敏感数据因管理机制不完善等原因而出现泄露。

第三，数据梳理不当导致数据被掩埋风险。种类多、数量大的数据原本是机构的核心资产，蕴含极高业务价值，但如缺乏必要管理，没有清晰全面梳理，则大量数据可能反倒会成为"数据垃圾"甚至是"数据灾难"。在这种情况下，极易造成人为的数据掩埋，失去部分数据的可用性，从而一方面影响必要的业务活动或管理活动的开展，另一方面还会造成数据的重复制造，进一步加重数据混乱和数据灾难。

第四，元数据、主数据管理缺乏易导致数据处理混乱和数据冲突等风险。其一，元数据是描述数据属性、结构及其关系的数据，主要用于公司各类数据之间的血缘关系分析、影响性分析等，帮助机构从纷繁复杂的数据海洋中找到相互关联的脉络，便于数据定位、协同处理等。在没有元数据管理的情况下，对数据进行协同处理和分析就犹如盲人摸象、大海捞针，容易出现混乱和错漏。其二，主数据是系统间或业务场景间一部分共享使用的关键数据，在系统或业务交互中起到重要的基准、衔接作用。例如，客户基本信息在存款业务中存在，在基金投资信息中也存在，这是判断客户唯一性、计算客户总的金融资产等信息的重要数据。如果没有适当的主数据管理机制，各系统或者各种业务中随意管理，则极易出现主数据不一致，从而导致基于主数据开展的各项数据活动均出现偏差。

（三）"时间扩展"后的数据生命周期安全风险

数据的生命周期管理是从时间发展和事件活动的维度对数据从"生"到"死"（从创建到销毁）进行全面观测和管理。目前，对于数据的全生命周期并没有完全统一的划分。参考相关标准和文献，本章将其划分为以下六个环节，即数据创建或收集、数据存储、数据传输或共享、数据使用或处理、数据归档或备份、数据销毁。从本质上讲，数据在生命周期各个环节所面临的风险其实都可以归类到对其保密性、完整性、可用性的威胁。鉴于数据生命周期概念的重要性，本章从动态、持续保护数据安全的角度将各个环节所特有或者主要的风险介绍如下。

第一，数据创建或收集环节的风险。在这个环节比较容易出现违规或过度收集客户信息的情况，由此导致两方面风险：对客户而言，可能存在个人隐私被泄露或滥用的风险；对机构而言，可能因此存在合规风险、声誉风险和索赔风险等。

第二，数据存储环节的风险。在这个环节首要的风险是前面介绍单项数据风险时提及的明文存储风险。此外，同样比较高发的风险还包括违规操作出现的数据泄露风险。比如很多打印或复印设备带有存储模块，会记录公司日常打印或复印的材料信息。当这些设备出现故障时，有的公司管理员可能会未将存储模块拆卸就直接送外检修，导致数据泄露。

第三，数据传输或共享环节的风险。这个环节容易出现的风险主要包括三类：一是非安全传输风险。如未使用 HTTPS、SFTP 安全传输协议，未对传输数据进行加密处理。二是非必要传输风险。主要是未对业务场景进行细化分析，未明确不同场景下必须传输的数据范围，从而导致传输过多冗余数据，从而不但可能导致效率下降，更可能会加大重要数据泄露的风险。三是非法传输风险。有的高密级数据，依据相关规定可能不允许在网络上传输，而应该通过线下、纸质方式交换共享。

第四，数据使用或处理环节的风险。这个环节涉及最为复杂的场景，包括开发测试、业务生产活动、数据提取分析等情况，常常出现以下几种风险：一是未合规脱敏风险。所谓数据脱敏，是指针对敏感数据进行必要的变形，比如对身份证号中间字符替换为星号、客户家庭地址统一替换为无意义数据等，使之"失去生产数据的原貌"，避免在使用时出现生产数据泄露。若在开发测试等使用前未及时脱敏，则有可能因此泄露。如前所述，信息滥用导致隐私泄露和合规处罚等风险。二是处理不当风险。比如，金融机构柜员未按要求和标准录入客户的真实、准确手机号等数据，则造成数据质量低下，将严重影响后续的对客服务和经营管理与分析。

第五，数据归档或备份环节的风险。数据归档主要是指将有保存价值的历史数据科学、系统、长期地保存下来，可能是通过将数据从业务系统转移到单独的归档设备中。而数据备份主要是指为了业务连续性和数据安全，将部分重要数据定期复制存储。这两项数据活动容易被忽视，也存在几种常见的风险：一是未实施归档或备份。若未归档，将直接导致历史数据要么被删除后无法提取，要么长期占用业务系统空间影响运行效率。若未备份，则直接导致系统丢失主生产数据，如无法及时恢复，则影响业务连续性。二是归档或备份策略不当。不论归档还是备份，都是有代价的，最直接的就是对更多存储空间的占用和更多系统批量运行时间的占用。因此，归档或备份的数据范围、频率、保留时间、设备类型等相关策略均需要结合不同数据的分类分级情况进行科学研究和决策。三是归档或备份数据丢失。与前述的数据丢失风险一样，直接影响归档和备份的功效发挥，对业务和管理造成损失。

第六，数据销毁环节的风险。这是最容易被遗忘的环节，也常常因此而导致数据泄露。主要包括四个方面：一是未全部销毁。敏感数据到达这个环节应该确保应毁尽毁，往往有机构在销毁时遗漏部分纸质数据或散落的电子数据。二是未及时销毁。未按照相关要求及时处置报废设备或材料，因缺乏关注和管理，常常引发安全问题。三是未彻底销毁。随着技术进步，电子化数据的销毁越来越具有专业性，不合适的销毁方法可能导致数据残留或被非法恢复。四是未合规销毁。进入销毁程序的数据一般都是重要、敏感的信息，通常都会有监管或是公司指定的销毁机构，需要严格按照程序完成。若随意送外销毁或不遵守销毁程序，都可能会引发数据泄露。

二 数据安全的治理思路

数据资源安全攻防无疑是一场拉锯战。胜利与和平不会从天而降，以斗争求和平则和平存。上至国家，下至企业，所有组织与个人都需要有清醒的认识、正确的方法、持之以恒的决心，才能凯旋。本节尝试从战略标准、组织意识、联动协同、人才资源、技术防护等角度提供数据资源安全防御战的应对思路。

（一）提升战略地位，完善法规标准

鉴于数据资源安全的重要意义，需要从国家层面加强顶层设计，提升战略地位，不断完善各项法律法规，指导行业管理机构和行业机构不断完善行业规则与规范，加快各类数据资源安全标准制定与落实，从上至下营造数据资源安全防护的氛围和行动依据，做到有法可依、有规可循、有标可落。

从世界范围看，美国、以色列及欧盟等国家和地区也在不断从顶层完善各种法律和规划。如英国密集出台网络安全法案及政令、以色列积极推动网络安全国际合作、欧洲国家加速安全能力的整合提升等。从中国来看，国家层面和行业层面一直致力于数据资源安全提升，尤其是 2014 年 2 月，我国成立中央网络安全和信息化领导小组（2018 年 3 月更名为中央网络安全和信息化委员会）并由习近平总书记担任领导小组组长以来，我国进一步加速网络安全的国家治理。

（二）完善组织架构，提升安全意识

从机构层面看，正面迎接数据资源安全的挑战才是防御之道，最先需要解决的就是

"组织"和"意识"问题。一是数据资源安全涉及方方面面，有技术性问题也有非技术性问题，防御战线长、防御难度高，类似于组织大兵团作战，没有成体系成建制的组织架构、没有成熟全面的战略规划，没有相互配合的战斗计划和令行禁止的严格纪律，想赢得这样大规模的全面战争是难以想象的。正因为如此，各家企业应该从组织架构层面和战略策略层面认真思考和部署，可参考行业标准或业界最佳实践去设计和规划本机构的信息安全防御大计。

二是当前的信息安全防护主要针对的是对外部恶意攻击的抵御，然而企业内部各层级各种角色的人员信息安全意识往往是引发信息安全事件的重要突破口。企业的内部人员普遍能接触到大量的、不同类型的敏感信息，天然成为数据资源安全的重要隐患，甚至有研究机构统计表明，内部员工有意或无意造成的信息安全事件占比竟然高达70%以上。因此，要开展常态化、有效的、接近实战的宣传培训，使员工熟悉掌握信息安全的常识、要求、技能和手段。要常态化进行警示教育，使员工充分了解不良行为可能导致的严重后果。

（三）强化上下联动，促进横向联盟

俗话说，众人拾柴火焰高。面对日益严峻、无处不在的数据资源安全风险，没有一个机构能够独善其身，既要发挥国家与行业监管的统筹力与引领力，也要发挥各类企业的主观能动性，既要提升单机构的防护能力，也要探索推动机构间、行业间建立有效的横向联盟，更要持续推动产学研一体化合作与国际交流。

一是国家和行业监管机构要发挥顶层指导与统筹作用，为行业指明方向、路径，定好标准、规范，通过行政手段强化落实。而作为数据资源安全防御的一线作战单位，各个企业是否充分理解上层设计意图，是否实质性实践，是否结合实际主动反馈优化意见建议，与国家信息安全治理和行业信息安全监管是否步调一致，能否形成良性互动闭环，将很大程度上影响我国数据资源安全能否持续正向发展。

二是单一机构资源与禀赋的局限性与外部安全风险的无限性形成越来越不对称的对比，开放共享、合作共赢将日益成为数据资源安全的发展趋势。在合理设计与必要监管的基础上，值得探索企业跨公司跨行业的信息安全风险联防联控机制与平台，通过集合多家机构的专业人才、技术与资金等多维度资源，在不同细分领域形成对外部威胁的局部优势，进一步筑牢数据资源安全防护网。充分利用产学研等不同角色的自身优势禀赋，共同构建数据资源安全防护的一体化能力，助力前沿研究、加速产业孵化、持续补充后备人才。从科学研究、实践经验、产业融合等多角度加大国际交流与合作，以"人类命运共同体"的视角和胸怀共同应对全球数据资源安全挑战。

（四）加快人才培养，加大资源投入

作为智力密集型领域，数据资源安全攻防双方的竞争，说到底是人才的竞争。从我国情况看，网络安全人才供给侧短缺。国家计算机网络应急技术处理协调中心（CNCERT）在《2019年我国互联网网络安全态势综述》中明确指出，建议通过专业学科建设、抓好示范项目、加快创新基地建设等方式，持之以恒抓好网络安全人才培养，形成人才培养、技术创新、产业发展的良好生态。具体到我国各类型企业，也普遍存在着信息安全人才的匮乏，甚至有的机构未能设置信息安全专人专岗，亟待加大资源投入，补充专业人才。

（五）明确技术为本，增强技术防护

数据资源安全本质上是对信息科技运用的考验，随着云计算、大数据、移动互联网、人工智能、区块链、量子技术等新技术的深入发展与应用，没有信息科技的硬实力，保障数据资源安全无异于一句空话。国家计算机网络应急技术处理协调中心建议，加强网络安全核心技术攻关，通过强化威胁预测、威胁感知和威胁防御，建立健全我国网络空间安全一体化防护能力。鉴于技术防护的重要性，对信息安全感兴趣的企业可去研究近年来业界比较看好的数据资源安全的一个未来发展方向——零信任架构。

关键概念

数据；数据资产；关键生产要素；数据产权；数据资产定价；数据资产交易

思考题

1. 数据确权的难点和价值所在。
2. 不同方法估算数据资产价值的优点和不足。
3. 数字经济时代，政府如何来实现数据治理。
4. 如何利用数据要素来实现中国经济的高质量发展。

第十一章　数字化治理

数字经济驱动治理方式变革有助于实现政府和社会综合治理的制度完备、治理完善、规范有序，提高政府治理和公共服务管理效率，提高整个经济社会的发展水平。习近平总书记指出，"要鼓励运用大数据、人工智能、云计算等数字技术，在疫情监测分析、病毒溯源、防控救治、资源调配等方面更好发挥支撑作用"①。在新冠肺炎疫情这一突发公共卫生事件影响下，我国数字化治理发展更是迈出坚实一步。

第一节　数字化治理的基本内涵

党的十九届四中全会对坚持和完善中国特色社会主义制度、推进国家治理体系和治理能力现代化做出战略部署。习近平主席在《致第三届世界智能大会的贺信》中指出："当前，由人工智能引领的新一轮科技革命和产业变革方兴未艾。在移动互联网、大数据、超级计算、传感网、脑科学等新理论新技术驱动下，人工智能呈现深度学习、跨界融合、人机协同、群智开放、自主操控等新特征，正在对经济发展、社会进步、全球治理等方面产生重大而深远的影响。"② 当前我国推进国家治理体系和治理能力现代化，正是在网络化、数据化与智能化新时代的背景下展开的，新技术革命尤其是信息技术革命在推动国家治理以及政府治理现代化方面作用巨大，前景广阔。

一　数字化治理的内涵

传统中文语境中的"治"字有三个方面的意义：一是统治，如"修身、齐家、治国、平天下""治国无法则乱""治国之道，必先富民"等。二是指社会秩序的稳定，这与"乱"相对应，如"国治而后天下平"。三是整顿之意，如治水、治军等。

在西方语境中，治理的英文是"governance"，与我们熟悉的政府（government）非常类似。governance 的释义是管理国家、组织等的行为或方式，同时也有管制等含义。治理这一词正是来自国家治理，可以追溯到英国思想家约翰·洛克（John Locke）于 1689—

---

① 《习近平关于网络强国论述摘编》，人民出版社 2021 年版，第 28 页。
② 《习近平关于网络强国论述摘编》，人民出版社 2021 年版，第 141 页。

1690 年出版的政治著作《政府论》。治理理论的主要创始人之一——詹姆斯·N. 罗西瑙（J. N. Rosenau）将治理定义为一系列活动领域里的管理机制，这些管理机制"虽未得到正式授权，却能有效发挥作用"[①]。联合国全球治理委员会（CGG）认为，"治理"是指"各种公共的或私人的个人和机构管理其共同事务的诸多方法的总和，是使相互冲突的或不同利益得以调和，并采取联合行动的持续过程"，这既包括有权迫使人们服从的正式制度和规则，也包括各种人们同意或符合其利益的非正式制度安排。联合国全球治理委员会总结了治理的四个特征：治理不是一整套规则，也不是一种活动，而是一个过程；治理过程的基础不是控制，而是协调；治理既涉及公共部门，也包括私人部门；治理不是一种正式的制度，而是持续的互动。

近年来，在数字社会快速发展转型、数字经济对社会发展产生极大促进作用的历史背景下，数字治理问题日益凸显。2022 年，《求是》杂志发表习近平总书记重要文章《不断做强做优做大我国数字经济》，其中明确提出要完善数字经济治理体系，这明确了数字经济是数字治理的前提和基础，数字经济治理体系是数字治理体系中的重要一环[②]。中国信息通信研究院 2021 年 4 月发布的《中国数字经济发展白皮书》提出数字经济的"四化"框架，包括数字产业化、产业数字化、数字化治理、数据价值化。其中，数字化治理包括但不限于多元治理，以"数字技术＋治理"为典型特征的技管结合，以及数字化公共服务等。这是单纯从政府层面指出的数字化治理，把数字化治理等同于政府治理的数字化。

本章认为，数字化治理应该是广义层面的数字化治理，是各种公共的或私人的个人和机构管理其共同事务的诸多方法的总和，其中政府数字化治理是主体，企业数字化治理和社会数字化治理是不可分割的组成部分。数字化治理把政府、市场、社会和个人以数据化方式动态关联起来，进一步形成各方多元互动、协同演化的数字时代共同体，促进数字社会健康、有序发展。

二 数字化治理与治理数字化

随着数字经济时代的到来，治理一词和数字化一词时常共同出现，而治理一词和数字化一词出现的前后顺序不同，其含义也是完全不同的。法国思想家罗兰·巴特在《叙事作品结构分析导论》一文中明确指出："如果我们在入手时就遵循一个提供给我们首批术语和原理的模式，就会使这一理论的建立工作得到许多方便。"[③] 这就需要我们在明晰相关概念的基础上，有效地辨别二者之间的区别。

数字化治理和治理数字化之中，最常见的是数字化治理。数字化治理指的是使用数字

---

① ［美］詹姆斯·N. 罗西瑙主编：《没有政府的治理》，张胜军、刘小林等译，江西人民出版社 2001 年版，第 5 页。
② 习近平：《不断做强做优做大我国数字经济》，《求是》2022 年第 2 期。
③ ［法］罗兰·巴特：《叙事作品结构分析导论》，中国社会科学出版社 1989 年版，第 4 页。

化手段进行国家治理,使用的是治理的原本含义,使用数字技术开辟社会治理新通路。本章将数字化治理进一步拓展为包含政府数字化治理、企业数字化治理和社会数字化治理三个维度,其中政府数字化治理是主体,企业数字化治理和社会数字化治理是其有益补充。在全民共同参与构建社会治理新格局的大背景下,商业领域沉淀的数字化技术不能仅服务于自身,还应和更多社会治理场景打通,用数字化技术联结、支撑、直达每一个社会要素,为政府和社会治理带来更大的价值。数字化相关技术得到了政府的鼓励和支持,而现如今数字技术已经有能力反哺政府,提供更多的政府和社会治理方式和方法。治理带来政府对数字化技术的信任和支持,而数字化技术有效服务治理水平,能为整个社会带来效率和安全。

与数字化治理不同,将数字化和治理两个词反过来,称为治理数字化。治理数字化则是公司治理的一个分支。基于经济学的专业立场,企业有两个权:所有权和经营权,二者是分离的。企业管理(corporate management)是建构在企业"经营权层次"上的一门科学,讲究的就是企业所有权人向经营权人授权,经营权人在获得授权的情形下,以实现经营目标而采取一切经营手段的行为。与此相对应的,公司治理(corporate governance)则是建构在企业"所有权层次"上的一门科学,讲究的是科学地向职业经理人授权,科学对职业经理人进行监管[1]。数字化是难以通过单个自然人或者某几个自然人组成的无限责任合伙企业产生价值的。数字化技术天生基于网络外部性带来的价值,而网络外部性则需要众多接入的节点和生态来实现。这就使数字化公司比传统公司集团具有更大的治理难度,主要是源于其比原有大型公司更加庞大的组织结构,多层"金字塔"式股权结构等。与此同时,数字化转型需要公司整体的文化变革,而文化变革需要利益驱动,如何平衡如此巨大的数字化公司各个管理层级以及股东大会、监事会、董事会的利益成为数字化治理的主要课题。

三 数字化治理的可行性

(一)大数据的预测功能

大数据作为一种技术,其核心价值和运用就是预测。大数据预测能够基于海量数据和预测模型去预测未来事件发生的可能结果和概率,使未来成为"可知"之物。人类行动的逻辑变得可知,人类进行决策与管理和对未来的预测能力得到极大增强,同时,这也从根本上改变了我们认识、理解世界所采取的方式。今天技术发展使我们可以获得的数据量前所未有地增加,这无疑能够大大地减少这一现象的出现。通过互联网所营造的虚拟世界,关于个体行为的准确、完整信息能够被自然而又容易地记录、收集到,以这些数据作为基础,一些原本无法开展的研究便有了实现的可能。从更为宏观的角度讲,在数字时代下,关于人类行为的各方面的数据都可以被收集,其数量之大和所包含的信息涉及范围之宽,

---

[1] 朱长春:《公司治理标准》,清华大学出版社2014年版,第12—13页。

都是前所未有的,这为人类更好地认识自己提供了可靠的基础。硬币总有其反面,大数据也包含着消极因素,对人类生活以及与世界交流的方式提出了挑战,但也促使我们改变认识和做决策的方式。

(二)推动组织管理和决策变革

以大数据和智能化为代表的新兴信息通信技术和不断发展的智能化网络平台不断地推动着政府的组织管理以及决策体系变革,催生出电子政务、互联网政务、云政务等新型政府服务形式,在此过程中,我们也能看到其存在的网络化、扁平化、分布式、小型化、开放性以及由下而上等特征和优势。以大数据、智能化为代表的数字技术,通过数据共享、内部竞争、细分服务、智能决策、创新驱动等途径改进组织治理效能,最终导致组织决策与治理方式方面的转变。大数据及智能化技术已被普遍应用于政府治理或公共服务的各个领域以及社会生活的方方面面,其在公共服务各个领域的革命性变化随处可见,在公共安全、社会管理、公共交通、医疗卫生、科技教育、环境保护等领域都有广泛的应用。在广泛的实践中可以看到,数据不断增加着我们生活中的可行性,不断丰富着我们的日常工作、生活、娱乐,进一步,我们发现问题和处理问题的工具、方法乃至思考方式都在相应地不断变革,更为重要的是,从实践上来说,数据能够改变我们解决问题的实施方式,从而真正地改变世界。

(三)广泛嵌入个体和社会

数字技术引发了计算机之后的又一次技术革命,以大数据分析、行为实验和政策仿真技术等为代表的集成技术的运用,使公共决策突破于人类认识、计算和预测能力的有限性成为可能,使完全理性这个曾只存在于理论当中的概念成为一种现实的可能。在数字经济高歌猛进地发展,数字技术广泛应用于生活的当下,每个人都无可避免地成为数据世界的一员,成为数据的生产者。而数据的获取过程也从传统低效的调查统计转变为自动的感知记录。众所周知,预测是大数据的本质和核心所在,对通过智能终端、物联网、云计算、区块链等前所未有的方式搜集到的关于海量个体的海量数据使用大数据和机器学习等技术进行挖掘和分析,最终能够发现社会规律和预测人的行为。

第二节 政府的数字化治理

党的十九大明确提出要加快推进信息化,建设"数字中国""智慧社会"的奋斗目标。习近平总书记就"数字中国"建设发表了一系列重要讲话,做出了一系列重要指示,形成了具有鲜明时代特色的"数字中国"建设思想,这是习近平新时代中国特色社会主义思想的重要组成部分,是我们加快推进新时代数字中国建设、加快网络强国建设的根本遵循和行动指南。

随着技术进步,大数据成为提升政府治理能力的新途径。大数据应用能够揭示传统技术方式难以展现的关联关系,推动政府数据开放和共享,促进社会事业数据融合和资源整合，将极大提升政府整体数据分析能力，为有效处理复杂社会问题提供新的手段。"数字政府"作为现有信息化条件下架构形成的一种新型政府运行模型，顺应了"数字中国"及我国体制性改革的要求，实现政府部门横纵贯通、跨部门、跨层级、跨系统、跨地域，以及业务高效协同、数据资源流转通畅、决策支撑科学智慧、社会治理精准有效、公共服务便捷高效、安全保障可管可控的目的。建立起"用数据说话、用数据决策、用数据管理、用数据创新"的大数据管理机制，有助于实现公共服务便民化、社会治理精准化、经济决策科学化，将推动数字中国建设、推动政府管理理念和社会治理模式的进步、推动社会经济高质量发展，将加快建设与社会主义市场经济体制和中国特色社会主义事业发展相适应的法治政府、创新政府、廉洁政府和服务型政府，是创新社会治理、推动数字经济发展的必由之路。

一 政府的数字化治理背景

（一）数字经济时代对政府治理理念产生的影响

一是开放的意识。大数据时代以来，从美国的"开放政府"战略，到规模不断扩大的世界"开放联盟"组织，都表明着世界各国政府的开放意识都在强化。而开放意识的确立与否，决定了一个国家或政府在数字经济时代是"激流勇进"还是"被淘汰"。

二是包容的心态。数字经济时代要求数据的互联和自由流动，国家地域之间的壁垒需要被打破，最终实现数据世界的一体化。国家之内，例如社交网络平台的出现和发展一方面提供了一个民众合法"倾诉"的便捷路径，也便于政府高效接受公众反馈和诉求，拉近民众和政府关系，加强交流理解，也能有效促进双方互包互容。

三是科学的态度。数字经济时代下，数据颗粒更小，包含更多的微观细节；数据的可得性增加，通过大数据技术，摆在政府数据篮子里的是更为原始与真实的数据，政府决策过程在大数据技术的支撑下变得更有效率的同时，决策质量也会由于过程可考证化而大为提高，不确定性降低了，置信度提高了，相应地，风险水平也急速降低。为人类用普遍的理性、科学的思考取代感性的经验分析提供了基础。

四是关联的思考。数字经济时代下，"关联"性的思考变得至关重要。这种思考的方式，从认识问题的初始、贯穿整个分析、思考乃至最后问题解决的过程。这种关联性的思考，不仅包括人与物各自内部的，更包括人与物之间，也是历史、时空方面多维度的。

五是深度的分析。实时和深度是数字经济时代下的大数据分析的特点。然而作为大数据时代分析的对象，信息却是冗杂无比的，不仅存在的形式、形态繁多，更是分散在不同的时空、网络平台之中。而大数据所承担的任务就是不停地进行深入的挖掘与分析，从这些表面上看起来杂乱无章、互不关联的海量数据中，找出理性认识的联系和规律。

（二）数字经济对政府治理方式产生的影响

政府治理环境的不断变化引发、推动着政府治理方式相应地创新发展。技术是政府治理过程中物质性的关键要素，而数字化技术带来的新一轮的技术浪潮，其变革和发展必然会不断推动着政府治理的现代化转型,为新的治理手段的出现提供可能,长期而言,从内外两个方面推动治理机制的创新,最终变革政府治理方式,完成政府治理数字化转型。

一是产生政府治理的"倍增"效应。信息技术飞速发展的时代,相继出现了数字化治理、网络化治理,由此"治理"理论的核心理念转变为:通过合作、协商、伙伴关系,确定共同的目标等途径,实现对公共事务的管理,涉及的核心问题就是权力多中心化以及由此引发主体多元化、结构网络化、过程互动化和方式协调化的诉求。因此,将数字化相关技术应用到政府治理中将加速政府治理的创新,可以产生"倍增"效应。

二是"智能化"重新塑造政府治理模式。数字经济时代的政府治理方式将以"智能化"重新塑造政府治理模式。在智能时代,人与人之间的合作、任务之间的对接会更精确,要求政府治理实现"智能化",以降低整个国家和社会的运行成本。具体来看,第一,政府通常面临着大量的需要处理的业务和搜集的公众意见反馈、行为方面的数据,这些数据常常呈现出冗杂无序、处理困难等特点,而先进数字技术的采用,能够对这些数据进行科学有效的分析,探索出这些数据中的关联、显示其蕴含的信息、实现其由静态化向动态化、海量数据向智能化的转化。第二,由于数据在生产消费中存在的特点,通过加大数据开放力度等政府行为,能够促进相关产业的发展或者新的产业的形成而推动经济发展。在政府内部也会出现治理模式的变革。例如通过数据和分析优化加强绩效考评,避免尸位素餐的情况出现,使得陟罚臧否更为科学合理,从而提升政府人员、组织的管理和IT资产的效率,最终达到降本增效的目的,使政府竞争力得到有效提升。第三,政府将数字技术应用到以往的治理难点区域,在网络反腐、舆情监控等公共领域对数据进行有效的利用,更好地实现政府决策,更是可能实现政府管理从事后决策转变为事前预警的根本性转变,从而将数据转化为科学决策,提升政府决策力。经过这样的技术转化之下,相对低价值的原始数据最终成为增强政府治理能力的关键要素,各种数字技术被运用于政府治理之中,进而实现政府的数字化治理。

二 国内外政府的数字化治理现状

(一) 全球政府数字化转型现状

联合国电子政务调查评估自 2001 年启动以来,已连续发布了 10 次报告,成为全球电子政务领域的权威机构。《2020 联合国电子政务调查报告》的主题是"数字政府助力可持续发展十年行动"。该报告围绕以电子政务支撑 2030 年实现 17 个可持续发展目标为核心,从全球视野和全球思维的角度,剖析了全球电子政务的发展实践,总结了国际电子政务的发展趋势[①]。数字政务已成为各国政府的选择,越来越多的国家大力推进数字政务战略,以数据为中心,强化电子参与,整合线上和线下渠道,提升以人为本的数字政务服务能

---

① 联合国经济和社会事务部:《2020 联合国电子政务调查报告:数字政府助力可持续发展十年行动》,中央党校(国家行政学院)电子政务研究中心译,联合国,纽约,2020 年。

力，全球数字政务呈现出蓬勃发展的趋势。

1. 全球电子政务整体发展水平不断提升

电子政务的高歌猛进式的发展在全球范围内成为普遍现象，各国都在为不在数字经济时代掉队而积极制定、推进数字政府战略，不断提升电子政务发展水平。数字政务战略要求实现数据的中心化，强化电子参与，实现线下实体和线上虚拟的有效联合、协同，从而拓宽服务范围，提升数字政务服务能力，更好贯彻以人为本的政府服务理念，更好满足民众需要。相关数据表明了各国这一积极推进建设的成效，仅2018—2020年，全球电子政务发展平均指数就从0.55上升至0.60。而国别样本的数据更进一步表明在所有联合国成员国中，有多达126个国家的电子政务发展水平已经处于"高"或"非常高"这两个级别，占比超过六成。在这些国家中，包含在"非常高"这一级别的国家达57个，相较于2018年的40个，更有超过四成的增长。全球范围内，发展水平仍处于"低"级别的国家仅有8个，并且在2020年，所有五个大洲的电子政务发展指数都有所上升，这一数字预计会进一步减小。当然，数字政务在全球也存在着不均衡发展，欧洲作为发展龙头对比相对落后的非洲也有相当大的差距。

2. 数字政府转型快速推进

数字政府建设是作为数字化转型的关键所在，也是各国大力推动建设和完善的环节。凭借新型的信息通讯和数字技术，各国政府纷纷改造、完善、创新自己的管理、运作、服务方式，在信息搜集与公开、政府决策、公共服务提供等方面做出了积极转变，实现对公众真实需求的相关数据及时搜集、科学处理，有效回应公众关切的问题，更好提供公共服务。在193个联合国成员国中，有高达76.7%的国家已经设置了如首席信息官等职位，其目的在于通过相应的机构改革来推进数字政府的建设和数字化转型，通过构建新的组织结构来面对转型过程中的各种挑战，形成更为合理的组织文化，不断发掘公共部门、社会组织和个人的能力。转型的过程需要在一个科学合理的整体方案的指导下推进，这个方案包括推进数据治理，促进有效的公共通信，加强通信技术基础设施建设及提升新技术应用能力，建立符合信息化发展需求的制度和机制，制定数字化发展战略，形成监督和评估机制。

3. 在线服务成为各国发展的重点

数字经济时代下，提高在线服务水平早已是世界范围内的普遍共识，从而不断加强提升电子政务服务水平及推进公共服务在线提供已经是各国政府不约而同的必然选择。越来越多的政府计划凭借电子政务的推进来建设整体政府以求解决协同治理问题，视其为在当下及未来能够有效处理各种复杂问题的重要途径。在构建整体政府的过程中，在基础资源的使用上必须要实现集约化而非粗放式的发展，在管理层面要实现统筹规划与高效协同，而在服务层面的"一体化"无缝整合成为各国的普遍做法。从全球范围来看，全球在线政务服务的发展是极为迅速的，已经不再是政府单向、单部门地通过网站向民众提供信息和服务，而开始积极进入了水平上多部门、竖直上多层级结构的系统性、有机结合的提供一体化网上政务服务，整体性、系统性成为其突出特征。数据显示，在所有190余个联合国成员国内,只有1个国家落单于网上门户平台的开设环节,超过六成的国家业已为本国民众提供了线上政务服务。在所有提供的政务服务之中,最为经常被办理的是企业登记相关业务,这项在线服务在全球超过160个国家被提供,2018—2020年,这一数字增长超过三成;此外,提供各类在线服务的国家数量都在快速不断地增长,包含针对弱势群体的在线服务,到最为普遍的医疗、就业、卫生、环境等相关服务。

4. 政府快速响应能力不断提升

新冠肺炎疫情期间,各国政府都纷纷凭借其国家门户网站、手机端程序和新兴媒体平台公开疫情相关信息,实时接收并积极反馈民众的需求,摆脱了原有的政府和民众的交流互动和政府治理方式。一项样本为193个联合国成员国的国家门户网站使用数据情况表明,在疫情相关信息公开方面,各国都表现出了相当高的透明度,已有的或者在疫情期间专门开设的网站和App等,凭借其在便利性、及时性、灵活性等方面的优势,在疫情期间的信息传播和社会治理等方面发挥了极大的积极作用。拥有多种功能的电子政务系统的国家能够向疫情中职业、地理位置各异的主体提供准确及时的信息,从而有效地应对疫情危机。同时,政府通过积极寻求与社会平台的合作,也能有效地阻断虚假信息的传播。在数字经济下,每个人都通过数字设备与他人进行时空相连,公众与政府之间能够更加积极交流互动,各国政府能够更好收集疫情数据并加以分析分享,不断提高地方政府的协调能力,并向最需要的人提供服务。

5. 城市电子政务蓬勃发展

在《2020联合国电子政务调查报告》以及自2018年以来新增的对代表城市进行的评估中,评估的范围进一步拓展。样本容量从40增至100,遍布世界各地,综合考虑了地区和人口相关情况。其中,上海的在线服务指数位列第九。相关在线服务指数由多达80个小项指标构成,包括技术提供、内容提供、服务提供及参与度这四个维度。在这四个维度中,参评的大多数城市都基本达到了内容提供这一指标的相关要求,但是在促进公众参与和服务创新方面还存在着不少的问题,需要积极推进建设。地方行政部门对于技术和数据的重要性即改变内部业务、服务交付和互动机制的认识也在不断加强,这将进一步推进政府治理向"智慧"和现代化的方向发展。在大多数情况下,地方政府可利用信息和通信技术整合和简化内部程序,从而改善服务的提供。当然机遇和转变也意味着风险和挑战,在政府、城市的数字化转型和治理结构的新技术整合的过程中,基础建设、成本的居高不下、隐私泄露、人才资源缺乏、管理落后等问题也将成为需要迫切突破的阻碍。

6. 电子参与持续推广

电子参与是数字政务治理的一个关键层面,也是数字政务可持续发展的支柱之一。其过程一般是作为治理方的政府主动向公众提供相关议题、热点的争议及决策有关信息,通过网络方式进行调查,进而对电子参与进行评估。2020年,一项通过测算电子参与指数以评估各国的电子参与情况的调查(包括教育、司法、卫生、社会保障、就业、环境等多个领域)的数据显示,中国的电子参与情况较为优异,以0.964排名第九,说明了中国在包括信息公开、加强民众和政府的交流互通方面的各种努力取得了巨大成效。未来,电子参与平台会在越来越多的国家普及开来，成为政府数字化治理的有效途径，并且业已出现的多功能参与平台的趋势还会加强。

7. 数据治理框架不断完善

随着数据应用的场景不断拓展，层次不断深化，风险和挑战也会在政府面前不断堆积，政府为了回应这些风险和挑战，相应地也会实现转型。政府通过开展以利用数据治理框架和以数据为中心的电子政务战略，公共价值能够通过创新性的途径被生产出来。相关数据表明，截至 2020 年，建立起政府数据开放门户网站的国家已达 153 个，这个数字是 6 年前的 3 倍多。在所有参与调查的国家之中，制定了开放政府数据政策、对民众对新数据的请求持开放和积极态度的国家都接近六成，制定元数据或数据字典成为越来越多国家的选择，进行数据相关知识的宣传在各国范围内也都越来越常见。随着技术的发展，主体对数据的收集、分析能力的不断提高，数据集使决策主体能够更好地理解客观世界的联系和规律，进而进行高效科学决策，并使电子服务更高效、更可靠、更包容，尤其是在实现面向未来的复杂和可持续的发展目标方面，数据能发挥极大的不可替代的作用，具有化不可能为现实的能力。当然，在数字经济时代，随着技术不断进步的是不断产生、堆积成山的数据，同时人们也越来越认识到数字经济下数据所带来的挑战和风险，这些都呼唤着更为有效的数据治理。各国政府必须采取整体政府的方法，在国家数据战略、强有力的数据领导和数据生态系统的支持下，发展总体数据治理框架。

（二）我国政府的数字化转型现状

《2020 联合国电子政务调查报告》显示，我国电子政务发展指数从 2018 年的 0.6811 提高到了 2020 年的 0.7948，排名比 2018 年提升了 20 位，实现历史新高，达到全球电子政务发展"非常高"的水平。其中，作为衡量国家电子政务发展水平核心指标的在线服务指数提升至第 12 位，在线服务达到全球"非常高"的水平。我国在线服务全球排名的大幅提升，与我国不断深化"放管服"改革及大力推动全国一体化政务服务平台建设的决心和行动密不可分。

1. 顶层设计日臻完善，在线政府服务规模不断扩大

党的十八大以来，以习近平同志为核心的党中央高度重视网络安全和信息化工作，强调要以信息化推进国家治理体系和治理能力现代化，统筹发展电子政务，构建一体化在线服务平台。党的十九届四中全会《中共中央关于坚持和完善中国特色社会主义制度 推进国家治理体系和治理能力现代化若干重大问题的决定》提出，创新行政管理和服务方式，加快推进全国一体化政务服务平台建设。党的十九届四中全会从推进国家治理体系和治理能力现代化的战略高度，把推进全国一体化政务服务平台建设作为完善国家行政体制、创新行政管理和服务方式的关键举措。2018 年 6 月，国务院办公厅关于印发《进一步深化"互联网＋政务服务"推进政务服务"一网、一门、一次"改革实施方案的通知》，在加快推进政务服务"一网办通"和企业群众办事"只进一扇门""最多跑一次"方面进行重要部署，借助信息化手段设计了满足人民需求的新思路，通过构建数字政务新模式开创社会治理新途径。

来自中国互联网络信息中心（CNNIC）的数据表明，截至2020年3月，我国在线政务所服务的民众已接近7亿，两年间扩大了3亿，每4个网络用户就有3个是在线服务的用户。2019年起，全国各地纷纷加快数字政务建设工作，较为突出的代表为浙江、广东、山东等经济相对发达的地区，政府陆续出台了与之相关的发展规划和管理办法，进一步明确了数字政务的发展目标和标准体系，为政务数据开放共享提供了依据。截至2019年年底，我国共有政府网站14474个，以政府门户网站和部门网站为主要代表的政府网站的数量已经蔚为可观。各级政府机构都有开设相应网站，其中，属于国务院部门或其内设、垂直管理机构的网站有912个；省级及以下行政单位共有政府网站13562个，分布在我国31个省（自治区、直辖市）和新疆生产建设兵团。市级及以下行政单位共有政府网站11890个，占比为82.1%。

2. 全国一体化政务平台初步建成，政务服务集约化水平显著提升

截至2019年，全国有共计31个省（自治区、直辖市）和新疆生产建设兵团、40余个国务院部门建成了政务服务平台，所有省级网上政务服务平台的个人用户注册规模已经达到2.39亿，比一年前增加了7000多万，增长十分迅猛。同年1月，能够实现跨省跨部门联通的国家政务服务平台已经开展了整体的线上试运行，提供数千项对外服务和数百万项地方政府服务，更有力地提高了网上事务办理效率。并且国家政务平台有多个方面的首创：第一次建立起全国范围内的畅通的身份认证体系、第一次实现全国电子证照目录汇聚和互信互认、第一次实现全国政务服务事项标准化、第一次实现全国政务服务统一评价和投诉建议、第一次解决地方部门平台间用户信息传递问题、第一次构建起全国性的政务服务大数据、第一次实现地方部门政务服务数据共享需求统一受理和服务、第一次实现全国政务服务平台安全一体化管理。

也是在同年，为了落实《关于加快推进全国一体化在线政务服务平台建设的指导意见》，各地区开始积极推进统一、互通的政府网络建设，以避免各自独立建设中存在的重复投入和由于信息不互通导致的问题，实现数据的互通、共享，建立起真正高效的网络服务平台。截至2019年年底，全国有31个省（自治区、直辖市）实现了省、市、县的多级政务服务平台覆盖，其中更有21个地区的相关建设是遵循了规范、标准、集约的建设要求，并实现了省、市、县、乡、村全层级的服务覆盖。相关结果证明，一体化平台建设取得了成效，到2021年，有多达10亿人注册并使用全国一体化政务服务平台，仅仅上线运营两年的国家政务服务平台的用户规模也达到了4亿之巨，取得巨大成功，总使用量达到368.2亿人次，有效地为异地事务的解决办理提供有效途径。在构建统筹、联通的一体平台的同时，以实现高效办成"一件事"为目标，整个政府服务办理的流程也在重构，通过部门内改革，通过跨部门、跨层级、跨区域协同，推动实现更深层次更高水平的"减环节、减时间、减材料、减跑动"，推进政务服务更加便利高效，为企业构造起一个更加积极友好的营商环境，进一步提升企业和群众办事的便捷度、体验度和满意度。

3. 服务效能提升，标准理念强化

当前，我国的"互联网+政务服务"正在逐步从构建基础性平台向服务效能提升转型

升级。"互联网＋政务服务"初始于各级政务服务大厅推动的行政审批改革，政务平台的网络协同、数据信息的互认共享、业务审查的智能处理使"互联网＋政务服务"效果显现。在此过程中，认识到创新的核心作用和地位，加强创新型驱动，同时必须要全面贯彻以人民为中心的发展思想；必须要打破对"互联网＋政务服务"发展起到消极作用的体制机制桎梏，破除利益固化顽疾，实现真正包容惠普发展。促进顶层设计、发展环境更优化、协同推进更有力、服务质量更高效、服务供需更均衡的网上政务服务发展新格局，是对"互联网＋政务服务"发展的更高要求。

仅在 2018 年，国家就发布了以《政务服务中心进驻事项服务指南编制规范》为代表的数十则关于政务服务标准化文件。2019 年，国务院办公厅会同相关部门编制完成国家政务服务事项基本目录并依申请类政务服务事项基本目录体系，对相应的申报与许可事项做出了准确的统计，使事项底数不清、要素标准不同、更新不及时等顽疾得到初步的解决。目前，国家政务服务事项基本目录已经录入了来自不同省份，层级不同的万余个实施主体，编制了责任主体清晰、办理时限明确的实施清单，共包含 373 万个具体的服务事项，办事指南要素信息超过 2 亿条。截至 2019 年 12 月，全国 31 个省（自治区、直辖市）和新疆生产建设兵团建设的省级政务服务平台按照统一编码、统一标准、统一要素的标准化要求，可以提供省本级部门涉及的行政许可、行政给付等 6 类具有依申请特征的 52973 项政务服务，包括办事指南、网上办理结果查询服务。2021 年，超过 1/4 国家部委实现政府服务 100% 全程网办，各省（自治区、直辖市）政务服务全程网办情况仍有较大提升空间。

4. 地方政府积极进行政务数字化转型

以贵州为例，2014 年开始建设的"云上贵州"平台是国内第一个政府数据资源整合共享、开放和利用的云平台。贵州省政府规定，除特殊需要外，省级部门不单独购买服务器、交换机、操作系统等软硬件信息设备，不再自建机房，非密系统一律迁入云平台，统一存储数据，统一开放数据。2016 年贵州省、市两级 481 个应用系统嵌入云平台，规划建成法人单位、人口、空间地理、宏观经济四大基础库，建设全省统一的政府数据中心，实现数据的整合共建、无缝共享。基于"云上贵州"平台和大数据技术，贵州建设了"工业云""智能交通云""食品安全云""环保云"等政务平台，增强了政府在经济运行调节、社会治理、市场监管、环境监管等方面的社会治理能力；建设了"电子政务云""智慧旅游云""社区云""民生云"等政务平台，提高了政府服务水平；建设了"数据铁笼"政务平台，实现了网上办公、网上审批和网上执法，权利行使全程电子化，提高了政府透明度。同时，为了实现"进一步网办全省事"的目标，贵州建设了覆盖省、市、县三级政务、事务、商务服务的"三务合一"网上办事大厅。

5. 移动端驱动引领作用进一步加强

随着智能手机的迅速普及，移动政务服务应用正成为移动互联网时代政务服务的新渠道。在"微技术"的迅猛发展下，各地区纷纷将移动政务服务作为提升服务水平和效能的重要载体，围绕业务量大、受众面广、群众使用率高的服务事项，积极推进覆盖范围广、应用频率高的政务服务事项向移动端延伸,推动实现更多政务服务事项"掌上办""指尖办",提升群众获得感。

6. 新型智慧城市建设加速落地

当前,我国智慧城市经历了从"建系统"到"建城市大脑"的转变,从概念、少数城市拥有向大众参与转变,逐步进入新型智慧城市发展阶段。第一,强化标准和示范,智慧城市规范化发展落地。为推动城市治理体系和治理能力现代化建设,2021年6月,住房和城乡建设部印发了《城市信息模型(CIM)基础平台技术导则》,总结广州、南京等城市试点经验,提出CIM基础平台建设在构成、功能、数据、运维等方面的技术要求。此外,住建部对《城市信息模型基础平台技术标准》征求意见,对平台技术标准的基本规定、平台架构和功能、平台数据、平台运维和安全保障等方面做出规定。第二,注重因地制宜,智慧城市建设展现城市特色。2021年,我国近30个省(自治区、直辖市)在"十四五"规划中均指出,要加快智慧城市建设,提高社会治理智能化水平。各地基于特色部署个性化智慧城市,例如,深圳市推出《深圳市新型智慧城市建设总体方案》《深圳市人民政府关于智慧城市和数字政府建设的若干意见》,对标全球智慧城市先进案例,致力于打造具有深度学习能力的城市智能体,成为全球新型智慧城市标杆和"数字中国"城市典范。

三 数字经济时代智慧政府新模式

(一)智慧政务的含义

智慧政务是指政府在治理过程中,以大数据"智能化"技术手段感测、分析、整合社会运行核心的各项关键信息,并通过经济组织、社会组织和公众的参与和协作,对政府决策以及各项社会活动治理做出智能的响应,推动公共管理朝着高效精准、公共服务朝着便捷惠民的方向发展,并促使社会综合效益得以有效提升的一种全新的政务运营模式。它是现代科技的产物,是将大数据作为政府治理的结果。

智慧政务的核心即在有效和充分获取大数据的前提下实现对大数据的有效应用,来获取知识所必需的工具和技能。大数据技术一方面极大地加强了主体对于一定事件有关数据的数据采集能力,另一方面也使对这些数据多维度的科学整理分析成为可能,这能够极大地提高政府相关治理能力,进而为政府转型过程中治理模式由传统的粗放型向集约高效的新型模式的转变提供充足动力。大数据作为新一轮科技革命的重要代表,在人类的社会中也引发了一场"智慧革命",使人类具有了"从海量、复杂、实时的大数据中更可以发现知识、提升智能、创造价值"的能力,更好地理解世界的智慧。具体到政府治理的领域,推动智慧政务的发展,这意味着凭借大规模地运用大数据技术来构造并不断完善一个智能化的用以快速有效处理公共事务的平台。通过这样的平台,有效地解决信息不对称和外部性等问题,使社会尤其是稀缺性的资源的配置得到优化;搜集关于公共物品的真实需求,避免"搭便车"和"公地悲剧"等问题的出现,改善相对低效的社会公共物品及服务供给，更好地满足民众的需求，最终促进社会秩序的重构与和谐局面的出现。

(二) 智慧政务的重点内容

数字经济时代，包括普通公众在内的多元主体参与政府治理的必要性更为突出，因为其已经成为大数据的重要来源。基于社交媒体和网络社区的及时和便捷，公众对相关政策和服务的评价反馈、对公共服务的真实需求能够有效传达给政府相关部门，以便更好地处理。这些新兴媒体的出现，拓宽了民众和政府之间沟通和交流的渠道，加强了双方的有效联系和互动。此外，在大数据时代下政府治理的过程中，以公司企业为代表的市场主体也是不可或缺的重要部分，发挥着极大的作用。特别是信息产业界中的一些优质企业，通过他们在相关高新产业中掌握的技术优势，尤其是经过了成熟应用的大数据相关技术，能够帮助政府管理者在其面对的海量数据中探寻出有价值的信息，从而奠定进一步决策的基础。智慧政务是一种融合信息技术、政府职能和公民参与的动态、有机、协调的互动体系。同原有体系一样，政府是这个体系的主体，但是在新体系之中，政府被要求在有效履行原有义务并积极拓展自身职能的基础上，更需要去构建一个有效的"政府—社会—市场"协同治理机制。在相应的智慧治理过程中，推进政府数据公开共享是一个不可或缺的关键环节，更要在实现政府主导的同时积极加强多元主体参与治理，以实现社会力量的整合和协同治理格局的形成。相关数字技术的应用与理念的转变想要真正落实到政府治理能力的提升和治理效果的改善上，重点还是在于一套行之有效的治理体制的建立。

政府智慧治理的重点任务有四项：一是智慧决策。大数据时代的决策模式是以大数据技术为核心支撑的，不是传统的依靠主观经验而是依靠现实数据，不是基于直觉判断而是基于科学理性推测，从而提高决策的有效性和科学性。数据驱动的智慧决策模式将极大地促进政府治理的现代化的实现，使政府更高效、开放和负责。大数据本身的真实性和客观性，也极大地避免了决策中的主观臆断或者利益集团的感性宣传干扰的问题，使决策建立在科学客观的基础上。正是由于存在这些特性和优势，世界各国政府都将发展基于大数据的智慧决策作为推进政府治理现代化的重要途径和目标之一。

二是智慧服务。政府服务的对象是民众，智慧政务最终的落脚点是为民众提供更好的服务，即智慧服务。作为一种新的服务形态和创新、高效的服务体系，智慧服务在贯彻了"以人为本"的服务思想的同时，实现信息技术、政府职能、组织机构、社会治理的有机结合，在此基础之上，最终面对民众提供优质、便捷、符合需要的公共产品及服务，使服务本身成为主导，摆脱传统模式下管理本位的桎梏。政府在推进智慧服务过程中，要将提升政府现代化治理能力作为智慧政务建设的首先着手之处，最后落脚到利用大数据为民众提供更优质的服务，更好地满足其需求上。

三是智慧监管。随着数字经济时代的到来，大数据作为一种广泛适用的信息高新技术，为新的更为创新高效的市场、社会监管方式的出现提供了有效支撑，进一步为实现政府的智慧监管奠定基础，从而能够更好地服务经济社会发展。数据监管是政府监管市场和社会的重要工具。各级政府要善于运用大数据提升市场监管和社会监管能力。

四是智慧应急。智慧应急所倡导的智慧感知、智慧分析与智慧处置为社会突发公共事件的预防、分析、追踪、处理和决策等方面提供了科学的方法与指导。各级政府在应对各种公共应急事件中，运用大数据技术为应急管理提供更多的治理资源和手段。

（三）实现政府数字化治理的对策建议

1．顶层设计，统筹规划

政府数字化转型是关乎全局和系统性的重大改革和重大集成创新，不是限于某个部门或者某个层级的局部、个别性的改革，而是涉及政府所有部门，包括所有层级，需要各部门、各层级统筹、协同进行的至关重要的任务。政府现代化转型是对普惠性助企惠民服务的重要支撑，更是实现政府治理体系和治理能力现代化的必由之路。政府的数字化转型是一项极为庞杂和艰难的任务，是一个既要"一把手"又要"一盘棋"两手抓的系统性工程，从主体层面要求统筹不同地区和部门的力量，集合各主要官员的重视，在过程中不断完善优化全局性统筹、通盘性谋划、战略性部署，强化对政府数字化转型的总体规划设计，深化一体化的政务服务和权力运行平台，打造"一网一号一平台"行政服务运行体系。加强政务数据治理体系建设，建立健全政务数据治理体制机制，推行首席数据官制度，开展政务数据管理能力成熟度评估，全面提升政务数据管理能力，为政务数据的共享、开放、流通扫除制度障碍。深层次挖掘我国政府数字化转型动力，让企业和行业成为政府数字化转型的关键力量源泉，减轻政府投资压力，更好地促进政府数字化转型，提升政府治理体系和治理能力现代化。

2．整合资源，统一标准

贯彻落实"放管服"改革要求，充分认识到建设数字政府的重点所在。在建设中要始终秉持标准化思想，一方面推进数字政府国家层面的统一建设标准规范、规划的拟制、出台，破除不同层级、同一层级不同主体之间标准不统一甚至矛盾、技术交叉等问题；另一方面要加强建设指导和监督，使相关标准不打折扣地落实、应用到数字政府的实际建设中去；还要加强以提高标准化意识为目的的对建设相关参与人员的培训与宣传教育。总而言之，就是要做到"同一标准体系、同一系列标准、同一落地应用"，让标准混乱、建设不规范的问题从本质上得到解决。

3．需求导向，互联互通

立足于云计算、大数据、物联网和人工智能等一批关键性的数字技术，实施信息技术的标准领航工程，对政府数字化转型急需的政务云平台建设、政务数据开放共享、政府业务流程再造、数据交易流通和信用评价等关键领域重点投入，先行研制一批数字政府标准规范，积极推进标准的落地和实施，各地方政府要合理布局、因事施策、因地制宜。将采用的标准向社会开放，鼓励参与数字政府建设的各单位积极采用这些公开标准，对各级政府建设数字政府云平台、政务中心等基础信息设施要求使用统一标准，各个业务系统保持接口一致，实现互联互通，打造共性的底层应用平台。

4．部门协同，全面推进

数字经济通过不断地发展，已经成为经济社会中不可或缺、举足轻重的一部分，为社会、经济的发展提供了强大的动力。因此，要实现政府现代化、数字化的治理，首先需要对数字经济有理性和客观的认识,掌握其特征和规律,以问题作为切入点,加大相关部门互相配合、统筹协调的力度,构建起领导统一、互通流畅、联系紧密、同心并力的数字经济相关集成机构,从组织上确保数字政府建设稳步前进。在相关政策的制定、出台、落地的过程中,也要确保各部门各政府层级的共同参与,强调统一领导,实行有效的分工合作。尤其是在数据方面,要做到跨系统的数据资源的高度整合,破除数据孤岛,不断促进推动全国一体化政务大数据体系建设。最后,围绕建设相关的重点领域、关键环节、共性需求等,实事求是地开展试点示范,使不同地区、部门、层级主体更为全面地参与进来,推进制度、理论、实践等多维度的创新,实现"国家统筹、一地创新、各地复用"。

5. 注重实效,考核评估

首先要根据现实情况,制定出一套科学有效的数字政府标准化评估机制和相应的包含了各项反映建设情况指标的评价体系。在此基础之上,根据相关机制体系,按时对已建成和正处于建设期间的数字政府信息化系统进行标准化的应用评估,在这一过程中着重强调监督作用,力图做到公开透明,及时公布、传达评估结果,对评估不合格、建设中存在问题的项目和相关政府要责令其限期改正,全面按照标准化要求推进相关建设。相关评估工作的展开,能够将各地区、各部门数字政府建设状态、运作经营情况和社会效益成果通过相应评价指标反映出来,以此为据陟罚臧否,力图通过标准化评估这一途径最终助推全国各地、各层级政府建设水平的通盘提升。以数字政府标准化建设作为切入点,实现包含医疗、教育等经济社会各领域、多层次的标准化转型,同时也引入相应的科学有效的评估体制,进一步促进政府标准化治理能力的提升。

6. 多元主体,防范风险

数字经济的协同机制是指在政府、企业、行业组织、公众等多元主体的参与合作下,为推动数字经济健康有序发展,各要素之间所形成的互为关联、互为因果的联结方式和协同合作的运行方式。数字经济时代,来自不同社会结构、具有各异特征的主体的参与能够有效赋能社会治理,从而提升治理水平与效能,起到对数字经济发展保驾护航的基础性作用。与数字经济相关的风险,也体现着数字经济的相应特征——极快的信息传播、极其广泛的用户覆盖、极大的数字经济企业规模,正如数字经济存在着公共正外部性一样,其带来的风险作为消极部分也总是拥有公共经济风险的属性特征。作为消除公共经济风险的主体,政府理应负起处理数字经济有关风险的责任。因此,需要设立一套政府居于核心地位但是也广泛吸纳其他主体参与,聚合多方力量的数字经济风险防范和化解机制。这样的机制具有多重优势。首先多方主体参与,使治理和危机处理过程不再是政府的"单打独斗",民众、企业等不再是被动的政策接受者,而是能够高效参与决策过程的共同参与者,积极表达诉求、看法,极大地调动社会各方的积极性从而能够实现各方力量与政府的协同整合,进而使政府决策更具科学性的同时也让后续的执行得以顺利有效进行。通过引入其他主体并发挥其优势作用,能有效化解传统模式中政府自身无法解决的问题,从而提高政府应对数字经济风险的能力和水平。其次,这样的机制安排也提高了对风险处理之后的社会集体的效果评价。效果评价固然有其客观尺度,但作为自己参与条件下的集体决策和治理，治理成效在主观上应当是更能为大多数社会主体所接受的。

《中国数字经济发展白皮书2022》明确指出，要推动政府数字化治理的进一步发展，构建和完善相应的治理规则是必由之路。关于数据、算法等数字经济核心组成要素的管理制度、法律规范要尽快出台和落地。为数字经济时代下的市场行为划定"可行"与"不可为"的法律界限。重视和更好发挥比如行业公约、标准规范等的作用，以弥补在数字经济下法律法规体系存在的滞后、覆盖不全等问题。对于网络平台要针对其特点进行有效监管，尤其强调常态化、多维度的反垄断监察，避免其无序扩张，坚决杜绝某些企业基于平台优势采取的如"二选一"的垄断行为和"杀熟"等对消费者的价格歧视行为，从而使整个行业处于有活力的规范、良态竞争之中。扩大和加深相关数字技术如大数据、云计算、人工智能、区块链等在政府治理过程中的应用，用好工信大数据平台，降本增效，提高治理效能和效率。

第三节 企业的数字化治理

数字经济逐渐渗透至商业世界的每个角落，新的商业模式和颠覆式创新不断涌现，产业边界日益模糊，身在其中的微观个体主动或被动地卷入这场浪潮，只有积极地进行数字化变革才能在竞争中赢得一席之地。在数字化时代，所有机构都要积极进行数字化转型，其中，一个主要的组织机构是企业。企业数字化转型是指改变现有商业模式，利用数字化技术和能力来驱动运营模式创新和生态系统重构，其目的在于实现业务的转型、创新和增长。同前面的政府数字化转型类似，企业的数字化转型是相关信息数字技术与商业模式的深度融合，其终点或者说最终导向便是商业模式的转型重构。为了成功实现企业转型从而完成商业模式的重构，在制定、落实全局性的操作方案和获得可靠的技术支持之外，构建起与之相适应的数字化治理体系也是不可或缺的关键环节，在此基础之上，不断推进管理模式持续变革，以提供管理保障。

一 企业数字化治理的背景

（一）数字化背景下企业商务活动环境的变化

传统模式下，企业的商务活动通常都是在线下实体的环境中开展的，时空、连接等都是处于相对稳定的状态，即企业进行的销售、购买等行为也只能在有限的空间当中，在限定的时间当中，与范围和数量都较为固定和有限的主体开展。正因为如此，与空间位置有关的问题在企业决策运营中就显得尤为重要，甚至在很大程度上决定了企业的命运。而随着数字经济的不断发展，出现了新的以数字化技术作为支撑虚拟商务环境，并且传统场景加速向新的数字场景转换。新的场景为商业提供了更多的可能，冲击原有商业模式的同时，带来了创新型的业态。数字经济的发展打破了传统场景下相对稳定的时空状态。具体来说，从时间要素看，数字化背景下外部环境变化加速进行，企业必须要迅速反应，适应变化才能够避免在日益加速变动的市场中被淘汰。在消费者层面，数字化技术改变了人们的生活方式，使消费者拥有了更多的可利用的时间，从而他们可以更加充分"量体裁衣"地追求自我发展，最终导致消费者层面、需求侧对个性化要求的显著提升。从实体向虚拟的转化，数字经济背景下，商品的展示、交易都不再受到物理有限空间的限制，使企业能够更为有效地利用长尾现象谋求自身发展；对于消费者来说，通过虚拟的网络空间，其购买甚至消费行为已经完全突破了自己所在空间的限制，无论何地，只要通过移动端进入相关平台，他就能够进行购买。从连接这个要素看，毫无疑问，产品、企业、消费者，三者中任意两者以及与他们自身的连接都变得更为繁复了。在数字经济时代，地理位置的遥远不再成为沟通的阻碍，生产链条上的各企业能够通过网络实现聚合和便捷迅速的交流，可交易合作的对象范围也极大拓展。同理，对于消费者，他们也能通过网络与其他消费者和其他企业建立起远多于线下的连接。这些连接的存在也催生出了新的价值产出链条，推动了以生态圈为代表的创新业务模式的涌现。这些企业商务活动的新变化，也不断驱使相关企业不断提高数字化的治理水平。

（二）数字化环境中商务活动主体的行为变化

数字化改变了商务环境的时间、空间和连接这些客观性要素的同时，也对其中的主体的行为产生了巨大影响。对于企业的影响，在过去，企业所重视的常常是自己较之于其他类似企业所具有的竞争优势，并通过保持这样的优势来获得可观的商业利润。但进入数字经济时代，企业的目光更多地放在了消费者身上，将创新消费者价值作为重中之重，与其他企业之间也出现了合作共生大于竞争的趋势。企业目标也相应地变得更为多元化，为消费者提供综合的数据——服务产品包。企业能否获得回报逐渐被其所处的生态系统的情况所决定。对于企业而言，深刻理解消费者的行为变化，将极大地帮助其更好地了解其面临的市场环境，是企业能否制定正确的运营、管理政策的关键所在。而在新的背景下，消费者的行为突出呈现移动化、社会化和个性化三种特征。总体来说，无论是站在生产端的企业，还是处于彼端的消费者，在数字技术不断发展引起经济社会各领域加速变革的当下，其行为总是向着复杂、多元方向发展的，这必然也要求大数据、人工智能等技术在相关领域内的运用，以便实现对其行为的准确预测、合理控制和高效优化。

（三）数字化环境中产品的变化

产品是一个企业运营的核心之所在，无论商务环境如何变动，这个判断总是成立的。但是随着数字经济的不断发展，数字技术广泛深入地运用，使产品本身也出现了变化。这种变化首先表现为产品的智能化转变。智能产品首先凭借大量的传感器、处理器、存储器等电子元器件，对使用过程中的相关数据进行及时有效收集。这些数据要么由企业处理以分析消费者使用信息，或者直接作为智能产品自主学习的材料，以便通过更好地满足消费者的需求途径来提升其进一步的使用体验的。通过这样的流程，消费者能够实现基于个性需求的产品定制，按照自己的兴趣以及喜好来使用智能化产品。连接不断增加产品转变是另一趋势。这种连接不是局限于两个或者几个产品之间，而是广泛存在于各式各样的事物之间。智能产品的普及，使"万物互联"成为可能，信息和数据的交互变得轻而易举，这些为费者创造了一个可以无缝使用的场景。并且，智能产品之间的连接更进一步将原本难以产生联系的活动主体连接起来，创造出了新的商业价值。智能互联产品的出现，使传统的"产品+服务包"的产品提供模式转变为"数据+服务+产品包"的新模式，即企业不是预先生产出产品，而是在充分分析了特定消费者的行为偏好等信息之后，了解甚至创新其需求，根据其特点供给定制的创新型产品和服务，从而创造出更大的价值。

至此，我们分析了数字环境下企业商务活动的环境、主体、产品特征三个方面的变化，这些变化无一不对传统的企业治理能力和体系提出了新的挑战。比如，过去运用的经典的预测方法面对数字环境下海量的异构数据是无能为力的，常见的生产流程优化方法中没有将新兴的技术例如智能化、3D技术的广泛应用考虑在内，从而无法达到提高生产效率的目的，原有的商业理论更是缺乏对变革后的商业生态环境的论述。如此种种，无一不要求并进一步推动企业数字化治理的发展。一旦企业无法应对这种变化，无法将数字技术综合应用到原有的生产过程当中去，实现生产过程的优化、生产效率的提高，那么就会在日益加剧的市场竞争中被淘汰。进一步地，由于数字化环境改变了企业原有的竞争范式，那些选择主动顺应趋势，积极迎难而上的企业反而能够通过管理创新实现价值的创新。

二 企业数字化治理的内容

（一）企业数字化治理的内涵

国务院国有资产监督管理委员会在其数字化转型知识方法系列专栏文章中对数字化治理进行了阐释[①]，数字化治理指建立与数字化转型下的新型能力建设、运行和优化相匹配的数字化治理机制，应用架构方法，推动人、财、物，以及数据、技术、流程、组织等资源、要素和活动的统筹协调、协同创新和持续改进，强化安全可控技术应用以及安全可控、信息安全等管理机制的建设与持续改进。这是国资委站在企业的视角对数字化治理给出的微观定义，我们可以把它看成是企业数字化治理的内涵。其主要内容有：数字化治理机制，包括为实现四要素协同、创新管理和动态优化建立的标准规范和治理机制等内容。数字化领导力，包括高层领导者对数字化转型敏锐战略洞察和前瞻布局，以及由一把手、决策层成员、其他各级领导、生态合作伙伴领导等共同形成的协同领导和协调机制等。数字化人才，包括全员数字化理念和技能培养，数字化人才绩效考核和成长激励制度，以及跨组织（企业）人才共享和流动机制等。数字化资金，包括围绕新型能力建设等数字化资金投入的统筹协调利用、全局优化调整、动态协同管理和量化精准核算等机制。安全可控，包括自主可控技术研发、应用与平台化部署，网络安全、系

---

① 《数字化转型知识方法系列之十一：治理体系》，2021年1月5日，http://www.sasac.gov.cn/n4470048/n13461446/n15927611/n16058233/c16411978/content.html。

统安全、数据安全等信息安全技术手段应用，以及安全可控、信息安全等相关管理机制的建立等。

（二）企业数字化治理与企业治理体系的联动

治理体系视角包括数字化治理、组织机制、管理方式、组织文化四个子视角。治理体系过程联动方法主要包括策划、实施和改进全组织的治理体系，以支撑新型能力（体系）的实施与运行，其主要过程如图 11-1 所示。

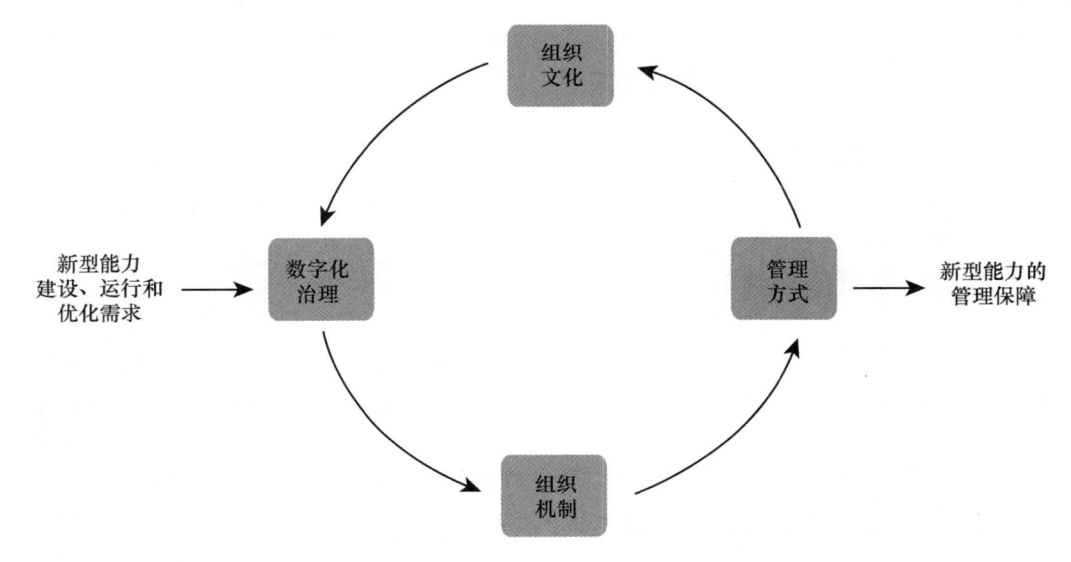

图 11-1 治理体系过程联动方法包含的主要过程

资料来源：团体标准 T/AIITRE 10001—2020《数字化转型参考架构》。

治理体系的策划。按照识别和策划的新型能力（体系）对治理体系创新提出的需求，从数字化治理、组织机制、管理方式、组织文化等方面，系统策划治理体系创新变革的方案和路径。具体而言，需按照新型能力（体系）有效实施运行的要求，识别数字化治理制度、数字化领导力、数字化人才、数字化资金、安全可控等方面的需求，形成数字化治理体系建设方案。需从组织整体层面识别组织机制优化调整、管理方式创新变革、员工赋能赋智等方面的需求，形成组织机制和管理方式优化方案。需识别组织文化方面的需求，形成组织文化建设方案。治理体系的优化升级是一个循序渐进的长期过程，需高度重视其与新型能力（体系）的适宜性，做好总体规划，按照分步实施的要求明确各方协同推进治理体系建设的方法路径，明确必要的支持条件和资源需求，以及相关责任人、参与人、相关方职责等。

治理体系的实施。依据策划的治理体系建设方案，组织相关方协同推进数字化治理制度建设、组织机制调整、管理方式变革、组织文化建设、安全可控技术应用以及安全可控、信息安全管理机制建设等工作，逐步构建覆盖全要素、全员的数字化治理体系，打造小微化、网络化、平台化的柔性组织,实现员工的精准赋能、赋权和创新激励,并形成与组织管理变革相适应的组织文化。治理体系实施过程中,应持续推动数字化治理、组织机制、管理方式、组织文化等方面的匹配性优化调整,并将相关成果进行规范化、制度化处理,以提升治理体系相关建设、优化活动的一致性和有效性。

治理体系的持续改进。建立治理体系的诊断、对标和评价体系,对治理体系建设的全过程及其作用成效等进行动态跟踪、全面分析和精准评判,识别持续改进的需求和机会,推动治理体系迭代优化,不断提升其对新型能力(体系)的适宜性和有效性。

三 企业数字化治理与企业数字化转型

(一) 企业数字化转型的四个维度

数字化转型贯穿产品设计、智能制造以及增值服务交付的全过程,涉及企业的方方面面。从顶层设计角度看,数字化转型应从以下四个维度展开。

1. 客户领域的数字化转型

数字化转型的四大领域中,最重要的就是客户领域的数字化转型。对于组织而言,无论是否进行数字化转型都需要持续关注客户,投入大量的精力来满足客户的期望,以提升客户对企业的满意度和忠诚度,这是企业利润的唯一来源,也是企业保持竞争力的关键所在。数字化技术在客户相关领域的应用,能够将企业在客户领域的能力提升到一个新的高度。数字化提升了企业对客户的洞察力。许多企业不惜花重金去了解客户的真实需求和市场的变化趋势。它在某种程度上决定了企业的战略方向,决定了企业的产品与服务是否能够获得市场的认可,也决定了企业是否能够获得商业利益。为此,越来越多的企业都在理解客户、挖掘客户需求方面应用了大量的数字化技术。例如,利用数字化对客户进行"画像",从各个维度对客户进行分析,把握客户的喜好和消费倾向;利用社交媒体挖掘客户的新需求,了解客户对自己产品的满意程度及"槽点";建立在线的社区,并与客户保持互动,倾听客户的想法和意见,并及时给出回应。企业在数字化转型中首先可以考虑扩大业务流程对客户的开放。例如,航空公司通过开通自助值机不仅为客户提供了便利,提升了客户体验,还降低了柜台服务的运营成本。再者就是借助互联网的连接,让客户更多地参与到产品/服务的优化和推广中来。因为数字化实现了消费者和企业的直接对接,消费者对产品/服务的体验和建议可以快速反馈,使产品优化改进的节奏加快。小米开启的粉丝经济模式便是一个经典的案例,数百万的粉丝以社区为基地,既圈定了产品投放的潜在用户群,也能汇集消费者对产品的设计和改进建议。

在某种程度上,企业应对数字化冲击必须迅速地采取行动,掌握使用数字技术,通过移动社交、互联网(物联网)和大数据来缩短产品和服务进入市场的时间。但只有这些技术本身是不够的,在内部,还要求企业应用程序管理数字体验必须无缝连接到应用程序和系统之中;在外部,供应商、消费者和其他第三方中介需要形成供应链合作伙伴系统。为了抓住机遇,需要适用的技术平台,如果信息系统和业务流程太过落后则不能利用新技术和新的市场机会，很多公司尚不具备数字技术经验，因为它们缺少必要的信息系统之间的联系。如客户信息通常存储在多个数字化载体之中，如电子邮件、社交论坛、博客等，这么多类型的数据源很难形成有凝聚力的竞争资源，这种差异可能导致不一致的客户体验。在当今多元化的行业拓展有效市场业务需要的不仅仅是客户数据来源，还需要能够迅速将匿名用户转化为"已知"客户，这样他们才可以进一步被发展成为实际消费者。这需要在海量信息里收集丰富、准确的客户信息，维持供应商与消费者服务端体验的互动循环。

企业应该学会预测客户的需求。提供动态的、引人入胜的交互。并通过每个客户首选的联系方式进行无缝对接。一般来说，有三种成功的经验：一是无缝交付客户体验，通过多个设备和渠道的一致性提高品牌效应；二是为客户进行量身定制，利用数字化技术和设备匹配用户；三是创新，在数字领域利用新颖的形式和潜移默化的"声音"，吸引顾客区分品牌、增加忠诚度、增加收入。虽然企业可能已经接受了一种新的业务流程管理，这个高度响应系统汇集了所有数字转换的元素，如移动设备云、大数据和物联网。这些平台允许开发人员可操作地分析嵌入业务流程，并允许用户与企业应用程序和系统的记录智能交互，建立一个真正的数字业务。

2. 产品领域的数字化转型

产品与服务是企业的立身之本，是企业的核心竞争力。数字化技术在产品与服务领域的应用，为企业注入了新的增长动力。产品的转型体现为功能和形式的设计能够密切贴合客户的需求，因此需要满足丰富的个性化需求，基于智能制造快速跟进消费节奏，并且考虑通过增值服务实现最大收益。同时，数字化将重塑商业模式。企业存在的目的就是盈利，利从何来？传统模式下，因为组织能够连接的客户数量有限，所以组织必须把成本分摊到有限的连接中赚取足够的利润，这是普遍的商业模式。如今，数字化技术可以让组织突破连接的数量限制，量变产生质变，当连接足够多的时候，获利的逻辑就发生了本质的变化。以按摩椅为例来看传统产业的商业模式转型。在商场、影院车站、机场等众多公共场所都会发现共享按摩椅的身影。按摩椅这种价格昂贵、可有可无、买来放在家里的产品，一直以来在国内的销量都不好。按摩椅的生产商意识到销售的局限性．把按摩椅变成按摩服务，投放在人容易疲劳的场景中，用户花很少的钱就可以享受一段时间的休息、放松同时由于使用的人数足够多，给企业带来了远超单纯销售按摩椅的收益。本案例中商业模式转变的核心在于将"卖商品"转变为"卖服务"，同时构造出适宜消费该服务的多元化场景，诱导大量消费者购买服务以盈利。这种模式成功的关键在于"连接"，基于移动互联网和智能手机终端，将按摩椅与潜在消费者联系在一起，成功将潜在消费者与按摩服务进行匹配，实现了买卖双方的共赢。

3. 运营领域的数字化转型

在企业的内部运营领域，同样需要进行数字化转型。企业需要从内部进行改变，以支持对外的竞争，从而保证更大利益的实现。运营优化的目的是提升企业决策效率，实现消费端快速反馈，改进服务的客户体验并合理降低运营成本。由于企业间的竞争呈现出从技术、产品等单方面竞争向平台化生态系统竞争转变的趋势，因此企业需要关注构建资源聚集合作共赢的生态系统。数字化将进一步提升流程绩效。很多公司为了提升流程的能力和绩效，借助数字化技术来实现流程效率的提升，同时使流程更加富有弹性，可以随时应对组织外部环境和业务变化，这样，组织就能够将注意力集中在更为重要的战略任务上。数字化技术让组织运营绩效更加公开透明。借助数字化工具，企业可以轻而易举地将运营绩效向公司内的所有相关人员公布，使组织范围内的所有管理人员对客户以及产品与服务的特性了解得更加深入，这样一来，他们在做出决定时会更加符合真实情况。流程的数字化还会生成大量的数据流，这些数据流经过数据挖掘将产生更大的价值。除了获得更多、更精确的信息外，数字化转型将在很大程度上改变组织战略决策的过程。大量的、经过加工的数据将给决策制定提供更多的参考，甚至在未来，机器学习这类新技术也可能应用到战略决策领域，代替人进行决策，让这个决策过程更加智能化。

4. 人力领域的数字化转型

作为数字化转型的执行主体，人员也需要相应赋能。人员的数字素养将极大地影响变革的进程，也会成为企业的核心竞争力之一。而且人员的赋能并不仅仅针对企业员工本身，它还应该包括企业所构建的生态系统中的相关人员。数字化对人的连接，不仅拓展了人与人的沟通方式，同时让人与人的连接突破了时空和数量的限制，这样的改变也给组织在人力管理上带来了新的挑战。如果组织还保持传统思维来对待人力，那么组织的发展将会受到阻碍。员工需要随时随地地工作。在这个时代，还有没有必要在特定的时间将员工集聚在一个特定的场所一起工作呢？坚持这种传统的做法固然有好处，但这种做法也有着成本高和效率低下这两个弊端。现在的市场环境变化太快，快到企业必须利用一切时间去追赶这种变化。如果企业无法通过数字化手段做到让员工随时随地地工作，那么对企业和员工而言都是痛苦的煎熬：企业无法高效及时地应对市场变化，慢竞争对手一步；而员工也不得不每天将大量的时间花费在去办公室的路上，同时为了及时完成工作而留在办公室加班。事实上，许多走在数字化转型前列的公司很早便已尝试利用邮件、即时通信工具、视频会议系统、VPN、移动办公平台等数字化工具解决工作的空间和时间的限制，再配合弹性工作制度，在带来效率大幅提升的同时，也吸引了大量人才的加入。

（二）企业数字化转型的五个层级

企业架构框架中全面涵盖了从业务战略到关键基础设施的所有层次，其中的每一个层次都应结合数字化转型开展不同的工作。

1. 业务战略

作为数字化转型的起点，企业经营者需要依据数字经济的发展契机思考并明确业务的战略。这将涉及制定企业经营理念、经营策略和产品策略，以及明确数字化生态系统的构建策略。管理层也需要完成数字化领导力转型，更新企业的决策模式，使数据成为决策的关键因素。

2. 业务流程

业务流程将以价值流为基础进行优化，从而在保证最大客户价值交付的同时，也能提升流程的执行效率并合理控制企业的经营成本。数字化时代的一个趋势便是业务流程开发。一方面向上下游合作伙伴开放,从而构建支持共享、支持创新的生态系统平台;另一方面向客户开放,让客户更多地参与业务流程的执行,不仅提升了客户体验,也有助于客户意见的快速反馈。当前银行、运营商的业务开通、服务受理信息查询等流程都极大地开放给了客户,其成效是非常显著的。

3. 数据

数据之所以重要,是因为数据将支撑上面的业务战略和业务流程。企业需要制订一个基于价值的数据治理计划,确保企业经营者可以方便、安全快速、可靠地利用数据进行决策支持和业务运行。因此,企业需要借助大数据和人工智能等技术,构建组织的数据能力,充分挖掘数据的价值。此外,企业也可以利用区块链技术的特点,让数据在数字生态系统中安全可靠地流转,实现不可篡改的产品溯源、机构间结算等丰富的模式。

4. 应用

应用程序是业务流程的执行载体,也是数据加工的"工厂"。企业既可以在云计算平台开发满足高并发、大规模运算的分布式应用程序,也可以基于区块链开发 DApp(分布式应用或去中心化应用),从而实现关键的智能合约。企业需要发挥云计算的优势,构建整合计算网络、存储等硬件的统一资源池,打造涵盖数据库、应用 SDK、中间件、消息列队、网络文件等系统组件的平台和 API 接口。企业的数字化基础架构也要合理规划与社会数字基础设施的对接,从而构建灵活、可靠的基础架构平台。

5. 关键基础设施

随着中国的数字中心建设高潮消退,企业更多地开始关注如何利用新兴的技术和理念,实现关键基础设施的绿色运营。企业要利用有限的预算投入来实现基础设施的稳定运营并不断降低电力使用率(Power Usage Effectiveness,PUE)。

(三)数字化治理和数字化转型的关系

企业数字化转型是指改变现有商业模式,利用数字化技术和能力来驱动运营模式创新和生态系统重构,其目的是实现业务的转型、创新和增长。企业数字化转型并非只是简单地把某一个应用系统云化、互联网化就可以达到目的,而应该从战略高度来看待所在产业的变化、技术进步、客户定义和商业模式变革等方面,全面综合考虑。数字化转型是技术与商业模式的深度融合,数字化转型的最终结果是商业模式的变革。

"十四五"时期是我国企业数字化转型的关键时期,转型期企业在进行组织赋能模式创新和业务突破的同时,也必然会在数字化战略规划、管控模式、业务融合、安全隐私等方面遇到新的挑战。企业需要进行有效的数字化治理来应对一系列数字化新风险。数字化转型的核心是新基础设施的建设和新业务模式以及与之匹配的新生态体系的建设。数字化治理是对数字化转型过程中的安全、隐私保护等核心风险的管控,以及整体组织形态、运营管理模式的优化调整,是对数字化转型过程中生产关系的重塑,兼顾风险防范和效能提升。数字化转型和数字化治理协调一致,保障了企业数字化转型健康发展,驱动了企业数字化转型价值最大化。

四　实现企业数字化治理的对策研究

企业应从数字化领导力培育、数字化人才培养、数字化资金统筹安排、安全可控建设等方面，建立与新型能力建设、运行和优化相匹配的数字化治理机制。第一，统一思想认识。数字化治理不仅是一场技术创新，更是一场深刻的思想革命、深层次的思维创新，关乎企业未来，各个部门的核心人物必须认识和认同数字化，减少转型过程中部门间的内耗，形成合力，减少阻力。数字化转型最重要的是变革决心，包含领导作用、团队合作、全员参与、规划、实施、沟通等各要素。第二，以客户为核心。数字化转型应以客户为中心，围绕客户需求和用户体验来开展。企业需要通过创新的方式来经营，以数字化渠道、数字化服务来吸引客户，强调快速交付服务、精准化服务、增值服务，提高客户的参与度、满意度，提高企业的盈利能力。第三，强化平台赋能。通过建设统一的平台，让技术融合、数据融合、业务融合，加快推进研发、生产、管理、服务等关键环节的数字化，培育以数据要素为核心资产、开放平台为基础支撑、以数据驱动为典型特征的新型企业形态。第四，以数字化转型为契机，根据企业实际应用情况，进行标准化、规范化及治理机制建设。第五，企业各级领导、生态伙伴在数字化转型过程中建立与完善协同领导和协调机制。第六，在全员数字化理念和技能培养上，建立完善数字化人才绩效考核和成长激励制度，以及跨组织（企业）人才共享和流动机制等。第七，在数字化资金投入方面应建立统筹协调利用、全局优化调整、动态协同管理和量化精准核算的资金投入管理体系。第八，在技术方面，企业应建立自研平台与第三方软件的集成、融合机制，利用网络安全、系统安全、数据安全等信息安全技术手段，建立完善安全可控、信息安全等相关管理机制，提升整体安全可控水平。

第四节　社会的数字化治理

在数字经济发展中，除了政府数字化治理和企业数字化治理，我们还需要对社会、环境、人口、文化的数字化进行有效治理。这些方面的数字化治理是保证整个数字经济建设与社会协同健康发展，有效平衡收益与风险、近期与长远、局部与整体之间关系的重要基础支撑。

一　社会数字化治理

当前，以数字技术为代表的技术革命带来了经济和社会领域的重大变革，进而推动社会治理的重大战略转型，原有的社会治理体系不再能面对新的经济技术环境的需要，需要吸纳高新的数字技术以实现对自身的"否定"与重构。数字经济时代，一切社会关系的足迹都在大数据的推动下加速集合，在此之上，平台功能不断拓宽、主体服务体验不断优化提升、适用的应用模式不断发展，解决社会治理过程中长期存在的不对称信息、反应迟滞、治理效能低下等顽疾也有了高效的手段。不同于以往的治理体系，在数字技术推动构建的新的治理体系中，要重视和突出协商、法治保障、科技支撑，在主体构建、治理工具、运作机制等方面，新的治理体系也同样具有许多新的特点。

推进社会治理现代化，首先要发挥新兴数字技术的基本支撑作用，不断扩大其应用范围，其次要以人民群众的迫切需要为主要切入点，推动构建基于系统、依法、综合、源头治理四个方面的数字化转型框架，打造以数据驱动、平台应用、人机协同为主要特征的治理新模式。

首先，构筑起以数字技术作为基础的社会治理的科学合理框架。从系统治理角度来看，必须充分认识到未来数字转型的不可阻挡的客观趋势，要针对基层治理的特点，通过数据分析，建立起一套合适的逻辑架构，促进高层级政府的事权下放，给予基层更大的灵活性；实现跨部门、跨地区的协同治理，将实现信息共享机制和治理变革模式上的创新视为重中之重，为实现社会治理数据贯通提供技术支撑，综合使用大数据、人工智能、区块链技术等。

其次，在数据共享得到保证的基础上，必须要加快完善社会治理相关的法律规则。根据依法治理的原则，除了关于治理过程中的相关规定的制定，在此之前，关于数据本身尤其是标准化相关的法律规则的制定也是至关重要的，是实现多部门、跨地区协同治理的关键所在，也是在全国范围内统筹推进政府数字化转型的基础。从这个角度讲，必须要重视数据获取方式的变化，从技术架构和数据源两个方面建立数据标准并以法律法规的形式固化。

最后，要实现不同领域之间的治理相关数据的自由流动。基于综合治理的视角，需要贯彻"上下联动、逐级打通"的准则，只要各层级各地区之间数据的流通渠道被打通并被有效互相连接起来，实现数据的实时性的互通互享，实现基层治理、市场监管、综合执法、便民服务等过程数据的有效对接，便能够极大地增加政府的分析和决策效能。今后一个时期，重点是推动"雪亮工程"、智慧城管、智慧安监、智慧消防等领域数据的综合集成。还要充分运用数据溯源做好社会治理的有效防范，从源头开始就将防范化解风险作为重中之重是基于源头治理的视角，必然得出的结论。通过这样的方式，能够在风险还未转化显性、系统性的危机之时就将其消除，能够避免重大损失的出现。这需要我们重视原始历史数据的采集，在做好数据溯源工作同时，采用先进的大数据技术，最终实现社会治理从事后处理向事前防范的质的转变。此外，还要做好数据自身的安全风险评估，对高安全等级的数据进行必要的技术隔离等。

二 环境数字化治理

在当今社会，随着人类生产、生活活动与自然界稳定、持续发展之间矛盾的不断加深，不论进行何种经济模式的规划，都需要考虑环境的保护问题。在进行数字经济规划这一方面，对环保的要求不仅不例外，而且具有相辅相成的运行特征。近年来，随着互联网技术的迅猛发展，环境信息化进入了高速发展阶段。随着大数据时代的到来，我国环保部门已开始重视大数据的应用，例如，积极应用大数据分析推进空气质量的监测预报、生态监测监察等工作。未来，从国家发展和市场需求两方面来看，环境大数据在影响数字经济发展方面无疑具有非常重要的价值和广阔的发展前景。

环境大数据的意义包括：第一，对政府而言，由过去简单的环境信息检测到利用环境数据为相关决策提供支持；第二，对企业来说，将有助于企业加快绿色化产业转型，在绿色环保生态主题下持续前行；第三，对公众而言，环境大数据可能改变更多人的生活和工作态度。例如，大数据相关技术已经在环境保护领域被探索应用，环境保护部相关部门积极与技术巨头如 IBM、微软等开展合作，开发出了如城市局地大气主要污染物时空分布的大数据模型。一般来讲，环境大数据的应用需求包括多个方面，包括环境管理、改革与创新、环境监测、环境监察、核与辐射监管、生态保护、环境应急管理等。基于需求侧的视角，也就是对污染源排放、社会经济、环境质量、环境风险、环境安全等方面进行技术上的识别、评价、评估、预测和预警等，最后为管理者提供环境决策提供依据。

在环境大数据的建设中应该重点关注三个方面。一是天地空一体化的数据获取系统的建设，建立时空大数据平台。如以大气为例，在城市设点建立大气相关的传感系统；二是建立基于时空大数据的环境数据中心，把时空大数据和环境大数据结合起来，在监测、监察、应急、生态保护等方面形成完整的生态环境大数据；三是通过融合治理，与环保系统各部门业务结合和共享，对数据进行分析，为环境管理提供决策依据。比如，建立环境预测预报模型、环境与健康评估模型、城市生态系统安全模型等。

三　人口数字化治理

人口大数据是反映一个地区经济发展状况的重要晴雨表。可以通过人口大数据去识别一群人、知道一座城、洞察一段历史、预测一种未来。通过人口数字化治理，可以对人口大数据进行分类管理与合理利用，从而进行多场景的应用。其一，进行人口统计。通过精准的人口统计，有多少人、来自哪里、人口流量流向、进行群体化分析，为提升人口治理水平贡献数字力量等。其二，进行人口监测，即哪里的人更多。如在特殊事件（自然或社会事件）发生之前或之初，人口流量、密度、热力等与现场监控相结合，提早预知并提前调动资源（如警力、医疗救助人员、物资等），可以让事件得到有效的控制并提供救助，等等。其三，在人口流动方面，可以洞察城市的能级，用人口流动代替传统规模等级去识别城市的能级、中心性、腹地、都会区，用最大优势流看城市间的联系和往来关系；可以通过人口迁徙总量看到了蛛网结构腹地叠加的长三角经济带的发展和变动趋势；等等。其四，在人口出行方面，通过人口出行数据监测公路拥堵状况。可以通过监测公路的实时路况，进行路况分析、历史重现、路况预测，并与交通部门共建信息监测标准，用数据来洞察出行状况并进行合理控制与疏导等。其五，在人流路线方面，通过监测景区热力、人口流向、客源来源去向、交通方式、出行驻留等数据，展示最真实的旅游状态，进行精准的旅游状况洞察，等等。

四 文化数字化治理

文化的数字化全面地改变和重构着文化的创作生产、消费、传播的方式和途径，也催生出了新的文化内容。数字化不仅使文化消费跃上新台阶，而且推动文化建设跨入数字化新时代。文化资源的数字化，大大提高了文化的可及性，对于如优秀的中国文化推广等奠定了基础，提供了新的展示手法和空间；文化生产的数字化，提供了新的文化创作工具和载体，改造了原有产业结构，催生出新的更有活力的业态，更多优秀的文化内容得以被生产，推动文化产业生产端快速转型升级，更好地满足人民对优质文化的需求；作为中间环节，文化传播的数字化大大降低了传播成本和时滞，极大地拓宽了受众群体、推动形成了传播快速、互通互联的现代化传播体系；文化的落脚点最终还是为民所"用"，文化消费的数字化使文化的消费形式变得更为快捷方便，又能极大提高消费体验从而能够促进有效需求规模的扩大，最终实现良性循环，促进文化产业和经济的发展。随着数字化浪潮的文化数字化建设的发展，为文化产业提供了一条切实可行的对发达国家"弯道超车"的途径，更好地打破和消除行业壁垒和地区封锁，为发展扫清阻碍。

文化资源数字化是指通过数字化手段，对包括红色历史、各地区民族特色传统文化资源、各种包括纪录片、唱片、电台等在内的优秀音频资源和电台文化进行的修复和数字化转化，为提高中华优秀文明展示水平提供了重要途径。经过数字化过程，这些文化能够迸发出新的生机，其独特的魅力得以更好展现，并且能够得到更好的传播。举例来说，只要是优秀的文化遗产，无论其本来的物质形态和状态如何，即使是难以移动和复制传播的文物，只要经过合理的数字化加工整理，在尊重原态和经过专家权威解读的基础上进行适当的符合时代特点的创新，最终通过多终端、广覆盖、便捷迅速的传播，就能突破原有的时空桎梏，原本囿于图书馆、文化博物馆、音乐馆、科技馆的文化便能到达每个持有移动端的消费者手中，最终使优秀文化能够得到有效和广泛的普及。尤其对于年轻一代，他们更善于也更偏好于从网络中检索和接受各种信息和知识，发表自己的意见和创作。可以说，数字化早已深度融入他们的生活。如果不能把各种优秀文化、不能把中华文明成果进行符合数字化时代特点的创新性转化，更好地契合数字时代对文化产品消费偏好、生产、传播等特点，这些文化和成果就难以被年轻一代所接纳，丰富璀璨的中华优秀文化的发展传播乃至传承都会出现重大危机。在文化创作方面，在上述优势之外，数字化资源由于存在可及性强和易处理性等特点使其能更好集成、集聚、展示、交易，从而极大丰富创作者的创作素材，在这样的物质性基础之上，创作者的创作灵感更容易产生，创作周期也会大为缩短、凭空"杜撰"的现象会减少；从文化生产端看，由于文化资源数字化之后其本身就能够进一步转化为文化生产中的要素，存量资源从而能够得到有效利用，生产效率得到提升的同时生产所耗费的时间也在减少,提质增效,实现了技术和艺术在文化生产上的有机衔接,为文化产品和服务奠定了坚实的文化基础;在文化传播上,在数字时代传播渠道、载体多样的传播环境下,中华优秀文化成果的数字化转化与呈现,积极顺应了时代的趋势,能够有力提升中华文明的展示水平;在文化消费领域,数字化的文化产品和服务可以及时地"无缝对接"任何文化消费终端,使文化消费更加便捷,随时随地、即时可得。

关键概念

数字化治理;企业治理数字化;政府治理数字化;社会治理数字化

思考题

1. 新冠肺炎疫情和经济社会治理数字化。
2. 治理数字化对未来经济社会发展的影响。

第十二章　数字经济的价值核算

近年来,数字经济在全球经济发展中的地位不断提升,数字经济的发展水平和规模测算问题受到各界的高度关注。《中华人民共和国国民经济和社会发展第十四个五年规划和二〇三五年远景目标纲要》将"加快数字化发展 建设数字中国"单独成篇,并首次提出数字经济核心产业增加值占国内生产总值(GDP)比重这一新经济指标,明确要求我国数字经济核心产业增加值占GDP的比重要由2020年的7.8%提升至2025年的10%。这就要求我们对数字经济的价值核算进行必要的学习和研究。

第一节　数字经济价值核算面临的主要问题

一　现行的国民经济统计体系

国民经济核算,简称国民核算(national accounting),是指对国民经济运行过程的系统描述。世界上曾经存在两种国民经济核算方法或核算体系:一是物质产品平衡体系(the System of Material Product Balances),简称为MPS体系;二是国民账户体系(the System of National Accounts),简称为SNA体系。

MPS体系和SNA体系所依据的理论基础、核算的范围、内容、方法存在很大差别。MPS体系的理论基础是马克思的劳动价值论和社会再生产理论。它将整个国民经济分为物质生产部门和非物质生产部门,认为只有生产性劳动才能创造价值和国民收入,非生产性劳动不创造价值和国民收入,非生产性部门获得的收入是生产性部门创造和转让的,属于国民收入的再分配过程。SNA体系的理论基础是西方经济理论,认为生产物质产品和提供服务的活动都创造价值和国民收入。这两大核算体系的国民收入等指标反映了不同的经济内容,需要经过适当的调整和换算才能进行比较。

我国从20世纪50年代起一直采用MPS核算体系,它与高度集中的计划经济体制相适应,在过去的经济管理中发挥了积极作用。随着计划经济体制向市场经济体制的转轨,MPS核算体系同国民经济发展的不适应性日益突出。从1983年起,中国国家统计局开始采用国民生产总值统计指标,以后逐渐采用了市场经济国家通行的SNA核算体系。关于国内生产总值的核算,一般采用支出法、增加值法和收入法。

(1) 支出法。支出法就是通过核算在一定时期内整个社会购买最终产品的总支出即最终产品的总卖价来计量 GDP。在经济生活中，产品和劳务的最后使用有四种可能，即用于个人消费（C）、用于投资（I）、被政府所购买（G）、用于出口（X）。因此，用支出法核算国民收入，就是核算一个国家在一定时期内消费、投资、政府购买和出口的最终产品价值。在开放的条件下，因为消费、投资和政府购买的产品中有一部分是本国的最终产品，也有一部分是进口的产品（M），因而计算 GDP 时应把进口扣除。

(2) 生产法（增加值法）。这种方法通过把各部门所生产的增加值加总，从而得到 GDP。因为大多数产品都是分阶段进行生产的，每个阶段增加的价值，就是最终产品增加的价值总和。以汽车的生产为例，生产的第一阶段是开采铁矿石等矿产品，第二阶段是把这些原材料运到钢铁厂，第三阶段是钢铁厂用这些原料来炼钢，第四阶段是钢铁和橡胶等其他材料被汽车厂用来生产汽车。汽车制造者为钢铁和橡胶等中间产品支付的费用与其出售汽车获得的收入的差额就是汽车的增加值，同样，钢铁生产者出售钢铁的收入与其购买原料之间的差额就是钢铁的增加值。把全社会所有部门的增加值加总就得到了 GDP。

(3) 收入法。这种方法是用要素收入即企业生产成本核算国民收入。最终产品的价值除了生产要素收入构成的成分，还有间接税、折旧、未分配利润等内容，因此用收入法核算的 GDP 包括以下内容：①工资、利息和租金等生产要素的报酬。②非公司企业主的收入，如医生、律师、农民等的收入。他们使用自己的资金，自我雇用，他们的收入也是 GDP 的一部分。③企业的税前利润，包括企业应交的所得税、应分的红利及未分配的利润等。④企业的转移支付及间接税。⑤固定资产折旧。最后两项虽然不是要素收入，但也计入企业的总成本中，也应计入 GDP。

按照国民账户体系规定的范围，GDP 的测算并没有将全部生产活动包括在内。一方面，GDP 并没有将无偿提供的产品纳入核算系统。另一方面，GDP 的核算没有考虑非企业化单位和个人进行的生产活动。传统的生产统计以法人单位和个体经营户为主要调查对象。这些问题在数字经济核算问题上会更为凸显，例如，"免费"的数字产品比比皆是，但按照 GDP 的统计范围，这部分产品并不能统计在内。同时，在数字经济中，个人成为重要参与者，但 GDP 的调查范围并不包括个人，调查方法也很难完整地采集到个人对应的生产数据，从而导致对生产活动的低估。概括而言，数字经济统计核算面临的问题主要包括参与者身份模糊、免费产品的统计以及价格和数量差异等。

虽然《2008 年国民账户体系》（SNA—2008）、《中国国民经济核算体系（2016）》（CSNA—2016）面对新兴经济（如数字经济、共享经济、零工经济等）的发展，在资产范围、核算规则、账户体系、卫星账户等方面做出了不少针对性的修订，为数字经济测度奠定了核算基础，但是由于数字经济核算的繁复性，这些问题依旧存在。

二 数字经济价值核算面临的主要问题

(一) 数字经济参与主体身份相对模糊

SNA 对经济活动中生产者和消费者身份,参与者的生产、消费及资产范围进行了区分和界定,通过建立不同的账户以实现对经济活动的核算。而经济活动中,由于数字经济活动参与者身份界定相对困难,往往会为该类信息的核算带来挑战。

一是生产边界模糊。数字经济活动中参与者可能同时具有消费者与生产者双重身份,进而导致生产边界模糊化。数字技术的广泛使用使人们能够从事或参与到以往只有专业机构才能开展的生产性活动中[①],多数数字平台可以为个体经营者创造更为弹性的市场准入条件,为非法人服务提供者(如自由职业者)和家庭(如消费者)提供中介服务(如打车服务、外卖服务等)。在数字经济的推动下,个人通过网络平台提供的服务已逐渐开始取代部分传统的中介交易服务,非企业化的单位与个人已逐渐转变为产品与价值的供应者和创造者。新兴数字活动的出现,改变了消费者与企业原有的互动方式与生产形式,使传统消费者能够广泛地参与到生产活动中来。

二是消费边界模糊。尽管 SNA 中住户部门的自给性服务未包含在核算范围内,但随着数字技术对消费者生产效率的促进,部分住户部门的自给性产品会流入到市场之中。从范围界定来看,部分产品似乎不属于 SNA 的核算范围,但会模糊当前核算体系中消费边界的界定,具体原因在于:首先,商品的消费和投资属性逐渐模糊。在数字技术的影响下,商品的使用权和所有权边界开始逐渐模糊,使传统的消费边界不再清晰。不同于过去,当前就业者不再依靠单一职业获取收入,而是在闲暇通过个人专长兼职相关工作或在家利用闲置物品获取额外收入(如兼职打车司机、出租民宿、提供咨询服务等),数字经济条件下失业者的定义也发生转变,就业不再局限于传统的雇用或全职模式。其次,数字生产及消费边界混乱,由于数字产品发展迅速,其价格与服务量难以准确衡量,从而为数字产品的估值带来一定困难,使当前统计体系无法真实、完整地对消费者的交易情况进行测算。

三是资产范围模糊。在新时代发展中,数据已然成为经济发展中关键的生产要素。根据我国最新的国民账户体系[②],实际维修与建设数据库的费用均属于固定资产,而未将数据本身的潜在价值纳入生产资本进行核算,可能导致资产价值未被充分体现。此外,运用常规方法对数据价值进行估算可能导致其价值的低估。原因在于,数字产品通过消费者与生产者使用形成蕴含巨大隐性价值的免费数字资产,而该部分数字资产通过隐性交易实现,市场中也缺乏明显的相关价格可用来衡量其价值,从而难以准确对其进行估价,导致核算过程中出现关于资产范围的模糊问题。

---

① 此处的生产性活动主要指纳入 GDP 计算的活动。
② 《2008 年国民账户体系》(SNA—2008)。

(二) 免费产品的统计问题

数字经济的发展促进了免费数字服务的发展，带动了家庭非市场性生产规模的迅速扩张，拉大了 GDP 与家庭福利增长间的差距，数字产品能够为人们带来较大的总福利，然而 GDP 计算所忽视的数字经济剩余可能远超于此。在实际中，人们享受着数字经济下各种免费产品、服务所带来的福利，如免费的社交软件、影音平台、搜索引擎等。根据 Brynjolfsson 等的分析，若将互联网用户总消费剩余纳入家庭消费总量中对 GDP 进行估算，则美国的 GDP 将增加 30% 左右①。不过，当前各界对于是否将消费者的数字经济剩余纳入 GDP 的测算之中，尚未得出一致结论。

(三) 价格指数质量调整

传统核算体系主要通过价格指数缩减法对不变价 GDP 进行测算，该方法对于衡量数字技术进步下的价格统计具有一定挑战。数字经济产品以信息与通信技术 (ICT) 为核心，其发展会推动产品性能的提升、降低产品价格。这种产品性能的提升实质上是物量的增长，而未能完全反映出产品本身纯粹价格的变化，因此，必然影响不变价 GDP 核算结果的真实性。

现有 CPI 编制方法难以反映数字产品对生活成本的影响。原因在于：第一，在现实中，ICT 产品与服务产品质量的提高难以被有效观察与测度。第二，传统非数字产品往往被新的免费、廉价数字产品所替代，使消费者花费更少的成本便能获取相同的产品功能。第三，随着数字技术的应用，消费者能够通过不同数字渠道获取更多产品信息，从而降低其搜寻成本。

此外，产品质量调整同样被认为是价格统计中的重要一环，部分国家也开始尝试对产品质量（如软件质量）调整进行价格统计，但当前多数国家尚未将此纳入考量。

(四) 非正式交易方式的统计

在数字经济时代背景下，数字技术的变革推进着非正式交易体量的增长，其体量远远大于传统经济条件下的非正式交易数量，是不可忽视的一个问题。在数字技术的推动下，涌现出大量以外卖、线上购物、租房等数字平台交易为代表的非正式交易方式，对数字经济活动的核算造成了一定困难。例如，在对租住服务进行核算时，通常根据税务系统数据确定长期租赁户数，短期租赁数据则很少被统计。依托于数字平台的民宿中介，以短期租赁服务为主，随着数字技术的发展，其业务规模拓展迅速，对租住服务统计数据的准确性产生影响，数据缺口有所增大。针对此类情况，《2008 年国民账户体系》（SNA—2008）建议采用自用住房租金的形式对短租租金进行推算，然而由于实际中短期租金更高，采用长期租金推算的结果可能引起统计数据的偏差，从而导致租住统计结果低于实际服务价值，尤其随着数字化平台的涌现，这种统计误差可能会进一步扩大。鉴于此，考虑到中介平台会向税务机关申报相应公司税、增值税和消费税等，统计部门可结合平台相关税务统

---

① Brynjolfsson E., Collis A., Eggers F., 2019, "Using Massive Online Choice Experiments to Measure Changes in Well-being", *Proceedings of the National Academy of Sciences*, 116 (15): 7250-7255.

计对该新型租赁形式的租住服务额外价值进行较为准确的核算。

第二节 数字经济价值核算的体系和方法

国际组织、政府机构和国内外学术界对数字经济规模测算进行积极的探索，取得了丰富的研究成果。梳理已有研究发现，数字经济规模测算的方法主要有三大类。第一类使用生产法测算数字经济规模。美国经济分析局（BEA）2021年发布的《最新数字经济估计》指出，2019年美国数字经济增加值为20516亿美元，占GDP比重为9.6%。许宪春和张美慧在界定数字经济范围的基础上，从《统计用产品分类目录》筛选出数字经济产品，在国民经济行业分类中确定生产该产品的产业，借鉴BEA的测算方法，提出行业增加值结构系数和数字经济调整系数，构建测算框架并对2007—2017年数字经济增加值和总产出进行系统测算[1]。其他代表性方法有经济合作与发展组织（OECD）[2]等。第二类使用回归模型测算数字经济规模，代表性文献有腾讯研究院、国家互联网信息办公室的《数字中国发展报告（2021年）》等。第三类使用增长函数框架测算数字经济规模。中国信息通信研究院2022年发布的《中国数字经济发展白皮书》指出，2021年中国数字经济增加值为45.6万亿元，占GDP比重为39.87%[3]。接下来，有必要选取集中代表性的数字经济测度体系进行介绍。

一 OECD数字经济核算体系

为了完善数字经济领域的核算体系，2010年前后，欧盟委员会和经济合作与发展组织（OECD）针对数字经济、信息活动进行了一系列的统计和测算工作。OECD信息社会指标工作小组（WPIIS）以信息社会为基础进行统计和测试，尝试通过规范的统计标准和定义的建立，向OECD信息计算机通信政策委员会提供更为准确的决策参考信息[4]。根据OECD的观点，数字经济所具备的低成本性、数据化驱动、高渗透性、高流动性及数据所有权与使用权分离等特征，使其难以通过传统方法进行运行轨迹捕捉与分析，只有运用新的方法与手段才能更为准确地进行把握与测度。而OECD所提出的新测度方法与传统核算方法的主要区别在于：一是住户部门的分类调整，通过新的分类对数字经济中的生产者与使用者进行识别；二是加设数字经济促成因素（如基础设施加设）的核算，对数字经济发

---

[1] 许宪春、张美慧：《中国数字经济规模测算研究——基于国际比较的视角》，《中国工业经济》2020年第5期。
[2] Organisation for Economic Cooperation and Development, 2014, *Measuring the Digital Economy: A New Perspective*, OECD Publishing.
[3] 转引自鲜祖德、王天琪《中国数字经济核心产业规模测算与预测》，《统计研究》2022年第1期。
[4] Organisation for Economic Cooperation and Development, 2011, *OECD Guide to Measuring the Information Society*, OECD Publishing.

展的主要支撑性行业进行重点测度；三是将具有数字特征的经济活动交易纳入核算范畴，排除不具备数字特征的交易。OECD 基于成员国的现实情况，为数字经济产品与服务的识别制定了标准，明确了测度目标，构建起数字经济的基本框架。在此基础上，OECD 在 2014 年出版的《测算数字经济：一个新视角》（Measuring the Digital Economy: A New Perspective）中，将数字经济划分为四个维度：智能基础设施投资、社会推进、创新性释放、增长和就业。OECD 以该四个维度为基础，下设 38 个子指标，对数字经济展开测算，同时对各个指标的定义、内涵及可测度性进行了详细阐述（见表 12-1）。但是并未选取固定的样本国家进行样本采集、数据测度和对比等实际工作，只是停留在理论层面。《测算数字经济：一个新视角》显示，2013 年 OECD 国家信息产业 GDP 占比接近 6%。

表 12-1　　　　　　　　　　OECD 数字经济核算方法

分类	主要指标
智能基础设施投资	宽带普及率、移动通信服务量、数据安全性、安全及隐私威胁敏感性、域名服务量
	跨境电子商务
	ICT 设备和应用、网络服务速度、网络资费
	个人数据价值、恶意软件、跨境数据风险、国家网络安全
创新性释放	互联网使用者、网络购物、政务数字化
	在线活动、用户成熟度
	青年信息化、教育信息化、工作信息化、跨境内容
	儿童信息化、医疗信息化
社会推进	ICT 研发支出、ICT 创新、电子商务、ICT 专利、ICT 设计、ICT 商标
	ICT 知识扩散度
	微观数据统计
增长与就业	ICT 投资、ICT 业务动态、ICT 增加值、ICT 劳动生产率、电子商务、ICT 行业就业人数、ICT 贸易统计
	通信服务质量

资料来源：表中内容来源于 Measuring the Digital Economy: A New Perspective，由笔者整理所得。

在设定上述指标体系后，OECD 还从经济社会发展和已有核算方案的局限性等角度出发，尝试设计新指标，如改善网络安全和隐私、儿童信息化、医疗信息化、微观数据统计、通信服务质量测度等，以更全面地反映数字经济发展状况及影响。

从实践来看，目前 OECD 成员国对数字经济的测度多数仅涉及部分维度或领域，对数字经济开展全面的测度和分析仍尚待时日。例如，OECD 中只有 6 个国家开展 Airbnb 中介平台的租金调查，9 个国家采用劳动力调查，8 个国家结合税务系统对自雇劳动开展调查，5 个国家进行了双重耐用品（固定资本形成总额和家庭最终消费）的区分识别工作，5 个国家通过 SBS（Structural Business Survey）调查了数字经济的中介平台信息，尚无国家对消费者生产的免费产品进行统计。

二 BEA 数字经济核算体系

美国商务部经济分析局（BEA）主要从互联网、信息与通信技术（ICT）的角度定义数字经济。BEA 率先应用 OECD 概念框架，以 ICT 产业作为起点，将数字经济定义为数字基础设施、电子商务和数字内容三部分[1]。随着数字经济基础数据的夯实，BEA 数字经济测算范围有所扩大。在此基础上，BEA 认为，数字经济测算范围包括基础设施、电子商务和付费数字服务三大类[2]。其中，基础设施是支撑计算机网络、数字经济存在及使用的计算机网络和组织架构，包括硬件、软件、结构三部分。电子商务是基于专门为接收和发送订单所设计的计算机网络进行的产品远程销售，包括企业与企业之间的电子商务（Business-to-business，B2B）和企业与消费者之间的电子商务（Business-to-consumer，B2C）两个部分。付费数字服务是与计算机和通信有关的，并向消费者收取费用的服务，包括计算机维修服务和数字咨询服务等。该分类由云服务、通信服务、互联网和数据服务、数字中介服务和其他付费数字服务 5 个部分组成。BEA 数字经济组成部分及最新估计情况如表 12-2 所示。

表 12-2　　　　　　　　　　　BEA 数字经济核算方法

大类	小类	主要内容
数字基础设施	计算机硬件	构成计算机系统的人造物理元件。包括但不限于显示器、硬盘驱动器、半导体、通信产品和视听设备产品
	软件	个人电脑和商用服务器等设备所使用的软件和操作系统。包括商用软件和公司为自身使用开发的内部软件
	结构	以生产数字经济货物、提供数字经济服务、数字产品提供支持服务为目的建造的建筑物。包括数据中心，半导体制造工厂，光纤电缆、开关、中继器的安装等
电子商务	B2B	企业间或企业内部，使用互联网或其他电子方式购买货物和服务的活动
	B2C	企业通过互联网或其他电子方式向消费者销售货物和服务的活动，也称为"零售电子商务"

---

[1] BEA，2018，Defining and Measuring the Digital Economy，https：//www.bea.gov/system/files/papers/WP2018-4.pdf.
[2] BEA，2021，Updated Digital Economy Estimates，https：//www.bea.gov/system/files/2021-06/DE%20June%202021%20upda te%20for%20web%20v3.pdf.

续表

大类	小类	主要内容
付费数字服务	云服务	以较低的管理成本，以灵活、弹性、按需的方式访问一组计算资源，在计算资源的基础上提供远程和分布式的托管、存储、计算和安全服务
	通信服务	电信、有线无线广播电视传输服务和卫星传输服务，互联网服务排除在外
	互联网和数据服务	互联网接入、托管、搜索、检索服务以及在线内容服务
	数字中介服务	通过数字平台提供信息，成功匹配交易双方，促成交易，以此换取明确费用的服务。这类平台的产出通常由产品的生产者和/或消费者支付的费用组成
	其他付费数字服务	除云服务、通信服务、互联网和数据服务、数字中介服务外的所有其他付费数字服务

资料来源：根据 BEA 报告 "Defining and Measuring the Digital Economy" 整理而来。

BEA 对三种主要数字产品与服务进行了单独测算，并发布 1996—2018 年美国数字经济数据[①]，以数字经济规模、产业增加值、就业和收入等为主要观测指标。就核算过程而言，BEA 的数字经济测度过程主要由三部分构成：第一，对数字经济的内涵进行界定；第二，根据定义，结合美国供给使用表对数字经济产品与服务进行识别[②]；第三，采用美国供给使用表对负责数字经济产品生产的行业进行识别，并对于数字经济相关的活动进行估算，从而获得产出、增加值、就业等相关数据。

就数字经济总增加值、部门增加值的测算而言，BEA 通过厘清其内涵范围后根据供给和使用表进行测算。依照行业划分的数字经济总产值，表示各个行业数字经济产品、服务的总产出，以数字经济与总产出的生产中间消耗比相同为前提假设，以此计算出数字经济的增加值。具体而言：首先，基于各行业生产的数字产品与服务用以计算数字经济总产出指数；其次，通过供给和使用表，在所有产品与服务中识别出数字产品与服务的中间投入，并得到中间投入指数；最后，通过双缩减法计算出部门增加值指数，实际增加值则通过 Fisher 指数进行计算，为数字经济框架下实际总产出与实际中间投入的差值。

根据 BEA 的测算，2016—2018 年，美国数字经济增加值占 GDP 比重分别为 6.5%、6.9% 和 9.0%[③]。当前普遍认为美国数字经济发展位列全球第一，中国紧随其后。基于 BEA 测算得到的美国数字经济占比来推测中国的发展情况，即便数字经济规模与美国相同，中国数字经济占 GDP 的比重约为 10%，况且当前中国经济规模尚小于美国，据此可推导得出当前中国数字经济占比应同美国数字经济占比相近。由此可知，清华大学许宪春

---

① 在发布的美国 1996—2018 年的数字经济数据中，2005 年以前的数据为推算数据。
② 数字经济产品与服务的识别主要基于北美工业产品体系（NAICS）分类进行，目前共纳入了 200 多种产品。
③ 刘宇、孙启明、谢智勇：《中国数字经济规模测算问题探讨——基于两种测算思路的分析》，《北方论丛》2021 年第 5 期。

三 腾讯"互联网+"数字经济指数

腾讯研究院《中国"互联网+"数字经济指数》(2018) 对数字经济的测度主要通过回归模型，估算出"互联网+"数字经济指数与 GDP 间的回归关系，进而推算数字经济部门的增加值，对数字活动的测度重点在于"互联网+"数字经济指数的编制。腾讯"互联网+"数字经济指数由数字经济指数、数字政务指数、数字生活指数、数字文化指数四类指数加权平均得到（见表 12-3）。其中，数字经济指数主要由分行业微信公众号、分行业移动支付、行业领先互联网公司、云计算平台 4 个一级指标构成；数字政务指数由服务项目价值、月活跃用户数等 6 个一级指标构成；数字生活指数由微信、手机 QQ 2 个一级指标构成；数字文化指数由新闻评论量、游戏次数等 5 个一级指标构成。

编制"互联网+"数字经济指数对数据要求比较高，主要来源于公司数据（如腾讯研究院、京东大数据研究部、滴滴研究院、携程研究团队、新美大数据研究院）和外部公开数据（如国家和各省份的统计年鉴）。腾讯研究院测算结果显示，数字经济指数每增长 1 个百分点，GDP 大致增加 1406.02 亿元，2016 年、2017 年、2018 年数字经济增加值分别为 22.80 万亿元（占 GDP 比重为 30.61%）、26.79 万亿元（占 GDP 比重为 32.28%）、29.91 万亿元（占 GDP 比重为 33.22%）。

表 12-3　　　　　　　腾讯"互联网+"数字经济指数指标体系

类别	一级指标	二级指标
数字经济指数	分行业微信公众号	累计粉丝数、活跃粉丝数、月群发文章数、月均转发次数、月点击 PV、菜单月点击次数、菜单月点击人数、客服接口月调用量、模板消息接口月调用量、是否开通支付功能
	分行业移动支付	移动支付总笔数、移动支付总金额、微信支付交易用户数、微信支付商户数、理财通用户数量、理财通资产存量、自选股 30 天活跃用户数量、证券用户数量
	行业领先互联网公司	购买用户总数（京东）、有效单量（京东）、购买金额（京东）、订单总数（滴滴）、司机人数（滴滴）、DAU（携程）、酒店间夜量（携程）、机票出票量（携程）、可预订酒店量（携程）、交易流水（新美大）、交易笔数（新美大）、浏览量（新美大）、检索量（新美大）、独立商户数（新美大）
	云计算平台	云消耗金额、CVM 核数、IDC 带宽、cdb 存储

续表

类别	一级指标	二级指标
数字政务指数	服务项目价值	—
	服务质量星级	—
	月活跃用户数	—
	回流率	—
	满意度	—
	重点行业丰富度	—
数字生活指数	微信	微信好友数、微信群数、微信公众号数、微信消息数、微信朋友圈数、微信点赞数、微信评论数
	手机QQ	消息数、群消息数、表情消息数、离线文件数、图片消息数、语音消息数、视频次数、说说操作次数、语音通话次数、日志操作次数、相册操作次数、分享操作次数、like操作次数、好友数、群个数
数字文化指数	新闻评论量	—
	新闻点击量	—
	视频点击量	—
	游戏次数	—
	游戏时长	—

资料来源：根据腾讯研究院发布的《中国"互联网+"数字经济指数》（2018）整理得到。

四 中国信息通信研究院数字经济规模测度

中国信息通信研究院发布的《中国数字经济发展白皮书（2021年）》认为，数字经济包括数字产业化、产业数字化、数字化治理和数据价值化四个部分。但其对数字经济规模进行测算时，主要通过分数字产业化和产业数字化规模并加总的方式得到。

（一）数字产业化部分的测算方法

数字产业化部分即信息通信产业，主要包括电子信息设备制造、电子信息设备销售和租赁、电子信息传输服务、计算机服务业软件业、其他信息相关服务，以及由于数字技术的广泛融合渗透带来的信息行业，如云计算、物联网、大数据、互联网金融等。增加值计算方法：通过国民经济核算体系中各个行业的信息产业增加值汇总得到。

（二）产业数字化部分的测算方法

产业数字化部分则是通过增长核算模型（KLEMS）进行测算，主要将生产要素划分为ICT资本和非ICT资本。通过上述二分法测算，可以得到我国ICT资本存量，加总网络基础设施、新兴产业及传统产业中的数字部分，即可得到我国数字经济总规模。

《中国数字经济发展与就业白皮书（2021年）》显示，2016年、2017年、2018年、2019年、2020年、2021年我国数字经济增加值分别为22.6万亿元（占GDP比重为30.3%）、27.2万亿元（占GDP比重为32.9%）、31.3万亿元（占GDP比重为34.8%）、35.9万亿元（占GDP比重为36.2%）、39.2万亿元（占GDP比重为38.6%）、45.6万亿元（占GDP比重为39.8%）。

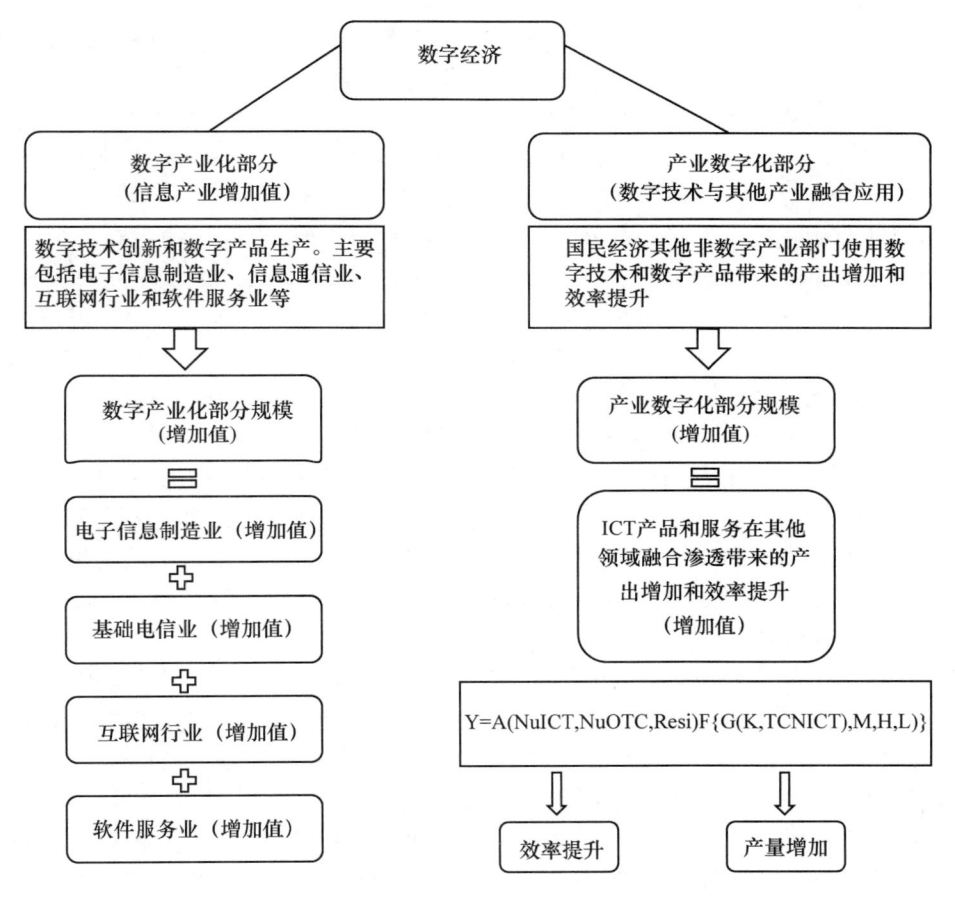

图12-1 中国信息通信研究院的数字经济核算框架

资料来源：笔者根据国家统计局数据整理所得。

五 数字经济价值核算的发展方向——数字经济卫星账户核算法

1993年，SNA引入了卫星账户的概念。卫星账户是以国民经济核算体系中心框架为基础，对其某些概念加以修改而建立的附属核算体系。以中心框架为中心，又与中心框架保持距离。国民经济核算体系的中心框架是一套统一定义的概念,这使该体系具有严谨性,但同时要求用户必须按事先统一定义的概念模式应用这套体系及其提供的数据,因此缺乏灵活性,不能满足用户多种多样的需求。运用卫星账户形式,把中心框架的有关内容直接或间接地引入其中,再加上补充的或替代的概念,既避免了对中心框架严谨统一性的破坏,又极大地扩展了国民经济核算体系的分析功能,为满足不同需要提供途径。如旅游卫星账户、资源环境卫星账户等①。

《2008年国民账户体系》(SNA—2008)建议,设立卫星账户来处理与国民账户体系关联但又不同于中心框架的专业核算问题,为数字经济纳入核算体系预留了空间。并提出了旅游、环境、卫生、未付酬住户活动等卫星账户核算思路、方法及表式,详细阐释了卫星账户的特点和功能。理论上,数字经济的影响可分为 SNA 框架范围外和 SNA 框架范围内两部分,直接将数字经济纳入 SNA 核算范畴会掩盖非市场性产出,无法揭示经济衰退、就业低迷等经济现象,建立数字经济卫星账户可能是更好的选择。

在卫星账户构建研究方面,有关国际组织、一些国家政府统计机构和有关学者主要开展了构建 ICT 卫星账户和数字经济卫星账户(Digital Economy Satellite Account,DESA)的相关研究。在国际上,澳大利亚统计局(ABS)、智利统计局、南非统计局已经建立了 ICT 卫星账户,马来西亚统计局 2009 年开始编制 ICT 卫星账户,2011 年在 ICT 卫星账户的基础上引入一系列辅助指标,共同构成马来西亚数字经济卫星账户;OECD 成立数字经济下 GDP 测算咨询组(Advisory Group on Measuring GDP in a Digital Economy),提出数字贸易维度框架与数字经济卫星账户基本框架,并尝试性编制 DESA 的供给使用表;Barefoot 等界定了数字经济范围,并基于供给使用表对美国数字经济规模进行测算,为美国数字经济卫星账户的构建奠定了基础②。在国内,屈超和张美慧提出了构建 ICT 卫星账户的构想③;杨仲山和张美慧系统研究了中国数字经济卫星账户的编制问题,并构建了数字经济静态总量指标与数字经济直接贡献指标④。

相较于增加值测算和相关指数编制的方法,数字经济卫星账户能够反映国民经济各行业从事数字经济特征活动的情况,是测度数字经济实际发展规模及其对整体经济的贡献程度较为可行的方法。然而,目前国际上关于数字经济卫星账户的理论和实践研究还处于不断完善的阶段,受现有统计数据的限制,较难实现宏观层面数字经济卫星账户的实践编制。OECD 建议,现阶段可以先计算数字经济产业的增加值来反映数字经济发展规模,为数字经济卫星账户的实践编制奠定研究基础⑤。对数字经济增加值进行测算的代表性研究

---

① 陆雄文:《管理学大辞典》,上海辞书出版社 2013 年版。
② Barefoot K., Curtis D., Jolliff W., et al., 2018, "Defining and Measuring the Digital Economy", US Department of Commerce Bureau of Economic Analysis, 15.
③ 屈超、张美慧:《国际 ICT 卫星账户的构建及对中国的启示》,《统计研究》2015 年第 7 期。
④ 杨仲山、张美慧:《数字经济卫星账户:国际经验及中国编制方案的设计》,《统计研究》2019 年第 5 期。
⑤ OECD, 2018, A Proposed Framework for Digital Supplyuse Tables, http://www.oecd.org/officialdocuments/public-displaydocumentpdf/? cote = SDD/CSSP/WPNA (2018) 3&Doc Language = En.

成果是 BEA 的研究①，为美国数字经济卫星账户的建立奠定了基础，ABS 也借鉴 BEA 的测算方法对澳大利亚数字经济增加值进行测算，可见 BEA 的测算方法具有一定的可借鉴性，通过该方法测算得出的数字经济增加值和结构也将具有较强的国际可比较性②。

但是，目前国际上对数字经济卫星账户的构建方法还处在初期探索阶段，尚未完全落实。数字经济卫星账户在应用之前还需要解决很多的问题，如数字经济行业界定不明确、核算方法的复杂性以及大量数据搜集和估算等问题。其中，数据的获取是卫星账户编制中的关键工作。传统的数据采集方式不能适应数字经济统计对统计数据的要求，还需要进一步研究数据获取方法，如大数据技术、数据挖掘等。正式应用中还需要对国家实际情况和核算账户的适用性做进一步的研究。

第三节 中国数字经济的核算对象和范围

一 中国数字经济的核算对象

20 世纪 90 年代，数字经济的概念首次由 Don Tapscott 提出以来，日新月异的数字经济所具备的特征和对社会经济的影响，引起了社会各界的广泛关注。但是数字经济尚未形成一个普遍接受、通用、统一的基本概念，研究机构和学者分别从数字经济的核心定义、狭义定义和广义定义对数字经济进行测度，由于没有一个较为统一的标准，造成测度范围存在差异，可能无法准确测算数字经济产出价值，这也成为测度数字经济对经济增长影响面临的挑战。长期以来，研究机构和学者在数字经济核算的研究领域陆续开展了一系列研究，针对数字经济的研究得到了很大发展，但总体上来看研究成果较为单薄、研究视角比较单一，尤其是目前国际上还没有形成较为统一的官方分类标准。

为贯彻落实党中央、国务院关于数字经济和信息化发展战略的重大决策部署，科学界定数字经济及其核心产业统计范围，全面统计数字经济发展规模、速度、结构，满足各级党委、政府和社会各界对数字经济的统计需求，国家统计局于 2021 年颁布了《数字经济及其核心产业统计分类（2021）》，指明了数字经济的核算对象和范围。

《数字经济及其核心产业统计分类（2021）》指出，数字经济是指以数据资源作为关键生产要素、以现代信息网络作为重要载体、以信息通信技术的有效使用作为效率提升和

---

① Barefoot K., Curtis D., Jolliff W., et al., 2018, "Defining and Measuring the Digital Economy", US Department of Commerce Bureau of Economic Analysis, 15; BEA, 2019, Measuring the Digital Economy: An Update Incorporating Data from the 2018 Comprehensive Update of the Industry Economic Accounts, https://www.bea.gov/system/files/2019-04/digital-economy-report-updateApril-2019_1.pdf.

② ABS, 2019, Measuring Digital Activities in the Australian Economy, https://www.abs.gov.au/websitedbs/D3310114.nsf/home/ABS+Chief+Economist+-+Full+Paper+of+Measuring+Digital+Activities+in+the+Australian+Economy.

经济结构优化的重要推动力的一系列经济活动。本分类将数字经济产业范围确定为：01 数字产品制造业、02 数字产品服务业、03 数字技术应用业、04 数字要素驱动业、05 数字化效率提升业 5 个大类。数字经济核心产业是指为产业数字化发展提供数字技术、产品、服务、基础设施和解决方案，以及完全依赖于数字技术、数据要素的各类经济活动。本分类中 01—04 大类为数字经济核心产业。

但是，观察《数字经济及其核心产业统计分类（2021）》与《国民经济行业代码及名称（2017）》中条目可以发现，只有分类中 01—04 大类与数字经济高度相关，05 大类所采用的国民经济行业代码及名称为原有各个产业的总产值，如智慧农业使用的指标数据就是统计年鉴的农、林、牧、渔等产业的数据。故而，本章的研究对象为数字经济那类中的 01—04 大类的数字经济核心产业。

二 中国数字经济的核算范围

《数字经济及其核心产业统计分类（2021）》采用线分类法和分层次编码方法，将数字经济活动划分为三层，分别用阿拉伯数字编码表示。第一层为大类，用两位数字表示，共有 5 个大类；第二层为中类，用 4 位数字表示，共有 32 个中类；第三层为小类，用 6 位数字表示，共有 156 个小类。其中，数字经济核心产业对应的 01—04 大类即数字产业化部分，主要包括计算机通信和其他电子设备制造业、电信广播电视和卫星传输服务、互联网和相关服务、软件和信息技术服务业等，是数字经济发展的基础；第 05 大类为产业数字化部分，指应用数字技术和数据资源为传统产业带来的产出增加和效率提升，是数字技术与实体经济的融合。本分类所涉及国民经济行业分类的具体范围和说明，与《2017 国民经济行业分类注释》相一致。

考虑到本章的研究目的和篇幅，在此给出第一层和第二层的分类明细，也就是本章数字经济价值核算的范围，即 154 个具体行业，如表 12 - 4 所示。

表 12 - 4　　　　　　　　　数字经济核算范围

代码		名称	国民经济行业代码及名称（2017）
大类	中类		
01 数字产品制造业	0101	计算机制造	3911 计算机整机制造；3912 计算机零部件制造；3913 计算机外围设备制造；3914 工业控制计算机及系统制造；3915 信息安全设备制造；3919 其他计算机制造
	0102	通讯及雷达设备制造	3921 通信系统设备制造；3922 通信终端设备制造；3940 雷达及配套设备制造
	0103	数字媒体设备制造	3931 广播电视节目制作及发射设备制造；3932 广播电视接收设备制造；3933 广播电视专用配件制造；3934 专业音响设备制造；3939 应用电视设备及其他广播电视设备制造；3951 电视机制造；3952 音响设备制造；3953 影视录放设备制造

续表

代码 大类	代码 中类	名称	国民经济行业代码及名称（2017）
01 数字产品制造业	0104	智能设备制造	3491 工业机器人制造；3492 特殊作业机器人制造；3874 智能照明器具制造；3961 可穿戴智能设备制造；3962 智能车载设备制造；3963 智能无人飞行器制造；3964 服务消费机器人制造；3969 其他智能消费设备制造
	0105	电子元器件及设备制造	3562 半导体器件专用设备制造；3563 电子元器件与机电组件设备制造；3824 电力电子元器件制造；3825 光伏设备及元器件制造；3891 电气信号设备装置制造；3971 电子真空器件制造；3972 半导体分立器件制造；3973 集成电路制造；3974 显示器件制造；3975 半导体照明器件制造；3976 光电子器件制造；3981 电阻电容电感元件制造；3982 电子电路制造；3983 敏感元件及传感器制造；3984 电声器件及零件制造；3985 电子专用材料制造；3979 其他电子器件（元件、设备）制造
	0106	其他数字产品制造业	2330 记录媒介复制；2462 游艺用品及室内游艺器材制造；2664 文化用信息化学品制造；2665 医学生产用信息化学品制造；3475 计算器及货币专用设备制造；3493 增材制造装备制造；3831 电线、电缆制造；3832 光纤制造；3833 光缆制造；4011 工业自动控制系统装置制造
02 数字产品服务业	0201	数字产品批发	5176 计算机、软件及辅助设备批发；5177 通讯设备批发；5178 广播影视设备批发
	0202	数字产品零售	5273 计算机、软件及辅助设备零售；5274 通信设备零售；5244 音像制品、电子和数字出版物零售
	0203	数字产品租赁	7114 计算机及通讯设备经营租赁；7125 音像制品出租
	0204	数字产品维修	8121 计算机和辅助设备修理；8122 通讯设备修理
	0205	其他数字产品服务业	其他未列明数字产品服务业
03 数字技术应用业	0301	软件开发	6511 基础软件开发；6512 支撑软件开发；6513 应用软件开发；6519 其他软件开发
	0302	电信、广播电视和卫星传输服务	6311 固定电信服务；6312 移动电信服务；6319 其他电信服务；6321 有线广播电视传输服务；6322 无线广播电视传输服务；6331 广播电视卫星传输服务；6339 其他卫星传输服务
	0303	互联网相关服务	6410 互联网接入及相关服务；6421 互联网搜索服务；6422 互联网游戏服务；8610 新闻业；6429 互联网其他信息服务；6440 互联网安全服务；6450 互联网数据服务；6490 其他互联网服务

213

续表

代码 大类	代码 中类	名称	国民经济行业代码及名称（2017）
03 数字技术应用业	0304	信息技术服务	6520 集成电路设计；6531 信息系统集成服务；6532 物联网技术服务；6540 运行维护服务；6550 信息处理和存储支持服务；6560 信息技术咨询服务；6571 地理遥感信息服务；7441 遥感测绘服务；7449 其他测绘地理信息服务；6572 动漫、游戏数字内容服务；6579 其他数字内容服务；6591 呼叫中心；6599 其他未列明信息技术服务业
	0305	其他数字技术应用业	7517 三维（3D）打印技术推广服务
04 数字要素驱动业	0401	互联网平台	6431 互联网生产服务平台；6432 互联网生活服务平台；6433 互联网科技创新平台；6434 互联网公共服务平台；6439 其他互联网平台
	0402	互联网批发零售	5193 互联网批发；5292 互联网零售
	0403	互联网金融	6637 网络借贷服务；6930 非金融机构支付服务；6940 金融信息服务
	0404	数字内容与媒体	8710 广播；8720 电视；8730 影视节目制作；8740 广播电视集成播控；8750 电影和广播电视节目发行；8760 电影放映；8770 录音制作；8624 音像制品出版；8625 电子出版物出版；8626 数字出版；7251 互联网广告服务
	0405	信息基础设施建设	4851 架线及设备工程建筑；4910 电气安装；4790 其他房屋建筑业；4999 其他建筑安装
	0406	数据资源与产权交易	7213 资源与产权交易服务
	0407	其他数字要素驱动业	7224 供应链管理服务；7272 安全系统监控服务；7320 工程和技术研究和试验发展
05 数字化效率提升业	0501	智慧农业	01 农业；02 林业；03 畜牧业；04 渔业；0211 林木育种；0212 林木育苗；0511 种子种苗培育活动；0531 畜牧良种繁殖活动；0541 鱼苗及鱼种场活动；05 农、林、牧、渔专业及辅助性活动
	0502	智能制造	34 通用设备制造业；35 专用设备制造业；36 汽车制造业；37 铁路、船舶、航空航天和其他运输设备制造业；38 电气机械和器材制造业；40 仪器仪表制造业；C 制造业

续表

代码大类	代码中类	名称	国民经济行业代码及名称（2017）
05 数字化效率提升业	0503	智能交通	53 铁路运输业；54 道路运输业；55 水上运输业；56 航空运输业；57 管道运输业；58 多式联运和运输代理业
	0504	智慧物流	59 装卸搬运和仓储业；60 邮政业
	0505	数字金融	66 货币金融服务；67 资本市场服务；68 保险业；69 其他金融业
	0506	数字商贸	51 批发业；52 零售业；61 住宿业；62 餐饮业；71 租赁业；72 商务服务业
	0507	数字社会	83 教育；84 卫生；85 社会工作
	0508	数字政府	S 公共管理、社会保障和社会组织；9221 综合事务管理机构；94 社会保障
	0509	其他数字化效率提升业	B 采矿业；D 电力、热力、燃气及水生产和供应业；E 建筑业；K 房地产业；M 科学研究和技术服务业；N 水利、环境和公共设施管理业；O 居民服务、修理和其他服务业；86 新闻和出版业；88 文化艺术业；89 体育；90 娱乐业

资料来源：《数字经济及其核心产业统计分类（2021）》。

第四节 中国数字经济规模水平

一 中国数字经济核心产业规模水平

2021 年，国家统计局公布《数字经济及其核心产业统计分类（2021）》（以下简称《数字经济分类》），为我国数字经济规模测算提供了统一可比的统计标准、口径和范围。以《数字经济分类》为标准，使用 2018 年开展的第四次全国经济普查数据，构造数字经济测算框架，测算并预测了我国数字经济核心产业规模。

《数字经济分类》从"数字产业化"和"产业数字化"两方面确定数字经济的基本范围，将其分为数字产品制造业、数字产品服务业、数字技术应用业、数字要素驱动业、数字化效率提升业 5 大类。数字经济核心产业是指为产业数字化发展提供数字技术、产品、服务、基础设施和解决方案，以及完全依赖于数字技术、数据要素的各类经济活动，对应于"数字产业化"部分，包括《数字经济分类》中的数字产品制造业、数字产品服务业、数字技术应用业、数字要素驱动业 4 个产业大类。数字经济核心产业对应《国民经济行业分类》（GB/T4754—2017）中的 26 个大类、68 个中类、126 个小类。

数字化效率提升为"产业数字化"部分，指应用数字技术和数据资源为传统产业带来的产出增加和效率提升，是数字技术与实体经济的融合。数字化效率提升内容涵盖智慧农业、智能制造、智能交通、智慧物流、数字金融、数字商贸、数字社会、数字政府等数字化应用场景，对应《国民经济行业分类》中的 91 个大类、431 个中类、1256 个小类，体现数字技术已经并将进一步与国民经济各行业进行深度渗透和广泛融合。

根据《数字经济分类》中核心产业分类标准，分行业计算其产出，再将各行业产出相加，即为数字经济核心产业总产出；分行业计算其增加值，再将各行业增加值相加，即为数字经济核心产业增加值①。

表 12-5　　　　　　　　中国数字经济核心产业增加值

年份	数字经济核心产业			分产业大类增加值规模（亿元）			
	增加值规模（亿元）	占GDP比重（%）	增长率（%）	数字产品制造业	数字产品服务业	数字技术应用业	数字要素驱动业
2012	35825.4	6.65	—	15638.3	1843.4	11805.4	6538.3
2013	39479.1	6.66	10.2	16503.6	2079.6	13584.9	7311.0
2014	43538.8	6.77	10.28	17511.9	2310.7	15599.7	8116.6
2015	47296.8	6.87	8.63	18576.1	2491.5	17155.4	9073.8
2016	52351.1	7.01	10.69	19705.2	2718.9	19503.7	10423.2
2017	58796.5	7.07	12.31	20932.2	2990.2	23056.3	11817.1
2018	66809.8	7.27	13.61	21532.0	3220.4	27659.6	14397.8
2019	73429.7	7.44	9.91	22758.4	3464.8	31623.6	15582.8
2020	79637.9	7.84	8.45	23774.0	3466.1	34658.2	17739.6

资料来源：鲜祖德、王天琪：《中国数字经济核心产业规模测算与预测》，《统计研究》2022 年第 1 期。

如表 12-5、图 12-2、图 12-3 所示，中国数字经济核心产业及其产业大类增加值规模持续增长。数字经济核心产业增加值规模从 2012 年的 35825.4 亿元增长到 2020 年的 79637.9 亿元，年均增长率达 10.50%。数字经济核心产业在宏观经济中扮演越来越重要的角色，占 GDP 比重从 2012 年的 6.65% 提升到 2020 年的 7.84%。

数字经济核心产业中分产业大类看，数字产品制造业从 2012 年的 15638.3 亿元增长到 2020 年的 23774.0 亿元，年均增长率为 5.38%。数字产品服务业从 2012 年的 1843.4 亿元增长到 2020 年的 3466.1 亿元，年均增长率为 8.21%。数字技术应用业从 2012 年的

---

① 鲜祖德、王天琪：《中国数字经济核心产业规模测算与预测》，《统计研究》2022 年第 1 期。

11805.4亿元增长到2020年的34658.2亿元，年均增长率为14.41%。数字要素驱动业从2012年的6538.3亿元增长到2020年的17739.6亿元，年均增长率为13.29%。

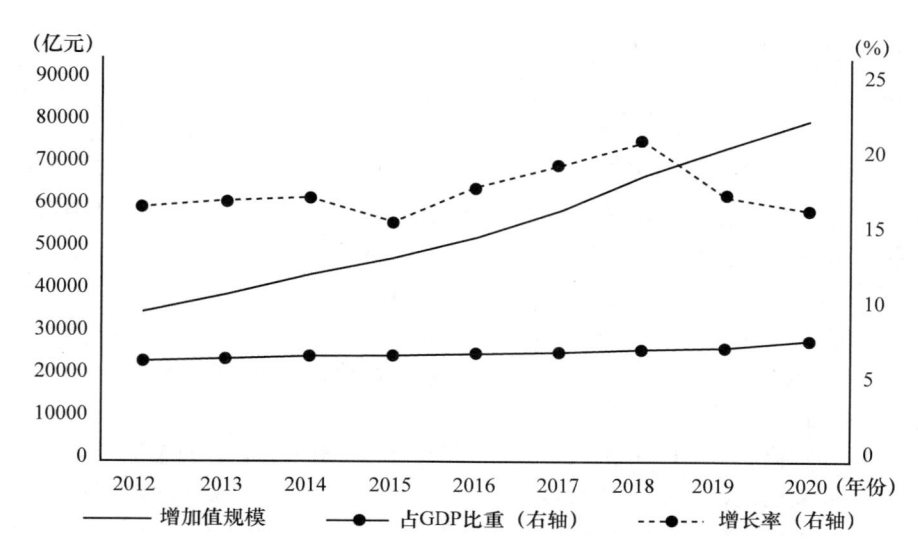

图12-2 2012—2020年中国数字经济发展水平

资料来源：鲜祖德、王天琪：《中国数字经济核心产业规模测算与预测》，《统计研究》2022年第1期。

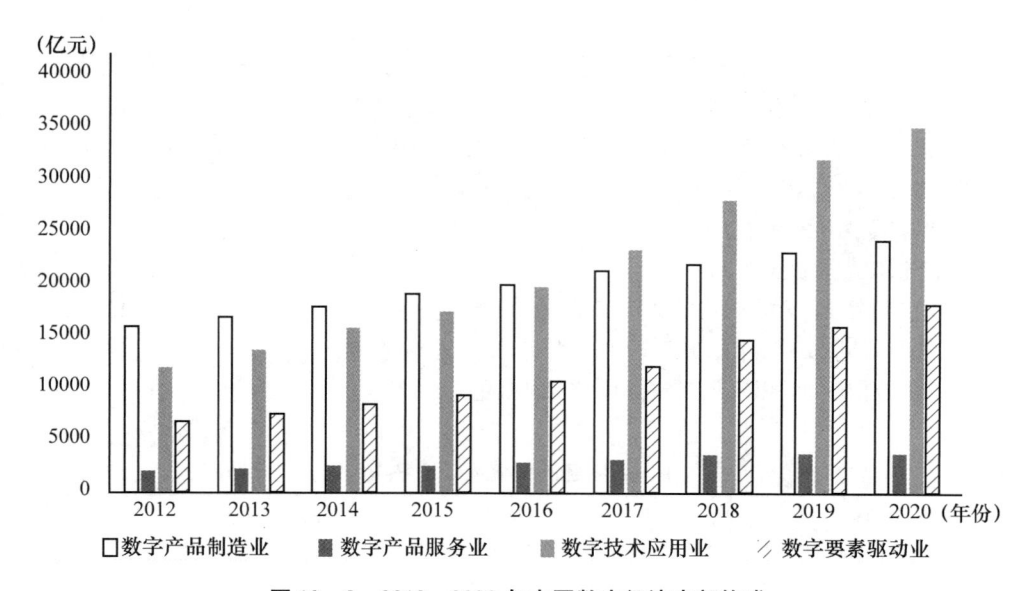

图12-3 2012—2020年中国数字经济内部构成

资料来源：中国信息通信研究院：《中国数字经济发展报告（2022年）》。

中国数字经济核心产业规模及结构呈现以下特征。第一，2012年以来我国数字经济核心产业及其分产业的增加值规模持续增长，对宏观经济贡献不断增加，成为经济增长的重要引擎。第二，数字产品制造业、数字技术应用业和数字要素驱动业是数字经济核心产业主体产业。2012年以来，核心产业格局有所改变，数字技术应用业和数字要素驱动业在数字经济中的比重逐渐提高，数字产品制造业占比逐渐降低，数字产品服务业比重变化不明显。2017年，数字技术应用业增加值占比首次超过数字产品制造业，成为核心产业中第一大产业。2020年，数字技术应用业在核心产业中增加值占比为43.52%。近年来，我国数字经济核心产业发展逐渐由产品制造部门主导转变为服务应用部门主导，其中数字技术创新应用、数字化服务发挥越来越重要的作用，互联网平台、信息基础设施建设、电子商务、数字金融和数字内容等产业发展壮大，为新产业新业态的发展和数字技术的融合应用提供了强有力的支撑。第三，数字技术应用业和数字要素驱动业发展迅速，保持高速增长。2012—2020年，数字技术应用业和数字要素驱动业年均增长率分别为14.41%和13.29%，分别高于核心产业年均增长率3.91个和2.79个百分点，对核心产业增加值规模增长的贡献分别高达52.16%和25.57%，是带动核心产业发展的关键产业。其中，数字要素驱动业增长迅速，基本保持两位数高速增长态势，年增速最高达21.84%，最低为8.23%；数字技术应用业增长态势良好，2018年增速高达19.97%。

二 中国数字经济总体规模水平及国际对比

中国信息通信研究院现为工业和信息化部直属科研事业单位，是国家在信息通信领域（ICT）最重要的支撑单位以及工业和信息化部综合政策领域主要依托单位，其测算的中国数字经济规模被官方和社会广泛采用，并具有一定的国际影响力。现采用其发布的《中国数字经济发展报告（2022年）》中的中国数字经济数据进行分析。

（一）中国数字经济总体规模水平

数字经济作为国民经济的"稳定器""加速器"作用更加凸显。如表12-6所示，2021年，我国数字经济发展取得新突破，数字经济规模达到45.6万亿元，同比名义增长16.33%，高于同期GDP名义增速3.4个百分点，占GDP比重达到39.87%，数字经济在国民经济中的地位更加稳固、支撑作用更加明显。

表12-6　　　　　　　　　　中国数字经济规模及GDP占比

年份	数字经济规模（万亿元）	数字经济占GDP比重（%）	数字经济增长率（%）	数字产业化增加额（万亿元）	数字产业化增速（%）	产业数字化增加额（万亿元）	产业数字化增速（%）
2016	22.6	30.28	—	5.2	—	17.4	—
2017	27.2	32.69	20.35	6.2	19.23	21.0	20.69
2018	31.3	34.05	15.07	6.4	3.23	24.9	18.57

第十二章 数字经济的价值核算

续表

年份	数字经济规模（万亿元）	数字经济占GDP比重（%）	数字经济增长率（%）	数字产业化增加额（万亿元）	数字产业化增速（%）	产业数字化增加额（万亿元）	产业数字化增速（%）
2019	35.9	36.39	14.70	7.1	10.94	28.8	15.66
2020	39.2	38.67	9.19	7.5	5.63	31.7	10.07
2021	45.6	39.87	16.33	8.4	11.90	37.2	17.35

资料来源：中国信息通信研究院：《中国数字经济发展报告（2022年）》。

产业化基础实力持续巩固。2021年，我国数字产业化规模达到8.4万亿元，同比名义增长11.90%，占GDP比重为7.3%，与上年基本持平；其中，ICT服务部分在数字产业化的主导地位更加巩固，软件产业和互联网行业在其中的占比持续小幅提升。产业数字化发展进入加速轨道。2021年，我国产业数字化规模达到37.2万亿元，同比名义增长17.35%，占GDP比重为32.5%。各行各业已充分认识到发展数字经济的重要性，工业互联网成为制造业数字化转型的核心方法论，服务业数字化转型持续活跃，农业数字化转型初见成效。

由图12－4可知，产业数字化和数字产业化增加值都在逐年提升，但是产业数字化发展水平增加的更多；数字经济内部的产业数字化占比逐年提高，由2016年的76.99%增加到了2021年的81.58%，这充分说明了产业数字转型的步伐稳健，也说明了在未来产业数字化会是数字经济发展的主力军。

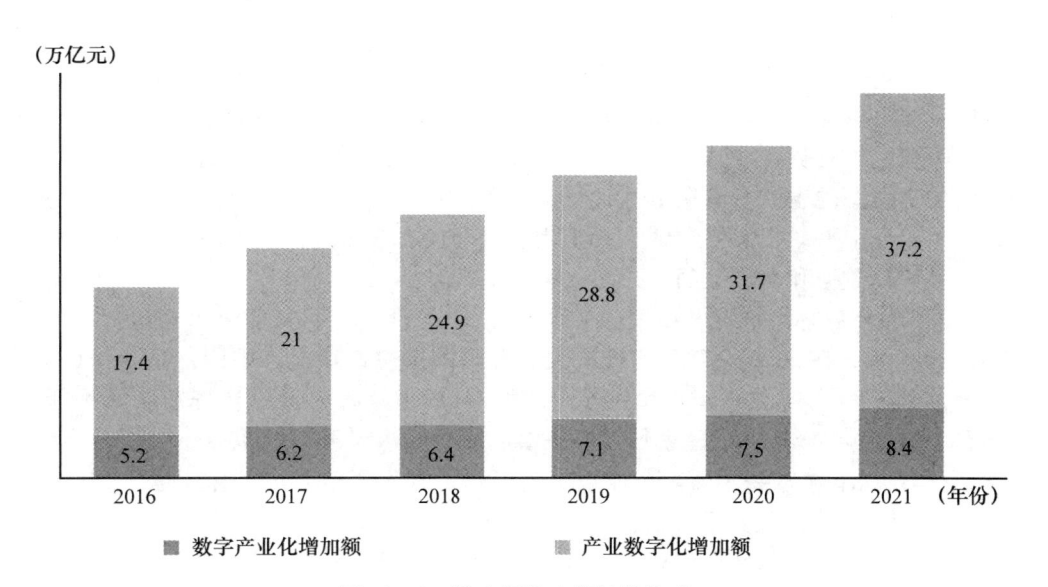

图12－4 数字经济内部结构构成

资料来源：中国信息通信研究院：《中国数字经济发展报告（2022年）》。

由图 12-5 可知，产业数字化的发展速度在研究期间都高于数字产业化发展速度，从平均增速来看，产业数字化和数字产业化的年均增速分别为 16.47% 和 10.19%，并且二者的增速存在一定程度的同步性。

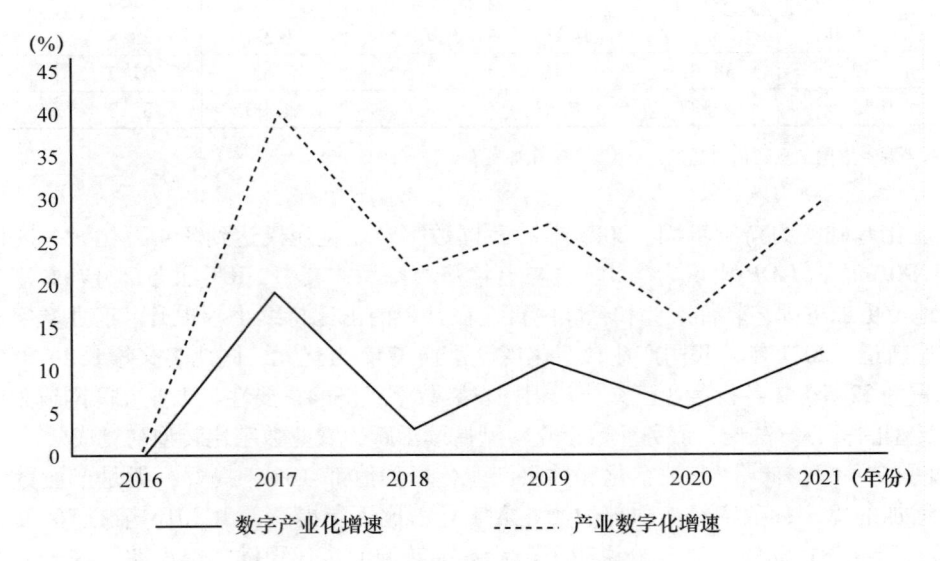

图 12-5　数字经济内部各部分增速
资料来源：中国信息通信研究院：《中国数字经济发展报告（2022 年）》。

基于此，对比中国数字经济核心产业规模水平和中国信息通信研究院估算出的中国数字经济规模，可以发现后者的规模明显高出很多，这是因为后者的统计口径更大。而从实际来看，国务院印发的《"十四五"数字经济发展规划》指出，到 2025 年，数字经济核心产业增加值占国内生产总值比重达到 10%。这说明数字经济的规模更多计量的是数字经济核心产业规模水平。我们要看到，产业数字化带来的增加值和效率提升也是应该考虑进去的，但是计算数据和方法上确实存在一定的困难。

（二）国内外数字经济发展规模水平对比

2022 年 7 月，在 2022 全球数字经济大会开幕式暨主论坛上，中国信息通信研究院发布了《全球数字经济白皮书（2022 年）》。第一，数字经济为世界经济发展增添新动能。从整体看，2021 年全球 47 个国家数字经济增加值规模达到 38.1 万亿美元，同比名义增长 15.6%，占 GDP 比重为 45.0%。产业数字化仍然是数字经济发展的主引擎，占数字经济比重为 85.0%。三大产业数字经济渗透率分别为 8.6%、24.3% 和 45.3%。其中，发达国家数字经济规模大、占比高，2021 年规模为 27.6 万亿美元，占 GDP 比重为 55.7%，发展中国家数字经济增长更快，2021 年增速达到 22.3%。第二，各主要国家数字经济加速发展。规模上，美国数字经济蝉联世界第一，规模达到 15.3 万亿美元，中国位居第二，规模约为 7.1 万亿美元。占比上，德国、英国、美国数字经济占 GDP 比重位列前三，均超过65%。增速上，挪威数字经济同比增长34.4%，位居全球第一，另有南非、爱尔兰、新西兰等13个国家数字经济增速超过20%，如表12-7所示。

表12-7　　　　　　　　　2021年各国数字经济规模　　　　　　　　　（亿美元）

排序	国家	数字经济规模	排序	国家	数字经济规模
1	美国	153181	25	丹麦	1106
2	中国	70576	26	芬兰	1099
3	德国	28767	27	马来西亚	937
4	日本	25691	28	南非	801
5	英国	21679	29	泰国	724
6	法国	13637	30	土耳其	651
7	韩国	9631	31	捷克	649
8	印度	6790	32	罗马尼亚	623
9	加拿大	5441	33	奥地利	548
10	墨西哥	4338	34	越南	473
11	意大利	4285	35	匈牙利	441
12	巴西	3513	36	新西兰	328
13	俄罗斯	3348	37	葡萄牙	311
14	澳大利亚	3283	38	希腊	245
15	爱尔兰	2680	39	保加利亚	183
16	西班牙	2371	40	卢森堡	173
17	新加坡	1729	41	克罗地亚	164
18	瑞士	1594	42	斯洛伐克	157
19	瑞典	1580	43	立陶宛	117
20	荷兰	1493	44	斯洛文尼亚	99
21	印度尼西亚	1473	45	爱沙尼亚	98
22	波兰	1325	46	拉脱维亚	73
23	比利时	1273	47	塞浦路斯	42
24	挪威	1125			

资料来源：中国信息通信研究院：《全球数字经济白皮书（2022年）》。

从发展方向看，数字技术创新仍是全球战略重点，全球数字化转型正由效率变革向价值变革、由企业内向产业链、价值链拓展，全球面向实体经济的工业/产业互联网平台快速发展。

从技术变量看，全球 5G 进程进一步加速，截至 2022 年 6 月，86 个国家/地区共 221 家网络运营商实现 5G 商用，全球 5G 网络人口覆盖率为 26.59%。全球人工智能产业平稳发展，预计 2022 年全球人工智能市场收入达到 4328 亿美元，同比增长 19.6%。

从数据变量看，释放数据要素价值成为各国的共同探索方向，可信数据空间为数据要素市场参与各方提供信任的技术契约，全球数据要素市场建设进入多元主体共建共创、企业竞争加速推进、定价策略多样探索的新阶段。

数字技术创新仍是全球战略重点，数字化转型正由效率变革向价值变革、由企业内向产业链、价值链拓展，面向实体经济的工业/产业互联网平台快速发展，释放数据要素价值成为各国共同探索的方向。

关键概念

数字经济价值核算；国民经济核算体系；数字经济核心产业；数字经济卫星账户

思考题

1. 数字经济时代国民经济核算体系存在的挑战。
2. 数字经济卫星账户核算体系的构建方法。
3. 不同主体估算出的数字经济规模存在差异的原因。
4. 如何发展壮大中国数字经济规模？

第十三章　数字货币

随着数字信息技术的广泛应用与不断发展，移动支付、网络云计算、区块链等新技术的应用场景正在逐步拓展，这其中就包括建构在这三类技术之上的数字货币给由各国中央银行发行的传统纸质货币带来了挑战与突破。数字货币具有较为广阔的应用前景与发展可能，从而有机会成为人类经济社会未来主要的货币形式和交易媒介，对经济发展具有重大意义。

数字货币毫无疑问是数字经济发展当中最为重要的环节之一。事实上，在数字交易越发频繁的现代经济社会当中，数字货币与数字交易的重要性与核心性不言而喻。从现实角度来说，我国的移动支付交易金额在 2021 年达到了 2976.22 万亿元，同比增长 9.75%，位列世界第一[1]，因此数字货币具有极为广阔的发展空间。数字货币本身具有的双重优势，即既具有实物货币的交易速度快和高度匿名性等特点，又具有电子支付工具交易成本低、便携性强、效率高以及不易伪造等特点，能够为高速发展的数字经济提供重要的支付手段支持。

第一节　数字货币概述

数字货币，通常是指以电子货币形式存在的替代货币。与通常人们认识的不同，数字货币并非简单的货币数字化，即通过信息技术显示的银行存款账户或理财账户当中的数字化货币形式（又称电子货币）。数字货币实质上指代的是通过节点网络和数字加密算法的虚拟货币形式，即以信息数据形式存在的字符串。自为世人所熟知的比特币（Bitcoin）开始，数字货币的诞生毫无疑问从各个角度都对现有的实物货币体系产生了巨大的冲击，从而给现有金融体系带来了风险与挑战。

一　数字货币的定义

数字货币（Digital Currency）在目前的学界研究中通常指代纯数字化、不需要任何实

---

[1] 中国人民银行支付结算司 2021 年支付体系运行总体情况，参见 http://www.pbc.gov.cn/zhifujiesuansi/128525/128545/128643/4523666/index.html。

物载体的货币，从而与电子化货币或者虚拟货币得以区分开来。但是在全球范围内还没有达成关于数字货币这一概念准确定义的共识，如英格兰银行（BOE）认为，数字货币是仅以电子形式存在的支付手段。同时，欧洲银行业管理局则将数字货币定义为：价值的数字化表示，不由央行或当局发行，也不与法币挂钩，但由于被公众所接受，所以可作为支付手段，也可以电子形式转移、存储或交易。由此可见，数字货币的具体定义与范围仍然是一个值得进一步商榷的研究命题。

通常依照数字货币发行者的不同，可以将数字货币分为由各国中央银行发行的央行数字货币与由私人发行的非央行数字货币。其中，由各国央行所发行的央行数字货币主要是指中央银行发行的，以代表具体金额的加密数字串为表现形式的法定货币。它本身并不是物理实体，也不以物理实体作为实际载体，而是用于网络投资、交易和储存、代表一定量价值的数字化信息[①]。这一部分内容我们将在本章第四节进行详细阐述。

由私人发行的非央行数字货币，通常指代由开发者发行和控制、不受政府监管、在互联网上某一虚拟社区的成员中流通的数字货币，如大家所熟知的比特币、天平币等。需要特别指出的是，由于现在已经进入数字时代，这些非主权国家中央银行发行的非央行数字货币也将具有全球化货币影响，同时具有加密、匿名和去中心化的特征，导致监管难度进一步升级。同时由于其本身没有主权国家的国家信用予以背书，其币值极其不稳定，这又造成了更高程度以及更为复杂的金融风险。因此，2021年9月中国人民银行发布的《进一步防范和处置虚拟货币交易炒作风险的通知》指出，虚拟货币不具有与法定货币等同的法律地位。

二 数字货币特征

数字货币作为数字经济时代的必然产物，其主要具有以下的四大特征：第一，数字货币具有更低的交易与保存成本。与传统的实物货币相比，数字货币在交易过程当中不会产生货币实物形式的磨损，不仅携带更为便利，同时也不用向第三方机构支付相应的交易费用，这无疑能够极大程度上提高交易效率。同时，数字货币在保存过程当中也不用担心金属货币的耗损或者纸质货币的发潮等引发的保存成本的问题。

第二，数字货币交易呈现去中心化特征。数字货币所采取的技术基础为区块链技术，从而能够实现点对点的直接交易，由于无须经过第三方中心的统一清算结算，能够提高交易处理速度。事实上，通过将支付模式从三方交易变为两方交易，大大提高了支付的自主性与便捷性，从而彻底改变了原有货币清算模式。这也是数字货币最重要的特征。

第三，数字货币具有更好的防伪性与安全性。数字货币背后是密码学与现代信息技术的结合，因此能够确保每一单位的数字货币有着天然的唯一性与独特性。从这一角度上来说，数字货币被非法使用或者更改几乎是不可能实现的，因此数字货币相较于传统实体货

[①] 刘向民：《央行发行数字货币的法律问题》，《中国金融》2016年第17期。

币能够超越物理层面从而具有更好的防伪性与安全性。

第四,数字货币能够实现多终端性和离线支付。数字货币相较于传统的第三方移动支付或者网络支付,可以实现多种终端的兼容性,比如利用 IC 卡或者其他经过加密的硬件设备。同时还能够在网络信号不佳的情况下也实现电子支付需求,这是因为数字货币本身就具有唯一性和加密性,因此可以实现如同纸质货币一样的自由支付。

三 部分典型数字货币

本小节将梳理部分典型数字货币案例及其发展的历史。需要指出的是,由于将数字货币分为央行数字货币和非央行数字货币,而本章第四节将重点论述央行数字货币的案例与特征,因此本小节集中展示的主要为部分较为著名的非央行数字货币案例,仅作数字货币发展历史了解。

(一) 比特币(Bitcoin)

比特币作为人们最为熟知的数字货币,其诞生过程与一位化名为"中本聪"(Satoshi Nakamoto)的网络极客可谓密不可分。2008 年 11 月 1 日,中本聪在密码学邮件组中公开发表了一篇名为《比特币:一种点对点的电子现金系统》的论文,被视为是比特币诞生的理论基础。2009 年 1 月 3 日,比特币正式诞生。

比特币最大的特征就是去中心化的设计思路,由于其诞生基础为开源化软件与建构在此之上的 P2P 网络,比特币交易具有公开透明和点对点的特征。比特币的去中心化特征与算法本身能够保证比特币具有上限,即 2100 万个,从而保证了币值无法通过大量复制而被人为操控。密码学的设计则保证了比特币具有真实获取与交易的特征,能够让所有权得到保障同时实现了交易的匿名性。

但是,比特币从诞生开始就具有极大的争议性。尽管无法通过大量复制来控制币值,但是由于其所带来的投资热,注定比特币币值无法得到长期稳定。事实上,比特币的价值波动无疑是令人震惊的,其在 2021 年 11 月 10 日时创下历史最高价达 68928.9 美元,而过后不到一年,在 2022 年 9 月,其币值仅为 18000 美元左右。因此从金融稳定和经济安全的角度出发,包括我国在内的世界上绝大部分国家对其给予了交易限制和禁令。

(二) 天平币(Libra)

天平币(Libra),是由美国互联网企业脸书推出的虚拟加密货币。2019 年 6 月 18 日,脸书发布了"Libra 白皮书",被视为是天平币这一数字货币的诞生。从这一货币设计初衷来看,其币值并不追求某一国家货币的币值稳定性,而是争取实现购买力层面上的币值稳定,因此选取了货币基金组织的美元、英镑、欧元和日元这 4 种法币计价的一篮子低波动性资产作为抵押物。

天平币与比特币具有极大的不同,最为核心的是其主导权在脸书这一美国互联网企业手中,并且试图挑战现有的国际贸易结算货币体系,因此其诞生开始就受到了美国参议院和众议院的严密审查和多次听证会监管。虽然天平币最终通过多次修改和调整获得了上市许可，但这一举动通常被视为经过调整后的天平币获得了美国政府的背书和支持。因此天平币在很大程度上被视为美国金融霸权在数字货币领域的衍生和拓展，而其大规模流通与运行无疑将降低各个主权政府的资本管制能力并有可能进一步强化美元国际贸易统治地位，因此包括法国、德国在内的欧盟五国都针对这一货币进行了抵制与反对。最终 Libra 币改名为 Diem 币，并将发行目标订正为锚定单一美元的数字货币。

（三）以太币（ETH）

以太币是以太坊这一区块链平台推出的数字货币，主要用于在以太坊这一虚拟机当中进行支付和交易。最早由俄罗斯程序员 Vitalik Buterin 于 2013 年年末创建。以太币的系统是使用最广泛的支持完备应用开发的公有区块链系统，可以被视为是比特币的发展升级。

相较于比特币来说，以太币的接触门槛更低，允许更多用户使用配置并不先进的个人信息设备参与到虚拟货币的发展中来，最后引发并形成了"数字挖矿"热潮。同时由于区块链技术的发展，较好地解决了比特币的设计缺陷与计算效率两大问题，使以太币没有理论上的数量上限并获得了更高的交易效率。同时还因为以太坊这一平台的通用性与兼容性高于比特币的原始平台，因此也具备更广大的发展前景。因此全球许多金融机构对于以太币的发展予以了正面评价与肯定意见。

但是，正是由于以太币掀起的"数字挖矿"与"炒币"热潮，使大量的资本不断涌入这一领域，形成了重复竞争与野蛮扩张的无序局面，导致本就有限的自然资源与能源被巨量浪费，同时对全球现有金融系统秩序带来了严重风险，因此这一数字货币也被全球诸多国家和组织进行了抵制和限制。

第二节　数字货币的基础理论

货币是充当一般等价物的特殊商品，是商品经济发展的必然结果。数字货币自然也不能从货币这个范畴中例外。从历史角度来看，作为经济社会产物的数字货币有着其自身诞生的必然性，但同时也受到所处社会实践条件的客观限制。人类社会的不断发展，一方面提供了各时期货币产生的客观物质与技术基础，另一方面也对该时期的货币形成了新的要求。事实上，人类社会主要货币形式从早期的贝壳等实物商品，历经贵金属货币的不断演变，最终形成了现阶段最为广泛的以国家信用为背书的纸质货币形态，再到已经得到初步发展的数字货币形式，其背后都反映了人类社会对应技术与理论不断发展演变的客观过程。

一　马克思货币理论

从马克思货币理论这一角度来看，货币的本质是具有价值尺度、流通手段、支付手段、贮藏手段和世界货币职能的特殊商品或价值表现形式。因此数字货币自然也需要在这五大职能方面对原来的信用货币形式进行发展和补充,从而与社会实践以及生产力发展需要得以匹配。

首先是数字货币的价值尺度这一职能角度。马克思在《资本论》中指出:"货币作为商品价格的转瞬即逝的客观反映,只是当作它自己的符号来执行职能,因此也能够用符号来代替。但是,货币符号本身需要得到客观的社会公认,而纸做的象征是靠强制流通得到这种公认的。"① 因此我们不难看出,数字货币本身如果要满足货币的价值尺度这一职能,要么其本身具有与其符号对应的商品价值,要么就需要得到社会公认,形成社会共识。在数字货币的上一个阶段,纸质货币是依靠国家强制力来进行满足社会公认的。自然在数字货币阶段,作为符号化的价值尺度,数字货币也需要得到国家强制即国家信用背书才能够实现其价值尺度这一职能。事实上,这也是为什么央行数字货币才算真正意义上货币的理论缘由。非央行数字货币并没有强制执行力,因此无法执行货币职能。

其次是数字货币作为流通手段与支付手段的职能。不难发现的是,相较于纸质货币来说,数字货币正是在这两大职能上得到了长远发展。货币流通的本质是商品的流通,正是由于商品流通的需要,货币才得以诞生。而数字货币不仅携带方便,也不用担心流通过程当中货币的遗失、磨损等导致货币币值缺损的现象。同时由于数字货币生产成本相较于纸质货币更为低廉,流通方式更为快捷方便,这无疑提高了货币流通速度,实现了货币流通效率的最大化。支付手段主要解决的是货币交易与商品交易之间无法同时进行的问题,使商品交换能够出现赊销赊购,更高程度地刺激了市场交易。但是在纸质货币时期,这一手段往往需要第三方结算机构来进行金融操作,从而存在一定程度上的风险和成本问题。数字货币则不存在这一问题,通过点对点交易模式,能够在第一时间完成货币的支付手段,从而提高支付手段的效率。从这一角度出发,不难发现数字货币能够在这两大职能上对纸质货币进行更高程度的替代和发展,从而更好地匹配商品经济的发展。

再次是数字货币的贮藏手段。货币的贮藏手段职能实质上与价值尺度和交易手段职能紧密相连。正是因为货币本身具有价值尺度的职能,而在交易中有多余的货币可以将其贮藏起来,以便下一次交易时使用。从这一角度来说,如果无法胜任价值尺度职能,则货币也无法胜任贮藏手段的职能,因此非央行数字货币自然也就不具备这一职能。同时,数字货币不用担心贮藏期间货币保存不当或者被盗抢的风险,因此相较于纸质货币来说,其自然能够更好地胜任贮藏手段这一职能。

最后是数字货币的世界货币问题。必须承认的是,世界货币这一职能并非所有主权国家所发行的货币都能很好胜任。当前国际贸易体系当中,充当世界货币的主要货币仍然是由美联储所发行的美元。事实上,自第二次世界大战以后布雷顿森林体系建立以来,美元作为美国霸权的三大支柱之一,通过被美联储干预而不断波动的币值为美国资本主义掠夺了全世界人民创造出来的巨量财富。而数字货币则具有打破美元霸权天然的优势,通过电子化交易以及点对点交易这两大途径,能够实现高效率和直接化的跨国交易结算,从而胜

---

① [德]马克思:《资本论》(第1卷),人民出版社2018年版,第152页。

任世界货币的职能。不同于纸质货币，数字货币无须经过各国的汇率汇算便可直接持有，其币值也不受美国单方操纵，还能够防止犯罪交易的隐匿化，因此数字货币的世界货币职能是对纸质货币的全面发展与超越。

二　区块链技术

区块链是一种能够实现分布式共识的技术机制。区块链技术是数字货币的核心基础，可以说现代数字货币正是架构在区块链技术的不断发展之上的。限于篇幅，本小节没有办法全面讨论区块链技术的具体技术基础，将重点介绍区块链特征与数字货币之间的内在联系。若对于区块链基础技术知识感兴趣，可以自行了解哈希算法、时间戳、非对称加密、公有链、私有链、联盟链以及分布式共识机制等内容。

区块链能够实现去中心化。中心化系统普遍都存在高成本、低效率和数据储存不安全的问题，并且由于这些缺陷都源自于中心化系统本身的结构特征，因此无法在原有结构上解决这些问题。而区块链技术通过分布式系统能够实现数据在验证、记账、储存、传输等过程上都通过数学算法来进行验证，从而能够绕过中心机构实现信任关系，实现区块链当中用户的点对点关系，从而为数字货币实现持有者与商品售卖者之间直接交易提供了可能。

区块链难以被篡改。由于区块链基础本身是分布式系统结构，因此其数据的记账和存储都是在系统网络当中的所有节点一起参与的，也就是说区块链的数据库由用户共同维护和共同记录，除非能够实现对所有网络节点以及用户数据库的同时网络攻击，否则区块链数据是不可能被篡改的。而且区块链的加密方式本身是构建在非对称密码学之上的，因此只有具备管理权限节点的设备才能访问，从而也能够保证区块链数据的安全性。正是由于区块链技术具备上述两点特征，才让数字货币的安全性得到了充分保证。

区块链通过时间戳可以实现交易的追溯，同时实现交易的透明化。由于区块链上的每一次数据写入写出都会对数据背后的时间戳进行修改，因此通过对于分布式系统上的关键节点的数据进行识别和筛选，就能够对于某一数据的流向、前后变化进行精准掌握。从而了解到每一单位数字货币的来源与去向。还因为区块链技术通过分布式系统结构将数据权限在节点与各设备的数据库内写入，因此交易可以实现公开透明化从而增强每一次交易的可信度，消除信息不对称带来的道德风险。而区块链的这两大优势无疑增强了数字货币对于市场交易的技术支持力度，鼓励公平合法交易的同时，还能让非法交易无所遁形。

三　其他数字技术

除了区块链技术，其他数字技术也对数字货币的发展起到至关重要的推动作用。首先是密码学的不断发展。区块链技术本质上提供了共享计算的渠道与途径，但是能够使数字货币最终得以实现是离不开密码学的不断发展的。数字货币实现防伪防篡改最核心的技术还是在对数字货币这一数据字符串的加密上，正是由于密码学的不断发展，才为数字货币的流通使用筑下了牢不可破的防火墙。其次是信息传输技术的更新换代。在过去短短数十年中，信息传输技术的发展是推动信息时代和数字经济到来最为关键的动力。以我国为例，从固定端的拨号上网到宽带联网再到现如今的千兆光纤宽带入户，又或者是移动端从2G到3G，再从3G到4G和现如今的5G，以个人或家庭为单位的信息传输能力无疑得到了极大的拓展，正是不断发展的信息传输技术推动了更多数字技术的最终落地，使区块链技术和移动支付成为可能。最后是移动设备硬件计算能力的跨越式提升，这主要指的是以智能手机和笔记本电脑为代表的个人智能终端的不断发展，作为最终实现移动支付和数字货币结算的终端设备，正是其不断发展，才让数字货币最终走向千家万户成为可能。

第三节　数字货币的运营体系与交易模式

数字货币的运营体系与交易模式是数字货币流通过程的重要组成部分。而这两者的详细制度安排又根据各个主权国家的金融体系特征有所不同，从而体现出对于数字货币的认识区别和监管力度的差异化。

一　数字货币运营体系

数字货币从诞生开始，便引发了关于央行数字货币和非央行数字货币之间的巨大争议，而这一争议的核心在于央行数字货币是否能够与非央行数字货币实现共存，而其中最为核心的争议便是如何实现金融监管与用户隐私保护的"二元平衡"。结合在本章前文中所提到的内容，央行数字货币与非央行数字货币之间存在着及其明显的差异，同时其具体特征也有重大不同。实际上，央行数字货币与非央行数字货币之间最大的区别在于两点：一是区块链关键节点的控制权是否由中央银行掌控，二是货币的币值是否与由中央银行发行的纸质货币完全相同。这二者的不同，就注定导致二者在运营体系上存在着重大区别。

央行数字货币的运营体系大致有两种模式。第一种模式是单层运营，即由各国中央银行直接面对全社会提供法定数字货币的发行、流通、维护服务。第二种模式是双层运营，即由中央银行向指定运营机构发行法定数字货币，指定运营机构负责兑换和流通交易[①]。显然，单层运营模式有着更为有效的监管和最为直接的运营方式，同时能够明显控制管理成本。但是单层运营既需要强有力的中央银行作为支撑，也不可避免地会导致中央银行的权力扩张，这将对整个金融系统的健康发展带来不利因素。而双层运营模式虽然客观上增加了管理层级和相应的成本，但是却能够充分发挥商业银行与对应机构的金融创新能力，从而为数字人民币流通的便利化提供更好的服务。但是双层运营模式则需要关注商

---

① 中国人民银行：《中国数字人民币的研发进展白皮书》。

业银行在兑换纸质货币时的操作流程，防止商业银行通过不法操作来破坏金融系统的稳定性。

非央行数字货币的运营体系则显得非常具有差异性。正如本章前文中作为典型案例的代表所体现的那样，无论是比特币、天平币，还是以太币，可以发现其运营模式均有着显著区别。但是其明显具有反对政府监管，提倡用户通过平台相互监督等特征。一方面，这样的运营体系，无疑造成了监管困难，导致利用非央行数字货币洗钱和从事违法犯罪行为的事故频发，同时币值的快速变化也导致了金融市场稳定性遭到严重破坏。另一方面，这样的运营体系也为平台方套利埋下了严重隐患。例如，据媒体分析，比特币创始人"中本聪"至少在总量为2100万枚的比特币当中拥有超过110万枚比特币，由此可见一斑。

二　数字货币交易模式

数字货币的交易模式主要分为三大类：数字货币的场内交易模式、数字货币的场外交易模式以及法币交易模式。前二者主要还是由于非央行数字货币其本身尚且无法有效执行价值尺度的手段，只能作为投资产品来进行交易。而以数字人民币为代表的央行数字货币目前采取的是法币交易模式，即用户以1：1的币值比来进行纸质货币与央行数字货币的结算工作。

场内交易模式是指在数字货币平台进行的交易。这一交易模式交易成本较高，但不易被骗。由于交易双方都是数字货币平台的用户，因而对于本平台的数字货币与交易方式有着一定程度上的认识。双方能够通过设定买入请求和卖出请求从而很快自动实现交易。但是缺点也很明显，交易双方都需要掌握一定的信息技术知识，完成对应的操作流程。比较典型的事例是通过昔日最大的比特币交易平台日本的 Mt. Gox 来交易比特币。

场外交易模式是指在数字货币平台外进行交易。这一交易方式交易成本较低，但存在着风险。通过直接购买由运营公司或个人售卖的数字货币来获得数字货币的所有权，能够绕开平台收取的手续费抽成，但是存在信息不对称问题，不了解的交易者容易上当受骗。

第四节　央行数字货币

央行数字货币是由各国中央银行发行的电子形式法定货币，也是真正意义上的数字货币。对比于非央行数字货币，央行数字货币具有国家信用背书和法律强制性两大独特优势，从而保证了央行数字货币能够有效执行货币职能当中的价值尺度职能。央行数字货币是现阶段数字货币的研究重点之一，目前全世界大部分主权国家的中央银行都在研究和尝试推出自己国家的央行数字货币。

一　各国央行数字货币

世界范围内，各主权国家的中央银行对央行数字货币热情高涨。截至 2021 年，全球共有 14 个主权国家的中央银行对央行数字货币进行了试点工作，超过 70 个主权国家中央银行正在开展相应研究。同时，这样的研究热潮也反映出关于央行数字货币应当具有怎样的制度特征这一命题还存在着诸多争议和需要讨论的地方。限于篇幅，本小节仅介绍美国、欧盟、日本三个主要全球经济体的央行数字货币研究进展。

美国最早在 2020 年 5 月就发布了数字美元项目的白皮书计划，但是由于其本身具有强大的美元金融霸权基础，发行央行数字货币无疑将破坏这一体系，因此其发行数字美元的计划频频受阻。例如，包括美联储主席鲍威尔在内的不少美联储官员就认为数字货币虽然有助于改善金融包容性，提高金融市场活力，但也存在风险，如可能会对美国现行的银行体系造成严重损害。截至 2021 年 12 月，美国尚且没有发布正式的数字美元试点计划。

欧盟正在尝试通过推出名为数字欧元的央行数字货币。2021 年 2 月，在欧洲央行发布的对加密货币监管的正式意见中，欧洲央行重申了在未来四年内创建数字欧元的承诺。数字欧元被视为是欧盟对于现有国际贸易美元结算体系的挑战，因此受到全世界关注。在这一货币设计中，值得关注的有两点，一是欧洲央行希望数字欧元不受私人稳定币立法法律的约束，二是欧洲央行负责人帕内塔明确表示希望数字欧元不具有价值贮藏的职能，从而防止其威胁到现有的银行体系和私人资金。

日本央行最早在 2020 年 1 月就针对央行数字货币展开研究，并于当年 7 月正式在清算机构局成立一个新的数字货币专责小组，借此加速对央行数字货币可行性的研究进程。日本央行数字货币定义为零售性与批发性通用的法定货币，从而供日本个人与企业在内的用户交易使用，并最终尝试用于结算公司之间与金融机构的货款交易。但需要指出的是，日本央行负责人表示将采取央行数字货币与非央行数字货币共存的政策，并尝试构建起同等的监管体系。

二　数字人民币

数字人民币是由中国人民银行发行的数字形式的法定货币，由指定运营机构参与运营并向公众兑换，以广义账户体系为基础，支持银行账户的耦合功能，与实物人民币等价，具有价值特征和法偿性[①]。

依据中国人民银行对于数字人民币的制度安排，可以发现数字人民币的管理模式采取了中心化管理、双层运营的制度。这也就意味着数字人民币的发行权仅归中国人民银行所

---

① 中国人民银行：《中国数字人民币的研发进展白皮书》。

有，中国人民银行在数字人民币的运营体系当中处于中心地位，而各商业银行作为指定的运营机构来面向社会公众提供数字人民币兑换和流通服务。同时数字人民币将作为现金类支付凭证（M_0）与实物人民币长期并存，从而数字人民币与实物人民币都具有同等的法律地位与经济价值。但需要特别指出的是，与日本央行计划发行的通用性央行数字货币不同，数字人民币仅作为零售型央行数字货币存在，这也就意味着数字人民币的推出与发行立足于国内支付系统的现代化，是为了满足人民群众支付需要，减少总社会支付成本而发行的。

中国政府对央行数字人民币的建设与发展给予了高度重视。最早于2014年就由中国人民银行成立专门的数字货币研究团队，针对央行数字货币发行的制度体系、关键技术、发行流通环境及相关国际经验等问题进行了专项研究。2019年年底，数字人民币相继在深圳、苏州、雄安新区、成都及未来的冬奥场景启动试点测试。而在2020年颁布的《中共中央关于制定国民经济和社会发展第十四个五年规划和二〇三五年远景目标的建议》中明确指出要"稳妥推进数字货币研发"，这说明数字人民币建设已经成为我国未来金融体系建设的重要一环，并被纳入正式的顶层设计当中。2021年7月，中国人民银行发布的《中国数字人民币的研发进展白皮书》被视为数字人民币试点工作全面铺开的前奏。而根据中国人民银行发布的数据，截至2021年12月31日，数字人民币试点场景已超过808.51万个，累计开立个人钱包2.61亿个，交易金额875.65亿元。

数字人民币的发行与使用对于中国和世界都有着极其重大的意义。对于国内来说，首先，数字人民币的广泛应用可以降低交易成本、提高交易速度，从而最终提高全社会的交易效率，促进社会主义市场经济得以更有活力地发展。其次，由于数字人民币作为数字货币具有点对点交易的特征，因此数字人民币可以在实现财政转移支出上实现精准滴灌，从而最大程度上保证财政资金使用效率。再次，数字人民币的广泛使用还能够便利人民群众生活，提高人民群众的财产安全性，由于数字人民币可以实现挂失功能，且具有较强的防伪性，这也就意味着人民的财产安全能够进一步得到保障。最后，数字人民币的使用将能够在一定程度上限制金融犯罪的发生，从而提高我国金融系统的稳定性。

同时，数字人民币的发行与使用在国际层面有着双重战略意义。一方面，数字人民币的不断发展将能够推动人民币国际化的进一步加快。虽然在短期内数字人民币仍然是作为国内零售型数字货币存在，但是随着国内外交流的不断发展，数字人民币的国际化也必将是指日可待。另一方面，数字人民币的不断发展也将为世界各主权国家中央银行发行数字货币提供属于中国的道路范式，从而为人类命运共同体的进步发展贡献中国智慧。

关键概念

数字货币；央行数字货币；区块链技术；数字货币运营体系；数字货币交易模式

思考题

1. 你认为的数字货币定义是什么？请说明理由。
2. 你还知道哪些数字货币？试举例说明。
3. 区块链技术是怎么推动数字货币成为可能的？请说明理由。
4. 你认为数字货币运营体系与数字货币类型的关系是什么？
5. 你认为央行数字货币相比于非央行数字货币有着怎样的优势？请说明理由。

第四篇　数字经济的全球化与治理

第十四章 数字贸易

数字经济在全球范围的蓬勃发展助力数字贸易逐渐成为国际贸易的重要主体。联合国贸易和发展会议相关数据表明，2010—2020年全球数字贸易年均增长率达6.1%，增速远超同期的服务贸易和货物贸易，数字贸易在世界贸易体系中的重要性日益凸显。数字贸易的兴起作为数字经济时代的重要经济现象，极大地拓展了人们的贸易空间，贸易方式与贸易对象的数字化使全球内的货物和服务以更高的效率实现交换流通，重塑了全球产业链和价值链，也为世界各国带来了新的数字贸易治理挑战。

中国数字贸易发展迅速，在国际市场的竞争力不断提高。根据国家工业信息安全发展研究中心发布的《2021年我国数字贸易发展报告》，2020年中国数字贸易规模整体增长9.3%，其中数字服务贸易在服务贸易总额中的比重已超过50%，按跨境电商计算的数字货物贸易规模增长也近三成。随着全球数字技术的普及和数字基础设施的完善，中国数字贸易规模将会持续增长，与各国在数字贸易领域的竞争也将日益激烈。因此，正确理解数字贸易本质特征，把握其发展大势，不断推进国际贸易数字化，积极参与数字贸易规则制定，将成为中国掌握国际贸易主导权的关键。

第一节 数字贸易的含义与框架体系

一 数字贸易的概念及内涵

数字贸易发展日新月异，新的贸易品类和贸易模式不断涌现，而国际社会对数字贸易的定义尚未达成一致。美国作为当今世界数字经济最发达的国家，其国际贸易委员会（USITC）首先对数字贸易的含义进行了界定，将通过固定或无线网络交付产品与服务的贸易认定为数字贸易。随着数字贸易的发展，USITC不断拓展数字贸易的内涵，认为数字贸易即为互联网及相关技术在商品贸易流程中发挥重要作用的贸易。2018年美国贸易代表办公室（USTR）进一步提出，数字贸易不仅仅是在线产品和服务的贸易，也包含使全球价值链能够实现的数据流、使智能制造能够实现的服务以及其他平台与应用。此外，诸多国际组织对数字贸易进行了概念的划分。2019年，经济合作与发展组织、世界贸易组织和国际货币基金组织联合发布《数字贸易测度手册》，将数字贸易定义为所有以数字方式订购和以数字方式交付的国际交易。其中,以数字方式订购即以互联网来接收或下单而进行货物或服务的交易,以数字方式交付即使用互联网远程交付的国际交易。联合国贸易和发展会议则将数字贸易定义为使用数字技术进行的货物和服务贸易的行为。

从统计口径上来看,当前数字贸易的概念可以划分为"宽口径"和"窄口径"两种。"宽口径"的倡导者主要是世界贸易组织、经济合作与发展组织及联合国等国际组织,其将数字贸易定义为通过互联网及相关技术订购、生产或交付的产品与服务贸易,如平台交易、数字并购和跨境电商等[①]。"窄口径"的倡导者主要是美国和欧盟等数字经济发达的经济体,将数字贸易定义为通过数字设备和技术交付的产品和服务。简而言之,"宽口径"将跨境电商纳入数字贸易范畴,其交易内容不受限制;"窄口径"的交易内容主要为无形的服务或信息,而在线订购的实体货物和有数字内容的实物商品不应被归入数字贸易。

我国作为数字贸易大国,正根据自身实际情况和发展需求,探索出中国式的数字贸易概念体系。中国信息通信研究院发布的《数字贸易发展白皮书(2020年)》认为,数字贸易指数字技术发挥重要作用的贸易形式。2021年1月,我国首个数字贸易领域标准《数字贸易通用术语》正式实施,将数字贸易定义为"针对实物商品、数据、数字产品、数字化服务等贸易对象,采用数字技术进行研发、设计、生产,并通过互联网等信息通信技术手段,为用户交付产品和服务的贸易新形态"。

二 数字贸易与传统贸易的区别

数字贸易作为数字经济时代下的特殊贸易方式,与传统贸易存在诸多不同,主要体现在贸易技术、贸易主体、贸易内容、贸易流程、贸易监管等方面。数字技术向各产业的加速渗透是数字贸易得以兴起的根本原因。数字经济时代的通信技术使以往的国际交易效率实现了飞跃式发展,人工智能、大数据和云计算等新技术的应用彻底改变了国际贸易市场的面貌,大大缩短了商品流通的时间和降低了商品流通的成本。此外,数字技术使数据和信息等无形的商品得以参与国际贸易,电子图书、在线影音等数字产品市场日益广阔,在线医疗、云端教育等服务摆脱了物理条件的限制,成为国际数字服务贸易的重要组成部分。

从贸易主体来看,大型的互联网平台企业成为数字贸易的重要参与者。传统的跨境贸易中,从生产、运输、销售和售后各环节都需要付出较高的沟通成本,消费者福利被烦冗的交易链条层层稀释。而数字贸易下消费者可以通过平台直接浏览、选取和下单海外产品,大型平台使单个消费者与中小商家能够参与进全球贸易市场,打破了传统贸易的利益分配格局。

从贸易内容来看,数字产品和数字服务成为新的贸易热点。借助数字技术在数据收

---

① 赵新泉、张相伟、林志刚:《"双循环"新发展格局下我国数字贸易发展机遇、挑战及应对措施》,《经济体制改革》2021年第4期。

集、存储、处理和利用等方面的优势，数据已经为一种新的生产要素[①]。数据要素参与生产，形成以信息流形式储存的数字产品和数字服务，已经成为全球贸易市场的重要交易对象。特别是新冠肺炎疫情在全球的肆虐，接触式的传统贸易受到更大冲击，应用软件、网络游戏和商业数据成为国际贸易新亮点。

从贸易流程来看，数字技术的参与大幅提高了国际贸易效率。传统贸易中信息的获取和沟通成本极高，因而流程复杂的国际贸易往往被布局全球的大型跨国企业垄断。数字贸易借助数字技术改善了国际贸易周期长、成本高的问题，构建了以平台企业为核心、各贸易主体共同参与的数字贸易模式，消费者和厂商借助平台实现无障碍沟通，大量复杂的交易环节实质上被外包给平台企业及数字服务公司，实现了供需双端信息的高效互换。

从贸易监管来看，数字贸易也为监管部门带来了新的挑战与机遇。数字贸易的贸易内容和贸易方式都有别于传统贸易，传统的监管模式很难对数字贸易进行全方位监管。近年来，由数字贸易引起的社会数据泄露、隐私危机和数字安全问题迭出，已经成为国际数字治理和监管的难题之一。同时，外部环境的变化倒逼监管的信息化、数字化和智能化，使贸易监管的效率显著提升，监管方式更加多元，监管范围不断扩大，加强了国际贸易的风险管理。

三　数字贸易框架体系

数字贸易的逻辑起点在于基础数字技术的革新，技术的应用推动了贸易方式和贸易对象的数字化，催生了国际贸易的新领域、新模式和新业态，也为世界各国带来了全新的机遇和挑战，为把握新一轮全球贸易发展机遇、携手应对数字贸易突出问题，国际社会应共商共建全球数字治理规则体系。

根据摩尔定律，数字技术的性能迭代呈指数级增长，硬件与算法的更新改变了生产分工和贸易方式。摩尔定律表明，集成芯片的性能大约每两年就能翻一倍。一直以来，数字技术大致遵循了这一经验规律，目前已经深度融合到了商品生产和流通的各个领域。基础科学研究的不断深入使互联网通信、存储、显示等硬件产品不断接近物理极限，大数据、云计算和人工智能等数字技术不断更新迭代，为数字贸易的创新发展创造了条件。

数字技术成为全球贸易新的引擎，深刻改变了全球产业链和价值链。一方面，数字技术改变了贸易方式，商品宣传、选购、支付和售后等各环节数字化水平不断提高，带来了云展会、跨境电商、电子支付和智能客服等全新模式；另一方面，数字技术使贸易产品更加数字化，以数字形式存储和交易的数字化产品和服务成为重要的贸易对象，对海量数据进行处理形成可供利用的数据要素也成为国际生产要素市场的重要组成部分，形成了规模不一、侧重各异的数字产品平台和大数据交易市场。

数字贸易为国际贸易注入新的活力，但也带来了前所未有的新问题。数字贸易降低了

---

① 何玉长、王伟：《数据要素市场化的理论阐释》，《当代经济研究》2021年第4期。

商品流通各环节的摩擦成本，平台的构建进一步降低了供需双方的交易门槛，拓展了国际贸易的商品范围，有效改善了传统贸易周期长、频次低等问题[①]。数字贸易的发展也优化了全球分工，加速了全球产业的数字化转型。然而，作为一种新的贸易模式，数字贸易也存在着不容轻视的风险和问题。国际社会的无政府状态使这些风险和问题进一步放大，数字安全、贸易监管和平台垄断等问题亟须国际社会携手解决。

把握数字贸易机遇、化解数字贸易风险需要建立全球数字治理规则体系。数字贸易已经成为国际贸易的主要模式，适应于上一阶段的贸易治理架构已经无法满足数字贸易的飞速发展。然而各个经济体之间数字经济发展不一，因而现有数字贸易治理规则多体现在区域性和多边之间的贸易协定中，全球范围的多边数字治理体系仍然裹足不前。全球社会应持续加强多边谈判与合作，构建网络空间命运共同体，实现数字贸易有效治理。

第二节 贸易方式的数字化

一 贸易方式数字化的特征

首先，数字技术使贸易链条上各主体的信息沟通成本大大减少，实现了数字虚拟空间的"零距离"对接。互联网企业依托数字技术和流量优势构建起的数字平台，使消费者、生产商和流通企业能够便利地获取彼此的信息，实现市场信息的即时互换，减少了由信息不对称导致的市场失灵。消费者不需要提前了解商品详情，只需要在平台即可获取目标商品的价格、规格和评价等，其准确性和全面性甚至优于传统的商场选购。生产商和外贸商也不再需要实地进行市场调研和客户磋商，而是可以通过互联网全方位、低成本地获取市场信息。此外，数字经济的超大流量也便于企业依托数字平台，使用在线广告投放和网络直播等新的手段进行更有效率的宣传。

其次，数字技术有效整合了商品流和信息流，促进贸易物流体系实现数字化。跨境贸易门槛高的重要原因就在于其物流环节过长、物流成本过高。由于国际贸易涉及国家安全问题，因此除了跨境带来的地理问题，国家进出口手续等烦琐的流程也使诸多企业对跨境贸易望而却步。数字技术对信息流的充分利用有效缓解了这一难题，形成了高效的数字贸易物流体系。利用数字化技术，使物流体系逐渐智能化、网络化和可视化，使商品的扫描、处理、运输、分包等各环节更加准确、高效和个性化。

最后，为适应数字贸易新发展，相关治理监管逐渐实现数字化。做好数字贸易风险防范，是保持数字贸易健康发展的前提，而只有数字贸易实现蓬勃发展，才能从根本上提高本国在全球市场上的竞争力。数字技术对治理体系和监管模式的变革优化了治理监管效率，依托大数据构建的电商信用体系和风险防控体系，既减少了复杂的审核稽查环节，又

---

① 裴长洪、倪江飞、李越：《数字经济的政治经济学分析》，《财贸经济》2018年第9期。

提高了政府部门的监督管理能力。

二 贸易方式数字化助力跨境电商发展

贸易方式的数字化是指信息通信技术与传统商品贸易融合渗透的过程。这一定义与联合国和世界贸易组织对跨境电子商务的认定基本一致，可以说，数字技术的广泛应用加速了跨境电子商务的发展。

随着贸易方式数字化不断深化，全球跨境电商迎来爆发式增长。早期数字技术对贸易方式的影响较弱，平台仅作为一种展示场所向消费者提供企业和产品的基本信息，交易和售后等仍主要在线下进行。而后互联网平台逐渐成熟，其整合调度资源的能力不断加强，并凭借强大的数字技术优势打通产业链上下游，以企业对接企业（B2B）和企业对接个人（B2C）为主的跨境电商模式成为数字贸易的主流，缩短销售链的同时也提高了参与者的福利[1]。根据电子商务研究中心发布的《2019年度中国跨境电商市场数据监测报告》显示，2019年B2B模式在我国跨境电商模式中所占的比重高达80.5%，而B2C模式所占的比重也在迅速提高。

得益于全球范围内数字基础设施和数字物流体系的构建，跨境电商逐渐向规范化和服务化转变。数字贸易规模的日益扩大，使跨境电商在资本市场日渐瞩目，但由于数字贸易治理体系的不完善，跨境电商一直以来存在着较高的风险。近年来各国加强了对跨境电商的监督管理，大型平台企业的销售货源迅速转向一线优质的生产厂商，其贸易生态系统更加健康，服务能力得到显著改善。从全球范围来看，数字经济发展较快的经济体均在着力构建适应于跨境电商新模式的监督管理体系，协同电商平台不断使数字贸易实现更高质量和更有竞争力的发展。

三 贸易方式数字化改变全球贸易格局

贸易方式数字化改变了各国的禀赋条件，基于数字技术的贸易优势成为关键竞争点。传统的国际贸易格局下，一个国家在全球产业链的相对地位由其资源、产业结构和劳动生产率所决定，一些国家很容易被锁在产业链低端而无法实现经济的转型升级。数字贸易为一些国家和地区带来了弯道超车的可能，率先将数字技术应用于商品生产和商品贸易的经济体将优先享受数字经济带来的高效率和低成本，从而以新的竞争优势抢占国际市场上的有利位置。此外，贸易方式的数字化降低了国际市场的参与门槛，发展中国家和数量众多的中小型企业也能参与到全球化中共享数字红利。2018年世界贸易组织针对"贸易2030"发布的年度报告指出，在数字技术的帮助下，全球发展中国家和最不发达国家将在数字贸

---

[1] 冯华、陈亚琦：《平台商业模式创新研究——基于互联网环境下的时空契合分析》，《中国工业经济》2016年第3期。

易中得到巨大利益，2015—2030年其在国际市场中的份额将增长超过10%。

贸易方式的数字化重塑了全球的产业链和价值链。从商品制造商到终端消费者，涉及支付、运输和海关等各环节，由于先进数字技术的参与，全球产业链实现了从线下搬上云端，得以借助众多数字化平台进行产业协同与供销互促，从而构建了消费者、跨境平台、第三方支付、专业物流企业和政府贸易监管部门共同参与的立体产业网络。在贸易方式数字化的进程中，产业网络中的产品端、服务端和合作端的资源加速整合，贸易流程不断优化，价值链的各链条将依据数字化程度重新进行价值分配，数字化程度较高的链条如研发、销售和服务等将享受更高的附加值，数字化程度较低的链条如生产制造则将享有较低的附加值，全球产业链也将因数字技术渗透而呈现更短的迭代周期。

数字技术的强渗透性使贸易方式数字化正在向其他领域延展。数字技术向生产、分配、交换和消费等领域的广泛渗透，使数字经济与实体经济实现深度融合，各个行业都呈现出了一定程度的互联网特征。在数字技术的赋能下，一个国家一旦在国际市场上取得了先发优势，就可能依靠数据和流量而形成绝对优势，不利于国际市场的公平竞争。但同时数字经济也存在着长尾效应，即使头部贸易空间被大型企业占据，个性化的需求仍然为众多中小型企业留下了足够的生存空间。

第三节　贸易对象的数字化

数字技术的发展使一些传统商品能够以数字的形式进行交易和转让，大大拓展了国际贸易的产品边界。

一　要素贸易的数字化

数据要素成为关键的生产要素，也成为数字贸易的重要内容。人类进入信息时代以来，每天产生的数据量在迅速增长。全世界在2018年创造和捕获的数据约为33ZB，而2020年这一数字迅速增长到了59ZB，为存储和处理这些迅速增加的数据，全球每年要新建约100个超大规模的数据中心。与此同时，数据的处理能力与其增长速度相适应，由现代数字技术进行采集、筛选和处理形成的数据已经成为一种新的生产要素。相比传统要素，数据要素的非竞争性和零边际成本等特性为数据贸易创造了可能。全球数据要素市场规模不断壮大，2016—2021年大数据市场规模增长超过两倍，各国对数据要素市场的竞争日趋激烈。美国、中国、欧盟等多个经济体先后出台跨境数据战略，在维护自身数字安全的前提下充分挖掘数据资源的潜力，通过规范基础数据采集、完善数据使用规则和优化数据利益分配等形式推动自身数据产业不断提高数字贸易竞争力。此外，全球主要数字经济大国均在探索构建国际性的大数据交易中心，以加速数据要素的价值利用及转化。

数据要素与其他要素的协同大大加速了传统生产要素在国际市场上的流动。从早期的以物易物，到货币这一流通手段，再到地契、银票等纸质交易凭证，最后到数字经济下的虚拟凭证，传统的生产要素逐渐摆脱了产权交易的时空限制，实现资源要素的更有效配置。在数据要素的推动下，国际要素市场的成本也在迅速降低，在全球范围内高效配置生产要素正在逐渐成为现实。例如，企业在进行海外招聘的时候往往无法高效地接触到真正的海外人才，海外人才也不能确切地了解境外公司的工作内容和薪酬待遇，从而使人才要素在全球流动受阻。这种情况下依托国际人才数据库平台的人力资源供应商应运而生，其将劳动力的信息传输到数据库并展示在平台，凭借大数据分析能力对企业和人才进行科学评价，有效促进了国际劳动力市场的效率。

二 服务贸易的数字化

数字技术在云端存储、网络传输和智能终端的发展使以往难以实现的数字服务贸易成为可能。第一，云端存储的发展建立在云计算技术的成熟应用之上，目的是帮助个人、企业及政府更方便地存储和调用数据。云端存储通过软件实现存储硬件的联动协同，由云存储企业开放相应软件并向用户提供在线存储和访问功能，在节省用户本地设备空间的同时也保障了数据的安全性，为跨境数字贸易提供了便利。第二，光传输技术的成熟和商业化推动了网络传输的迅速发展，以海洋光缆为主的全球通信网络畅通了数字贸易的航道。相比货物运输，数字传输几乎不耗费任何时间，且不会造成货物丢失和缺损等问题。随着互联网的普及，全球网络传输成本会进一步下降，数字服务贸易将会越来越普遍。第三，全球智能终端市场逐渐跨越单一技术或单一产品竞争时期，演变成了平台支撑的商业生态系统。各种终端之间不再是孤立地存在，计算机、手机、智能手表等产品之间可以实现设备互动，并使相应的数字服务趋于协同化、一体化和系统化。

在数字技术的支撑下，服务贸易正在由过去的难以交易变得高度可交易。由于服务的特殊属性，传统贸易中服务贸易的占比远低于服务业在全球产业中的占比。数字经济时代，服务贸易在全球贸易中的比重越来越高，其交易便利性甚至反超了传统的货物贸易。借助数字技术对其他行业的渗透，养老、医疗、教育等以往需要面对面进行的服务已经可以通过数字手段远程完成交易。UNCTAD的数据显示，近十年来全球数字传输服务贸易增长率远高于同期的服务贸易和货物贸易，且在2016年正式成为服务贸易的主体。世界贸易组织认为，至2040年服务贸易将占据全球贸易的1/3，服务业数字化和全球化的趋势已经势不可当。

数字服务贸易的基础在于出口国的服务业和数字产业，因而全球数字服务贸易呈现巨大的发展差距。发达国家大多处于后工业化时期，其服务业较发达，在数字服务贸易中占据绝对优势。2018年美国与欧盟的数字服务出口规模合计近2万亿美元，牢牢占据国际市场第一梯队。而中国、日本和印度作为数字服务贸易出口的第二梯队，规模均已达千亿美元，但与第一梯队仍存在较大差距。发展中国家和最不发达国家由于服务业基础薄弱，产业数字化刚刚起步，基本无法参与到国际服务贸易市场。

三 贸易对象数字化的影响

贸易对象数字化使数字贸易治理变得更加错综复杂。首先，无形的、以数字方式存储的交易标的使常规监管措施难以奏效。以海关为代表的外贸监管部门可以通过产品物理或化学属性对货物的性质进行检查，以防止走私和违规商品的出入。而数字化的产品与服务却难以使用这类检查方式进行常规检查，利用数字技术优势掩盖机密数据交易的行为时有发生。其次，由于世界各国所处发展阶段和风俗习惯迥异，数字服务贸易在不同国家往往会引起不同的争议。仅在欧盟内部，各国就如何对数字服务征收数字税一直难以统一。例如，意大利规定在意大利的数字服务收入超550万欧元的公司要缴纳数字税，而西班牙则将这一标准认定为300万欧元。在经济一体化程度较高的欧盟尚难统一，全球数字服务贸易的一致标准更难达成共识。最后，各经济体之间不同的利益诉求决定了其不同的数字贸易治理态度。如美欧等服务贸易较发达的经济体主张数字贸易自由，强调消除数字贸易壁垒并减少国际间的数字贸易监管，其目的是方便自身数字服务产业输出；发展中国家和新兴经济体产业基础薄弱，数字技术相对落后，则更倾向数字安全前提下适度的服务贸易。

从全球产业链来看，由于不同贸易对象的可数字化程度不同，一些传统产业受到了较严重的冲击。在跨境商务领域，电子商务对传统外贸业冲击严重，以往的面对面交易方式不仅成本高昂而且容易出现人为失误，跨境电商平台则通过整合各资源流，迅速改变了各国传统外贸的交易模式。在以信息为交易内容的行业，数字贸易冲击尤为严重。例如，图书报刊等典型出版物的跨境贸易，出现了严重的销量跳水困境，部分书刊经营企业则抛弃了传统的线下贸易模式转战线上以谋出路。

第四节 各国数字贸易发展现状与趋势

一 全球数字贸易发展格局

近年来，国际贸易保护主义抬头，"逆全球化"浪潮涌现，地缘冲突时常发生，严重的公共卫生事件使全球贸易进一步受挫，国际市场萎靡不振[1]。在这些不利条件的叠加影响下，全球数字贸易仍然逆势增长，成为引领全球贸易回暖的强劲动力。数字化是本轮全球化的最显著特征，数字技术向全球产业链、价值链和创新链加速渗透，使全球资源和要素以前所未有的速度充分流动。数字贸易突破了传统贸易模式无法跨越的时空限制，将过去难以跨境交易的产品和服务变为国际市场的重要组成部分，其对全球贸易格局的深刻影

---

[1] 裴长洪、刘洪愧：《中国外贸高质量发展：基于习近平百年大变局重要论断的思考》，《经济研究》2020年第5期。

响必将逐渐超越传统的服务贸易和货物贸易。

数字贸易的优势建立在本国的数字技术水平与产业发展水平之上，发达经济体由于技术和产业的领先很容易建立其数字贸易的领先优势，而由于数字经济特性，这种领先优势一旦建立，落后国家就很难追赶，从而形成穷者越穷、富者越富的马太效应。从数字贸易规模来看，2019年发达经济体在全球数字贸易总额中占据了超3/4的份额，且其在数字服务贸易中的优势远高于发展中国家。

以中国为代表的发展中国家正在加紧追赶数字贸易潮流。数字鸿沟已经成为全球重大的发展不平衡难题，在数字经济不发达的国家，每十个居民中只有一两个能够接触互联网，其数字贸易发展艰难。中国等新兴经济体的数字经济发展迅速，在全球数字贸易规模的比重有所提高，但其数字贸易水平与发达经济体相比仍存在较大差距，特别是数字服务贸易领域基本上被美欧垄断。

二 主要经济体的数字贸易战略

（一）美国数字贸易战略

美国是世界第一大数字贸易出口国，因而其致力于推动全球范围内信息和数据的自由流动，为美国本土企业创造更优质的对外出口环境。一是美国对数字贸易的重视程度与日俱增。截至2022年1月1日，美国参与且仍然有效的双边、诸边和多边贸易协定中，有12个涉及数字贸易章节，其中《美墨加协定》（USMAC）更是全球范围内第一个涵盖有数字贸易具体规定的贸易协定。为进一步规范双边数字贸易秩序、巩固全球数字贸易领导者地位，2019年10月美国和日本签订《美日数字贸易协定》，就消除两国间的贸易壁垒进行全面磋商，这也是美国首个专门针对数字贸易签订的协定。二是美国在数字贸易的政策态度一向主张贸易自由。2018年美国向世界贸易组织提交议案，其中第一项议题就是数据自由流动，具体措施包括：放开对消费者和厂商进行全球范围内数据流通的限制；要求一些国家停止以数据安全为由的限制自有数据流动的行为；禁止一些国家利用自身安全网络拦截或过滤互联网信息。

（二）欧盟数字贸易战略

欧盟的数字经济很大程度上依赖于美国的数字服务，其自身拥有的领先全球的互联网平台较少，这也决定了欧盟的数字贸易战略必然要顾及数据安全保护。欧洲地区的数字经济虽然较为发达，但对美国的依赖程度也较为严重，美国的GAFA（谷歌、苹果、脸书、亚马逊）是欧洲地区企业的主要数字服务供应商。因此，欧盟在签订数字贸易协议时，往往追求贸易规模与数字安全的兼顾。例如，2020年12月30日欧盟与英国签署的《欧盟与英国贸易暨合作协议》，首次将数字贸易作为一个章节纳入贸易协定中，其中不仅包括了倡导数据自由流动的条款，也包含了软件源代码保护和数据隐私保护等条款。可以说，欧盟数字贸易战略的目标是构建一个开放和安全统一的数字贸易框架。

(三) 中国数字贸易战略

中国积极参与数字贸易协定，不断提高自身对外开放水平。中国拥有世界上最大的互联网用户群体，跨境电商迅速增长，为充分发挥自身在技术和流量上的优势，中国近年来参与了诸多涉及数字贸易的合作协议。截至 2022 年 1 月 1 日，中国参与的含有数字贸易相关规定的双边、诸边和多边协议已有 5 个，超过了许多发达国家。中国积极参与高水平的数字贸易协议，对标国际标准的同时结合经济实践，不断扩大在全球的数字贸易市场的份额，实现了更高质量的对外开放。

三 全球数字贸易治理体系的构建

(一) 全球数字贸易治理体系现状与困境

目前全球范围内的数字贸易治理体系仍未取得实质进展，其根本原因有两个：一是全球各经济体的数字贸易水平差距巨大，不同的利益诉求难以实现统一。因此，现有的关于数字贸易治理体系的磋商往往陷入两难境地，即如果不设置强制性和可操作性的详细措施，则签订的相关规则难有约束力，而一旦涉及各国利益纠纷，则具体规则的制定就会出现较大分歧。二是数字经济本身的高速发展使各国数字治理呈碎片化。治理碎片化已经成为数字贸易治理的最大障碍，各国为解决自身问题而制定的治理政策有时相互冲突，更加阻碍了数字贸易国际共识的达致。

从长期来看，全球数字贸易治理体系的构建本质上是各国数字贸易实力的博弈。中国、美国、欧盟等数字经济大国和地区拥有较强的数字贸易实力，在全球规则制定上处于领导地位，其他一些国家的理念大致与这些主要经济体的理念相似。

(二) 参与全球数字贸易治理的中国道路

首先，加快发展跨境电商、布局数字贸易前沿是我国参与数字贸易谈判的底气所在。数字贸易不仅使我国在全球产业链上占据更加优势的地位，而且促进了我国产业的服务化和数字化，推动我国"双循环"新发展格局的构建。因此，我国应该继续加强对外贸型企业的支持，引导其尽快实现数字化转型，也要鼓励我国具有技术优势的平台企业"走出去"，不断做大做强。在这一过程中，政府有关部门要加快完善配套的数字贸易管理制度，维护数字贸易相关主体的合法权益，顺应国际数字贸易发展趋势，不断提高我国产品和服务的竞争力。

其次，应优化资源配置，加强对数字贸易相关产业的优质要素供给。一是要完善数据要素市场建设，加强公共数据采集、个人隐私数据保护和跨境数据流动等基础性制度的建设，以制度为数字贸易保驾护航；二是加强数字贸易相关人才队伍建设，从培养机制、评价体系、人才数据库和人才就业创业等各方面加强人才资源的培养，引导熟悉数字技术和国际贸易的复合型人才进入数字贸易领域；三是引导资本要素有序参与数字贸易，要持续扩大金融服务业的对外开放，引导国内国际资本要素合理流动，规范资本运行秩序，建立起与我国数字贸易需求相匹配的融资平台。

最后，中国还应主动参与国际谈判，积极向国际社会发出数字贸易治理的中国声音。一方面中国应深度参与数字贸易标准的统一规范，在有能力有资格的领域主动牵头相关标准的制修定，使国际社会对数字贸易各环节的标准达成基本的共识；另一方面在标准体系建成的基础上，进一步推动国际数字贸易规则的制定，逐步完善各个流程、各种模式、各类平台的治理规范，从而构建起全方位、系统性和包容性的全球数字经济治理体系。

关键概念

数字贸易；贸易方式数字化；贸易对象数字化；数字服务贸易；数字贸易治理体系

思考题

1. 数字贸易与传统贸易的区别及具体体现。
2. 贸易方式数字化与贸易内容数字化的相互影响。
3. 世界主要经济体数字贸易战略的侧重有何不同。
4. 我国应如何参与构建全球数字贸易治理体系。

第十五章 数字税与全球化治理

第一节 数字税基本内涵

随着平台经济的迅猛发展，数字税已经成为数字经济领域主要国家之间新一轮贸易冲突和争端的焦点，数字税正在成为平台经济全球化过程中的新挑战。目前，学术界、企业界、各国政府和国际组织对数字税并没有统一认识。严格讲，"数字税"（the Digital Service Tax）只是对数字经济领域涉及的有关税收的一种"称呼"。对于数字经济的税收挑战，OECD 在应对税基侵蚀和利润转移（BEPS）行动计划和后续的工作中陆续给出了解决方案，即有关增值税的部分，修改增值税的有关规则进行应对；有关所得税的部分，提出双支柱解决方案，将一部分征税权授予市场国，这部分征税权称为"新征税权"[1]。在这样的解决方案中，没有新设一个税种"数字税"。在欧盟、法国、英国和其他一些国家提出并准备实施的数字服务税，各界对其应归属于间接税还是直接税存在巨大争议。欧盟对于数字税的解释是，数字税既可以抵扣企业所得税，也可以作为一种单独税种征收。而美国的"301调查"将数字税视为直接税（所得税）来看待。因此，根据目前的情况，尚无法对数字服务税给出统一的界定。借鉴已经征收数字服务税国家的经验，本章将数字服务税定义为针对与自己国家有关的网络购物、搜索引擎、在线视频、社交媒体和即时通信等服务收入所征收的税收，简称数字税。

法国是世界上最先开征数字税的国家之一。2019 年 3 月，法国借鉴欧盟数字税方案提出要对大型跨国数字平台企业征收数字税，2019 年 5 月和 7 月法国国民议会和参议院分别批准了数字税的相关法案，规定该法案追溯到 2019 年 1 月 1 日生效。该数字税法案对数字界面服务和特定广告服务两大类应税服务征税，应税收入是经判断属于"在法国"提供应税服务的营业收入，税率为 3%，并且还要满足营业收入的阈值门槛要求，即应税企业提供数字产品和服务的实体企业在相关财政年度内在全球范围内的总收入超过 7.5 亿欧元，同时纳税人在一个会计年度中取得的"法国数字收入"超过 2500 万欧元[2]。按照相

---

[1] OECD, 2013, *Action Plan on Base Erosion and Profit Shifting*, OECD Publishing, p. 10; OECD, 2015, *Addressing the Tax Challenges of the Digital Economy: Action 1 – 2015 Final Report*, OECD Publishing, p. 13.

[2] United States Trade Representative, Section 301 Investigation-Report on France's Digital Services Tax.

关条件，有27家数字公司符合法国数字服务税要求。其中17家为美国公司，约占2/3①。除了法国，多个欧洲国家也相继宣布征收数字税。2017年英国发布了《企业税收与数字经济：立场文件》，英国的该预算法案规定从2020年4月起征收税率为2%的数字服务税；意大利相关文件也规定从2019年1月起征收税率为3%的网络税②。

　　法国等国家出台数字服务税主要基于三方面的考虑：一是作为临时性措施解决税负不均等问题。数字经济时代，跨国数字企业在为其他国家提供产品和服务的同时，并没有在该国设立实体性的企业组织，仅通过互联网技术和平台组织等渠道就可以提供产品和服务。如谷歌的搜索引擎服务、脸书和推特的社交媒体服务、亚马逊的在线销售服务等，他们的公司注册地在加勒比等低税率国家，公司的总部管理和研发等功能在美国，分公司设在爱尔兰等低税收国家，向法国等欧盟国家提供产品和服务获得收益，但是由于没有在当地设立常设机构并不向法国等欧盟国家缴纳税收。这就产生了平台经济国际税收分配的不公平性问题。

　　二是通过数字税提升本国数字企业的竞争力并获得财政收入。数字经济存在着"头部效应"，由于数字平台经济的网络效应和规模效应，使大量的资源、人才、市场和收入等都汇集到头部企业中，形成了国际性的垄断市场结构，限制了中小企业的竞争。以法国为例，为法国提供数字经济产品和服务的头部企业主要是美国的谷歌、亚马逊、脸书、推特、优步等，而法国自己的大型互联网平台企业相对很少。法国作为数字服务贸易的主要输入国，征收数字税可以发挥赋税宏观调控的作用，为国内数字企业提供一定的生存和发展空间。同时，征收数字税可以为法国提供可观的税收收入。按照相关估算，2019年数字税可以为法国提供4亿欧元税收收入，2020年预计可以获得6.5亿欧元的税收收入③。

　　三是掌握和主导数字经济国际税收规则的话语权和制定权。当前，数字经济领域的赋税分担问题已经成为全球税收治理体系面临的重要挑战。互联网技术突破了传统的地理领土边界限制，使跨国大型数字平台经济面临着收入来源地和税收缴纳地的不一致问题，导致国际税收规则丧失了公平性。数字税是解决"税收侵蚀"和"利润转移"等国际税收治理问题的重要方案。另外，法国等在欧盟的支持下征收数字服务税，是一种单边的临时税收措施，目的是增加与美国争取谈判空间的工具，进而可以获取未来制定全球数字经济税收和数字贸易国际规则的话语权和制定权，攫取更多经贸利益。

　　从生产的国际关系视角看，征收数字税必将给平台经济全球化带来新的影响。一是重塑国际税收规则，形成平台经济国际税收分配新格局。数字税打破了传统国家之间的税收利益平衡，各国为了获得更多国际税收利益正在展开激烈的博弈。受到数字税征收扩散效应的影响，除了法国、英国和意大利等已经开展数字税的国家，加拿大、澳大利亚等发达

---

① 另外的公司为：中国1家（阿里巴巴），西班牙1家（Amadeus），德国2家（Axel Springer和Zalando），荷兰1家（Randstad），挪威1家（Schibsted），日本2家（Rakuten和Recruit），法国1家（Criteo），英国1家（Travelport）。
② 励贺林、姚丽：《法国数字服务税与美国"301"调查：经济数字化挑战下国家税收利益的博弈》，《财政科学》2019年第7期。
③ 《法国拟对互联网巨头开征"数字税"》，《经济日报》2019年4月11日。

国家和泰国、印度、马来西亚、新西兰、墨西哥、尼日利亚等发展中国家也开始研究和布局数字税征收事宜①。为了达成数字税征收共识，形成新的国际税收协调机制，2019年6月，日本大阪G20财政和央行行长会议批准了《应对经济数字化所带来的税收挑战并形成广泛共识的解决方案》，明确在已有共识基础上构建新的国际税收结构，建立"公平、可持续和现代化的国际税收体系"②。可以预见，OECD和法国等国际组织和国家为了实现本国税收利益的最大化会积极推动以数字税为基础的国际税收体系的重构。数字税的实践和国际税收规则的重构必将影响平台经济组织国际竞争关系，形成利益分配新格局。

二是可能引发针对平台经济的贸易保护主义行为。法国等欧盟国家向谷歌、亚马逊、脸书等全球巨型数字平台企业开征数字税，遭到了美国的强烈反制。美国启动了针对法国数字税的"301调查"，此后宣布对价值110亿美元的红酒、奶酪、飞机零部件、空客飞机等欧盟产品加征关税，同时拟对法国24亿美元输美产品加征最高100%的关税③。2020年6月，美国贸易办公室宣布将对欧盟、英国、奥地利、捷克、意大利、西班牙、土耳其、巴西、印度和印度尼西亚等国家征收数字税发起"301调查"④。美国与其他国家之间的数字税博弈，势必会加剧全球范围内的贸易摩擦。根据现行的国际税收主权和税收管辖规定，数字税超越了纳税人属地原则，实质上是一种"准关税"。马克思指出："保护关税制度把一个国家的资本武装起来和别国的资本作斗争，加强一个国家的资本反对外国资本的力量。"⑤ 数字税作为一种"准关税"⑥，势必会成为一些国家之间争夺国际经贸利益的手段，阻碍平台经济的全球化发展。

第二节　数字税之争

从马克思主义政治经济学角度来看，"数字税之争"涉及资本积累国际化过程中矛盾的新表现。"数字税之争"的表层矛盾是基于国际税收规则和公平性基础上的国际税收利益分配问题。随着数字平台经济的发展，传统的国际税收规则正在受到"税基侵蚀"和"利润转移"问题的困扰。在国际税收的实体组织属地征收原则下，谷歌、微软、苹果等跨国数字公司的国际避税行为严重损害了欧洲国家利益。美国为了实现资本回流和增加本国经济竞争力，2017年12月特朗普总统签署了《减税与就业法案》，简化了现行税制，

---

① 邱峰：《数字税的国际实践及启示》，《西南金融》2020年第3期。
② OECD, 2009, "Programme of Work to Develop a Consensus Solution to the Tax Challenges Arising from the Digitalisation of the Economy", OECD/G20 Inclusive Framework on BEPS, OECD, Paris.
③ 《美拟对24亿美元法国产品加征最高100%关税》，《人民日报》海外网，2019年12月03日。
④ 《美对多个贸易伙伴数字服务税发起"301调查"》，新华网，2020年6月3日。
⑤ 《马克思恩格斯全集》（第4卷），人民出版社1958年版，第284页。
⑥ Gary Clyde Hufbauer, Zhiyao Lu, 2018, "The European Union's Proposed Digital Services Tax: A De Facto Tariff", Peterson Institute for International Economics, p. 8.

降低了税率,修改了关于公司和个人的减税和抵扣政策。美国的减税行为引起全球性的税收竞争,一些国家纷纷降低了本国企业的所得税税率,同时寻找新的税源来增加财政收入。数字税就是法国与美国为代表的大国之间争夺国际税收主权[①],获取数字税规则制定权和话语权的国家间的利益博弈。

"数字税之争"的深层矛盾是国际垄断资本与民族资本之间的利益博弈。平台经济存在着显著的头部效应,借助于网络效应和规模效应,容易形成国际垄断。平台经济为了强化资本积累,一方面通过股份制和在资本市场上市迅速完成了资本集中,形成了巨型跨国数字公司。例如,亚马逊作为全球市值最大的数字平台公司之一,市值已经突破1万亿美元。通过"赢者通吃"效应,这些数字平台公司背后的国际垄断资本不断开拓国际市场,在一些国家占据主导地位。目前,美国的谷歌、脸书、推特、亚马逊等跨国数字平台公司在欧洲数字经济市场占有绝对优势地位。相关研究报告表明,谷歌占有90%的互联网国际市场,脸书占据了全球2/3的社交媒体市场,亚马逊在全球在线零售平台中占有近40%的份额[②]。谷歌等跨国数字平台公司进行了避税操作,如谷歌相当部分的税收滞留美国以外,尚没有向美国政府缴纳全部税收,这就造成了美国与其他国家之间国际税收利益的冲突。对于法国来说,要保护本国民族资本的发展和获得合理的国际税收,所以坚定地通过数字税法案。对于美国来说,输出数字产品和服务是关系其核心利益的,正如马克思所言:"使输出工业品的数量不断增长,实际上成了关系这个国家的生死存亡的问题。"[③] 法国和美国国际经贸利益的不平衡势必会激化法国民族资本与美国国际垄断资本之间的矛盾。

数字经济时代,国际垄断资本与民族资本之间的矛盾越来越严重。矛盾的双方,一方是通过技术优势和规模优势占据对方市场获得超额利润的国际垄断资本,另一方则是发展受到技术和市场限制的本国民族资本。国际垄断资本的本质是为了追求超额利润,而民族资本则更加重视本国数字经济的独立性和安全性。二者之间的矛盾在激烈的国家竞争和利益博弈中不断被激化。法国征收数字税,一方面是为了获得税基增加本国财政收入。由于经济停滞和社会福利开支增加,法国等欧洲国家出现了严重的财政赤字和债务问题。为了摆脱经济困境,这些国家不断进行国内政策和贸易政策的调整,数字税就是法国等欧盟国家依据国家利益调整对外税收和贸易政策,积极参与数字经济领域财富分配的国家行为。另一方面则是限制以美国公司为主的国际垄断资本,扶持本国民族资本发展。国际垄断资本与民族资本之间的利益博弈还体现在发达国家与发展中国家之间。发展中国家为了保证经济独立和国家利益,提高本国创造财富的能力,往往会选择国家干预和贸易保护主义政策来应对国际垄断资本竞争[④]。例

---

① 刘永伟:《税收主权与税收专约的解释依据》,《中国社会科学》2013年第6期。
② Digital Economy Report 2019-Value Creation and Capture:Implications for Developing Countries,04 Sep 2019.
③ 《马克思恩格斯全集》(第21卷),人民出版社1965年版,第414页。
④ 贾根良、陈国涛:《经济民族主义与马克思主义:比较与启示》,《马克思主义研究》2013年第9期。

如，泰国、印度、马来西亚、新西兰、墨西哥、尼日利亚等国家也研究出台数字税，利用国家干预和贸易保护主义政策应对数字经济新挑战。

"数字税之争"的根本原因是资本主义基本矛盾的深化。信息技术革命和垄断资本的全球扩张推动资本主义发展进入了数字资本主义时代[1]。数字资本主义生产方式下，信息技术和数字经济平台是跨国垄断资本实现超额利润的技术和组织手段。从本质上讲，数字资本主义仍然是贴着"数字"标签的国际垄断资本主义，是产业资本、金融资本和信息资本的融合体。数字资本主义是生产方式高度信息化、数据化、社会化和资本高度国际化的必然产物，其推动着资本主义基本矛盾运动发生新变化。生产方式的信息化和数据化加速了资本、劳动、技术和信息等生产要素的全球化流动和配置，实现了商品和服务生产的网络化、销售的平台化、市场的全球化。尤其是以跨国数字公司主导的数字经济全球化，连通了世界范围内的生产网络、交换网络和市场网络，形成了高度社会化的生产方式。与数字资本主义生产方式相适应，数字平台等新的组织形式不断被创造出来，极大地解放和发展了社会生产力。尽管如此，资本主义生产关系的内核——生产资料私有制并没有发生根本改变，反而通过全球资本市场形成了更大规模的资本集中和财富集中，导致了更大的社会贫富差距。从地理上看，数字经济的发展极不均衡：连通力不足的国家与高度数字化的国家之间的差距越来越大，以及利用数字数据和前沿技术能力的差异导致不同国家之间的数字鸿沟不断扩大[2]。同时发达国家与发展中国家之间、发达国家内部的利益博弈越来越激烈。法国等欧盟国家与美国的数字税博弈就属于发达国家之间矛盾的新表现。

生产力与生产关系矛盾运动使数字资本主义方式下资本主义基本矛盾的表现形式发生了新变化，在经济上，生产相对过剩、经济金融化和虚拟化使危机爆发的频率增加，影响范围更广；跨国公司内部生产的计划性和世界市场的无政府状态加剧了数字资本之间的竞争；跨国数字公司通过控制民族国家的技术和市场，使民族国家的数字经济独立性受到威胁。在政治上，发达资本主义国家内部的阶级矛盾、失业问题、国家治理危机等越发突出。另外，随着美国经济影响力和国际影响力下降，以美国为代表的国家奉行单边主义和保护主义政策，对世界格局和治理体系产生了较大的负向冲击。

处于全球生产网络和国际化体系中的中国，也受到资本积累国际化过程中上述三种矛盾的影响。首先，中国的阿里巴巴等数字企业是法国等国家数字服务税征收的对象。随着越来越多的中国数字企业走向国际化，它们必将面临数字税新挑战。同时，数字经济领域国际税收规则的重构也将影响中国的国际税收利益。其次，在国际数字经济竞争格局中，中美两国数字企业占据绝对多数，美国具有绝对优势，中国拥有相对优势。在国际垄断资本的利益和国家利益裹挟下，美国政府在美国国内和全球范围内不断打压华为、字节跳动等中国数字公司，目的就是遏制依赖中国市场成长起来的数字企业的国际化，避免与美国

---

[1] [美]丹·希勒：《数字资本主义》，杨立平译，江西人民出版社2001年版，第5页。
[2] 联合国贸易和发展会议：《2019年数字经济报告》。

数字巨头企业形成国际竞争,维护美国在全球范围内的"数字霸权"。最后,资本积累国际化过程中资本主义基本矛盾的新变化给世界经济和政治带来了新的不稳定性和不确定性。中国作为推动世界经济增长的火车头,也面临外部需求结构性下降,世界经济增长前景不明朗等重大挑战。尤其是美国对中国挑起的贸易摩擦、技术遏制、金融打压等全面遏制战略进一步恶化了中国经济发展的外部环境。

第三节 数字税的中国应对方案

数字经济渗透到了我们生活的方方面面。与此同时,人工智能、物联网和大数据等促使了传统行业的转型升级,数字经济展现出强劲的活力。党的十九大报告提出要建设"数字中国",将发展数字经济上升为国家重大政策方针。当前,随着传统产业数字化转型和数字产业化发展,数字经济将成为拉动我国经济增长的新引擎,成为改变人们生活方式的新途径。

中国已经成为全球第二大数字经济体,2018 年数字经济规模达到了 4.73 万亿美元[1]。目前,中国已经拥有超过 9 亿网民,互联网普及率达到了 64.5%,形成了蓬勃发展的数字经济消费市场,其中 2019 年网络购物交易规模达 10.63 万亿元,同比增长 16.5%;通过跨境电子商务平台进出口商品总额达 1862.1 亿元,增长了 38.3%[2]。2019 年 7 月 22 日《财富》发布的世界 500 强排行榜中,中国企业(含中国香港)共 129 家,首次超过了美国企业数量,同时全球范围内上榜的互联网公司共 7 家,除了亚马逊(Amazon)、谷歌母公司(Alphabet)、脸书(Facebook),剩余的 4 家全部是中国公司,分别是京东、阿里巴巴、腾讯和小米[3]。2019 年,中国信息通信研究院发布的全球互联网上市公司 30 强名单中,腾讯控股、阿里巴巴、百度、网易、美团点评、京东、拼多多、三六零、携程网、微博 10 家中国企业上榜,中国互联网企业总市值达 9540.17 亿美元,占全球 30 强榜单总市值的 27.2%[4]。

尽管中国的数字平台公司具有一定的数量和规模优势,但是它们主要凭借中国超大市场规模优势成长为巨型公司,其国际化水平和营收规模与美国公司相比还有很大差距。根据《中国互联网行业发展态势暨景气指数报告(2019 年)》,就市值比较,亚马逊的市值为 7344.16 亿美元,谷歌 C 类股市值为 7234.65 亿美元,而排名第三的中国公司腾讯控股

---

[1] 中国信息通信研究院:《全球数字经济新图景(2019 年)》,2019 年 10 月 14 日。
[2] CNNIC 发布第 45 次《中国互联网络发展状况统计报告》,中国互联网络信息中心,2020 年 4 月 28 日。
[3] 《2019 年财富世界 500 强排行榜》,财富中文网,2019 年 7 月 22 日。
[4] 中国信息通信研究院:《中国互联网行业发展态势暨景气指数报告(2019 年)》,2019 年 7 月 11 日。全球互联网上市公司 30 强名单中,美国企业有 17 家,占榜单比重的 51.5%,巴西、韩国、日本各有 1 家,其中美国的亚马逊、谷歌 C 类股占据榜单前两位,腾讯控股排第三位。

的市值仅为 3816.43 亿美元①。谷歌、脸书等美国公司通过国际化成为跨国数字公司，其营业收入和利润大部分来源于美国以外，而中国数字公司的营业收入和利润主要来源于国内。因此，在深耕国内市场的同时，中国的数字公司需要加快实现区域化和国际化，重点要加强对"一带一路"沿线国家市场的开发和合作。

平台经济成为保障中国经济社会平稳运行的重要支撑。平台经济连接了产品产业链的上下游，紧密对接了生产者、中间商和消费者，正在重塑相关产业链，较低社会交易成本，提高经济社会运行的效率和透明度。例如，淘宝和京东等网购平台、美团和"饿了么"等外卖平台、滴滴和神州专车等打车平台、支付宝等互联网支付平台、携程和"去哪儿"等出行旅游平台、钉钉等网络办公平台以及众多的在线教育、在线娱乐和网络医疗等平台经济实现了供给与需求的有效对接，加快了生产方式和生活方式的数字化和智能化变革。

2020 年新冠肺炎疫情暴发，很多的医疗用品、应急物品、生活用品通过数字经济平台进行交易，减少了人员的接触，保障了流通领域的通畅，确保了疫情期间正常的生产生活秩序。尽管受到疫情影响，餐饮、酒店、旅游等行业经营遇到较大困境，但是中国的网络用户规模进一步扩大，网络购物、在线医疗、互联网教育、云端大数据、网络支付等业务的用户规模逆势增长。其中，2020 年 1—2 月网络零售同比增长 3.0%，占全社会消费品零售总额的比重为 21.5%，比上年同期增长 5 个百分点②。后疫情时代，平台经济必然推动中国经济实现转型升级，加速数字经济和实体经济全面融合。随着制造业和服务业的数字化转型，以及智慧城市的发展，中国经济社会深度"数字化"将成为大势所趋。

当前，从生产的国际关系视角看，中国平台经济发展同样面临着数字税挑战。京东、阿里巴巴和腾讯等一批数字平台公司正在积极"走出去"，开拓国际市场。尽管中国的数字平台公司在欧盟国家市场份额相对较少，同时法国等欧盟国家的数字税主要针对的是美国的谷歌、脸书和亚马逊等巨型公司，但是日益国际化的中国数字企业也成为数字税的征税对象③。因此，中国在大力支持和发展平台经济的同时必须未雨绸缪，积极应对数字税挑战。

一是加快数字领域国际合作，加强国际税收协调，积极融入国际税收治理体系，为我国数字企业的国际化开拓良好国际税制环境。相关国家发布的数字税征收方案可能会对中国数字企业国际化产生不利影响。因此，一方面，中国应该积极推进服务贸易创新发展试点开放平台建设，加大数字产权保护，加快研究数字经济领域税收问题，探索构建中国特色数字经济领域税收征管体系。按照公平性原则改革现行税制，形成传统企业

---

① 中国信息通信研究院：《中国互联网行业发展态势暨景气指数报告（2019 年）》，2019 年 7 月 11 日。
② CNNIC 发布第 45 次《中国互联网络发展状况统计报告》，中国互联网络信息中心，2020 年 4 月 28 日。
③ 例如，奥地利的数字税征收计划中将对所有来自欧盟以外的第三国的包裹征税营业税，将起征点由原来的市值 22 欧元降低至 0，同时强调要应对中国阿里巴巴虚假报税的情况。参见《奥地利 2020 年起率先征收数字税》，中国商务部网站，2019 年 4 月 8 日。

与数字企业相统一的增值税，重点解决数字平台企业跨境转移利润和逃避缴税等问题。另一方面，中国应该依托 G20 的 BEPS 包容性框架，以及依托"一带一路"税收征管合作机制与各国加强国际税收合作和协调，保障我国数字企业在海外的经济利益。同时最大限度地获得数字税国际规则制定的话语权和主导权。当前，数字税的国际规则制定权主要由 OECD 国家主导，包容性框架下有 137 多个国家参与。中国应该积极倡导和参与在 BEPS 包容性框架下推动数字经济税收问题的解决，积极参与 BEPS 项目、数字经济税收解决方案的制定和谈判工作，获得数字经济国际税收规则制定的主动权和话语权。

二是逐步形成以国内大循环为主体、国内国际双循环相互促进的数字经济新发展格局，培育新形势下我国平台经济全球化的竞争新优势。在全球的数字大企业中，中国是仅次于美国的第二大数字经济体，而且中国的数字企业主要依靠庞大的国内市场取得了规模竞争优势。在国际化道路上，中国的数字企业遇到了较大的挑战：以美国为首的西方发达国家对华为、字节跳动、腾讯等企业的打压和遏制，以及地缘政治冲突中的一些周边国家对中国数字企业产品和服务进行"禁售"等非市场经济行为，严重阻碍了中国数字企业的全球化发展，严重损害了中国的国家利益。面对国际垄断资本与民族资本的矛盾、地缘政治中国家之间的利益冲突，中国的平台经济发展需要尽快形成以核心技术的自主研发、供应链的重塑、生态价值体系的重构和市场体系的维护为主要内容的平台经济国内大循环体系；同时依托"一带一路"和"东盟"合作机制实现平台经济的区域化和国际化发展。

三是充分发挥中国特色社会主义制度优势，对冲资本主义基本矛盾新变化对世界经济和中国经济产生的不利影响。中国建设和发展的经验表明，中国特色社会主义具有巨大的制度优势。充分发挥中国特色社会主义制度优势可以有效应对数字经济时代资本主义基本矛盾变化给世界和中国带来的新挑战。具体来讲，在数字经济领域，可以通过混合所有制、市场经济体制和收入分配制度的改革和创新，充分发挥基本经济制度优势，不断解放和发展数字生产力。中国特色的混合所有制既可以发挥公有制的主体地位稳定宏观经济，又可以发挥非公有制经济的竞争优势提升经济发展质量，二者的结合可以部分缓解数字企业生产的有组织性与市场中的无政府状态之间的矛盾。在中国特色社会主义市场经济体制中，可以充分发挥市场在数字资源配置中的决定性作用，同时更好地发挥政府作用，降低市场的局限性，不断提高数字资源配置效率和使用效率。以公有制为主体，多种所有制共同发展的收入分配制度，有利于缓解收入分配的两极分化，更好地调整资本与劳动之间的关系。中国在坚持走好自己的路，做好自己的事的同时，也要通过更高水平的开放为世界经济发展提供新机遇和新动力，积极推动多边、区域等层面服务贸易和国际税收规则协调，不断完善全球经济治理，促进世界经济包容性增长。

关键概念

数字税；市场经济制度；生产的国际关系；数字经济治理

思考题

1. 数字税的意义是什么？其有怎样的现实价值？试说明之。
2. 除了教材所指出的数字税案例，你还知道哪些现实案例？
3. 从马克思主义政治经济学的视角来看，数字税的意义和原理有哪些？
4. 尝试从新发展格局和新发展理念的角度来阐释数字税的必要性和现实价值。
5. 你认为还有哪些措施有助于数字税的建立健全？试说明之。

第十六章　推动构建网络空间命运共同体

　　数字经济已经成为全球经济增长的新引擎。目前全球数据正在以年均50%的增速爆发式增长，预计到2025年全球数据量将达到175ZB，是1986年的8000多倍。数据在全球的广泛利用推动了全球化的新模式，在传统经济中被边缘化的商品群体因数字经济的接触而焕发出了新的活力，数据传输效率的不断提高实现了人与人、人与物、物与物在虚拟空间的零距离面对面，使全球经济真正连接成了一个整体。数字经济已经深深嵌入全球产业链、价值链和创新链之中，深刻改变了全球商品和服务的生产体系。

　　数字经济为世界各国带来发展机遇的同时，也引发了不少前所未有的新问题。数字鸿沟、数字霸权、数字安全等难题已经成为威胁世界和平与发展的重要因素。数字经济具有明显的先发优势，加上数字大国多处于产业链高端，容易构建起数字经济与实体经济互相促进的正反馈机制，最终形成"赢者通吃"的国际市场垄断地位。数字经济渗透全球产业链的同时，各国资本和财富的分配呈现新的格局，以发达国家为主体的数字大国占据了利润率最高的市场地位，其国际竞争力与其他国家出现质的差别。以计算机和互联网技术为核心的数字技术差距是导致现阶段发达国家与发展中国家综合国力差距的重要原因。囿于科技水平较低的产业体系，发展中国家难以自主建设数字经济基础设施，国内市场也不足以支撑起原始数字资本的积累，因此只能发展低端、低产、低效的数字产业，只能占有少量的数字经济发展红利[①]。信息泄露与网络诈骗等跨境犯罪也随着数字经济的发展在全球各个国家蔓延。

　　在数字经济深入全球化的时代背景下，如何抓住数字经济的历史机遇、解决好数字时代的疑难病症、推动全球数字治理安全开放成为亟待世界各国共参共议共商的时代之问。习近平主席在世界互联网大会上倡议，"中国愿同世界各国一道，把握信息革命历史机遇，培育创新发展新动能，开创数字合作新局面，打造网络安全新格局"[②]。数字经济的发展不仅是数字技术的创新，也要梳理好国际权利结构和伦理价值观，因而将人类命运共同体理念拓展到数字经济领域，对加快构建全球统一的数字经济治理体系，具有十分重要的理论和现实意义。

---

　　① 邱泽奇、张树沁、刘世定、许英康：《从数字鸿沟到红利差异——互联网资本的视角》，《中国社会科学》2016年第10期。

　　② 《习近平关于网络强国论述摘编》，人民出版社2021年版，第171页。

第一节　世界各国数字经济发展的不平衡性

数字技术在全球产业链和价值链中的深入渗透是新一轮科技革命重塑全球经济结构的重要表现。当下数字经济在各产业的普遍应用提升了商品生产和流通效率，大大拓展了各国经济发展的空间，为世界经济增长带来了强劲的动力。数字经济与三大产业的跨界融合日益加深，深刻影响了传统生产、经营及管理模式，也成为各国产业结构升级的战略选择。从这个意义上说，数字经济已经与传统经济实现了深度融合，发展数字经济就是发展数字化的农业、工业以及服务业，各国数字经济发展水平很大程度上代表了其在全球产业链上竞争力的强弱。数字经济本身并不能完全脱离农业、工业和服务业而独立存在，它对生产效率的变革依然是依附在三大产业上的，一旦脱离了三大产业，数字经济就是无源之水、无本之木。一些发展中国家本身产业薄弱，加之数字技术落后，因而在数字化时代难以跟上数字大国步伐。数字化时代中，各主体之间由于对数字技术的开发程度、应用深度和创新能力的差异而导致数字经济落差及进一步两极分化的趋势，形成了数字鸿沟。

一　不同经济水平国家之间数字经济发展的不平衡性

从世界范围来看，绝大多数发展中国家的数字经济发展水平落后于发达国家，且这一差距呈现持续扩大的趋势。数字经济发展不平衡不仅仅由于数字技术水平差异，而且与其他产业发展程度也息息相关，因而这种不平衡其实是国家之间经济发展的综合性差距。大多数发展中国家由于技术水平低，长期被锁死在全球产业链的低端，无法实现产业的数字化，因而与发达国家的技术差距越来越大，导致数字经济发展更大的不平衡性。二者互为因果，形成恶性循环，各国间的数字鸿沟由此越来越深。发达国家与发展中国家的数字水平差距主要体现在数字经济规模、数字基础设施和数字技术研发等方面。

从数字经济规模来看，不同经济水平国家之间存在显著的差距，2020 年发达国家 GDP 中有 54.3% 为数字经济，相较而言发展中国家的数字经济在 GDP 中不足 1/3，前者是后者的 1 倍左右。世界各国的互联网规模也存在巨大差异，发达国家中 90% 的人口能够享受高速通畅的互联网，非洲各国的互联网普及率不足 50%，而在最落后的地区，仅有不到 1/5 的人口能用上网络服务。

从数字基础设施建设规模来看，数字技术相对落后的发展中国家其配套的数字基础设施相对滞后。尽管发展中国家数字经济的增速较快，但这是由于多数发展中国家仍处于数字经济萌芽阶段，所需技术相对低级和易获取。对一些相对贫困的国家而言，当务之急是加快通信基础设施建设，以推动移动电话的普及和互联网服务的拓展。移动通信网络可以很好衡量一个国家数字经济基础设施建设的水平，而根据全球移动供应商协会（GSA）的报告显示，全球有能力实现 5G 网络商用的国家已有 38 个，但依然有不少国家和地区仍使用 3G 和 2G 网络，甚至一些常年陷入贫困的地区根本没有网络服务，数字经济基础设施亟待建设。

从数字技术研发水平来看，各国之间的技术鸿沟正在不断加深。人工智能（Artificial Intelligence）、大数据（Big Data）和云计算（Cloud Computing）作为新一轮科技革命中最受关注的技术，人们取三者的英文首字母将其合称为"ABC"。为追赶新一轮科技革命，不少国家都围绕这三项技术进行布局，呈现明显的四个梯队：美国和中国分列前两位，遥遥领先；欧洲、东亚、北美洲和大洋洲的一些发达国家在不断追赶；部分发达国家和发展中国家刚刚起步；不少发展较落后的发展中国家根本无力支撑起这三项技术的研发。数字技术相对其他技术而言具有较高的研发和应用门槛，先行的国家先发建立起成本优势占据市场份额，其他国家一旦落后就很难追赶和突破。

二 不同地理区域国家之间数字经济发展的不平衡性

根据各国在世界数字经济领域的相对地位，将其划分为起步、追赶和领跑三个阶段。可以发现，各大洲的数字经济发展呈现出了各具特点的结构特征。

美洲的数字经济发展呈现尖塔形结构。美洲集合了当今世界上唯一的超级大国，以及加拿大、墨西哥、巴西等在国际社会占有重要地位的国家，占据了世界数字经济总量的40%还多，数字经济规模领跑各大洲。在结构上，美国拥有众多数字前沿技术，数字技术在尖端制造业和高科技服务业实现了广泛应用，数字经济发展水平连续多年保持世界第一，远超美洲其他国家。北美的另一个发达国家加拿大，依托美国和西欧两大经济体，数字经济发展水平高于除美国外的美洲各国，在世界范围内处于追赶阶段。拉美地区整体的数字经济水平逊于美国与加拿大，在世界范围内居于中等水平，其内部各国和地区发展水平不一，构成了尖塔结构狭长的"塔身"。为追赶数字经济发展大势，近年来拉美各国着力探索区域协同的数字经济发展战略，在迈向数字社会的道路上前进了一大步[1]。

亚洲的数字经济发展呈现梯形结构。中国作为全球第二大数字经济体，在总量与质量上都领先亚洲其他国家。在保证质和量的同时，中国数字经济以全球独一无二的速度增长，2021 年 8 月发布的《全球数字经济白皮书》指出，在过去的一年中国数字经济同比增速高居全球第一，约是世界数字经济同比增长幅度的 3 倍。此外，日本、韩国、新加坡等亚洲发达国家数字经济发展也十分迅速，数字经济渗透率在世界范围内居于前列，但综合发展水平尚未达到数字经济领跑阶段。印度、马来西亚和越南等国家紧随其后，大力推进数字基础设施建设和数字技术创新。亚洲是世界第一大洲，共有 48 个国家或地区，大多数国家或地区仍处于数字经济起步阶段，开始注重发挥数字互联互通优势，逐渐提高互联网服务水平。

欧洲的数字经济发展呈现纺锤形结构。其他各大洲处于数字经济起步阶段的国家数量

---

[1] 楼项飞：《中拉共建"数字丝绸之路"：挑战与路径选择》，《国际问题研究》2019 年第 2 期。

最多，而欧洲多数国家数字经济规模十分可观，处于追赶阶段的国家构成其结构主体。历史上欧洲率先进行工业革命，实行资本主义制度，特别是西欧各国经济发展水平普遍较高，数字经济发展基础良好。欧洲数字经济发展水平很大程度上依赖于美国控制的先进数字平台，但这也逐渐成为欧洲进一步发展的桎梏，导致欧洲很难出现独立于美国的数字经济领跑者。现阶段欧洲与美国的分歧越来越大，为夺取数字主权，进而角逐数字科技高地，必然要推进欧洲共同市场建设，合力培育数字经济尖端力量。

大洋洲的数字经济发展呈现金字塔形结构。大洋洲的数字经济以澳大利亚和新西兰为代表，其中澳大利亚的数字经济发展水平紧随英国、法国等欧洲发达国家，且差距在逐渐缩小。南太平洋主要岛国的经济高度依赖外部援助，且缺乏完善的产业体系，发展数字经济的软件和硬件均有所不足。近年来美国对太平洋岛国的援助与干预力度越来越大，甚至想通过非经济手段将其整合进以美国为核心的政治同盟，这无疑更加深了这些国家的对外依赖，不利于其实现数字主权独立。

非洲的数字经济发展呈现矮金字塔形结构。肯尼亚、尼日利亚、南非、埃及非洲数字经济"四小龙"分别位于非洲东、西、南、北部，辐射带动周边国家数字经济发展。中国在非洲数字经济发展历程中功不可没，"一带一路"倡议和中非"数字丝绸之路"等重大战略的实施为非洲各国实现数字经济起步和追赶提供了不容忽视的助力[①]。目前非洲各国数字经济发展水平仍然较低，但其数字产品和电子商务市场正迅速发展，数字消费潜力巨大。

三 不同发展理念国家之间数字经济发展的不平衡性

数字经济在全球保持迅速增长，为世界经济复苏和发展做出了重要贡献。国际社会围绕数字经济存在着不同的发展理念，以美国为首的部分国家试图构建数字自由流动的全球数字经贸体系，欧盟则探索以数据隐私为核心的数据安全管理体系，中国在坚持数据主权的基础上贯彻新发展理念引导数字经济发展。

美国是世界数字经济第一强国，在全球推行近乎垄断的"数字霸权"，试图构建起以美国为核心的"中心—外围"话语权体系。这一体系服务于数字经济发展较好的发达国家群体，美国是其设计者和领导者，强调数字技术"中性"的理念，受到欧洲、北美洲、大洋洲等许多国家的认可与效仿。尽管这一体系基于美国数字自由流动的理念，但实质上并未搭建起平等共赢的国际数字贸易规则，在实践中与许多国家特别是发展中国家的利益产生了冲突[②]。例如，美国《云法案》规定，无论数据存储在美国境内还是境外，美国政府都拥有调取该数据的法律权限。这以美国内部法律法规的形式不经允许就突破了其他国家的数字安全体系，将法律效力强行扩展到数字所在国。正因这一体系的非公平性，众多发

---

① 黄玉沛：《中非共建"数字丝绸之路"：机遇、挑战与路径选择》，《国际问题研究》2019 年第 4 期。
② 黄建伟、刘军：《欧美数字治理的发展及其对中国的启示》，《中国行政管理》2019 年第 6 期。

展中国家在这一体系中基本没有话语权,看似公平的数字经济话语体系实际被发达国家所垄断。以中国为首的发展中国家在经济实践中与这一体系的冲突日益激烈,突破"中心—外围"格局,构建网络空间命运共同体已经是大势所趋。

数据经济已经成为大国竞争的战略重地,不同发展理念的国家在数字规则的制定上竞争激烈。数字的跨境流动对全球经济增长贡献度已经超越了传统的商品、服务和资本等生产要素。相比传统生产要素,数据要素除了可以促进人们生产经营的效率,还涉及国际竞争的各个方面,越来越成为一种极具战略意义的重要资源,因此数字跨境流动也引发了不同理念国家之间的激烈竞争。数字资源跨越国家界限进行流动和增值,必然带来意识形态冲突、文化理念碰撞以及国家安全保护等问题,国际上数据产权纠纷不断,信息窃取和泄露频发,金融诈骗犯罪多发都是这些问题的具体表现形式。美国一直积极推行其跨境数据流动自由的理念,在其参与的数字经济会议和谈判中经常出现支持跨境数字自由流动的倡议和条款。2020年《美墨加三国协议》通过修订,更名为《美墨加协定》,其中第十九章详细确立了三国跨境数字流动的各项条例。但以美国利益为核心的理念在一定程度上触及了其他国家的数字安全,因此各国都在探索更完善的数字经济秩序。欧盟为摆脱美国模式的禁锢,致力于实现欧盟数字化单一市场建设,通过《通用数据保护条例》《欧洲数据战略》《非个人数据自由流动条例框架》等一系列数字经济法律法规,构建起了世界范围内较为严格的数字安全保护体系,其中《通用数据保护条例》作为欧洲数字隐私法律的基石,被公认为是世界领先的隐私保护制度。以中国为首的发展中国家则采取更稳健的数字发展理念,认为有序的数字流动更利于数字经济的健康可持续发展,特别是担忧一些发达国家依靠数字技术优势监听国家重要信息和干涉别国内政,因此更加强调"数据主权",维护国家数字安全。

第二节 "一带一路"沿线国家和地区的数字经济发展

习近平主席于2013年提出了"丝绸之路经济带"和"21世纪海上丝绸之路"倡议,"一带一路"这一宏伟蓝图被认为是中国引领第四次全球化的重大战略。近年来,中国与"一带一路"沿线地区与国家的贸易往来日益密切,合作项目不断增加,数字经济更是中国与沿线国家合作的重点,以跨境数字贸易、网上丝绸之路、数字基础建设投资等为主要内容的多边经贸体系迅速构建起来,促进了"五通"(政策沟通、设施联通、贸易畅通、资金融通和民心相通)全面发展。

一 "一带一路"沿线国家和地区的数字经济发展现状

截至2022年7月底,中国已与149个国家、32个国际组织签订了200多份"一带一路"合作协议,朋友圈越来越广泛和牢固。根据中国一带一路网的地理划分,"一带一路"沿线国家和地区横跨三大洲、纵贯南北半球，辐射了几乎所有的发展中国家和新兴经济体。

"一带一路"沿线国家和地区数字经济发展状况不一、禀赋各异，得益于"一带一路"倡议，其数字经济水平都得到了长足发展：其一，东北亚地区的数字经济基础较为薄弱，特别是蒙古国的数字经济基础设施仍处于建设初期，数字经济向三大产业的渗透仍有较大的上升空间。中国"一带一路"倡议提出后，将数字红利分享给其他国家，与俄罗斯和蒙古国的经贸合作不断深化，东北亚数字经济得到了有力支撑，在全球的竞争优势得以凸显。其二，东南亚各国数字经济发展潜力巨大，但各国发展速度也存在较大差距。东盟中印度尼西亚和越南的数字规模年增长幅度在世界各大经济圈中名列前茅，新加坡、马来西亚和泰国的数字经济也以可观的速度迅速增长，但东南亚的数字经济非常集中，大多数偏远地区的居民难以享受数字红利。在"一带一路"的带动下，淡马锡预测2025年东盟数字经济市场规模将超过2000亿美元，成为全球互联网发展最快的区域。其三，西亚北非各国数字经济基础设施和产业渗透分化严重。2020年科威特和卡特尔互联网渗透率高达99.6%，分别位居全球第一和第二。以色列、沙特阿拉伯和阿联酋的数字化建设在该地区领先，但阿富汗、也门等国家产业基础薄弱，数字经济难以孵化，加上地缘政治冲突和恐怖主义侵扰，"一带一路"倡议对这些国家而言是一个重要的时代机遇。其四，中东欧地区数字经济基础深厚，是中国数字经济合作的重要伙伴。中东欧地区的数字经济基础整体上弱于西欧地区，但高于世界平均水平。在欧洲数字议程这一整体框架的引领下，中东欧不断加大数字经济基础设施投资和建设力度，改善了互联网营商环境。2022年国家发改委发布的《"十四五"数字经济发展规划》明确提出，要高质量推动中国—中东欧数字经济合作，推动"数字丝绸之路"深入发展。其五，南亚地区的数字经济水平较低，普遍存在数字基础建设落后、数字技术不足和产业数字化缓慢等问题。全球移动通信系统协会的数据指出，2018年南亚的家庭宽带渗透率仅为2%，半数以上的南亚国家信息基础设施在世界范围内排名较为靠后。在当地政府的积极推动和中国企业的投资帮助下，南亚数字经济正在焕发活力。以巴基斯坦为例，2016—2020年其4G覆盖率从不足30%飞跃增长至80%，国民生活水平迅速提升。其六，中亚地区的数字经济水平处于起步阶段，与中国合作前景广阔。"一带一路"倡议提出前，中亚各国与中国已经开展了多项数字互联互通合作项目，因此，习近平主席首倡共建数字丝绸之路后，中亚各国纷纷响应。中亚各国普遍把经济数字化作为提升全球竞争力的重要手段，把加强与中国的数字经济合作作为迈向数字经济时代的必经之路。

二 "一带一路"倡议对全球数字经济格局的影响

面对"逆全球化"思潮和新冠肺炎疫情的冲击，国际市场萎靡不振，世界各国经济出现不同程度的衰退。这种情况下，数字经济赋能传统产业，已经成为推动世界经济复苏和转型升级的重要动力。"一带一路"倡议沿线国家和地区多为新兴经济体和发展中国家，牵涉了全球一半以上的人口，市场前景十分广阔，数字"一带一路"必然能成为世界经济新的增长点。沿线各国的发展水平各异，具有较强的经济互补性，在中国的有效引领下，"一带一路"倡议将加速整合资源要素的有序流动，减少跨境数字流动摩擦和风险，更好地发挥各国之间的比较优势[①]。"一带一路"使世界绝大多数人口空前凝聚起来，大大加快了沿线国家和地区的产业数字化和数字产业化进程，为欧亚非各国带来了前所未有的历史性机遇。发展中国家在推进数字经济的过程中，往往面临数字基础设施建设缓慢、数字技术相对落后的难题，由于基础薄弱又难以吸引国际资本进入，因而深陷数字鸿沟，与数字大国差距越来越大。"一带一路"沿线国家和地区投资机会众多，可以充分释放我国数字产能，推动数字基础设施合作项目，实现了中国和沿线国家和地区的双赢。

"一带一路"倡议提高了沿线国家和地区的数字话语权。"一带一路"倡议不仅仅着眼于经济，而且是众多发展中国家共同参与数字规则制定的有效途径。数字经济飞速发展，现有的数字贸易规则滞后于实践，阻碍了数字经济对全球经济的拉动作用。尽管世界贸易组织的框架协议针对电子商贸制定了一定的规则，但依然难以适应数字经济不断涌现的经济新业态和新问题。长期以来，欧美发达国家凭借强大的经济实力，主导甚至垄断了数字经济规则，发展中国家在全球数字经济体系中少有话语权，"一带一路"倡议无疑能够有效改善这种不公平的局面。正如习近平主席所指出的，"我们要秉持以人为中心、基于事实的政策导向，鼓励创新，建立互信，支持联合国就此发挥领导作用，携手打造开放、公平、公正、非歧视的数字发展环境"[②]。

"一带一路"倡议契合了数字经济开放共享的发展方向，开创了数字经济国际合作的中国范式。在经济全球化的大背景下，各国探索数字经济合作模式的脚步从未停止。此前由美国主导 TPP 和 TTIP 等区域协定，目的都是建设一个排他性的经贸体系，以加强成员国对国际经贸规则的主导权。随着时间推移，美国单方面退出 TPP 的事实证明，这种封闭的、排他的贸易协定与信息时代的发展要求已经出现了一定的不适配，国际社会呼吁更包容开放的规则体系。"一带一路"倡议坚持共商、共建、共享，欢迎不同禀赋的国家参与进来，破除了欧美主导的数字经济规则的封闭性。这种开放包容、互利共赢的合作模式，为数字时代新型合作关系提供了中国智慧和中国范式。

三　"一带一路"沿线国家和地区的数字经济发展面临的挑战

"一带一路"数字经济合作规模不断扩大，但仍面临着数字鸿沟、规则缺失和数字安全等问题。只有处理好这些基础性问题，才能化挑战为机遇，使"一带一路"框架下的合作机制日益完善。

[①] 张伯超、沈开艳：《"一带一路"沿线国家数字经济发展就绪度定量评估与特征分析》，《上海经济研究》2018年第1期。

[②] 习近平：《习近平在二十国集团领导人第十五次峰会上的讲话》，人民出版社2020年版，第6页。

"一带一路"沿线国家和地区的数字鸿沟为数字合作带来了较高的协调难度和成本。数字经济只有深入渗透于实体产业中,才能充分发挥好为经济赋能增效的作用。但实际上"一带一路"沿线国家和地区大多处于数字经济起步阶段,技术和人才短缺,研发与应用不畅,这在一定程度上为深化数字经济合作带来了困难。根据国际电信联盟以及联合国相关数据的测算表明,接近 2/3 的"一带一路"沿线国家和地区仍处于基础网络和通信设施的普及阶段,42.19% 的国家和地区其宽带接入速度低于发展中国家标准,不足发达国家的 1/5[①]。因而许多国家没有相关的软硬件基础来进行成熟的数字经济合作,特别是数字基础设施建设的投资周期长、投资风险高,限制了数字"一带一路"建设的深度和广度。

"一带一路"包容开放的理念与数字规则治理之间仍需进一步对接。"一带一路"倡议基于友好互信的治理模式可以缓解不同国家间的数字摩擦,但也一定程度上缺少了强约束的规则秩序。中国已经和近 200 个国家和国际组织开展了"一带一路"商贸项目,但这其中明确签署贸易协定的还是少数,这种理念和规则的冲突一方面是由于数字经济业态的复杂多变,另一方面欧美等西方发达国家对数字经济话语权的争夺也使国际规则难以统一。"一带一路"沿线国家和地区的数字及相关产业相对落后,无法输出广泛认可的数字经济标准,因而大多只是被动适应数字大国划定的国际秩序,不利于"一带一路"数字合作的畅通和深入。

随着国际形势的风云突变,数字"一带一路"推进过程中数字安全问题不容忽视。数字经济作为一种发展迅速的经济新业态,体系建设仍落后于实践,相关的监督管理和风险防范体系尚未完善,特别是发展中国家的数字安全体系常常受到数据泄露和信息监控的威胁。发达国家掌握着最为先进的数字技术,全世界 13 台根服务器中美国就有 10 台,这意味着绝大多数互联网数据都要"流经"美国。而"一带一路"沿线国家多为发展中国家,相关数字合作并非仅有商贸往来,还可能涉及一些政治文化交流,数字安全问题必须加以重视。再者,国际上的网络犯罪和网络恐怖主义也随着数字经济的兴起而蔓延,数字技术较落后的发展中国家更容易受到这些跨境犯罪的威胁,成为阻碍"一带一路"数字经济合作的绊脚石。

第三节 推动构建网络空间命运共同体

数字经济为全球化赋予了新的内涵和动力,也对人类命运共同体的构建提出了全新的要求。2020 年 9 月,我国外交部发布《全球数据安全倡议》,向国际社会表达了我国建设开放型世界经济,加快构建网络空间命运共同体的决心。2021 年习近平主席在致世界互联网大会乌镇峰会的贺信中指出,"要激发数字经济活力,增强数字政府效能,优化数字社

[①] 杨道玲、李祥丽:《"一带一路"沿线国家信息化发展水平测评研究》,《电子政务》2018 年第 1 期。

会环境，构建数字合作格局，筑牢数字安全屏障，让数字文明造福各国人民"①。

一 网络空间命运共同体的时代内涵

数字经济是推动当今世界大发展、大变革、大调整的重要力量。从人类前途命运的宏观大势来看，面对数字时代前所未有的机遇和挑战，退回封闭的孤岛"独善其身"是不可行的，人类必须联合成一个命运共同体，携手合作，互利共赢。网络空间命运共同体立足于数字化、信息化、智能化的时代背景，融入了命运共同体的宏伟构想，是对习近平总书记人类命运共同体理念的继承与发展。

网络空间命运共同体与人类命运共同体理念一脉相承。马克思指出："在真正的共同体的条件下，各个人在自己的联合中并通过这种联合获得自己的自由。"② 在他所处的时代数字经济尚未出现，但马克思的思想在今天的数字时代依然充满了生机。数字技术使人与人之间的时空距离不再成为交流沟通的障碍，但人类依然没有摆脱对技术的依赖，一些国家利用数字技术压迫其他国家的现象时有发生。西方资本主义国家的数字经济理念无一不是建立在狭隘的自我利益之上，欧美之间对数字话语权的争夺都是以自身为核心，因此这些国家的理念往往难以自主走向世界，实践中与其他国家冲突不断。网络空间命运共同体理念跳出了西方零和博弈的思维定式，以数字时代下各个国家的一致诉求为出发点，以构建人类真正的利益共同体为落脚点，在新的时代继承了马克思共同体思想的精神内核。这一理念并不只关注中国自身的数字经济发展，而是追求以自身发展促进世界发展，以数字技术促进全人类的解放。网络空间命运共同体既是新发展阶段下中国的数字化战略，更发出了全球数字社会的中国声音，为世界各国共同参与数字治理构建了广阔的平台基础。

网络空间命运共同体是人类命运共同体理念在数字时代的延伸实践。数字技术改变了传统的生产、生存和生活方式，"数字商品""数字货币""数字劳动""数字资本"等区别于传统理论的经济新形态涌现，数字化社会中人类命运已经和数字发展紧密结合在了一起。在数字技术普及之前，人类的沟通、企业的交易和国家的往来都受到了时空限制，而数字技术通过构建一个映射现实世界的虚拟化空间，将人类的社会关系搬上了线上云端。不仅如此，数字经济也深刻变革了商品的生产过程，商品的生产、分配、交换和消费过程也通过数字化加速了流通效率，人类的劳动工具、场所、对象和产品不再仅局限在实物空间中，而是不断虚拟化和数字化，人类的活动空间实现了另一种形式的拓展。尽管如此，国际沟通的桥梁还存在诸多阻碍，各国人民的情感交流和心灵沟通需求呼唤着网络空间命运共同体理念的提出。在网络空间命运共同体的构想下，通过多方沟通形成的信息开放平台将契合不同国家的多样性需求，各国的数字经济领域合作着眼于全球数字化，数字跨境交流和文化政治互鉴会前所未有地深入。总而言之，习近平总书记提出的网络空间命运共

---

① 习近平：《习近平谈治国理政》（第4卷），外文出版社2022年版，第205页。
② 《马克思恩格斯文集》（第1卷），人民出版社2009年版，第571页。

同体的理念构想站在人类命运和全球发展的视角，基于中国数字经济建设和发展的实践经验，为全世界共商数字经济未来、共建数字经济秩序、共享数字经济成果提供了切实可行的开创性方案。

二 网络空间命运共同体的建设方针

2016年11月，习近平主席在乌镇世界互联网大会上提出了构建网络空间维度上命运共同体所要遵循的建设方针，即"平等尊重、创新发展、开放共享、安全有序"。

数字经济下的全球秩序基于平等尊重的公平理念。网络空间命运共同体必须在联合国宪章的规定下，坚持多方共识，充分尊重世界各国数字主权。世界各国的数字经济规模差距巨大，数字技术分化严重，但有效的全球共识必须平等地对待发展程度不同的各个国家，维护各国政府、企业、人民表达数字治理理念的权利，坚决反对任何国家任何形式的数字歧视和数字霸权。跨境数字交流的不断深化要求全球数字共识体系必须建立在平等尊重的基础上，以少数国家利益为核心的治理体系必然会被世界各国所抵制和抛弃。

数字经济的持久稳定发展必须坚持创新驱动的发展观。习近平总书记指出，"我们要顺应第四次工业革命发展趋势，共同把握数字化、网络化、智能化发展机遇……建设数字丝绸之路、创新丝绸之路"①。以信息技术为核心的新一轮科技革命深刻改变着世界格局，以创新为生命线的数字经济成为推动社会发展的先导动力。网络空间命运共同体的落脚点是全人类的共同利益，这就要求必须持续推动生产力的发展，增加科技创新力度，彻底解决数字鸿沟和数字霸权等世界难题。

数字经济突破了零和博弈的思维定式，体现了开放共享的数字理念。互联网不仅使人们突破了物理世界的时空限制，而且促进了人们思维空间的开放共享。数据的非消耗性有别于传统要素，使人们摆脱了国际竞争"零和博弈"的思维，转向共建共治、合作共赢的数字理念。随着数字经济向各产业渗透的不断加深，经济全球化的潮流已经不可阻挡，各国之间经济深度融合，不再是冷战针锋相对的对立关系，而是我中有你你中有我，逐渐演变为"社会进化式"的合作化竞争②。

网络空间命运共同体必须坚守安全有序的基本原则。有效的数字经济治理体系不能仅依赖人们之间的共识或信任，必须靠规则进行兜底规范。网络主体不论大小，都有行使自身合法权利的自由，但也必须尊重网络世界各国的法律法规和民俗习惯。数字经济为人类带来巨大便利的同时，也带来了前所未有的棘手难题，特别是国际社会的无政府状态使这些不稳定因素更加难以遏止，世界各国不同的利益诉求使构建安全有效率的数字治理规则存在一定困难。网络空间命运共同体遵循尊重网络主权、维护和平安全、促进开放合作、

---

① 《习近平关于网络强国论述摘编》，人民出版社2021年版，第165页。
② 蔡翠红：《中美关系中的"修昔底德陷阱"话语》，《国际问题研究》2016年第3期。

构建良好秩序四项原则,实现了创新活力与数字安全的有机统一。

三 网络空间命运共同体的构建路径

数字经济时代不仅是数字技术研发和应用的竞争,更是数字发展生态的竞争。《中华人民共和国国民经济和社会发展第十四个五年规划和二〇三五年远景目标纲要》(以下简称《纲要》)指出,"营造开放、健康、安全的数字生态",为新时代构建网络空间命运共同体提供了路径指引。

加强各国"民心相知相通",共建开放的网络空间命运共同体生态。数字时代文明之间的冲突呈现新的形态,各国人文交流在虚拟空间不断深入交流的同时也产生了激烈的碰撞,开放的网络空间命运共同体是化解文明矛盾、调解文化冲突、促进民心相通的重要方式。习近平总书记指出:"深化人文交流互鉴是消除隔阂和误解、促进民心相知相通的重要途径。"[1] 各国应在保障自身数字主权的前提下,尊重其他国家的数字主权的同时,也要尊重世界不同民族的文化疆域界限。由中国牵头举办的世界互联网大会,就是为世界上不同历史文化、不同发展阶段的国家创造一个平等交流的对话平台,构建一个跨文化、超国界的"朋友圈",不断吸引志同道合的数字合作伙伴完善开放的网络空间命运共同体。

加强基础设施"硬联通",共建健康的网络空间命运共同体生态。世界各国数字技术的严重不对等导致了数字鸿沟和数字霸权等新问题的出现,破解这些难题必须不断提升我国的数字综合实力,坚持数字共享共治理念,营造健康的网络空间命运共同体生态。数字基础设施是数字技术研发和应用的土壤,必须加快数字化产业的投资力度,推动现有基础设施全方面向数字化转型,加快"ABC"等数字前沿技术向三大产业的渗透力度。打造智慧城市、智慧校园、智慧医院等数字便民服务体系,使全体人民共享数字发展成果,避免出现因经济、社会和文化等因素远离数字文化的"数字难民"。最后呼吁世界上数字技术有所突破的数字大国,应担负起数字革命主力军的重任,加强与发展中国家的数字技术合作与交流,促进全球数字经济迈向新台阶。

加强规则标准"软联通",共建安全的网络空间命运共同体生态。习近平总书记指出:"中国愿同各国一道,加强对话交流,有效管控分歧,推动制定各方普遍接受的网络空间国际规则,制定网络空间国际反恐公约,健全打击网络犯罪司法协助机制,共同维护网络空间和平安全。"[2]《纲要》中也明确指出,数字经济国际规则的完善必须"以联合国为主渠道、以联合国宪章为基本原则"。数字空间的和平安全依赖于多方认可的网络空间国际规则,这就要求世界各国在《联合国宪章》的基本精神下,加强国际法制合作,探索具有约束力和认可度的国际秩序体系,并以此保障世界各国的网络主权安全。

---

[1] 习近平:《论党的宣传思想工作》,中央文献出版社2020年版,第402页。
[2] 《习近平关于网络强国论述摘编》,人民出版社2021年版,第158页。

关键概念

数字鸿沟；数字经济渗透；数字"一带一路"；跨境数据流动；全球数字治理

思考题

1. 试述马克思共同体思想在数字化时代的指导意义。
2. "一带一路"建设秉承共商、共享、共建原则，这对推动其沿线国家和地区数字经济发展有什么重要意义？
3. 试论数字活力激发与数字安全保障的辩证统一关系。
4. 试分析如何推动构建网络空间命运共同体。